VIRTUALIZACIÓN CON VMWARE

LO MEJOR DE LA
COMPUTACIÓN EN LA NUBE

RedUSERS

USERS

TÍTULO: VMware

AUTORES: Enzo Augusto Marchionni
Octavio Martín Formoso

COLECCIÓN: Manuales USERS

FORMATO: 17 x 24 cm

PÁGINAS: 352

ISBN 978-987-1857-71-5

Marchionni, Enzo Augusto

Virtualización con VMware / Enzo Augusto Marchionni y Octavio Formoso. -
1a ed. - Buenos Aires: Fox Andina, 2012. 352 p. ; 24x17 cm. (Manual users; 234)

ISBN 978-987-1857-71-5

1. Informática. I. Formoso, Octavio II. Título

CDD 005.3

Enzo Augusto Marchionni

Nació en la ciudad de La Plata el 9 de noviembre de 1982. Es analista universitario en Sistemas de Información graduado de la UTN. Actualmente, realiza un máster en Negocios en MateriaBiz, y está desarrollando un emprendimiento tecnológico con la ayuda de los programas del Gobierno de la Ciudad Autónoma de Buenos Aires. Se especializó en VMware y SCCM a lo largo de su carrera. Trabaja actualmente en HP como tecnólogo de plataforma para la empresa Tenaris. Mantiene algunos blogs de tecnología y escribe para esta editorial. Hasta el año 2010, administró los servidores internos de Global Crossing. Durante 2009, coordinó la comisión de tecnología de La Plata Valley, donde logró acercar su ciudad natal a representantes de Microsoft, Globant y Google. De 2005 a 2007, fue desarrollador de los sistemas informáticos de CUCAIBA. Desde 2001 a la actualidad, se dedica a negocios de tecnología, consultoría, incursiona en social media y sistemas web. Ha generado varios sistemas informáticos, entre los cuales se destaca su último proyecto: www.puebleando.com.

Agradecimientos

A mi familia, a quienes me enseñaron, compañeros de trabajos y amigos.

Dedicatoria

A mis padres y queridos hermanos.

Octavio Martín Formoso

Nació en la ciudad de La Plata el 16 de abril de 1974. Es analista de Sistemas, recibido en la Universidad Católica de La Plata. Está certificado en VMware con el título de VMWare Certified Professional, además de tener certificaciones de Cisco UCS y otras soluciones de almacenamiento y respaldo de datos de Symantec y EMC. Ha liderado varios proyectos en la Argentina, Ecuador y Bolivia relacionados con la consolidación de servidores e implementación de soluciones de respaldo y protección de la información. Fue product manager de soluciones de almacenamiento de HP en la empresa Novadata y encargado del área de informática en el departamento de rentas de la Municipalidad de La Plata. Actualmente, es uno de los dueños de Manas Tecnología Informática S.A., consultora de informática y uno de los dos canales premier de VMware existentes en la Argentina. Manas ha recibido varios premios por el desarrollo comercial y de proyectos relacionados con productos y soluciones de VMware.

Agradecimientos

A mi compañera y esposa Yanina, cuyo entusiasmo me ayudó para dar todo de mí en este libro.

Dedicatoria

A mis dos ángeles, Naomi y Safira. A mis viejos, que me enseñaron todo lo que necesitaba. A mi hermano Ezequiel y a mi amigo y socio, Enrique.

Prólogo

Hace muchos años pensaba que la fuente principal para generar ingresos en mi vida iba a ser programando en Pascal o algún otro lenguaje, pero diferentes oportunidades y experiencias me dejaron ver que el horizonte era mucho más amplio de lo que me parecía.

A lo largo de este tiempo, se sucedieron una serie de cambios y evoluciones tecnológicas increíbles, que distan mucho de donde me había iniciado. Cuando hace unos años atrás conversábamos sobre virtualización, había muy pocos progresistas que vislumbraban los beneficios que esta ofrecía y los aplicaban en sus ambientes. En la actualidad, es indiscutible la estandarización en procesadores y la utilización de la virtualización en ambientes de aplicaciones críticas para el negocio. Hablamos de cloud privada, pública e híbrida como algo cotidiano y todos comprendemos sus beneficios.

Aunque es cierto que la virtualización es llamada la cuarta revolución de IT –luego de los mainframes, las aplicaciones cliente/sevidor e Internet–, esto es así si solamente la analizamos desde un punto de vista tecnológico. Pero en realidad es mucho más que eso, ya que trasciende esta área e impacta en la forma en la cual actuamos.

Hace unos días atrás conversaba con un amigo sobre diferentes artículos publicados donde se la compara con el impacto que tuvo la Revolución Industrial en los siglos xviii y xix. Esta revolución de hace siglos atrás, y como sucede ahora con esta transformación de IT, no fue una revolución meramente tecnológica o de productos ni tampoco de desarrollo de algún modelo, sino una combinación de factores socioeconómicos, tecnológicos, actitudinales y comportamientos.

En la Revolución Industrial, las fábricas utilizaban sus propios motores a vapor para generar energía. Claramente, este hecho generaba muchos problemas, no solamente para la ciudad que vivía en una constante nube, sino que presentaba grandes trastornos a nivel operativo. Más tarde, con la utilización del carbón, comenzaron a aparecer pequeñas centrales que generaban energía y la transmitían por un tendido hasta las fábricas. Estas dejaron de utilizar las antiguas máquinas a vapor y se volcaron al modelo de pago por uso a través del tendido eléctrico. Hoy en día, ya no nos ocupamos en pensar desde dónde y cómo viene la energía a nuestras casas o fábricas, el modelo ya está incorporado.

La transformación que vivimos en el siglo xxi es parte de una nueva revolución, que junto con las redes sociales ya están modificando los comportamientos y hábitos de las personas, que desprenden nuevas formas de comunicación, como así también problemáticas que requieren soluciones inteligentes.

Los CIOs, CEOs, IT Managers, emprendedores, etc., del futuro cercano y las nuevas iniciativas nacerán en un modelo totalmente cloudificado, un modelo que estará incorporado en nuestras vidas como lo está la electricidad. Pero para llegar a esto, es necesario continuar avanzando y expandir los límites; las aplicaciones ya comienzan a desarrollarse pensando en este modelo y las estrategias de gestión, de recuperación ante desastres requieren del uso de nuevas herramientas y, más importante aún, de conocimientos.

Definitivamente la virtualización es el camino, pero aún estamos en una etapa inicial que deja mucho más por recorrer. Quien logre adaptarse e incorporar este modelo revolucionario a sus estrategias de negocio tendrá definitivamente una ventaja competitiva imbatible.

Gustavo Ostapiuk
Channel Manager
EMC

El libro de un vistazo

Este libro tiene como propósito enseñar a utilizar algunas de las herramientas indispensables para trabajar en ambientes de virtualización maduros sobre VMware. Analizaremos aquellas que se ofrecen para todo el mercado y también otras más específicas para brindar servicios en la nube. Hablaremos de monitorización de la infraestructura, veremos algunos detalles de herramientas para storage y daremos a conocer la principal herramienta del mercado sobre sistemas de recuperación de desastres. Sin quedar conformes, nos adentraremos en la virtualización de escritorios y haremos una introducción sobre conceptos elementales de Cloud Computing.

*01 INTRODUCCIÓN A LA VIRTUALIZACIÓN

En este capítulo haremos una breve introducción a la virtualización y una reseña histórica desde su nacimiento. Explicaremos por qué esta tecnología cambia toda la operatividad de los datacenters de hoy en día, desde el lado operativo y el lado económico. También conoceremos las bases de los conceptos de HA (alta disponibilidad), DRS (balanceo de carga) y VMotion (tecnología de migración de equipos en caliente).

*02 VMWARE VCENTER OPERATIONS

En este capítulo veremos los pasos para tener el control absoluto de toda la infraestructura virtual. Podremos saber qué es lo que pasa a cada instante y también identificaremos fallas antes de que ocurran para evitar cualquier parada del negocio. Analizaremos la creación de escenarios futuros y la generación de reportes sobre nuestros equipos.

*03 VMWARE STORAGE APPLIANCE

Nos adentraremos en el campo de los storage para conocer un poco más sobre esta gran solución que nos brinda información sobre el hardware más crítico de toda la infraestructura. Presentaremos el VSA, daremos detalles de su arquitectura y pasaremos a ver su configuración paso a paso. Por último, explicaremos qué es un cluster VSA y las tareas que tenemos que realizar para su mantenimiento, monitoreo y seguimiento de recuperación de errores (troubleshooting).

*04 VMVIEW

En este capítulo aprenderemos todo lo que debemos saber sobre la virtualización de escritorios avanzada, de la mano de VMware. Haremos una reseña de cómo el escritorio fue evolucionando con el tiempo hasta la actualidad, en la que acompaña al usuario a todos los lugares donde este vaya. Explicaremos las tecnologías detrás de la magia de VMView y también veremos las funciones avanzadas.

*05 SITE RECOVERY MANAGER

SRM se presenta en este capítulo como una gran solución para el acontecimiento de desastres en una empresa. Estos pueden ser, no solo la caída de un equipo o de un storage, sino también tornados, tsunamis y desastres de energía, que pueden atentar contra cualquier centro de datos. Explicaremos los conceptos básicos que tenemos que entender sobre estos sistemas de DRP en la infraestructura virtual y realizaremos gran cantidad de prácticas para que podamos ver en funcionamiento la solución entera.

*ApA EL FUTURO DE LA VIRTUALIZACIÓN

En este apartado hablaremos sobre la evolución y el camino por seguir de la virtualización hacia el modelo de servicios en la nube donde todo está automatizado. Haremos referencia a dos categorizaciones que existen hoy en día para este tipo de sistemas y realizaremos una descripción rápida de los puntos que debmos seguir. Como último tema presentaremos las herramientas de VMware para los sistemas de servicios en la nube con una breve conclusión particular.

SERVICIOS AL LECTOR

En este apartado final incluimos una completa guía de sitios web recomendados, donde encontraremos más información y recursos sobre la virtualización y el uso avanzado de herramientas para VMware.

INFORMACIÓN COMPLEMENTARIA

A lo largo de este manual podrá encontrar una serie de recuadros que le brindarán información complementaria: curiosidades, trucos, ideas y consejos sobre los temas tratados. Para que pueda distinguirlos en forma más sencilla, cada recuadro está identificado con diferentes iconos:

CURIOSIDADES E IDEAS

ATENCIÓN

DATOS ÚTILES Y NOVEDADES

SITIOS WEB

Contenido

*05

Site Recovery Manager

*ApA

El futuro de la virtualización

*

Servicios al lector

Introducción

Este libro nace de las interconexiones que se crean a través de las redes sociales, sistemas mantenidos extrañamente por servidores que nunca dejan de funcionar. También de las interconexiones de la vida, que son muy importantes a la hora de crear nuevos proyectos y desafíos. Justamente así nos conocimos entre nosotros, los autores, los editores y la editorial, tratando de que los negocios nunca se apaguen de la mano de una de las mejores tecnologías del mercado: VMware. Documentamos día a día la mayoría de las prácticas realizadas para poder transmitirlas a quienes las quieran recibir.

Dirigimos nuestras palabras a aquellas personas que estén interesadas en adentrarse en este mundo sin fin de la virtualización de servidores y todo lo referente a cloud computing. VMware es el sistema operativo de los datacenters del futuro y nosotros queremos enseñarles algunas herramientas que les van a ser muy útiles en el camino. Estos son ambientes que van a crecer aceleradamente en unos años y que van a requerir mucha gente involucrada y especializada.

Para entender este libro es necesario conocer la base de la virtualización, haber instalado un ESXi, un vCenter y haber administrado algún ambiente virtualizado. Vamos a analizar herramientas que corren sobre estos sistemas ya instalados y es por eso que recomendamos aprender qué es la virtualización con algún libro que dicte estas bases. Un buen manual es Administrador de Servidores, de esta misma editorial.

Esta obra que les presentamos contiene muchas prácticas con las cuales podremos tomar confianza para ejecutar nuestras propias pruebas, priorizando siempre un objetivo primordial: la continuidad del negocio. Para ello, primero debemos entender las herramientas para luego poder transmitir este concepto, ya que plantea una gran transformación en las empresas.

Esperamos que estas páginas les sirvan para afianzar su crecimiento profesional y personal.

Enzo Augusto Marchionni
Octavio Martín Formoso

*01

Introducción a la virtualización

En este capítulo repasaremos la historia de la virtualización, un concepto que revolucionó la industria de IT. Compararemos la infraestructura física y la virtual, y marcaremos sus diferencias. Finalmente, veremos las características fundamentales de la infraestructura virtual creada por VMware y haremos una breve introducción a sus funcionalidades más importantes.

Historia de la virtualización

El procesamiento de información ha pasado por sucesivas etapas. En sus comienzos, los centros de datos comenzaron procesando información en enormes computadoras en forma centralizada, que mostraban una gran robustez pero requerían una altísima inversión a la hora de adquirirlas o alquilarlas. Estos impedimentos impulsaron el surgimiento de tecnologías como la virtualización de equipos.

Figura 1. El Mainframe System/360 creado por IBM es considerado un exponente del origen de la virtualización.

CP/CMS

El sistema operativo CP/CMS fue diseñado en la década del 60 por IBM y fue ampliamente reconocido por su gran funcionalidad y rendimiento. El CP-40/CMS fue el primer sistema operativo capaz de crear máquinas virtuales. Posteriormente, surgieron el CP-67/CMS y el CP-370/CMS.

Con el tiempo se desarrollaron computadoras con menor poder de procesamiento, pero más económicas y pequeñas, que dominaron el mercado procesando información en forma distribuida y utilizando sistemas operativos denominados del mundo abierto.

El concepto de procesamiento distribuido, que permitió procesar información de manera más económica que su antecesor, también generó inconvenientes: complejidad en la administración y sobre todo, subutilización de los recursos de cada computadora.

Esta problemática fue la que llevó a VMware a diseñar el concepto de virtualización aplicado al mundo abierto. Pero empecemos por el origen de la virtualización, para explicar cómo llegamos a este presente.

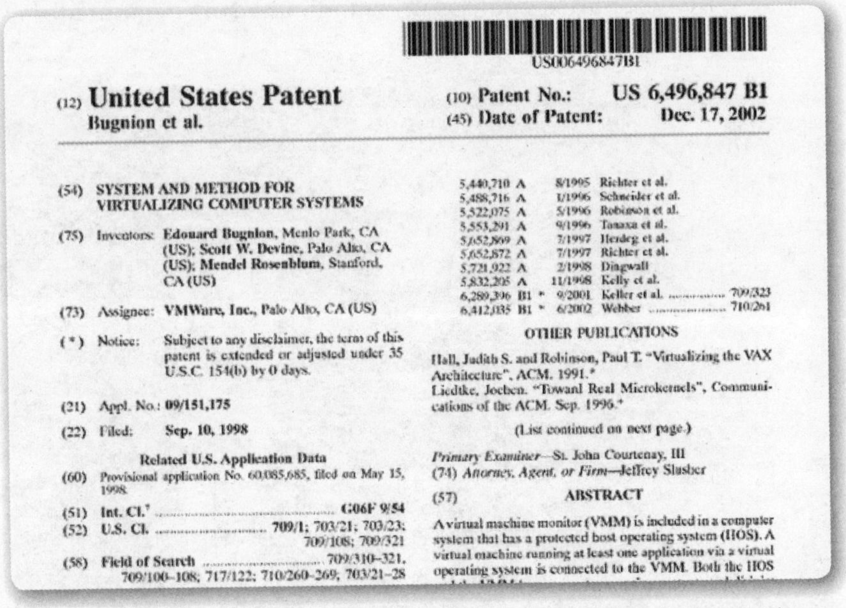

US006496847B1

(12) **United States Patent**
Bugnion et al.

(10) **Patent No.: US 6,496,847 B1**
(45) **Date of Patent: Dec. 17, 2002**

(54) **SYSTEM AND METHOD FOR VIRTUALIZING COMPUTER SYSTEMS**

(75) Inventors: **Edouard Bugnion**, Menlo Park, CA (US); **Scott W. Devine**, Palo Alto, CA (US); **Mendel Rosenblum**, Stanford, CA (US)

(73) Assignee: **VMWare, Inc.**, Palo Alto, CA (US)

(*) Notice: Subject to any disclaimer, the term of this patent is extended or adjusted under 35 U.S.C. 154(b) by 0 days.

(21) Appl. No.: **09/151,175**

(22) Filed: **Sep. 10, 1998**

Related U.S. Application Data

(60) Provisional application No. 60/085,685, filed on May 15, 1998.

(51) **Int. Cl.**⁷ **G06F 9/54**
(52) **U.S. Cl.** **709/1; 703/21; 703/23; 709/108; 709/321**
(58) **Field of Search** 709/310–321, 709/100–108; 717/122; 710/260-269; 703/21–28

5,440,710 A 8/1995 Richter et al.
5,488,716 A 1/1996 Schneider et al.
5,522,075 A 5/1996 Robinson et al.
5,553,291 A 9/1996 Tanaka et al.
5,652,869 A 7/1997 Herdeg et al.
5,652,872 A 7/1997 Richter et al.
5,721,922 A 2/1998 Dingwall
5,832,205 A 11/1998 Kelly et al.
6,289,396 B1 * 9/2001 Keller et al. 709/323
6,412,035 B1 * 6/2002 Webber 710/261

OTHER PUBLICATIONS

Hall, Judith S. and Robinson, Paul T. "Virtualizing the VAX Architecture", ACM. 1991.*
Liedtke, Jochen. "Toward Real Microkernels", Communications of the ACM. Sep. 1996.*

(List continued on next page.)

Primary Examiner—St. John Courtenay, III
(74) *Attorney, Agent, or Firm*—Jeffrey Slusher

(57) **ABSTRACT**

A virtual machine monitor (VMM) is included in a computer system that has a protected host operating system (HOS). A virtual machine running at least one application via a virtual operating system is connected to the VMM. Both the HOS

Figura 2. La patente System and Method for Virtualizing Computer Systems que registró VMware para virtualizar la plataforma x86.

La virtualización de máquinas tiene más años de antigüedad de lo que uno se podría imaginar. El primer concepto relacionado con ella surge en los años 60 con la creación por parte de IBM del mainframe **System/360**, que ostentaba gran capacidad de procesamiento con hasta 2 procesadores y un máximo de 2 MB de memoria RAM. Gracias al CP/CMS, un sistema operativo de tiempo compartido desarrollado también por IBM, era posible asignar a cada usuario una porción de procesamiento de manera que fuera virtualmente un System/360 separado. A pesar de esta innovadora funcionalidad, el mainframe tenía un tamaño enorme y su costo estaba a la altura de su tamaño. Esto en sí mismo representaba un gran obstáculo para las empresas medianas y pequeñas que solo podían pensar en alquilar alguno de estos equipos.

En 1998, VMware presenta una patente en EE.UU. con el concepto que revolucionaría el mercado: **System and Method for Virtualizing Computer Systems** (en español, **Sistema y método para la virtualización de sistemas de cómputo**). Esta patente describe la arquitectura pensada por VMware para la creación de un componente que virtualice varios equipos utilizando una sola computadora x86.

Figura 3. Equipo con un sistema operativo basado en **Linux**, una distribución que se desprende de **UNIX**.

No fue hasta el año 1999 que el concepto emergió como una solución para los sistemas llamados abiertos, gracias a la creación de **VMware Workstation**. Esta herramienta permite que un sistema operativo Windows, Linux o Mac pueda virtualizar máquinas que utilicen los dispositivos que el sistema operativo anfitrión maneja. Se utilizó y utiliza mucho para realizar pruebas, hacer demostraciones de productos, correr aplicaciones cuando el sistema operativo anfitrión no soporta correrlas en forma nativa, etc.

¿Por qué un concepto aplicado con éxito en los años 60 genera un cambio de tamaña magnitud más de 30 años después, al aplicarse en los servidores que utilizan tecnología x86?

Figura 4. Mendel Rosenblum es el cofundador de VMware y jefe científico de la compañía. También es profesor en la Universidad de Stanford.

SISTEMAS ABIERTOS

Estos sistemas nacieron como diferenciación de la tendencia tecnológica de la época, durante los años 80. El sistema UNIX fue el pionero, ofreciendo la posibilidad de desarrollar programas hechos por terceros y un sistema de conectividad e interacción standard en donde gran parte del código de programación era público, de ahí el nombre que lo caracteriza: sistema abierto.

LA VIRTUALIZACIÓN ES UN CONCEPTO SURGIDO EN LA ÉPOCA DE LOS MAINFRAMES

VMware se basó en un concepto existente pero logró algo absolutamente impensado: aplicarlo sobre una plataforma que no fue creada para ello, con un nivel de estabilidad tal que logró la adopción del mercado de tecnología en forma masiva y sorprendentemente rápida.

Cuando en el año 2006 VMware lanza el concepto de **Virtual Infrastructure** comienza la era de la infraestructura virtual. Este producto basado en un hipervisor (*hypervisor* en inglés) muy robusto ofrecía funcionalidades avanzadas de administración, alta disponibilidad y balanceo de carga que permitía correr aplicaciones críticas con una estabilidad de la que era difícil dar crédito si no se veía con los propios ojos. El llamado hipervisor es un componente de software que permite que varios sistemas operativos puedan acceder a un equipo en forma concurrente, como si cada uno de ellos fuera el dueño coordinando el acceso y uso de sus recursos.

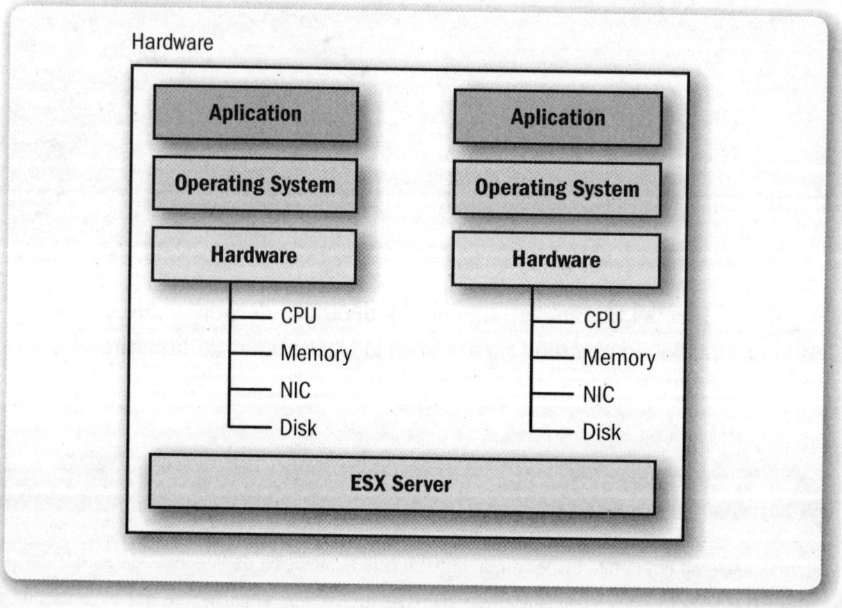

Figura 5. El **hipervisor** es considerado una capa intermedia entre el hardware y los sistemas operativos.

La virtualización y la consolidación de servidores físicos eliminan uno de los principales problemas desde que se empezaron a utilizar de manera masiva equipos basados en sistemas x86: la proliferación de servidores en forma casi incontrolable y sus consecuencias.

Figura 6. Uno de los primeros servidores físicos x86 que reemplazaron a los antiguos mainframes.

Recordemos que esta arquitectura utilizada para montar sistemas operativos Windows y Linux principalmente comenzó a jugar un papel preponderante en la gran mayoría de las empresas a comienzo

ARQUITECTURAS X86

Se denomina x86 a aquellos microprocesadores que son compatibles con la arquitectura Intel e IBM PC. Su nombre proviene de los primeros procesadores que fueron desarrollados por Intel, llamados 80186, 80286, 80386 y 80486. La empresa ha utilizado otros nombres para sus nuevos procesadores, pero en el mercado se siguió utilizando x86 como sinónimo de esta tecnología.

de los años 80, ya que ofrecían una capacidad de procesamiento y almacenamiento aceptable a un costo notablemente inferior a los sistemas centrales de procesamiento conocidos como **mainframes** (casualmente los que dieron vida al concepto de virtualización).

De esta forma, el procesamiento de datos y la ejecución de servicios de infraestructura fueron mutando de una modalidad centralizada a su antítesis, es decir, a un procesamiento **claramente distribuido**.

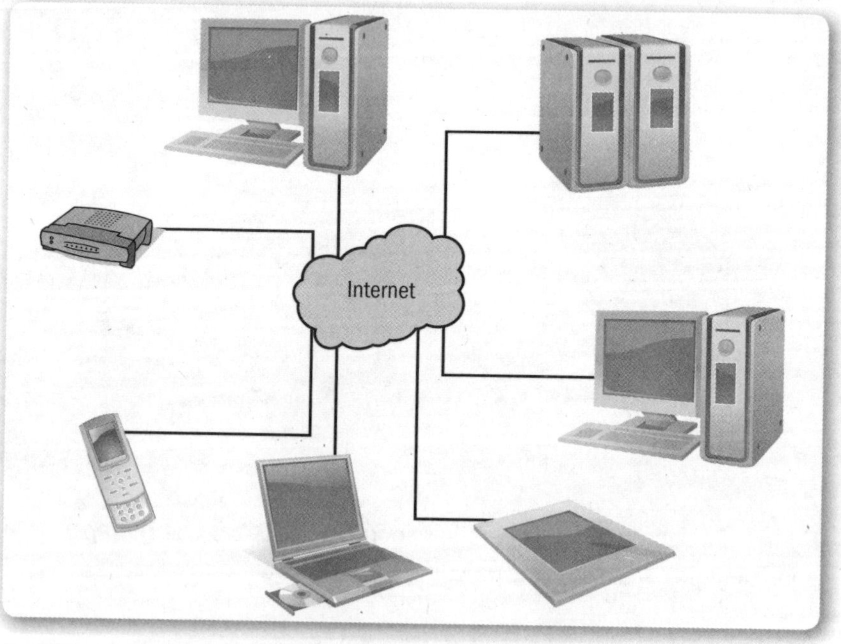

Figura 7. El concepto de **nube** implica disponer de las aplicaciones y la información desde cualquier lugar, como un servicio.

La infraestructura virtual marca el comienzo de una era en donde se prioriza el aprovechamiento de los recursos subutilizados por el sistema de procesamiento distribuido logrando un cambio drástico en la forma de ver la infraestructura. La infraestructura pasa de ser un costo asociado a los requerimientos del negocio a ser un centro de recursos optimizados para asegurar un nivel de servicio sustentable. El próximo paso nos muestra la manera de transformar la infraestructura como un servicio para el negocio, que puede ser automatizado para que la empresa y sus necesidades puedan abastecerse de él: el concepto de ***Cloud Computing*** (**procesamiento en la nube**).

Los fabricantes de servidores, almacenamientos externos y software han comenzado a adaptar sus productos al concepto de virtualización. Esto genera un cambio en la forma de licenciar las aplicaciones y sistemas operativos, en la arquitectura de los servidores y en las funcionalidades ofrecidas por los sistemas de almacenamiento de datos centralizados (*storages* de discos).

Figura 8. Un servidor x86 actual, la diferencia de tamaño con los primeros servidores x86 es notable.

Por qué la virtualización lo cambia todo

Cuando una empresa estudia la adopción de una nueva solución, básicamente analiza dos grandes aspectos: **costo** y **funcionalidad**. Dicho de otra manera, la relación **costo/rendimiento** de los productos involucrados. Una de las causas que generó la adopción del concepto de virtualización fue justamente la relación costo/rendimiento de la solución comparada contra el uso de servidores físicos.

Vamos a establecer los aspectos más destacados (aunque no todos) que, basados en nuestra experiencia, las empresas evalúan a la hora de definir avanzar con un proyecto que involucre la virtualización de sus servidores. No vamos a poner cifras al análisis económico porque como podremos ver más adelante no es necesario y podría generar confusión a la hora de tomara una decisión, ya que los valores y la forma de calcularlos varían en base al escenario específico y a la infraestructura existente en la empresa que evalúa.

El almacenamiento centralizado es la clave

Antes de comenzar el análisis económico y operativo de la infraestructura física y la infraestructura virtual, vale la pena entender que la infraestructura virtual descansa sobre una plataforma que es la clave de su funcionamiento: el almacenamiento centralizado.

> PARA QUE UNA INFRAESTRUCTURA VIRTUAL FUNCIONE, ES CLAVE EL ALMACENAMIENTO

Prácticamente todas las funcionalidades que ofrece VMware en su infraestructura virtual están basadas en un **storage** de discos capaz de brindar espacio de almacenamiento a los servidores físicos que se encargarán de que las máquinas virtuales funcionen. Dicho de otra manera, para que la infraestructura virtual sea eficiente, altamente disponible y segura, debe contar con al menos un storage de discos en donde se almacenen y se ejecuten las máquinas virtuales.

Si bien las máquinas virtuales pueden almacenarse en los discos locales de cada servidor, esto es solo recomendable cuando se va a hacer una prueba de la funcionalidad del concepto de virtualización o cuando se trabaja con máquinas virtuales que no son productivas. El hecho de trabajar sobre discos locales anula la posibilidad de contar con funcionalidades como alta

DATASTORE

Un **datastore** es un espacio de almacenamiento en donde se crean y utilizan las máquinas virtuales. Puede ser generado a partir de los discos locales de cada nodo o desde un subsistema de almacenamiento externo utilizando protocolos **FC**, **FCoE**, **ISCSI** o **NFS**.

disponibilidad, balanceo de carga, migración en caliente de máquinas virtuales, etc. Es importantísimo decidir con cuidado qué tipo de tecnología de discos y qué forma de comunicación vamos a utilizar, ya que de esta decisión dependerá la inversión que será necesaria hacer y cuán eficiente será nuestra infraestructura virtual.

VMware soporta **NFS**, **ISCSI**, **Fiber Channel** (**FC**) y **Fiber Channel over Ethernet** (**FCoE**) como protocolos de acceso al almacenamiento. La selección del protocolo no es trivial y va a depender de muchos aspectos, tantos que no se profundizarán en este libro. Nuestra recomendación es que utilicemos las mejores prácticas de VMware y del fabricante del almacenamiento elegido para tomar la decisión correcta.

Otra elección importante es definir qué tipo de tecnología de discos (o combinación de ellas) se usará para dar espacio a las máquinas virtuales. Hoy en día existen múltiples tecnologías y tamaños: **Fiber Channel**, **SAS**, **Nearline SAS**, **SATA**, **Flash**. Como vemos, la decisión es difícil y las variantes son muchas; lo importante es apoyarse en referencias del mercado, análisis de consultoras independientes, experiencias pasadas y documentación de VMware y de los fabricantes de los almacenamientos certificados para trabajar con VMware.

Figura 9. Uno de los storages actuales que utilizan las empresas para centralizar el almacenamiento de datos.

El espacio de almacenamiento utilizado por VMware se denomina **datastore** y es parte del diseño de la solución, ya que su tamaño y la performance que brinda son clave para el funcionamiento de la infraestructura. El sistema de archivos utilizado se denomina **VMFS**.

La configuración de un almacenamiento externo para que un equipo reciba espacio utilizable es la que detallamos a continuación: se crea una partición virtual a través de la generación de un **RAID** (***Redundant Array of Inexpensive Disks***), que puede consumir una parte o todo el RAID y se genera un volumen virtual que se presenta a los servidores que utilizarán ese espacio.

Comparación desde lo económico

Si comparamos una infraestructura física con una virtual desde un punto de vista económico, los aspectos que sobresalen son:

Consumo de recursos

Como comentamos antes en este capítulo, una de las causas de la proliferación de equipos en la infraestructura de las empresas era la tendencia a utilizar un servidor físico por cada aplicación o servicio. Esto obligaba a los administradores a usar uno o más servidores exclusivamente para este fin desperdiciando memoria, procesador y espacio en disco al punto de no llegar en la mayoría de los casos al **10 por ciento** (**10%**) de uso e incluso menos.

La virtualización de servidores, especialmente el concepto de infraestructura virtual diseñado por VMware, resuelve este problema. VMware utiliza servidores físicos con ESXi instalado, cuyo hipervisor tiene la capacidad de ejecutar múltiples instancias de máquinas virtuales y fue diseñado para aprovechar todos los recursos del servidor para la ejecución de esas máquinas. Las mejores prácticas de VMware indican que el límite aceptable de consumo para cada servidor ESXi en general es de un **75 por ciento** (**75%**).

RAID Y LUN

Se denomina **RAID** a un sistema para la protección de la información en caso de fallas en un disco. Los más conocidos y usados son el **RAID 1**, **RAID 5** y **RAID 10**. El **RAID 0** es el único que no posee ningún tipo de protección ante una falla. Por otro lado, la **LUN** es la forma de identificar unívocamente a cada volumen generado por un almacenamiento.

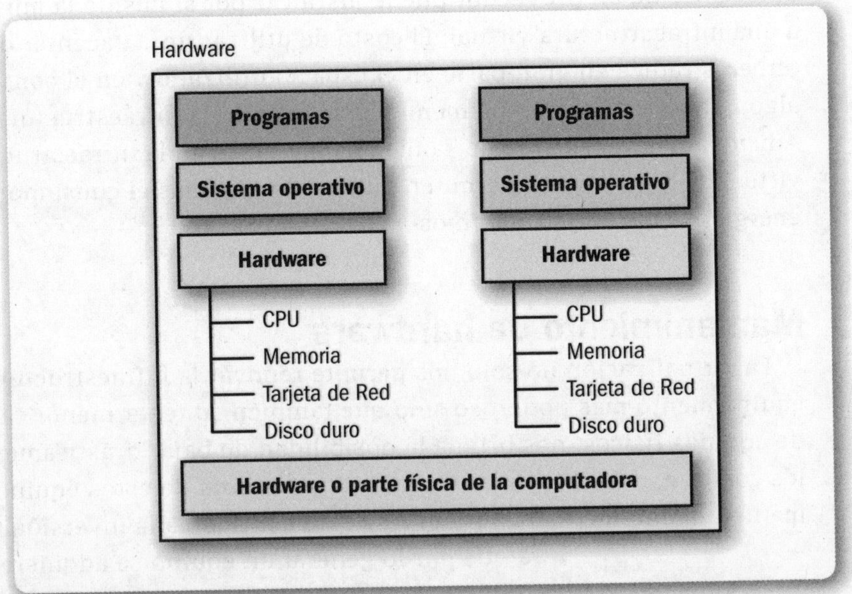

Figura 10. El hipervisor **ESXi** interactúa con el hardware para presentarlo a cada VM como si fuera propio.

Consumo de energía y espacio físico

La consecuencia de poder concentrar gran cantidad de máquinas virtuales en pocos servidores físicos gracias al hipervisor de VMware es un menor consumo de energía y de espacio, no solo de los servidores sino también del datacenter en general. Utilizar menos servidores también genera que se requieran menos equipos de comunicaciones y menos consumo por refrigeración. El ahorro de este tipo de costos para una empresa que tiene sus servidores en un

EL HIPERVISOR DE VMWARE

El **ESXi** es la evolución del primer hipervisor para entornos abiertos de la industria que no depende de un sistema operativo para ejecutarse y que fue desarrollado por VMware: **ESX**. El ESXi es el hipervisor más seguro y liviano existente (ocupa aproximadamente 144 MB en disco). También es llamado nodo o host.

datacenter de un proveedor puede justificar por sí mismo la migración a una infraestructura virtual. El costo de utilizar un datacenter de terceros radica en gran parte en el espacio utilizado y en el consumo, algo que se reduce notablemente virtualizando la infraestructura. Adicionalmente, existen herramientas incluidas en la infraestructura virtual de VMware que permiten minimizar aún más el consumo de energía, de las que hablaremos más adelante.

Mantenimiento de hardware

La virtualización no solo nos permite renovar la infraestructura con equipamiento más poderoso sino que también, al tener menor cantidad de equipos físicos, nos brinda la posibilidad de bajar drásticamente los costos asociados al mantenimiento y garantía de estos equipos. El mantenimiento del hardware es un costo asociado a la inversión inicial, ya que por lo general un equipo se adquiere con 3 años de garantía. A partir del tercer año, el mantenimiento de este soporte se torna cada vez más costoso debido a que se hace más difícil mantener un stock de partes para cubrir una posible falla de algunos de los componentes. Administrar la renovación tecnológica de una infraestructura física es costoso y complejo, mientras que una infraestructura virtual reduce los costos y simplifica el cambio de equipamiento sin interrupción de los servicios. Adicionalmente, la capacidad de distribuir equitativamente el uso de recursos permite a las empresas definir y adquirir el hardware que necesitan sin necesidad de sobredimensionarlo, logrando así una mejor inversión, y un menor costo en el mantenimiento y en la aplicación de mejoras.

> LA VIRTUALIZACIÓN BAJA LOS COSTOS DE MANTENIMIENTO Y GARANTÍA DE LOS EQUIPOS

Puesta en producción

Este punto es uno de los que puede tener más incidencia en el negocio. Si tuviéramos que hacer un cálculo en tiempo desde que se hace el requerimiento de un nuevo servidor hasta que este es entregado, deberíamos estimar la cantidad de días o semanas que requiere la realización de las tareas administrativas, que involucran diferentes departamentos de la empresa y que tienen como resultado la decisión de la marca y el modelo de servidor que se comprará, para luego hacer el pedido formal al fabricante. Luego, tendremos que calcular el tiempo que demanda la entrega del servidor.

Dependiendo de los procedimientos de cada empresa y tomando como plazo promedio de entrega del fabricante unos 30 días desde que se hace el pedido formal, podríamos estar hablando sin temor a equivocarnos de mínimamente 2 meses. Recordemos que se debe analizar técnica y económicamente las diferentes ofertas, realizar el pedido interno, generar el pedido formal al fabricante y luego esperar que sea entregado el equipamiento para su instalación y uso.

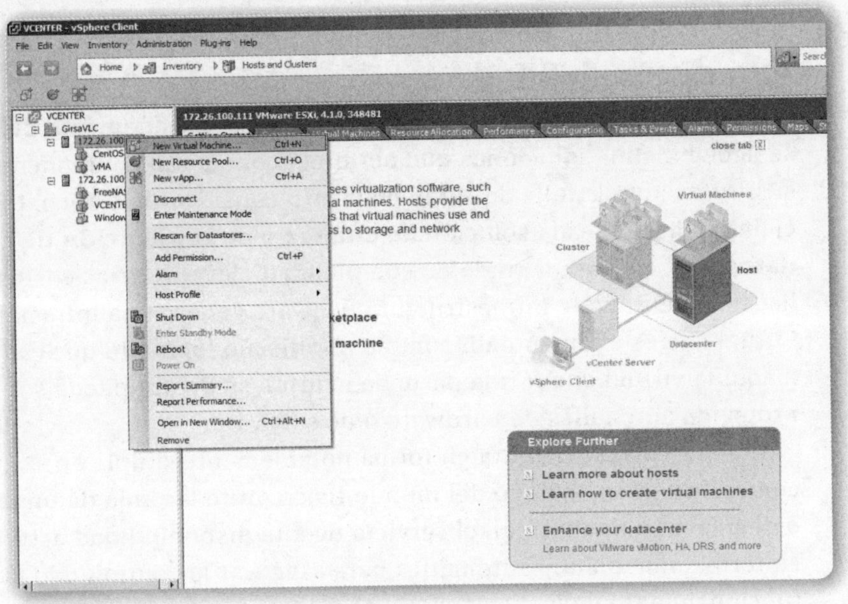

Figura 11. Con un solo clic derecho y pulsando **New virtual machine** podemos iniciar el proceso para crear una máquina virtual.

En cambio, en una infraestructura virtual con un nivel básico de procedimientos definidos tardaríamos lo que nos lleva hacer clic derecho, elegir **Nueva máquina virtual**, definir qué sistema operativo es el que será instalado y el hardware que necesitamos. Digamos que el cálculo no supera los **5 minutos como máximo**.

La infraestructura virtual nos permite crear los servidores necesarios con un nivel de simpleza y de velocidad que no tiene precedentes. A medida que vamos consumiendo más recursos con la generación de nuevas máquinas, podemos monitorear cómo esos recursos son utilizados y saber cuándo se requerirán nuevos servidores físicos para agregar a la infraestructura permitiendo a la empresa reducir costos, evitar retrasos en la puesta en marcha de nuevas aplicaciones de negocios y logrando que los cambios que se realizan en la infraestructura sean predecibles y transparentes para el negocio.

En los capítulos siguientes de este libro veremos en detalle algunas herramientas que nos permiten realizar estas tareas de una manera sencilla y sumamente efectiva.

Alta disponibilidad

Para que una infraestructura física se considere altamente disponible se deben incluir soluciones que permitan contar con componentes sustitutos ante la falla de algún elemento considerado crítico. Un ejemplo de esto es la solución de **cluster** o de **replicación de datos**, ambas con un grado de complejidad elevado, altos costos de licenciamiento y de infraestructura. VMware generó una infraestructura virtual que es altamente disponible por diseño logrando que cada máquina virtual que forma parte de la infraestructura pueda ser protegida ante fallas de hardware o de software.

Este servicio se habilita en forma notablemente simple en contraste con su análogo del mundo físico. Ante la caída de un ESXi o de una máquina virtual, el servicio de alta disponibilidad actúa en forma inmediata y automática para asegurar la continuidad del funcionamiento de la o las máquinas virtuales afectadas.

La herramienta de alta disponibilidad llamada HA está disponible en cualquier versión de VMware.

Respaldo y recuperación de datos

Una solución de respaldo típica en una infraestructura física requiere de una herramienta que acceda a cada servidor para copiar la información que se quiere proteger para luego enviarla por algún método de comunicación al dispositivo de almacenamiento.

Para lograr esto, es necesario un agente de respaldo instalado en cada equipo, permisos adecuados, coordinar los trabajos de respaldo para que no afecten a las aplicaciones que se están ejecutando, definir correctamente el o los dispositivos de respaldo, entre otras cosas.

Figura 12. vStorageAPI permite la reducción de la inversión de costos asociados al respaldo de datos.

Antes de que VMware creara la infraestructura virtual, las empresas debían comprar licencias para usar las funcionalidades de las herramientas de respaldo. La cantidad de licencias que se requerían

CLUSTER

El **cluster** brinda alta disponibilidad utilizando un subsistema de discos externos o de replicación para mantener el acceso a la información y a las aplicaciones en caso de falla de algún componente de hardware o de software. Cuando detecta alguna falla, el servicio de cluster es capaz de mover los datos a un componente que esté operativo para seguir procesando.

dependían directamente del números de servidores que se iba a proteger y de las aplicaciones involucradas.

Con el desarrollo de un conector específico para tal fin, llamado **vStorage API**, VMware simplifica el proceso de respaldo dramáticamente. Una de las consecuencias directas de eso es la reducción de costos en la solución de respaldo y recuperación de datos. La forma adecuada de licenciar el respaldo de las máquinas virtuales es por procesador físico (identificado como **socket**) o por ESXi, sin importar cuántas máquinas virtuales estén corriendo en la infraestructura. Menos complejidad, mayor rendimiento, menor costo. Incluso VMware ofrece la herramienta de respaldo **Data Recovery** que tiene las mismas funcionalidades sin ningún costo adicional.

Lo que se logra con esto es eliminar el uso de agentes instalados en cada servidor y así generar una carga de trabajo excesiva que compita con las aplicaciones que son ejecutadas en ese momento, para dar servicios al negocio. Adicionalmente, permite recuperar un equipo completo desde el mismo respaldo, funcionalidad que no era posible con las soluciones de respaldo tradicionales.

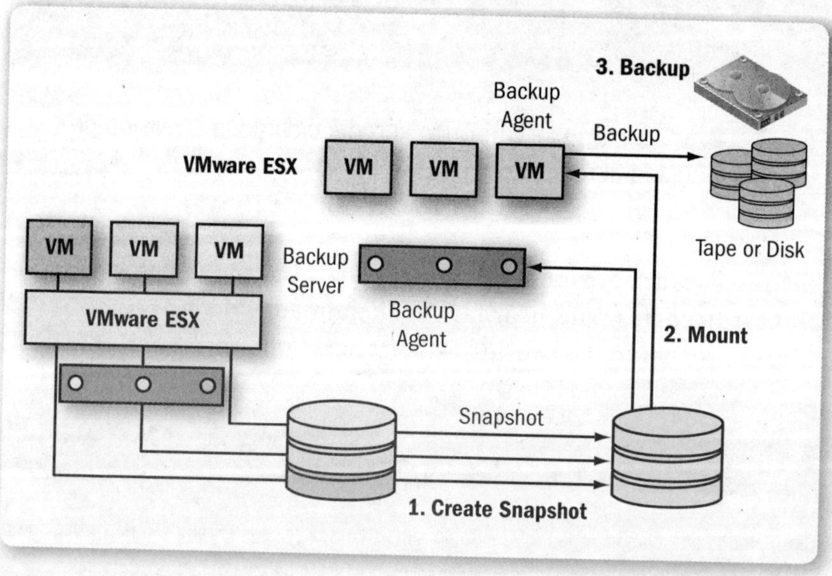

Figura 13. Esquema de funcionamiento del vStorage API aplicado al respaldo de máquinas virtuales.

Recuperación ante desastres

Una excelente solución de recuperación ante problemas es un grupo de procedimientos manuales o automáticos claramente definidos, cuyo objetivo es asegurar el correcto funcionamiento de los procesos críticos para la continuidad del negocio, en caso de un desastre producido por la naturaleza o por el hombre.

Estos procedimientos pueden ser completamente diferentes dependiendo de la empresa en cuestión, del sitio en donde se encuentra físicamente, el entorno, entre otras cosas.

Generar y mantener una solución de recuperación ante desastres resulta históricamente muy costoso, principalmente por el hecho de que el período de recuperación requerido debe ser del menor tiempo posible y la pérdida de datos mínima o nula.

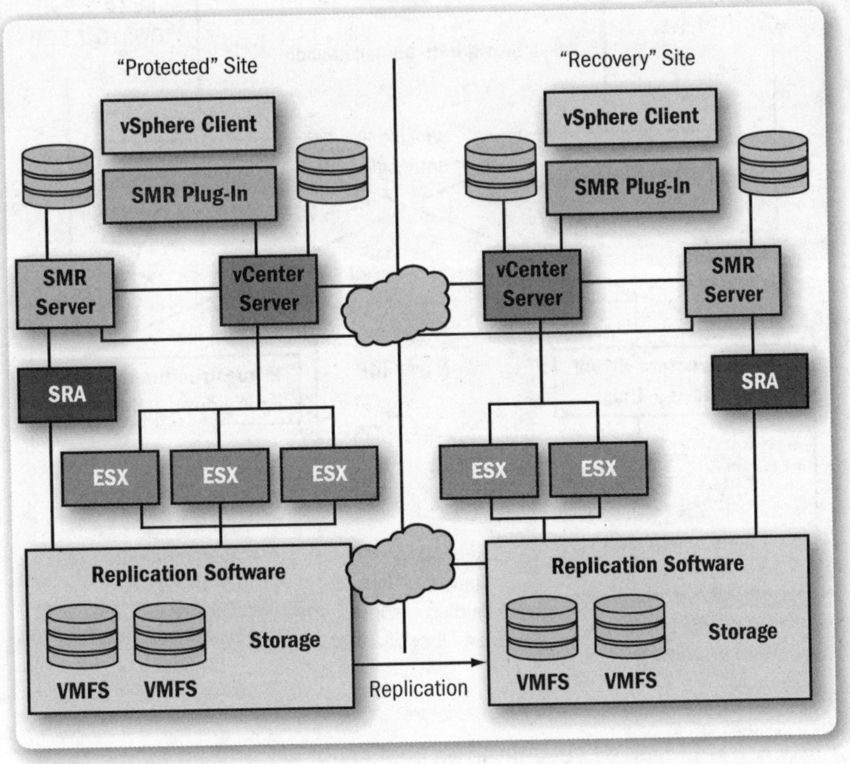

Figura 14. SRM requiere de algún tipo de replicación de discos y dos infraestructuras virtuales, cada una con su vCenter.

Este tipo de soluciones generalmente involucra, entre otras cosas, sistemas de duplicación de datos, vínculos de comunicaciones exclusivos, replicar el equipamiento y dependencia de personal altamente capacitado para su ejecución.

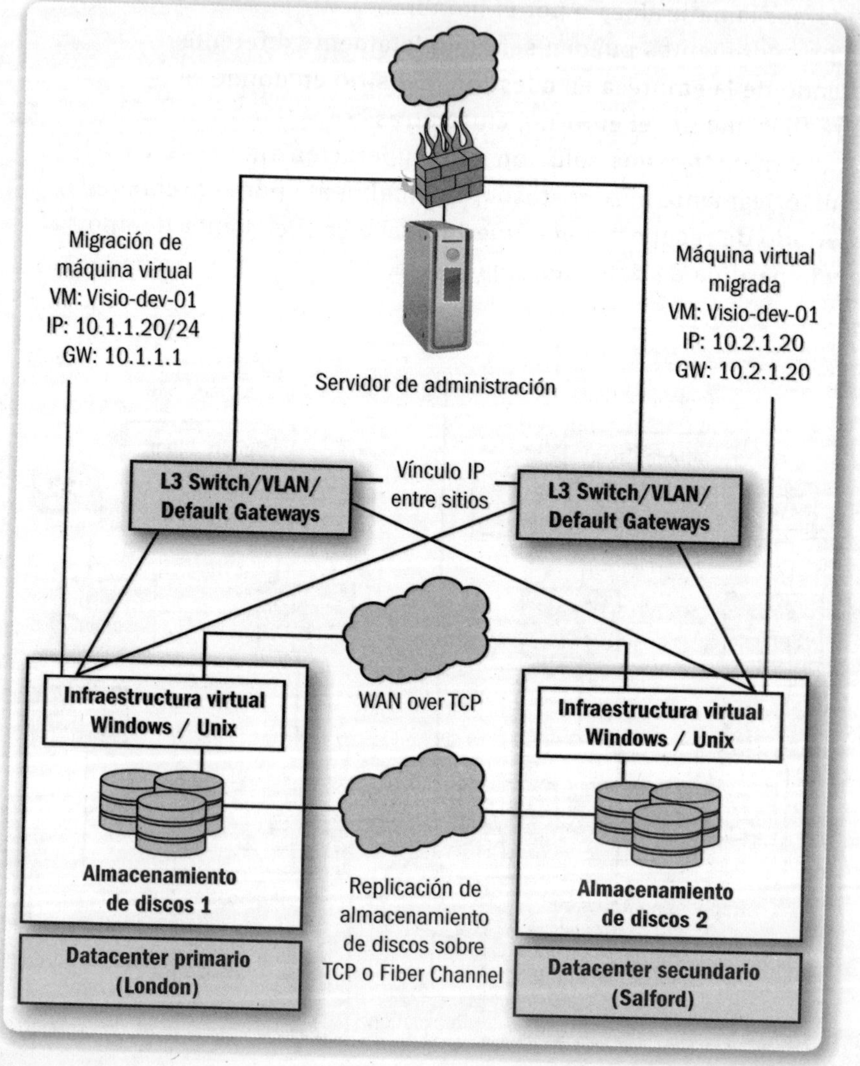

Figura 15. El plan de recuperación se ejecuta automáticamente y su duración depende del tiempo de encendido y procesamiento.

VMware en el año 2008 crea un producto que hasta hoy es **único** en el mercado y del que hablaremos en los capítulos siguientes: **Site Recovery Manager**. Este producto que utiliza como base para su funcionamiento la infraestructura virtual de VMware (**vSphere**), automatiza el proceso de recuperación de las máquinas virtuales de un sitio en otro, en forma granular, y permite realizar pruebas de funcionamiento de la solución sin interrumpir el servicio. El plan de recuperación al ser **automático** puede ser ejecutado por personal con conocimientos básicos de informática.

SITE RECOVERY MANAGER AUTOMATIZA UN PLAN DE DISASTER RECOVERY

El producto aprovecha todas las funcionalidades y ventajas de la infraestructura virtual generando ahorros en equipamiento, licencias de productos de replicación, horas de pruebas y generación de documentación, y por sobre todo minimizando el tiempo en que las aplicaciones críticas vuelven a funcionar luego de un desastre.

Comparación desde lo operativo

Hasta aquí hemos analizado y comparado la infraestructura física con la infraestructura virtual desde el aspecto económico. Desde el punto de vista operativo, vamos a revisar las capacidades de las diferentes infraestructuras para entender con qué facilidad se adaptan a los cambios, qué necesitan para poder escalar, cómo se administran y se mantienen los dos entornos y los requerimientos para poder generar una infraestructura segura y capaz de soportar fallas.

Los aspectos seleccionados son, basados en nuestra experiencia, los más importantes y determinantes en la comparación. Muchos de ellos también han sido analizados desde el punto de vista económico.

SRM

Site Recovery Manager es, hasta la fecha, una herramienta única para la generación y ejecución de planes de contingencia. El Banco Central de la República Argentina lo avala para las entidades que audita, como procedimiento válido de recuperación ante desastres.

Independencia del hardware

Este concepto es la base para que la infraestructura virtual haya sido adoptada tan velozmente. Las máquinas virtuales no dependen del hardware en la que se ejecutan al punto que podrían funcionar en diferentes modelos de nodo, incluyendo distintos tipos y cantidad de procesadores, placas de red, discos, etc. Esto les permite moverse entre ESXis en tiempo real o por la falla de algún componente y que la infraestructura virtual escale en forma vertical (agregando más capacidad de procesamiento por nodo ESXi) u horizontal (agregando más nodos a la infraestructura), sin que esto genere una interrupción en el servicio. Otro elemento que demuestra la portabilidad de las máquinas virtuales es el concepto de virtual appliance. El **virtual appliance** es una máquina virtual prearmada que cumple una funcionalidad específica que nos permite simplificar su puesta en marcha y administración.

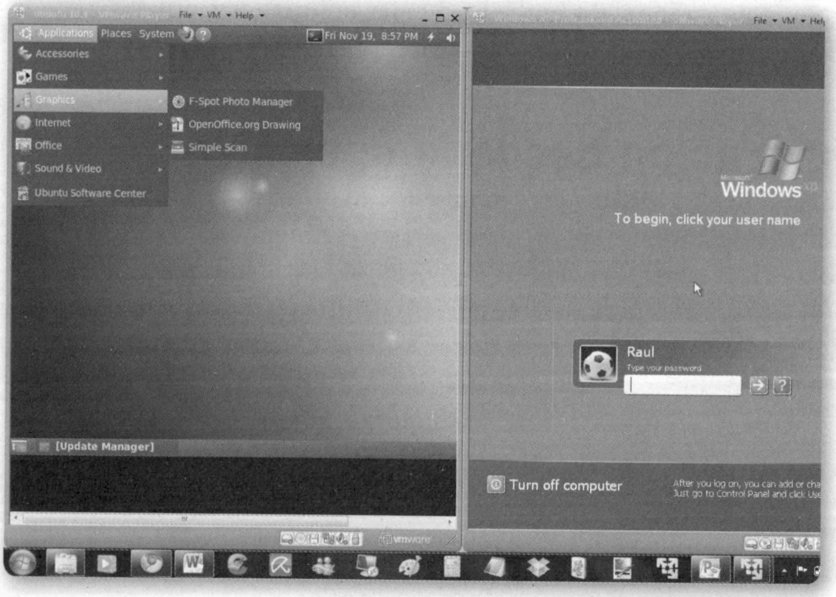

Figura 16. Veamos cómo en Windows 7 están ejecutándose dos máquinas virtuales, una con Windows XP y otra con Ubuntu.

La idea fue rápidamente adoptada con el surgimiento de vSphere y actualmente existe un portal en la página web de VMware, desde donde pueden bajarse directamente, y la gran mayoría de los fabricantes de aplicaciones lo presentan como una opción por sobre los binarios de su producto. El virtual appliance por lo general utiliza sistemas operativos de uso gratuito para minimizar costos y consumir menos recursos de la infraestructura virtual.

Administración de la infraestructura

La administración de las aplicaciones es común a ambas infraestructuras, ya que no difiere significativamente de que sea puramente física o virtual. Administrar los sistemas operativos incluye la instalación en forma periódica de parches correctivos y de seguridad, verificar el consumo de recursos, utilización de espacio en disco, optimización de componentes. En caso de contar con diferentes sistemas operativos (Windows, Linux, UNIX), esto obliga a las empresas a utilizar distintas metodologías de administración y, en muchos casos, diferentes perfiles para realizar las tareas necesarias. Administrar y monitorear el hardware requiere resolver en forma proactiva o reactiva problemas asociados a fallas de componentes, instalación de firmwares para asegurar la estabilidad de la plataforma, instalar nuevos componentes para sumar capacidad de procesamiento, etc. En caso de poseer equipos de diferentes fabricantes de servidores, equipos de comunicaciones o sistemas de almacenamiento, es común contar con varias herramientas diferentes que requieren capacitación y dificultan las tareas. Otro problema frecuente es la complejidad en la interconexión de los

> LA ADMINISTRACIÓN DE LAS APLICACIONES ES COMÚN A AMBAS INFRAESTRUCTURAS

VMWARE VIRTUAL APPLIANCE MARKETPLACE

En este sitio se encuentra centralizada una lista completa de **appliances** probados y certificados para funcionar correctamente con VMware. Pueden ser descargados en modo prueba o sin costo alguno, dependiendo de su función y los productos que están incluidos. La dirección del sitio web es la siguiente: **https://solutionexchange.vmware.com/store/category_groups/19.**

componentes de la infraestructura al punto de ser una de las principales causas de caídas de los sistemas o de degradación en el rendimiento de aplicaciones.

Figura 17. La conexión de los equipos en un datacenter puede ser un caos y mucho más si se utilizan diferentes proveedores de hardware.

El hecho de no contar con las herramientas adecuadas para el monitoreo y la administración de la infraestructura genera que las aplicaciones productivas no funcionen como se requiere o incluso no detecten fallas a tiempo y, como consecuencia, tener que enfrentar inesperadas interrupciones en el funcionamiento de la infraestructura. Las herramientas que centralizan gran parte de las tareas y simplifican la administración y monitoreo de los componentes mencionados son costosas y requieren de personal calificado, que debe ser constantemente capacitado. En los entornos virtuales basados en vSphere, la gran mayoría de estas herramientas están incluidas en la consola de administración centralizada llamada **vCenter Server**, pieza fundamental de la solución que permite que muchas de las funcionalidades de vSphere puedan ser utilizadas.

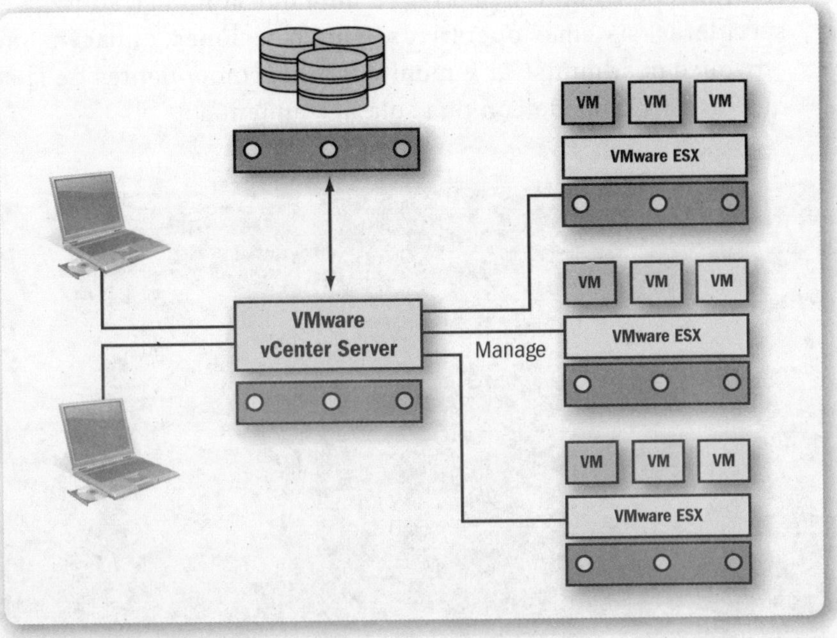

Figura 18. vCenter es el componente principal de la infraestructura virtual y su falla no impide que las máquinas virtuales sigan funcionando.

vCenter Server permite la instalación automática de los parches correctivos y de seguridad a nivel ESXi, virtual appliances y las VMware tools, monitoreo constante del hardware involucrado, monitoreo de performance de la solución completa incluyendo ESXi, máquinas virtuales, comunicación de red y conectividad con los subsistemas de almacenamiento. Además, facilita la administración de muchos de los aspectos de la infraestructura virtual de una manera

VCENTER SERVER

Anteriormente llamado Virtual Center, es el motor que permite que técnicas como **vMotion, DRS, Fault Tolerance**, etc. puedan ser aplicadas. Aquí se centralizan todas las operaciones relacionadas con la administración del entorno virtual, también controla el estado del hardware, las licencias y los permisos de acceso y uso de la infraestructura virtual.

centralizada, simple y segura. Permite que administradores de servidores, sistemas operativos, comunicaciones, almacenamiento, etc. puedan administrar y monitorear los componentes de la solución que les corresponde con una sola herramienta.

Figura 19. Las diferentes tecnologías en un mismo datacenter pueden complicar su mantenimiento e impedir que evolucione óptimamente.

Previsión de consumo

La **previsión de consumo** es la **capacidad de medir** el nivel del crecimiento del consumo de los recursos de la infraestructura, de manera que nos permita calcular con suficiente **antelación** el momento en el que será necesario agregar mayor cantidad de los recursos que se están midiendo. En otras palabras, saber cuándo será necesario más almacenamiento, más capacidad de procesamiento, etc. con suficiente tiempo para realizar todos los procedimientos para conseguirlo antes de que esta necesidad genere un problema a la empresa. La previsión de consumo en un entorno físico es al menos muy complicada de realizar con eficacia. El entorno físico obliga a que cada servidor utilice sus propios recursos de red, procesador y memoria. En el mejor de los casos podría recibir espacio de almacenamiento de forma externa que facilite la administración y la previsión. Para llevar una previsión efectiva –esto es evitar que una infraestructura virtual se quede sin recursos de forma imprevista o que contemos con recursos ociosos por haber calculado en exceso– es necesario asignar mucho tiempo de monitoreo y cálculos personalizados y manuales, o bien contar con alguna herramienta o herramientas de terceros que faciliten el cálculo.

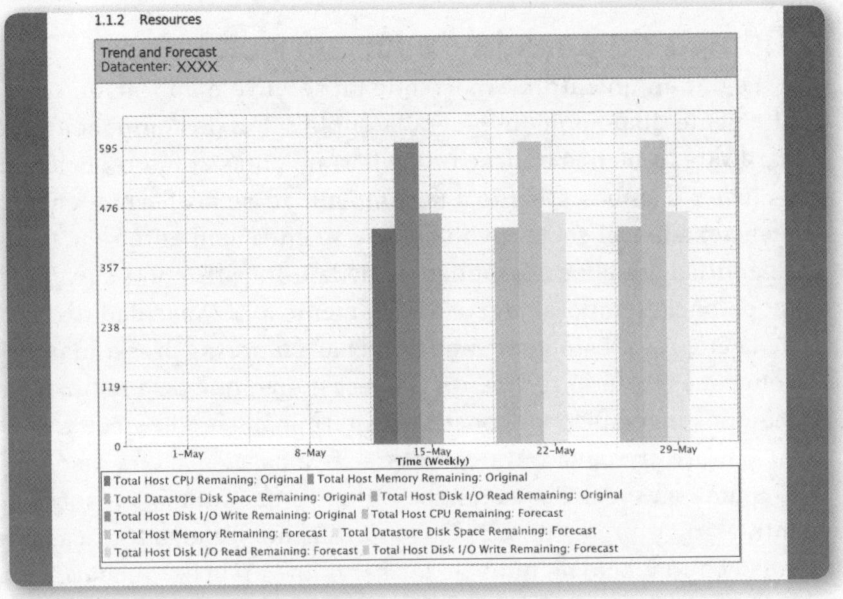

Figura 20. Los informes de capacidad y tendencia de consumo permiten entender cuándo la capacidad virtual está llegando al máximo.

La previsión de consumo en un entorno virtual se puede realizar de una manera más sencilla y permite lograr cálculos con bastante precisión. ¿El motivo? Es posible monitorear la infraestructura desde una consola de administración que visualiza de manera concentrada a todos los objetos y que permite almacenar información histórica para facilitar el cálculo de la tendencia.

Apoyados con herramientas que se instalan en el Virtual Center o que se comunican remotamente con él, podemos también identificar qué máquinas virtuales están sobredimensionadas o subdimensionadas pudiendo ajustar las configuraciones en la gran mayoría de los casos en tiempo real y logrando extender la vida útil de los recursos invertidos. A la hora del pedido de adquisición de nuevos recursos, la justificación del pedido se logra fácilmente a través de reportes que indican la tendencia y la necesidad de su requerimiento facilitando el proceso y minimizando el riesgo de que se generen problemas de rendimiento o fallas en las aplicaciones por falta de recursos.

Tiempo de parada de los servicios

Lograr en un entorno físico que un servicio o aplicación sea altamente disponible involucra la duplicación de componentes de hardware, o bien la aplicación de herramientas como replicación y cluster o ambas. Debido a la complejidad de las herramientas mencionadas, el costo involucrado y al entrenamiento requerido, solo se aplica a aquellos componentes de la infraestructura cuya falla o inoperancia temporal afecte directamente a la capacidad de producción de la empresa. Esto genera que muchas empresas prescindan de estas soluciones cuando realmente las necesitan o que las reemplacen con métodos manuales, que poca veces terminan siendo efectivos.

VMware creó una infraestructura cuya base es la alta disponibilidad logrando en todas las máquinas virtuales que funcionen sobre su infraestructura mucho más de lo que las nombradas técnicas podían conseguir en solo algunos de los servidores físicos. Técnicas como **HA**, **Fault Tolerance**, **Update Manager**, **vMotion** y **DRS** no solo permiten evitar interrupciones inesperadas de los servicios por fallas sino minimizar e incluso eliminar los tiempos de parada programados por actualizaciones o actualización de hardware. Esto permite a los encargados de la administración focalizarse en tareas proactivas,

FAULT TOLERANCE

Esta funcionalidad eleva al máximo el nivel de disponibilidad de una maquina virtual generando una copia en tiempo real que queda oculta. Si la máquina virtual productiva falla por problemas de hardware o conectividad, la copia entra en funcionamiento en forma transparente y sin interrupción de servicio.

como el monitoreo y optimización de la infraestructura, y no en tareas relacionadas con la resolución de fallas inesperadas o la programación de la bajada de sistemas para aplicar actualizaciones o realizar actualizaciones de hardware a la infraestructura.

Escalabilidad

Evaluar la escalabilidad de una infraestructura es entender qué cambios necesitan ser realizados y cuán fácil es efectuarlos para adaptarse a las nuevos escenarios, elevar su calidad de servicio y expandir sus capacidades. La capacidad de escalar de una infraestructura física depende, por lo general, de los componentes involucrados, que pueden ser hardware, software o una combinación de ambos. En la gran mayoría de los casos, el cambio produce un gran impacto en los sistemas operativos y en las aplicaciones, ya que no pasará desapercibido para ellos y seguramente involucre modificaciones y paradas de servicio. Este aspecto es otra gran ventaja para la infraestructura virtual. Escalar se puede hacer de varias formas y en todas ellas sin impacto en el sistema operativo ni en las aplicaciones de las máquinas virtuales. Es posible agregar capacidad de procesamiento a ESXi, incorporar nuevos ESXi, sumar almacenamiento o componentes de red, sin que esto nos obligue a parar los servicios que se ejecutan en este entorno. Podemos incorporar funcionalidades a la solución, migrar a nuevas versiones de hipervisores e incluso a un nuevo subsistema de disco externo sin tener que planificar una parada de los

> EVALUAR LA ESCALABILIDAD ES ENTENDER Y ADAPTARSE A LOS NUEVOS ESCENARIOS

UPDATE MANAGER

Es una aplicación que se integra dentro del vCenter, cuyo objetivo es automatizar el inventario y la aplicación de parches para componentes de la infraestructura virtual. Permite aplicar actualizaciones y parches sobre ESXi, VMware Tools y virtual appliances. En combinación con vMotion y DRS, brinda la posibilidad de utilizar estas mejoras en forma segura y eliminando los tiempos de parada de servicios, para simplificar así una tarea que en el mundo físico puede ser compleja.

servicios. También existe la posibilidad de agregar discos, extender los existentes e incluso, en ciertos sistemas operativos, adicionar memoria sin reiniciar. Incorporar más procesamiento o capacidad a la solución automáticamente genera que todas las máquinas virtuales involucradas puedan sacar provecho de ello, algo imposible en un entorno físico.

VMware vSphere

Si bien podríamos enumerar muchas funcionalidades que identifican al producto y explican por qué el mercado lo adoptó con sorprendente velocidad y naturalidad, existen tres motivos que por lo que representan y por ser la base de otras funcionalidades de vSphere vale la pena destacar: **HA**, **vMotion** y **DRS**.

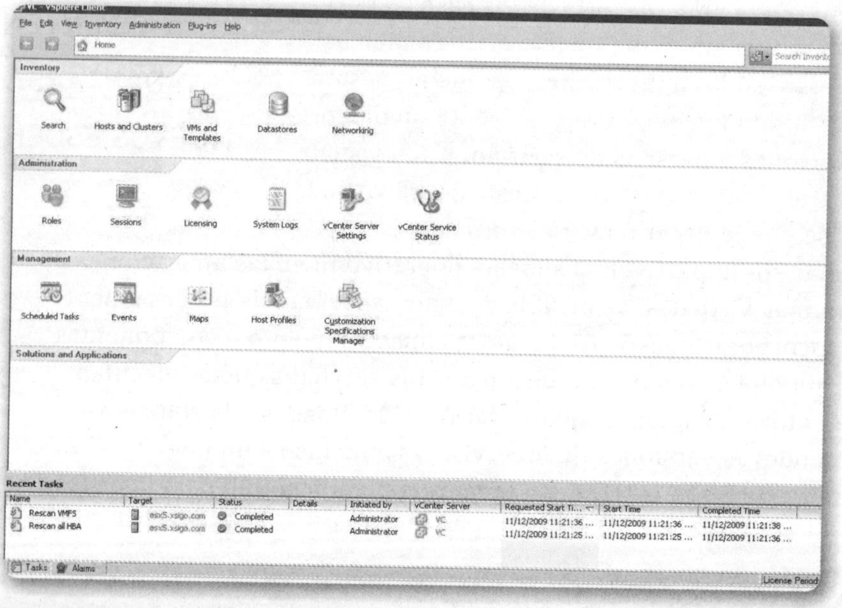

Figura 21. En la consola central instalada sobre Windows o a partir de un virtual appliance podemos administrar toda la infraestructura virtual.

La visión de infraestructura virtual que VMware construye con sus productos está basada principalmente en la capacidad de la solución de estar disponible continuamente, poder adaptarse en forma natural a los cambios del negocio y lograr de una manera automática la utilización en forma balanceada de los recursos disponibles. HA, vMotion y DRS son los principales responsables de que estas premisas se cumplan.

HA

HA son las siglas de **High Availability** (en español significa **alta disponibilidad**), que se refieren a una de las funcionalidades elementales de VMware vSphere.

Existe desde la primera versión del producto y cualquier edición de este la incluye como funcionalidad.

Esta función se habilita desde el vCenter a nivel cluster. Un cluster para vSphere es una agrupación lógica de ESXis que comparten las mismas funcionalidades y recursos.

HA permite que en caso de que un nodo quede fuera de servicio en forma abrupta o inesperada (una falla de hardware, un corte de luz, problemas con el hipervisor, etc.), las máquinas virtuales que son afectadas se reinicien en forma automática en los nodos restantes y en base a la prioridad establecida para cada una.

> HA REINICIA DE MANERA AUTOMÁTICA LAS MÁQUINAS VIRTUALES AFECTADAS

Como funcionalidad adicional es posible también configurar el monitoreo de las máquinas virtuales utilizando las **VMware tools** para que en caso de detectar alguna alteración o falla a nivel sistema operativo sean reiniciadas en el mismo nodo o en otro.

Hasta la versión 4, el monitoreo del funcionamiento de cada ESXi se realizaba por medio de una conexión de red privada en forma similar a

VMWARE VSPHERE

El nombre **VMware vSphere** se refiere a la denominación con la que se identifica a la infraestructura virtual de VMware, conocida a partir de la versión 4 y hasta el momento.

El cambio de nombre se relaciona principalmente con la aparición del nuevo concepto de nube como visión principal de la evolución del producto por parte de VMware, y que tomó especial trascendencia al surgir la verisón 4 de la infraestructura virtual de VMware.

las soluciones de cluster tradicionales. La falla de esta conexión podía generar un estado de **Split Brain** en donde un nodo quedaba aislado del cluster ya que no tenía conexión con el resto a nivel red pero aún se encontraba en funcionamiento.

La versión 5 agrega una nueva forma de detección de fallas a partir de monitorear la conexión de cada ESXi a determinados datastores con acceso común. Esto permite minimizar las condiciones de aislamiento ya que si falla la conexión entre los ESXi de un cluster se genera una nueva verificación a partir del acceso del ESXi a los datastores. Si el ESXi prueba que funciona correctamente accediendo a los datastores no se produce ninguna situación que genere el reinicio de las máquinas virtuales en otro nodo.

VMOTION PERMITE MOVER UNA MÁQUINA VIRTUAL SIN INTERRUPIR EL SERVICIO

Durante el diseño de una infraestructura virtual se deben calcular cuántos nodos serán necesarios para ejecutar todas las máquinas virtuales. A esa cantidad se le suma al menos un nodo para que la funcionalidad de HA sea efectiva en el caso de que un nodo del cluster falle. A medida que la infraestructura crece y las máquinas virtuales proliferan es muy importante mantener el concepto de **N+1** en cada cluster, ya que de lo contrario en caso de falla de un nodo no todas las máquinas virtuales tendrían la capacidad de reiniciarse en el resto de los nodos.

Esta práctica a veces no es fácil debido a que todos los nodos de un cluster están activos y su carga puede variar por diferentes circunstancias. En los próximos capítulos veremos varias herramientas muy útiles que nos servirán de ayuda para monitorear que esta capacidad se mantenga mientras la infraestructura crece y nos alertarán cuando los niveles de consumo de los recursos de un cluster estén peligrosamente altos.

VMWARE TOOLS

Son una serie de utilidades que se instalan en la máquina virtual y permiten optimizar el uso de la memoria y el disco y el monitoreo de la máquina virtual desde el ESXi o el vCenter. Funcionalidades como Fault Tolerance, HA, DRS y vMotion requieren que las VMware Tools estén funcionando en las máquinas virtuales.

vMotion

Sin lugar a dudas se trata de la funcionalidad más sorprendente que VMware ha creado. El concepto nació con el producto **Virtual Infrastructure** que permitía mover una máquina virtual en funcionamiento de un ESXi a otro sin interrupción alguna del servicio, estableciendo la base para otras funcionalidades como **DRS y DPM**.

Requiere del uso de un subsistema de discos compartido por los ESXis para su funcionamiento y de procesadores de la misma marca (Intel o AMD), aunque pueden ser diferentes.

El proceso aprovecha el potencial del sistema de archivos creado por VMware, que permite el acceso múltiple de nodo para asignar la máquina virtual a otro equipo y copiar la totalidad del contenido de la memoria en el equipo destino liberando al nodo origen y permitiendo que la máquina siga funcionando en el nodo destino sin ninguna interrupción del servicio.

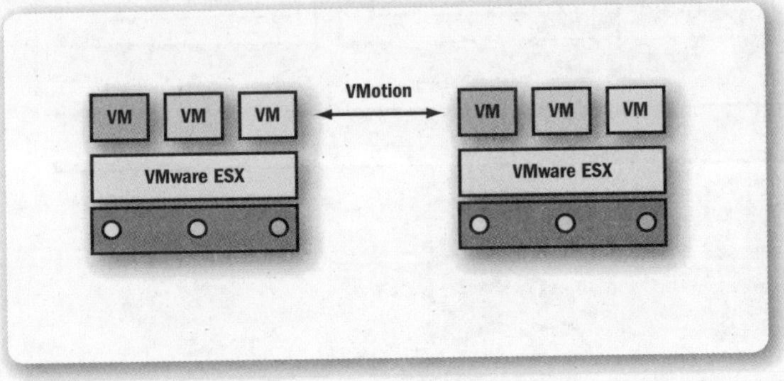

Figura 22. Este diagrama esquematiza el concepto simplificado de la herramienta de vMotion.

N+1

Se denomina de esta manera a un equipamiento que soporta la caída de uno de sus componentes. Es comúnmente utilizado en soluciones de cluster o en configuraciones con componentes redundantes, como por ejemplo las fuentes de un servidor que ante la caída de una de ellas las restantes soportan la carga sin generar interrupción del servicio.

Esta funcionalidad permite bajar drásticamente los tiempos de apagado de los servicios por mantenimiento, habilitar la funcionalidad de balanceo de carga entre los ESXi, ejecutar más eficientemente un proceso de *failover* ante la caída de un nodo, ahorrar energía apagando un ESXi en caso de que la carga de trabajo lo permita, entre otros.

DRS

DRS son las siglas de **Distributed Resource Scheduler**, algo así como programación de recursos distribuidos.

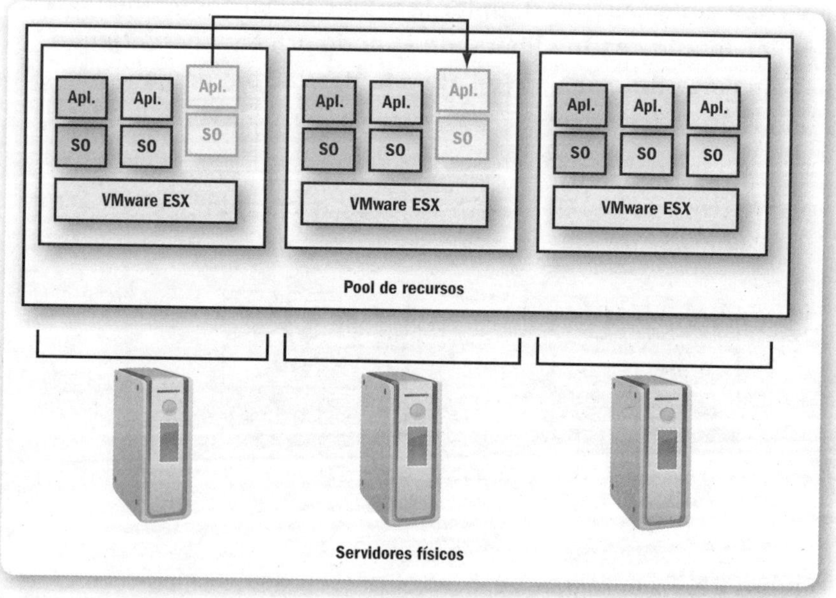

Figura 23. DRS logra utilizar equilibradamente los recursos entre todos los nodos de un mismo cluster.

Con la funcionalidad DRS es posible crear **resource pools**. Este concepto permite agrupar un conjunto de máquinas virtuales aplicando prioridad de uso de CPU, memoria y acceso a disco, con el fin de establecer una jerarquía clara en caso de que estos recursos sean escasos. Los resource pools posibilitan que dentro de un cluster puedan convivir máquinas virtuales con diferentes requerimientos de uso de recursos y que dispongan de distinta criticidad, y que todas ellas aprovechen los recursos disponibles de la mejor manera en base a los requerimientos del negocio.

DRS realiza recomendaciones relacionadas con la distribución de las máquinas virtuales en los ESXi que forman el cluster. Cuando una máquina virtual se enciende, puede recomendar el nodo adecuado para ejecutarla, o bien puede decidir por sí mismo dependiendo de la configuración que se haya realizado.

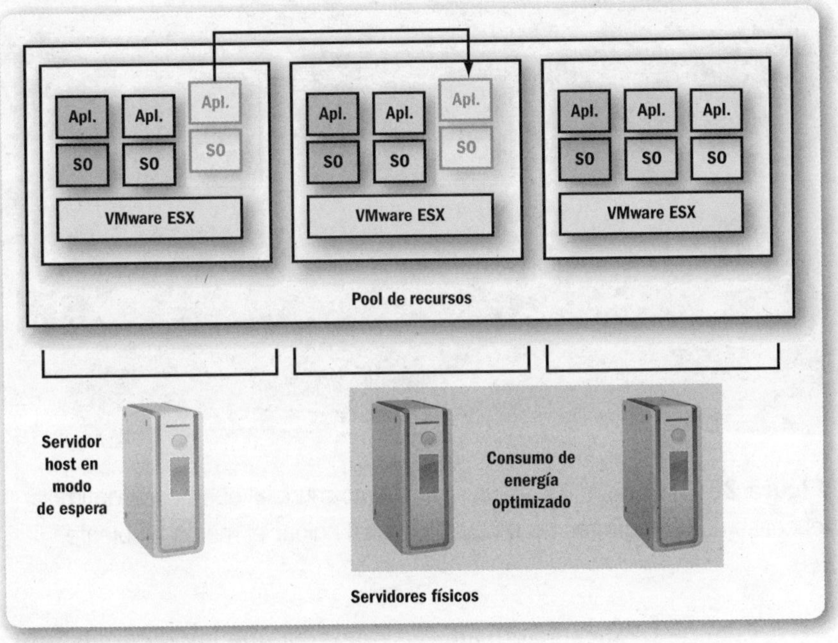

Figura 24. En este esquema podemos analizar el concepto simplificado de la herramienta de DPM.

SPLIT BRAIN

Se llama así a una condición que puede darse en una solución de cluster por la falla de la conexión privada entre los nodos. Cada nodo cree que el resto no funciona y trata de ejecutar todos los recursos del cluster provocando un mal funcionamiento e incluso la posible pérdida y corrupción de datos.

Una funcionalidad adicional que se desprende de DRS es DPM (***Distributed Power Management*** o **administración distribuida de energía**), muy relacionada con el concepto de **Green IT**, ya que permite reducir el consumo de energía en forma automática.

Figura 25. El **Green IT** es un movimiento mundial que busca optimizar el consumo de recursos no renovables para cuidar el medio ambiente.

Cuando DPM está activado y se detecta que los recursos utilizados en el cluster pueden ser cubiertos por menos nodos que los que actualmente están en funcionamiento, de manera automática asigna las máquinas virtuales que estaban funcionando al resto de los nodos

STORAGE VMOTION DATO ÚTIL

Storage vMotion es una variante de la técnica de vMotion que permite mover una máquina virtual de un datastore a otro, sin tener la necesidad de interrumpir su funcionamiento. vCenter permite realizar el proceso de vMotion y Storage vMotion en el mismo proceso.

utilizando DRS y luego apaga el o los nodos sobrantes. Cuando el nivel de consumo lo requiere, DPM vuelve a prender el o los nodos y balancea el consumo de recursos nuevamente.

Consejos

- La virtualización es un concepto que solo ofrece ventajas comparado con una infraestructura tradicional. La clave está en entender cuál es el momento más oportuno para llevar a cabo el cambio y por dónde empezar.
- Adoptar el concepto de virtualización a veces no sólo depende de un aspecto técnico o económico. La resistencia a un cambio de esta magnitud puede ser suficiente para que el proyecto fracase en el intento. Es importante involucrar a los responsables de los servidores que serán virtualizados para que entiendan las ventajas relacionadas con el cambio.
- Para que la solución de virtualización funcione como esperábamos, no solo se requiere tener el hipervisor correcto. Los componentes de hardware son tan importantes como los componentes de software, y la forma con que se configure y mantenga la solución también.

RESUMEN

En este capítulo pudimos conocer la historia de la virtualización desde sus orígenes para comprender por qué se adoptó de forma tan masiva.
Sumamos conocimiento suficiente como para poder comparar y apreciar las diferencias entre una infraestructura física y otra virtual. Finalmente, conocimos las características de la infraestructura virtual creada por Vmware, junto con sus funcionalidades más destacadas.

Actividades

TEST DE AUTOEVALUACIÓN

1 Enumere las tres funcionalidades más importantes de vSphere.

2 Indique cuál es la creación que representa el primer concepto relacionado con la virtualización de equipos.

3 Mencione al menos seis conceptos que representan una ventaja de la infraestructura virtual sobre la infraestructura física.

4 ¿Qué se requiere para que vMotion funcione correctamente?

5 ¿Cómo se llama el componente que permite realizar respaldos y recuperaciones de máquinas virtuales sin la necesidad de instalar ningún agente en ellas?

6 ¿Cómo se denominan los componentes que se instalan en cada máquina virtual para mejorar su rendimiento y el de herramientas como DRS y HA?

7 ¿Qué herramienta que forma parte de vSphere está relacionada con el concepto de Green IT?

8 Especifique qué pieza de hardware debe formar parte de la infraestructura virtual para que herramientas como HA, vMotion, DRS y Fault Tolerance puedan funcionar.

9 ¿Qué herramienta fundamental centraliza la mayoría de las funciones de administración en un entorno virtual?

10 ¿Cuál es el nombre de la VM que fue creada para cumplir una función especifica, prearmada y que puede descargarse desde el portal de VMware?

*02

VMware vCenter Operations

Cuando los equipos virtuales en una empresa son pocos, es posible controlarlos con una herramienta habitual de monitoreo. En cambio, cuando el número empieza a crecer debemos obtener otro tipo de herramientas. VMware Operations 5 viene a subsanar esta necesidad de los ambientes virtuales. En este capítulo, conoceremos a fondo sus secretos.

Monitoreo de tercera generación

Los sistemas de monitoreo de servidores físicos y virtuales han ido evolucionando con el correr de los años. En muy poco tiempo y al ir adquiriendo experiencia, surgieron nuevas necesidades y, en paralelo, se descubrieron funcionalidades que no se tenían en cuenta.

Por otro lado, los centros de datos también fueron creciendo cada vez más y más, se complejizaron, se distribuyeron por todo el globo y se virtualizaron. Nuestra clave: debemos transformar los datos en información para entender el organismo que mantiene día a día el negocio en funcionamiento pues se tiene que automatizar.

Distinción de las generaciones de monitoreo

Los monitoreos fueron evolucionando con el correr de los años. A medida que las tecnologías de servidores evolucionaban también lo hacían las aplicaciones para monitorearlos.

> DE LOS EXISTENTES, EL FORMATO SYSLOG ES EL QUE PREVALECE EN LA ACTUALIDAD

En los primeros años de la monitorización de servidores, solo teníamos en cuenta si un servidor estaba enchufado a la red. Para ello, utilizábamos un comando ping en la red: si nos respondía quería decir que estaba vivo, en caso contrario, era muy posible que el equipo se hubiese caído.

Los desarrolladores de estos sistemas de monitorización, comenzaron a ver que se podía controlar el espacio en disco, la cantidad de memoria RAM consumida y el porcentaje de CPU utilizado mediante unos simples comandos contra el sistema operativo de la máquina en cuestión. Se agregaron controles a los servicios más comunes para luego pasar a los más específicos. Se incluyeron también gráficos y nacieron los primeros **tableros de control**.

En un principio, las alarmas eran enviadas por smtp y por traps, luego se agregaron los mensajes de texto y otros sistemas de terceros.

La fuente de datos de los sistemas de monitoreo también fue cambiando, primero se obtenían datos de servicios específicos del sistema utilizando comandos de wmi o snmp, más tarde aparecieron otros tipos de datos y herramientas para leerlos. A cada uno de ellos había que darle formato y lectura. Actualmente, todo está migrando al formato **syslog** pero aún sigue existiendo una gran cantidad de formatos para los distintos dispositivos.

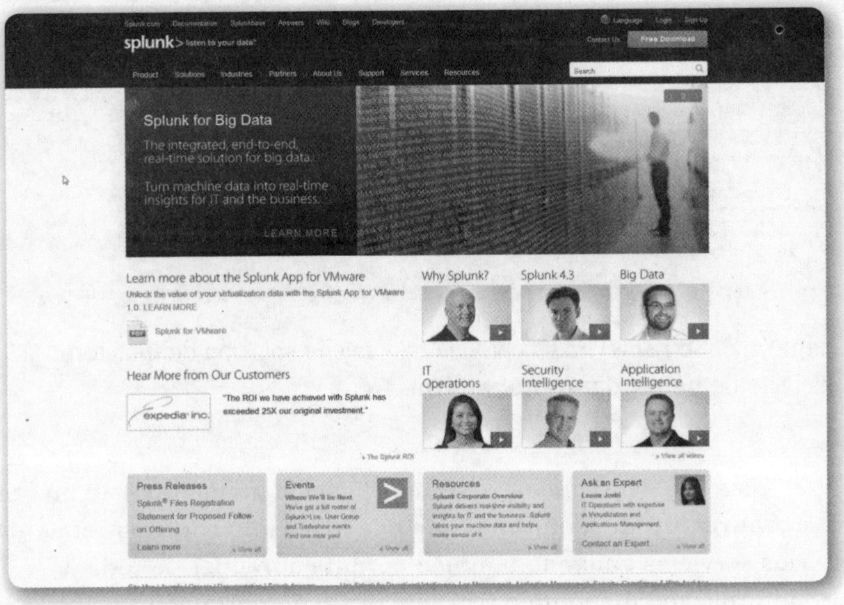

Figura 1. Splunk posee un software para centralizar los datos provenientes de syslogs y convertirlos en información muy valiosa.

Desde nuestra experiencia, podemos establecer algunos conceptos que demarcan las generaciones de los sistemas de monitoreo. La **primera generación** de monitoreo aparece cuando tenemos una sola aplicación que controla que un servidor esté vivo en la red, el bien conocido **comando ping**. Luego, cuando pasamos a aplicaciones que comienzan a controlar los servicios de los sistemas operativos estamos ante la **segunda generación** de monitoreo. La misma fue muy importante y cambió rápidamente la visión sobre estos sistemas debido a que aportaba muchísima más seriedad a la información brindada.

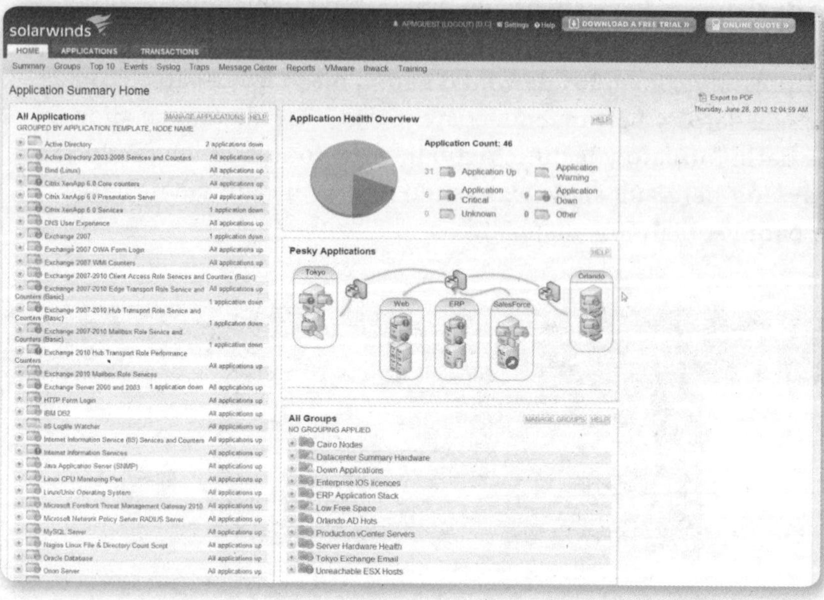

Figura 2. **Solarwinds** tiene una muy buena solución de monitoreo del tipo de **segunda generación**.

Más allá de lo que describimos hasta el momento, hay una **tercera generación** de monitoreo que puede no solo controlar el hardware y los servicios sino que también permite aprender de toda la información disponible y pronosticar comportamientos. Los datos obtenidos de los sistemas son transformados en una información mucho más valiosa de la que se disponía hace unos años. Los sistemas ya tienen en su haber el conocimiento de años y años de administración de sistemas. Con ciertos datos observándolos de una forma determinada se pueden estimar ciertos comportamientos;

DATAWAREHOUSE

Los **datawarehouse** son servidores que generan información muy importante para la compañía. Pueden obtener datos de distintas fuentes de la empresa, de diferentes sistemas y dispositivos. Ofrecen, por ejemplo, reportes de información del negocio, para la toma de decisiones y el análisis del rendimiento y las auditorías.

al darlos vuelta y verlos desde otra perspectiva se pueden estimar otros. De esta forma el conocimiento general del manejo de la infraestructura crece y crece, de manera exponencial.

Existe una **cuarta generación** que va más alla de esa gran característica de la tercera generación, ya que también nos permite saber qué va a pasar, por ejemplo, en el próximo cuarto de año, el próximo año, dentro de dos años o el tiempo que queramos, si seguimos con los mismos equipos y con los mismos comportamientos. Además, nos brinda la posibilidad de emular escenarios.

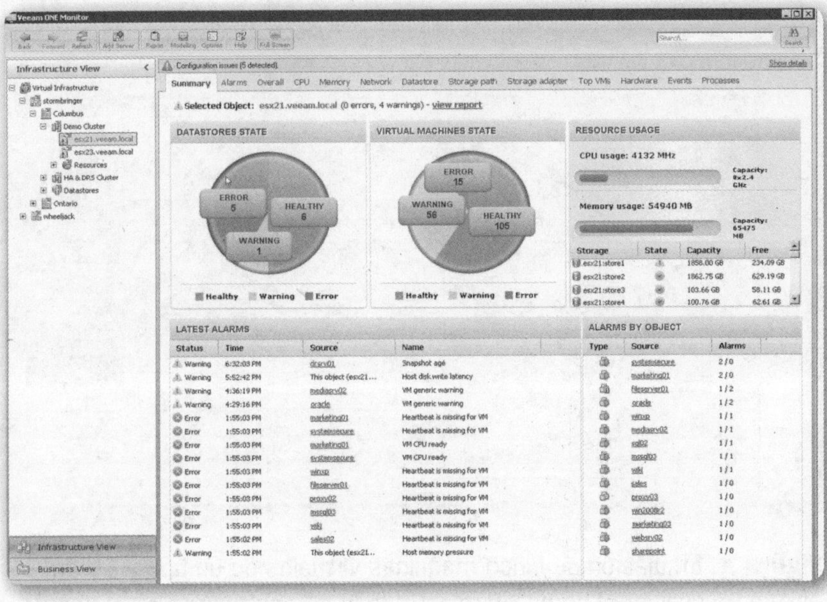

Figura 3. **Veeam ONE Monitor** no solo nos indica datos de monitoreo sino que también genera otro tipo de información sumamente valiosa.

Esta última generación de monitoreo comienza a transformar los datos que se van recaudando las 24 horas del día, 7 días a la semana, los 365 días del año y nos permite pronosticar, por ejemplo, que pasaría si agregásemos 10 equipos virtuales a una granja de 13000 equipos ya instalados. También nos brinda la posibilidad de emular escenarios en donde incorporamos equipos físicos, recursos a la infraestructura, etc. Esta información cada vez más útil y extraordinariamente eficaz nos permite tener una noción mucho más completa y certera de la infraestructura que mantiene vivos a los procedimientos de la empresa para que esta, al final del día, genere las ganancias que corresponden. **VMware Operations** es una mezcla de conceptos de monitoreo, sistemas de datawarehouse, sistemas de infografías y análisis de tendencias. Sin dudas pertenece a esta cuarta generación que nombramos.

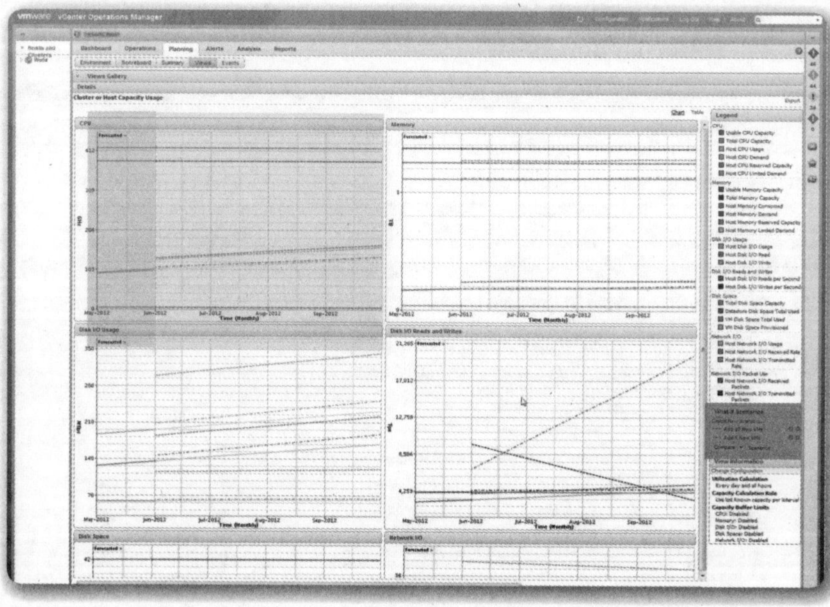

Figura 4. Emulación de cinco máquinas virtuales de un tipo y 10 de otro, para evaluar el comportamiento de la infraestructura en el tiempo.

Toda esta gran oportunidad de conocimiento que nos ofrece una herramienta como VMware Operations va a depender, en gran medida, de cómo la instalemos y cómo armemos nuestra infraestructura virtual. Hay muchísimo que pensar cuando hablamos de monitoreo. Para empezar, se debe tener en cuenta a los distintos sistemas que vamos a incluir, cuáles van a quedar adentro y cuáles afuera del monitoreo. Tenemos que saber que los que queden afuera no afecten a los que queden adentro. Esto quiere decir que si una aplicación, por ejemplo una página de Intranet, depende de una base de datos y un servidor de archivos, estos dos equipos deberán monitorearse al igual que el servidor web para conocer que todo el servicio de la Intranet está funcionando en manera correcta. Si se apagara el servidor de la base de datos de dicha aplicación el servicio se afectaría de igual forma que si se apagara el servidor web donde está alojada la aplicación. La Intranet dejaría de funcionar.

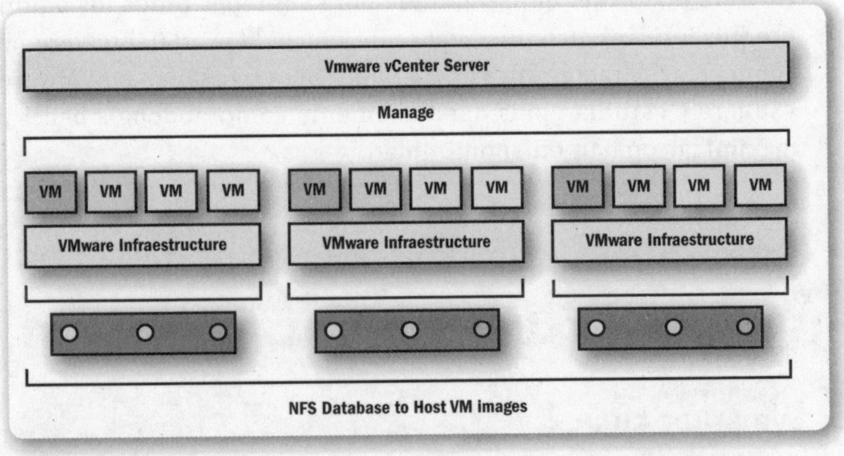

Figura 5. Los componentes de un cluster de VMware: dos o más VMware Infrastructure (nodos ESXi) con un storage centralizado.

El servidor donde vamos a alojar el servicio de monitoreo también es muy importante. No podemos colocar nuestro sistema de monitoreo dentro de un sistema que estamos monitoreando, debemos aislarlo y darle la mayor disponibilidad posible para no dejar de tener información de los demás equipos. Un ejemplo podría ser

STORAGE

Se denomina **storage** a una unidad exclusiva de discos. Es como un servidor que se dedica a brindar almacenamiento y nada más, solo vamos a ver varios discos conectados a este equipo. Estos equipos pueden ser simples, de 5 o 10 discos, o grandes monstruos que ocupan varios metros dentro de un datacenter. Cada uno tiene distintos algoritmos que los hacen mejores o peores entre sí.

que instalemos el servicio en una máquina virtual arriba de un solo servidor ESXi, sin que esté en un cluster con HA. Si se cae el servidor ESXi nunca nos enteraremos de tal situación y la catástrofe puede ser muy grande. En estos casos podemos recomendar tener dos ambientes o clusters VMware con alta disponibilidad.

Ambos cluster deberían tener un servidor de monitoreo con un monitoreo recíproco para evitar el ejemplo anterior. Uno de los clusters puede ser el más grande para contener todos los equipos de producción y el otro puede ser más chico. Más adelante veremos cómo estas características están muy bien pensadas en VMware vSphere y estudiaremos detalladamente cómo podemos hacer para maximizar una alta disponibilidad.

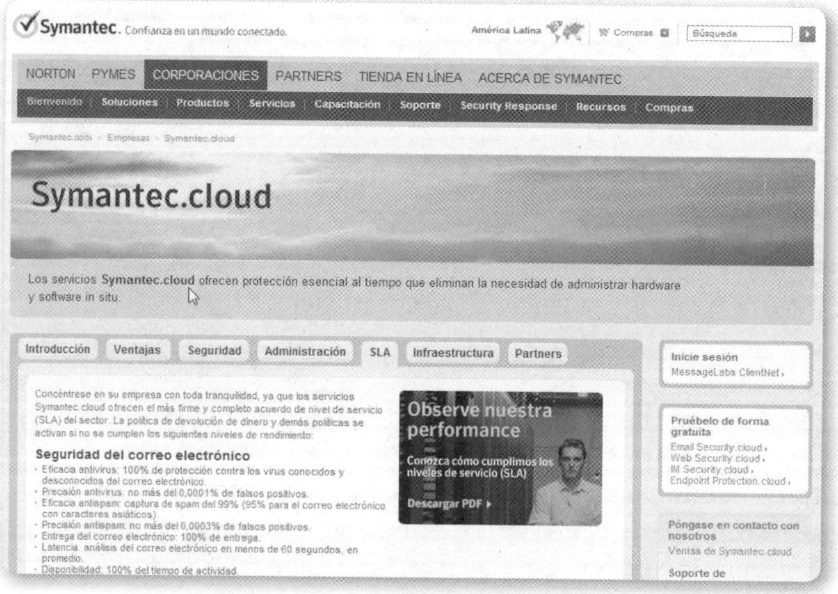

Figura 6. Symantec tiene unos de los SLA (Service-level agreement: acuerdo de nivel de servicio) más altos del mercado.

Si bien vCenter Operations pertenece a la mencionada cuarta generación, ya estamos viendo indicios de una **quinta generación** en la cual el servicio de monitoreo pasaría a consumirse como un servicio más en la nube (***Cloud Computing***).

Las empresas contratarían otra empresa tercerizada para que les brinde el servicio de monitoreo como un servicio de cloud computing. Estos servicios se especializarían tanto que permitirían recuperar una infraestructura muy rápidamente. Podrían estar en línea con agencias generadoras de soluciones para poder entender los problemas que se presenten y darles una solución acorde automatizando toda la reparación. Hoy en día ya están a nuestro alcance los sistemas de antivirus que funcionan de esta forma, los servidores de la empresa privada se conectan a la nube para consumir un servicio de antivirus, centralizado y de alta seguridad mundial.

¿Quién de nosotros no quisiera además de recibir una alarma con un inconveniente, recibir un adjunto con su solución? El monitoreo sigue evolucionando hacía la centralización y especialización de los sistemas. Si bien también está evolucionando la infraestructura como servicio, hay muchas empresas que aún mantienen sus equipos en la red interna y están creando sus nubes privadas. Para todas aquellas nubes privadas que utilicen VMware vSphere como motor de virtualización, **VMware Operations** es la mejor opción. Hay otras herramientas que están en competencia con VMware Operations pero no son tan eficaces como esta última. Según los análisis realizados por distintas empresas, esto es así por su alta integración con todas las herramientas de VMware. Algunas de las soluciones que compiten con VMware Operations son **vFoglight** de la empresa **Quest**, **Nimsoft Monitor for VMware**, **Zenoss**, **Veeam One**, **Nagios 6**, **Orion**, **Splunk**, **Logic Monitor**, **OpManager**, entre otras.

En el próximo apartado detallaremos cómo VMware, empresa que marca el camino del mercado de la virtualización, también funciona como cualquier empresa mundial, al mejor estilo Google o Facebook, en donde el más grande se come al más pequeño. VMware Operations nace en una empresa que luego adquiere VMware. Más detalles a continuación.

CLOUD COMPUTING

Cloud Computing o **computación en la nube**, a nivel infraestructura, es la automatización de la virtualización. A nivel software es la utilización de un sistema en particular. Ambos puntos de vista son servicios. El monitoreo en cloud del que hablamos sería un software como servicio (**SaaS**).

vCenter Operations

Hasta ahora, vimos cómo las herramientas de monitoreo fueron evolucionando y cómo vCenter Operations está en el mejor puesto gracias al impulso que VMware le dio al llevarla casi a la quinta generación. Esta espectacular herramienta no nace en los laboratorios de VMware sino que fue adquirida a una empresa que supo ver la necesidad del mercado años atrás. Explicaremos su nacimiento y haremos una pequeña introducción a las distintas versiones que se encuentran en el mercado actual para ver más adelante la instalación y detallar cada herramienta particular, reportes y análisis de posibles eventos futuros.

Introducción a vCenter Operations

vCenter Operations nace de la mano de una empresa llamada **Integrien** fundada en el año 2001 en Irvine, California. Esta empresa se encargaba de diseñar, desarrollar y comercializar soluciones estratégicas de administración. Contaba con una gran asociación estratégica con empresas como IBM, HP, BMC, VMware y Tata Consultancy Services. Sus máximos responsables eran Mark Smialowicz (CFO), Mazda Marvasti (Co-founder y CTO) y Dale Quayle (CEO).

La empresa tuvo un gran desarrollo entre 2005 y 2010, año en que fue adquirida por VMware. Durante los primeros años recibió 14 millones de dólares de inversionistas hasta que fue vendida a VMware por 120 millones. Su fundador sigue trabajando para VMware y continúa maximizando la herramienta continuamente.

Como dijimos anteriormente, VMware Operations es una herramienta de monitoreo concebida como de cuarta generación. Se integra en

APPLIANCE

Los **appliance** son máquinas virtuales que podemos bajar directamente desde la página de VMware. Estas máquinas virtuales vienen instaladas con un sistema operativo (casi siempre Linux) y un sistema que brinda un servicio específico. Tenemos entonces appliance que son servidores de aplicaciones, appliance que son base de datos, appliance que son servidores de monitoreo, etc.

VMware vSphere y desde allí se puede monitorear todo lo que se administre desde el vCenter. Con la versión actual, la 5, podemos monitorear uno o la cantidad de vCenters que tengamos en la empresa. Esta es una gran diferencia con respecto a la versión anterior, pues antes se debía tener un servidor (**appliance**) de VMware Operations por cada vCenter en la empresa. No había forma de unificar todas las consolas de VMware Operations en una sola.

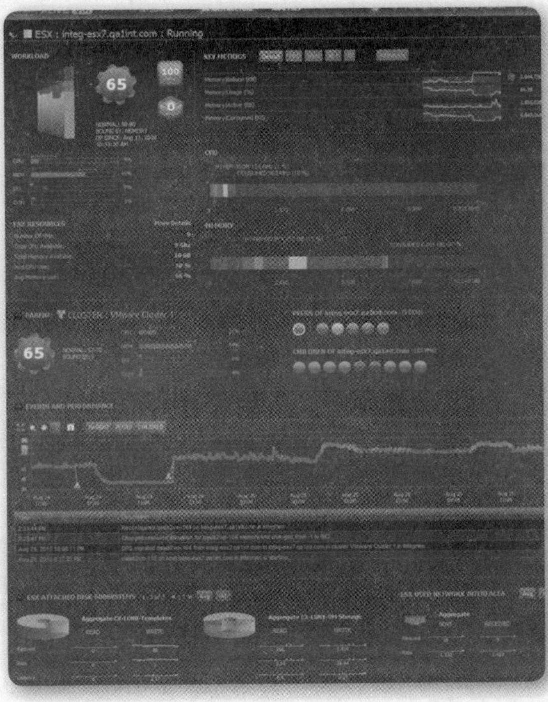

Figura 7. La aplicación de **`Integrien`** se denominaba **`AliveVM`**. Como vemos, su interface casi no cambió y mantuvo ese detalle de colocar infografías por todos lados.

Otra diferencia entre la versión nueva y la anterior es que ahora son dos servidores los que componen la solución. Con esta versión se integra el sistema de **VMware Operations viejo** con el sistema **VMware Capacity IQ**, una vieja aplicación de VMware para medir capacidades de la infraestructura, sacar reportes y emular escenarios. Ahora, con estos dos servidores virtuales se compone una **vApp**. Como sabemos, las **vApps** son un grupo de máquinas virtuales que conforman un servicio específico. Por ejemplo, si queremos controlar un servicio de una aplicación web construiremos una vApp con su servidor de base de datos, su servidor de aplicaciones y el servidor web que contendrá el front-end. De esta forma, podremos parar, encender y reiniciar la aplicación por completo siguiendo un orden de encendido de los servidores, viendo datos analíticos entre ellos y ofreciéndoles un pool de recursos para compartir y otros parámetros que no poseen las máquinas virtuales comunes. La instalación de la vApp y los detalles del concepto los veremos más adelante.

Luego de conocer su historia y su composición, pasaremos de lleno a detallar su utilización, comenzando por la consola.

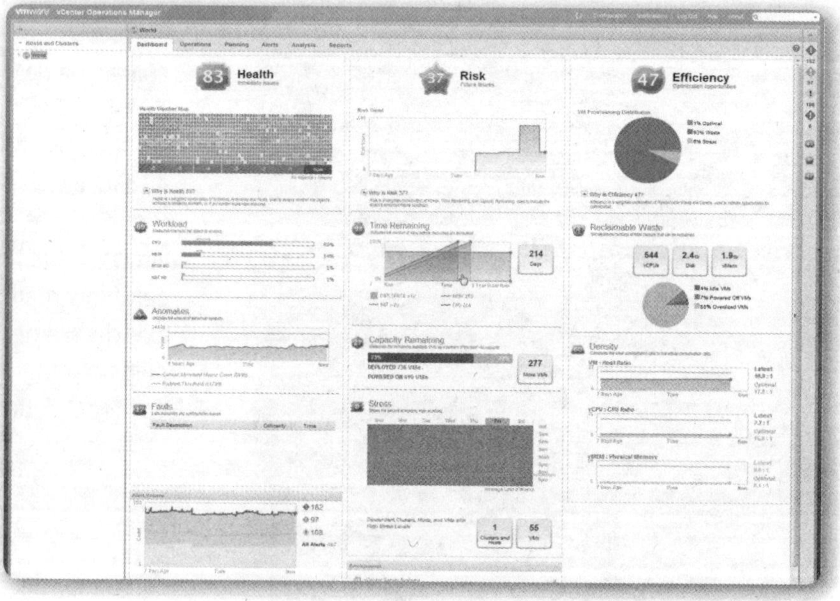

Figura 8. Ni bien entremos a la consola veremos que está muy bien trabajado todo lo que sea mostrar información de manera gráfica.

Su interface puede ser accedida a través del cliente de vSphere o directamente desde una dirección web, funcionalidad que brinda uno de los servidores de VMware Operations. Al acceder podemos rápidamente comprender la información que nos brinda, con infografías muy bien diseñadas. Para el acceso y las configuraciones disponemos de los mismos permisos que tenemos en vCenter. Estos son trasladados a la consola de monitoreo, por lo tanto dispondremos del acceso por validación de usuarios locales al vCenter, así como también de validación con usuarios de Active Directoy (sistema de directorio del dominio de una empresa). No vamos a ver información de servidores a los cuales no tenemos acceso. Si tenemos varios administradores en la infraestructura, podemos recortar su incidencia en la aplicación pero, de igual manera, ofrecerle toda esta información tan útil. Es muy común darle acceso a los dueños de las distintas aplicaciones que corren en todo el ambiente. Ellos van a estar más que agradecidos si pueden ver esta información de sus ambientes particulares. Solamente tienen que estar bien distribuidos los permisos y no tendremos problemas mayores.

> ACCEDEMOS A LA INTERFASE DE LA CONSOLA DESDE LA WEB O A TRAVÉS DEL CLIENTE DE VSPHERE

Para que nos demos cuenta de lo que significa realmente una herramienta de monitoreo de cuarta generación como esta, veremos unos detalles interesantes a continuación.

Podemos observar, ni bien entramos a la consola principal, dos indicadores muy importantes en el ambiente IT y que nunca jamás se pudieron medir con certeza, la salud (Health) y el riesgo (Risk) de toda la infraestructura. Estos indicadores se basan en datos de los servidores físicos (ESXi), de los servidores virtuales, así como también de la red y del storage. Además, son muy dinámicos y difíciles de medir en una gran empresa por la cantidad de datos disponibles. Dotan a los departamentos de IT de una inteligencia y una efectividad que antes no podían tener con herramientas anteriores. La cantidad de información disponible hoy es muy grande, los viejos sistemas que trataban los datos con modelos discretos están desapareciendo para darle lugar a los sistemas que utilizan modelos estadísticos y

MATEMÁTICAS AVANZADAS

Cuando comenzamos a estudiar el maravilloso mundo de las matemáticas, los modelos que utilizamos son simples: restas, sumas, multiplicación, división. Luego, estos modelos se van complejizando exponencialmente, aparecen las derivadas e integrales, los multiespacios, modelos numéricos como las series y números complejos, probabilidades, estadísticas y más.

probabilísticos, conceptos que se repiten actualmente en el estudio de la evolución de las matemáticas como ciencia y como materia en las distintas universidades del mundo.

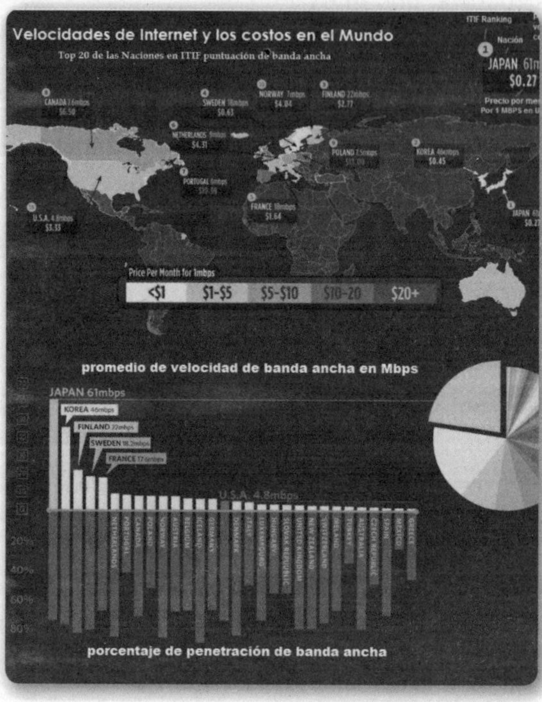

Figura 9. Los datos probabilísticos y estadísticos nos permiten ver los grises de la información, no solo lo blanco y negro. información de manera gráfica.

La interface de la **consola principal** se distribuye en tres columnas dinámicas principales. La primera corresponde a un árbol donde podemos observar los distintos vCenters, los datacenters que se encuentran en ellos, los clusters que guardan, los hosts ESX, las virtuales y también los datastores.

En la columna del medio, la más grande, se ven los detalles de los elementos seleccionados en el árbol de la izquierda. Así se arma una matriz de información. Por ejemplo, si elegimos ver los datos de stress de la infraestructura y nos posicionamos sobre un datacenter, observaremos los datos de stress que corresponden a este datacenter. Así se trata la información con cada selección que realicemos. Seleccionamos el tipo de información requerida y el lugar desde donde la queremos observar.

La tercera columna es de resumen de alertas e indicadores. Las columnas de los costados pueden ocultarse o mostrarse a nuestro antojo con lo que podemos tener una visión más clara de los datos si no nos entran en la pantalla, es por eso que decimos que son dinámicas.

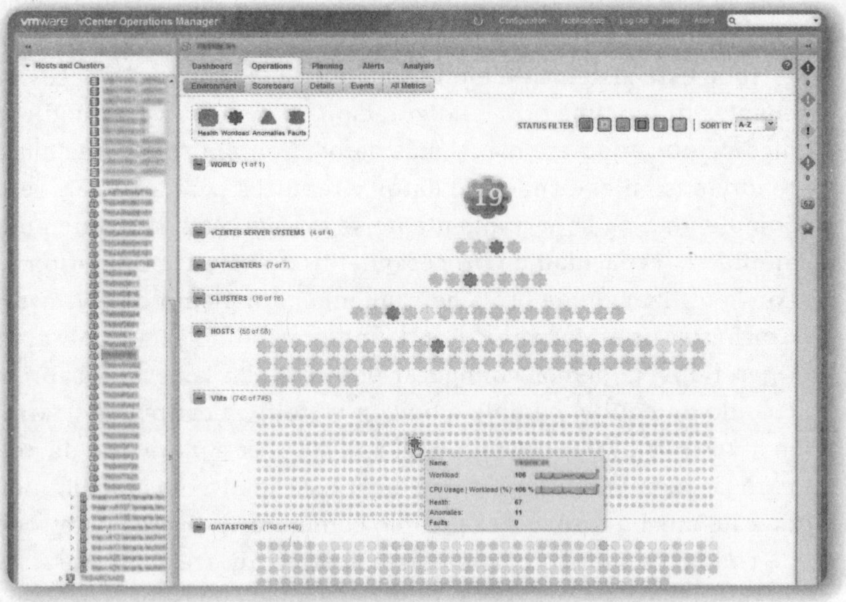

Figura 10. La vista del ojo de halcón muestra nuestra infraestructura desde arriba y cómo se conectan los equipos y las fallas.

Como VMware Operations se basa mucho en infografías con diseños muy intuitivos, podemos observar claramente cuándo aparecen alertas. El árbol de la izquierda nos sirve para ir bajando de granularidad. Si aparece un error en una máquina virtual en particular, podemos saber muy rápidamente en qué host ESXi se encuentra, en qué cluster, en qué datacenter y en qué vCenter se ubica. De esta forma, es posible solucionar el problema muy rápidamente.

Con esta herramienta, el departamento de IT comenzará a trabajar de una forma predictiva en vez de hacerlo en forma proactiva, sin necesidad de que ocurran errores para repararlos.

En la parte central de la consola disponemos de **5 o 6 solapas** de información a elección, que varían dependiendo de la licencia que tengamos del producto. Las solapas básicas son Tablero de control (**Dashboard**), Operaciones (**Operations**), Planeamiento (**Planing**), Alertas (**Alerts**) y Análisis (**Analytics**). Luego se suma la solapa de Reportes (**Reports**) para licencias superiores.

Los detalles de cada una de las solapas es muy amplio de comentar para lo que queremos profundizar en nuestro libro. Iremos viendo algunos detalles pero sin duda no será un examen exhaustivo.

Todo este sistema de monitoreo queda instalado sin necesidad de clientes ni ninguna otra configuración. El sistema va aprendiendo a medida que adquiere más y más datos. Con tan solo la instalación, tendremos miles y miles de datos y reportes para analizar, pero la complejidad de la herramienta no se extingue allí sino que podemos ampliar la capacidad de procesamiento de VMware Operations con la utilización de otras herramientas. Un ejemplo es **VMware Configuration Manager**. Con la integración de esta a VMware Operations, podemos configurar políticas con las cuales sabremos cuándo un equipo cumple o no con la política estipulada y arreglarlo lo antes posible. Por ejemplo, al aplicar el cumplimiento de políticas para las configuraciones de los host ESXi, podremos recibir alertas, de esta misma forma será posible configurar políticas para todo tipo de configuraciones a cualquier nivel de hardware y software.

Pasaremos ahora sí a describir cada solapa y vistas de la consola.

EL MONITOREO DE VMWARE OPERATIONS TRABAJA DE MANERA PREDICTIVA

Si queremos ir directamente a la instalación de la herramienta, debemos seguir un poco más adelante en la lectura, obviar esta parte, para luego retomar en este punto.

En principio tenemos la primera solapa, la más resumida de todas, el **Dashboard**. En inglés **dashboard** significa **tablero de instrumentos** y realmente es así, es igual a un tablero de un automóvil, un resumen de todo lo que tenemos que saber de nuestra infraestructura para conocer si funciona bien o no.

Disponemos de dos indicadores en la versión Standard y tres a partir de la versión Advanced. La versión Advanced podemos observarla en la **Figura 8**. En la **Figura 11** veremos que faltan los datos de eficiencia.

Los dos indicadores que aparecen siempre son la salud (**Health**) y el riesgo (**Risk**). La medición de estos parámetros era imposible de imaginar hace un tiempo atrás. Para ello, era necesario recaudar información de cada hardware de la infraestructura, de cada software particular de cada empresa y con esa información realizar un sistema que compare los datos para saber si todo estaba bien o mal y en qué porcentajes.

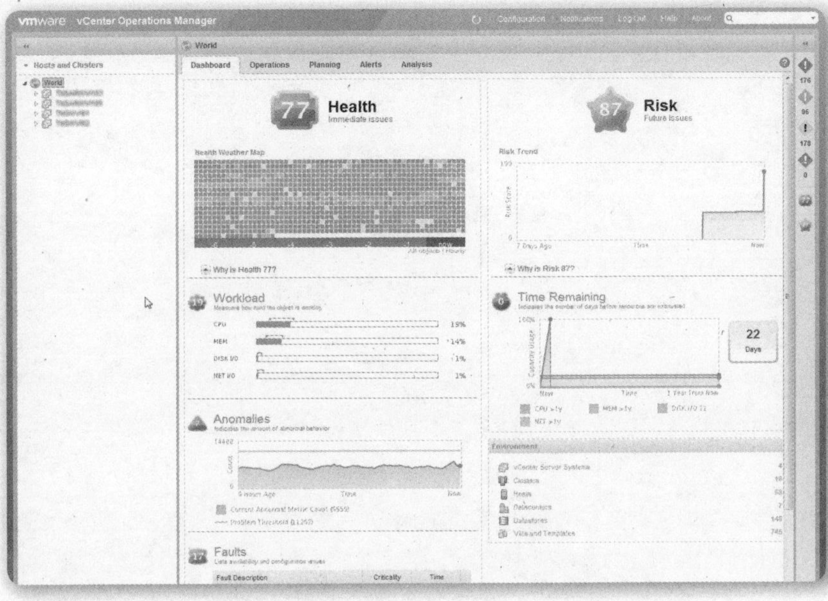

Figura 11. A diferecia de la **Figura 8**, podemos ver drásticamente el recorte de funcionalidades de las distintas licencias.

Hoy en día, con VMware podemos monitorear la salud de todo el sistema desde el hardware (nodos físicos), las conexiones de red, el storage, el estado de las máquinas y las máquinas virtuales. Estos indicadores se actualizan todos los días a la medianoche, es por eso que no es posible acceder a la información online de estos.

La salud del punto de la infraestructura donde estemos parados dependerá de tres factores determinantes: la carga de trabajo (**Workload**), las anomalías (**Anomalies**) y las fallas (**Faults**). Entre estos tres factores se hace un promedio y ese es el valor final que se nos muestra como salud del sistema.

El riesgo, por otro lado, se compone del tiempo que nos queda para consumir nuestros recursos (**Time Remaining**) según la utilización de CPU, memoria, E/S de disco y red. En la versión Advanced aparecen la capacidad remanente (**Capacity Remaining**) y el stress del sistema (**Stress**). La capacidad remanente se mide en cantidad de máquinas virtuales que nos quedan para dar vida. El stress, por otro lado, indica la cantidad en horas en que el sistema estuvo sobreexigido.

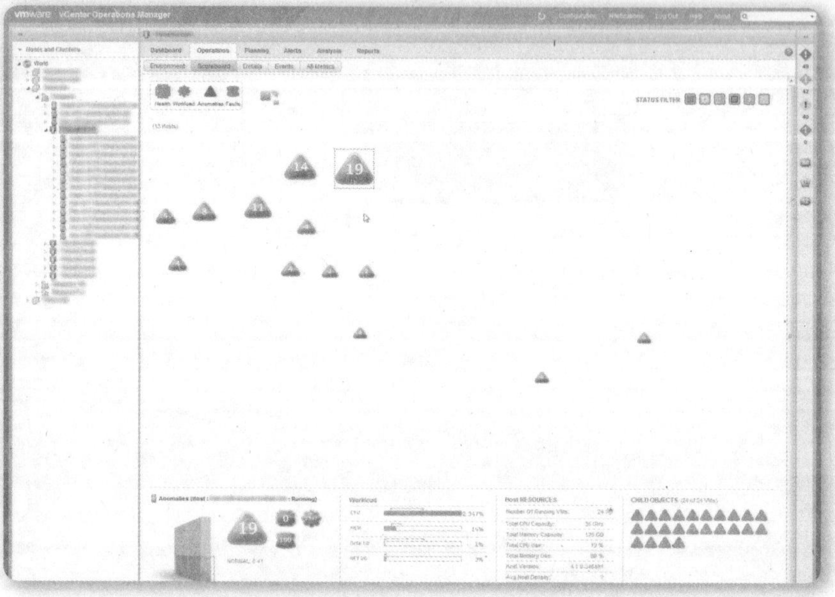

Figura 12. Mapa de ponderación de la información de distintos contadores de la infraestructura.

A partir de la versión Advanced, como ya comentamos cuando comenzamos la descripción, aparece otro indicador en nuestro panel de control, la **eficiencia** del sistema (**Efficiency**), que se compone de

PREGUNTAS ESENCIALES SOBRE EL ENTORNO

Como administradores deberemos preguntarnos si nuestra infraestructura en sus distintos niveles es saludable, también tendremos que saber si los recursos de los que disponemos son suficientes para satisfacer la demanda, por último la optimización de estos es primordial.

los recursos desperdiciados reclamables (**Reclaimable Waste**) y la densidad de los sistemas consolidados (**Density**). El primero mide el porcentaje del total de capacidad que se puede reclamar. Esto muestra, por ejemplo, un número negativo si a una máquina virtual le asignamos 128 GB de memoria RAM y utiliza tan solo 5. Este total lo suma por todo lo que se pueda recuperar y lo calcula con algunos algoritmos en conjunto con el total de recursos y es el número en porcentaje que vamos a ver en el gráfico. Hace un porcentaje con lo desperdiciado de virtual CPU, disco y memoria virtual. Por otro lado, la densidad compara el ratio de consolidación ideal contra el actual, también analizando la virtual CPU y la memoria virtual.

> MONITOREAR EL RIESGO Y LA SALUD DE TODA UNA INFRAESTRUCTRA YA NO ES IMPOSIBLE

Luego del **Dashboard** con todos estos indicadores, pasamos a describir rápidamente las otras solapas.

En la solapa **Operations** (la vista de las Operaciones) tenemos varios detalles que comentar. En principio se divide en cinco subvistas: Ambiente (**Environment**), Marcadores (**Scoreboard**), Detalles (**Details**), Eventos (**Events**) y Métricas varias (**All Metrics**).

Para poder entender la vista, tenemos que conocer qué significa cada color porque en ella disponemos de gráficos detallados que se presentan de cuatro colores principales:

- El color verde significa que está todo bien.
- El color amarillo expresa que algo está fuera de lo normal.
- El color naranja indica que el recurso en cuestión está degradado.
- El color rojo nos alerta sobre algo que está en mal estado.

Hay otros dos colores en gris, los cuales indican que los equipos están apagados y de los que no se obtienen datos.

Cada una de las subvistas se divide, a su vez, en cuatro subvistas más y en donde cada una es un mapa total de la infraestructura virtual. Se compone de mediciones de salud (**Health**), carga de trabajo (**Workload**), anomalías (**Anomalies**) y fallas (**Faults**). La vista de **Ambiente** es como un ojo de halcón (**Figura 8**) porque despliega una vista desde arriba de cada elemento de la infraestructura. En ella, vemos una pirámide con todos los recursos de la infraestructura donde se resaltan los equipos que se conectan entre sí desde el vCenter hasta los datastores. Por ejemplo, si en el árbol de la izquierda estamos parados sobre un cluster, en la columna del medio donde observamos el ambiente se resaltarán el vCenter donde se encuentre el cluster, los hosts dentro de ese cluster junto a sus virtuales y los datastores correspondientes.

La vista **Scoreboard** (Marcadores) muestra un mapa que contiene una ponderación de los distintos marcadores de los equipos afectados que se relacionan. Sin temor a equivocarnos, la mejor vista de todas es la de denominada Detalles (**Details**).

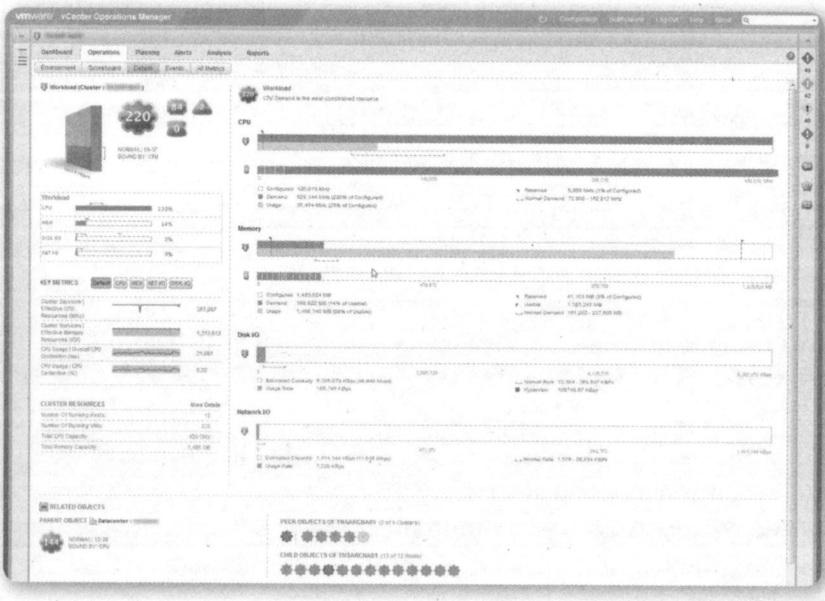

Figura 13. En la vista de detalles vemos todas las infografías de cada dispositivo exhaustivamente.

INFOGRAFÍAS

Las infografías no son nuevas, son gráficos que muestran datos de una forma amigable. En estos últimos tiempos se han puesto de moda arrogándoles grandes detalles de diseño. En años anteriores solamente se veían como un gráfico de torta o de barras. Son muy ilustrativas, fáciles de entender y nos permiten ver distintas perspectivas de un problema.

En ella podemos ver un resumen ponderado de los cuatro indicadores, infografías varias de uso de CPU, memoria, disco y red de cada equipo en particular. En cada gráfico podremos cambiar ciertos parámetros, por ejemplo el intervalo de días que incluye el gráfico y otros como para hacer una medición particular que se ajuste más a nuestras necesidades.

Debajo de todo siguen las infografías, si oprimimos en los signos **+**. Al hacerlo, se detallan datos del storage con números de consumo de I/O, paquetes perdidos, latencia, etc. También tenemos datos del uso de redes. En cada caso se sigue delimitando su estado con un color.

LOS COLORES DE LOS GRÁFICOS SON CLAVE PARA ENTENDER RÁPIDAMENTE LAS VISTAS

En la vista **Events** (Eventos) tenemos un resumen de la cantidad de eventos generados en una línea de tiempo con colores que detallan si son críticos o no tanto. En esta vista, tenemos muchos parámetros que podemos filtrar de todos los eventos que podemos ver en los vCenters y los hosts ESXi.

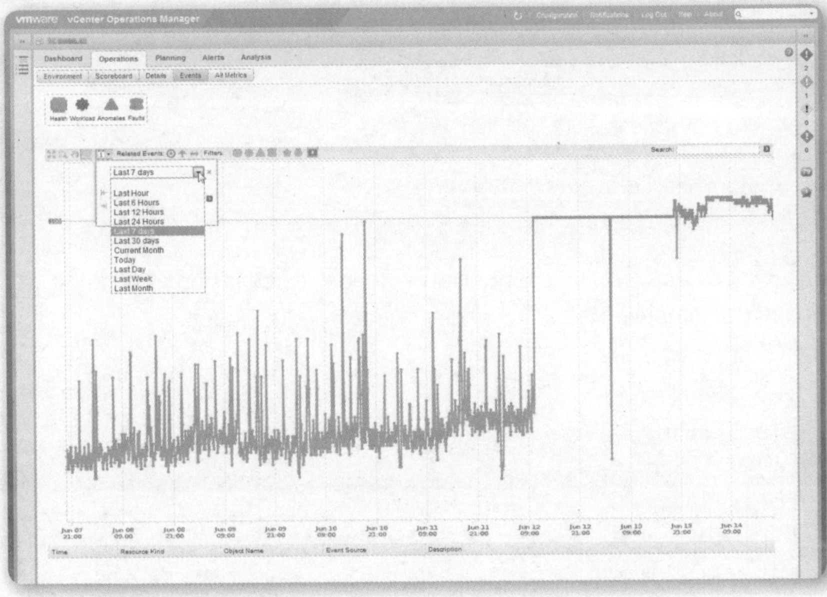

Figura 14. El gráfico indica la cantidad de Eventos (**Events**) en el tiempo. En esta vista se considera crítico que haya gran cantidad.

En las **Métricas varias** se encuentran todos y cada uno de los recursos de los cuales tenemos datos, y podemos ir analizando su estado en el tiempo si creamos nuestro propio informe.

Tan solo debemos estirar el árbol de recursos que aparece y darle doble clic para que se agregue al informe comparativo que queremos realizar. Estos gráficos los podemos bajar, actualizar, cambiar de días, modificar de unidades, etc.

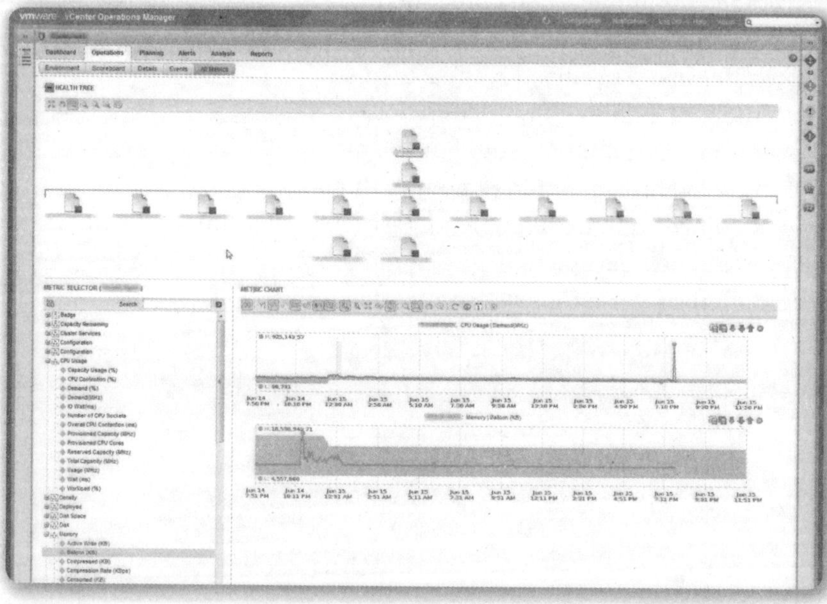

Figura 15. Una vista muy importante donde residen todos los datos y podemos combinarlos para generar nuevas deducciones.

MÉTRICAS EN LAS EMPRESAS

Los gerentes de las empresas consumen un montón de métricas que les demarcan el camino a seguir. Estas métricas aportan información valiosa de cómo evoluciona su administración, ayudan a detectar el buen uso o mal uso de los recursos, etc. Las métricas son muy importantes en las empresas y la elección de una herramienta adecuada que permita elaborar este tipo de información es más que relevante para una visión completa del día a día.

La solapa **Planning** (Planeamiento) se divide también en cinco subvistas que nos ofrecen datos de capacidad, utilizando gráficos parecidos a la vista de halcón.

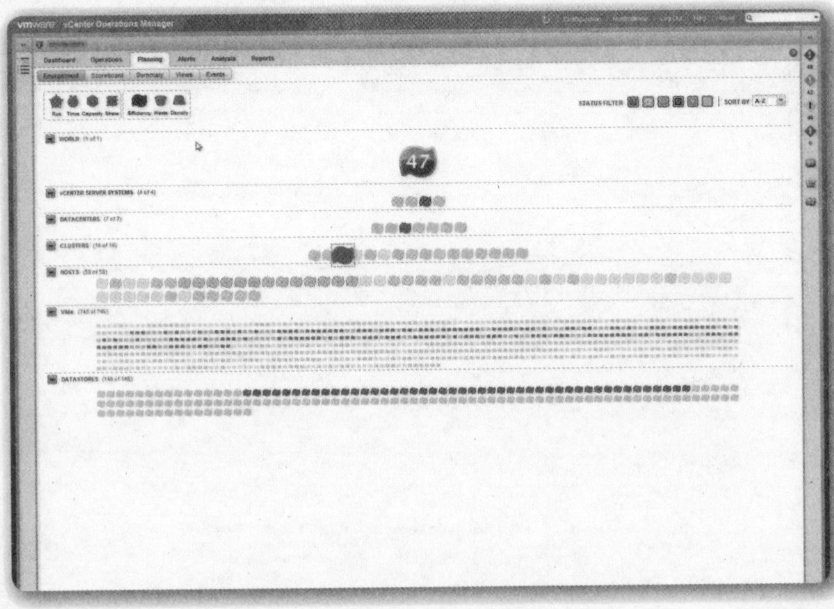

Figura 16. En la solapa de entorno (Environment) podemos ver todo lo relacionado a siete datos específicos.

Los números están distribuidos por toda la infraestructura y vemos a qué dispositivos afectan para actuar rápidamente en cada caso. Encontraremos las vistas de Medio y Marcadores, como en la anterior, y también se suman las de Sumario (**Summary**), Vistas (**Views**) y Eventos

CONSUMO DE I/O

Los **I/O** vienen de las palabras **Input** y **Output**, en castellano **entrada** y **salida de datos**. Esta medida puede medirse en distintos tráficos que utilizan los dispositivos. Generalmente, se utilizan para denotar una medida de performance de una unidad de disco rígido. Podemos ver rápidamente la cantidad de lecturas y escrituras que se originan.

(**Events**). Recién en la subvista de Sumario se ven algunas medidas de tendencias provistas por el análisis de las estadísticas de utilización y el despliegue de máquinas virtuales.

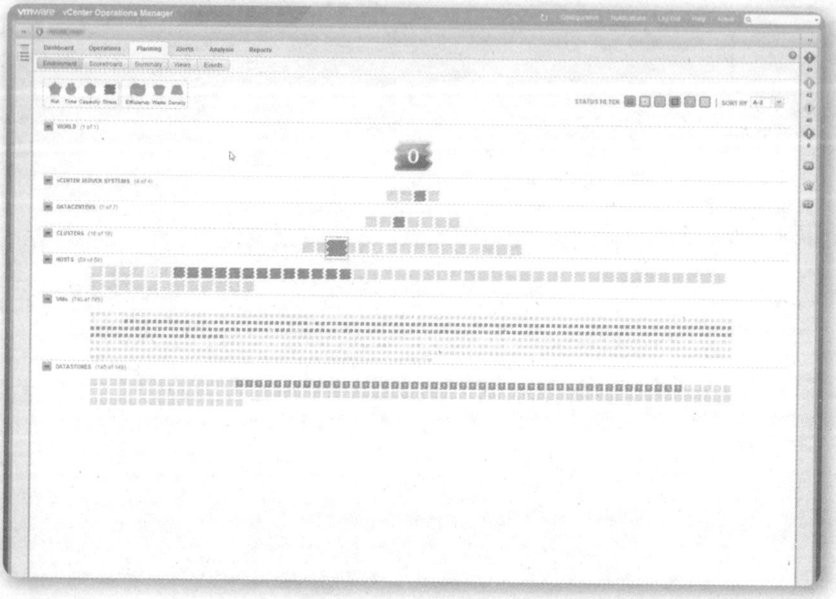

Figura 17. Los datos organizados así nos permiten ver, por ejemplo, qué elemento está más estresado que otro y cómo inciden entre ellos.

Algo muy importante que tenemos que identificar en este apartado de Planeamiento es la vista de Sumario. En esta vista se resumen los datos de la infraestructura, los mismos que nos permiten saber cuántas

THICK PROVISION Y THIN PROVISION

Thick Provision y Thin Provision son dos formatos de disco virtual que podemos incluir en cualquier equipo virtual. El primero es más estático que el segundo. Por ejemplo, si se necesitan 200 GB de disco rígido, le podemos reservar físicamente los 200 GB desde un primer momento. En cambio para el segundo, podemos reservar un mínimo de espacio para después, a medida que se necesita, ir otorgando automáticamente más espacio hasta llegar a los 200 GB.

máquinas desplegamos y cuántas otras, por ejemplo, podríamos desplegar en la semana o algún año posterior. También nos pemite saber rápidamente cuáles son los recursos remanentes de los distintos puntos de toda la arquitectura.

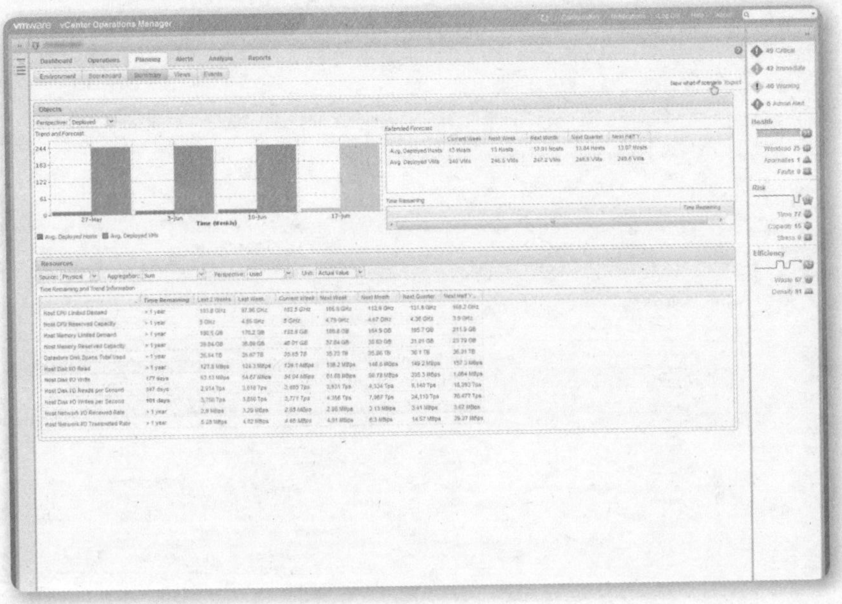

Figura 18. Cómo se muestran los datos de tres períodos distintos y se suma uno más, en gris, que muestra un posible estado para el próximo.

La solapa **Alerts** (Alertas) es lo más novedoso que presenta esta nueva versión de VMware Operations ya que es la que nos ayuda

ENVIRONMENT

Lo siete datos específicos de la solapa Entorno (Environment) son: riesgo, tiempo, capacidad, stress, eficiencia, desperdicio y densidad. Estos datos brindan infomación de manera muy intuitiva sobre los distintos estados de nuestra infraestructura. Podemos saber qué nivel de stress manejamos, si tenemos capacidad restante, qué volumen de desperdicio tenemos, etc. Además, con cada una de estos estados podemos mejorar nuestro datacenter desde distintos puntos de vista.

realmente a realizar todo el troubleshooting para encontrar las fallas. La misma posee muchísimos filtros que podemos aplicar en cada una de las alertas de toda la infraestructura, desde máquinas virtuales, servidores ESXi hasta datastores.

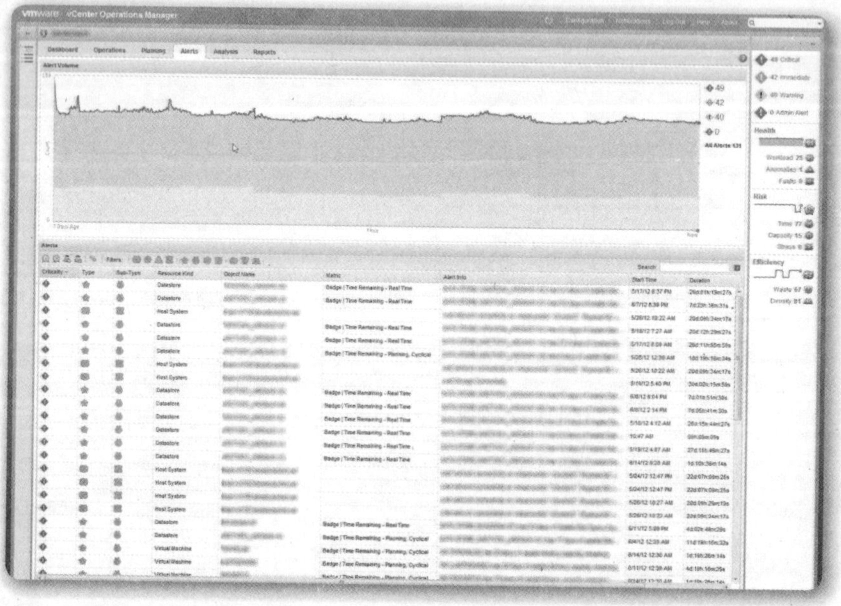

Figura 19. Todas las alertas que vemos en los ESXi desde el vCenter son almacenadas aquí para luego mostrar los datos a lo largo del tiempo.

Al realizar un doble clic en cada alerta, podemos observar el detalle de cada una, y desde allí acceder a la máquina o dispositivo afectado para poder relacionar los eventos que llevaron a que ocurra tal o cual acontecimiento. A continuación, vamos a desarrollar una actividad paso a paso para

DEFINICIÓN DE CTO, CFO Y CEO

Los CTO son los Chief Technology Officer, que hacen referencia al cargo de director de las tecnologías de información de una empresa. El CFO es el Chief Financial officer, el director de finanzas y el CEO es el Chief Executive Officer, director ejecutivo, el director de directores de una compañía.

analizar un problema en particular porque lo que necesitamos conocer es el camino a seguir para resolver cualquier error que se nos presente.

Partimos desde la vista de alertas y podemos llegar al fondo de la cuestión accediendo al detalle de cada caso en particular. Si, por ejemplo, el error fuera de capacidad, los detalles serán de capacidad. En cambio, si las alertas fueran de carga de trabajo, aparecerán los detalles relacionados a la carga de trabajo para que podamos identificar el error.

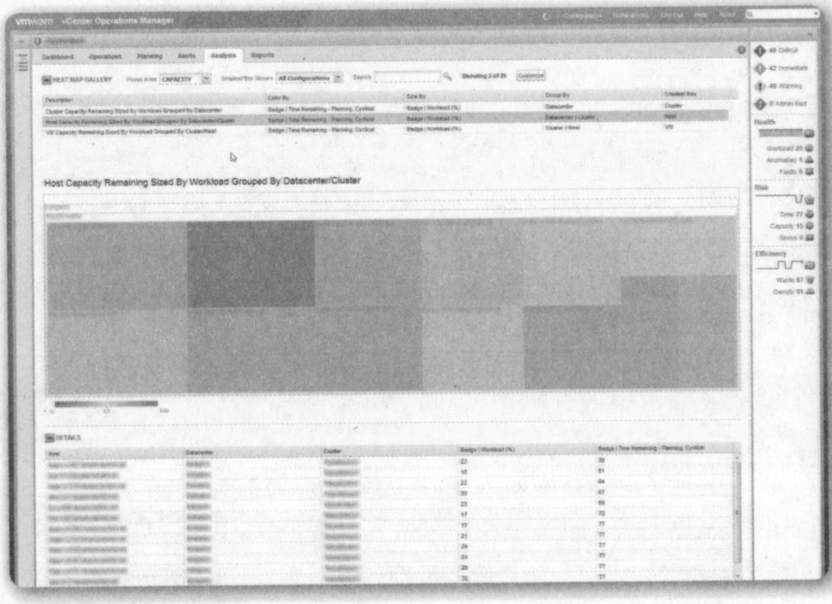

Figura 20. Vamos a disponer de muchísimos informes y vistas para analizar consumos acturales y futuros de recursos.

CONTENCIÓN DE I/O

La contención de I/O ocurre cuando múltiples procesos intentan tener acceso al mismo disco físico de manera simultánea. Esta situación provoca una baja significativa del rendimiento de la aplicación que busca utilizar dichos recursos. La manera de resolver esta situación es que el administrador del storage logre una distribución de la carga en los distintos discos existentes para solventar así la demanda concurrente de los mismos recursos. Esta administración no es trivial y es otro cuello de botella muy importante.

PASO A PASO: CÓMO PREVENIR ERRORES

01 Muévase por el árbol de la izquierda, en donde se muestra la infraestructura, para ver las alarmas de cada elemento. Haga doble clic sobre uno. En esta imagen se ve un error de riesgo de tiempo de vida del equipo.

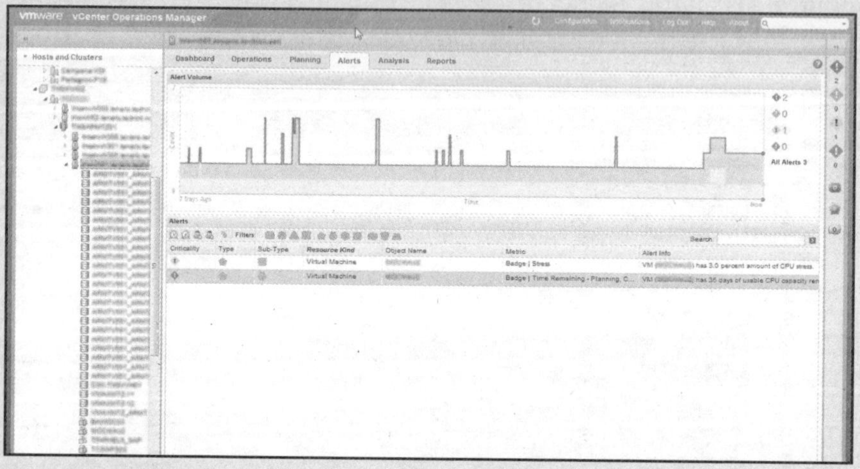

02 Vaya a los detalles del elemento pulsando en el `link` que está arriba, en la parte central de la ventana emergente. En la imagen el uso de CPU fue aumentando con el tiempo. Esto nos da mucha información rápidamente, cosa que antes era imposible.

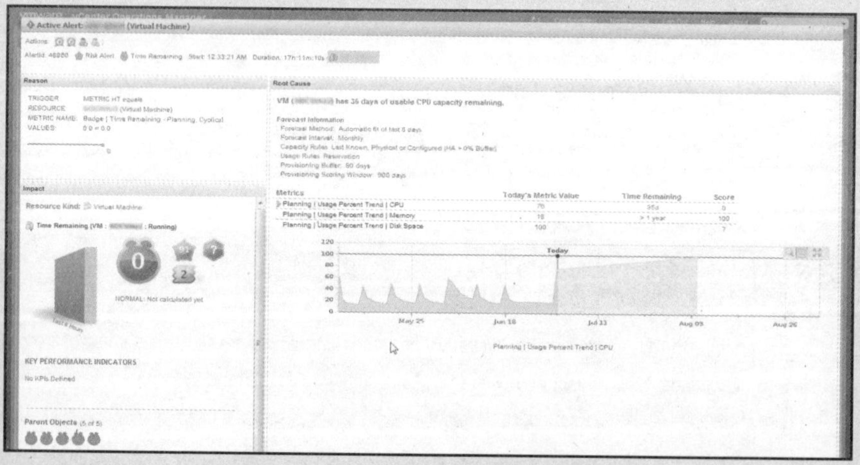

03

Vea los detalles del error e identifique posible soluciones. En la imagen vea que al equipo le quedan tan solo 79 días de vida.

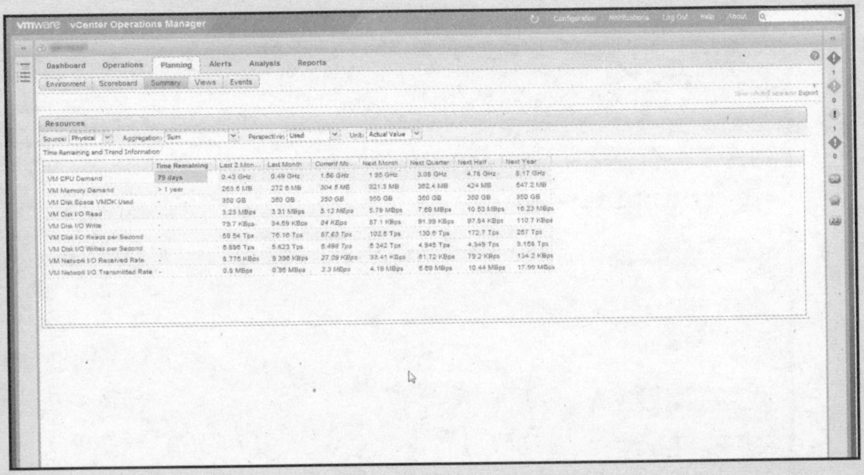

04

Para corroborar los datos, vaya hasta la vista de Operaciones/Detalles y analice la información. En la imagen identifique que el uso de CPU en los últimos 7 días se ha elevado significativamente.

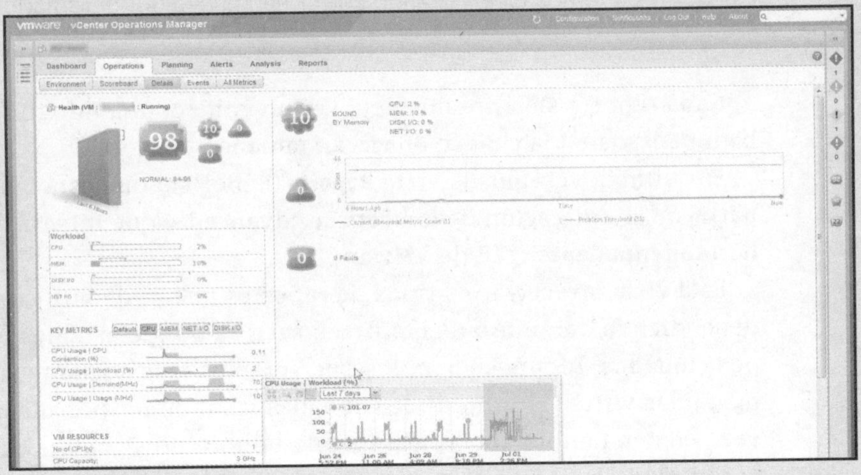

En la solapa **Analysis** (Análisis) podemos ver muchísimos informes analíticos de consumos de I/O por máquina virtual, por ejemplo, la capacidad remanente de los host ESXi analizando la carga de trabajo agrupados por clusters y muchos más.

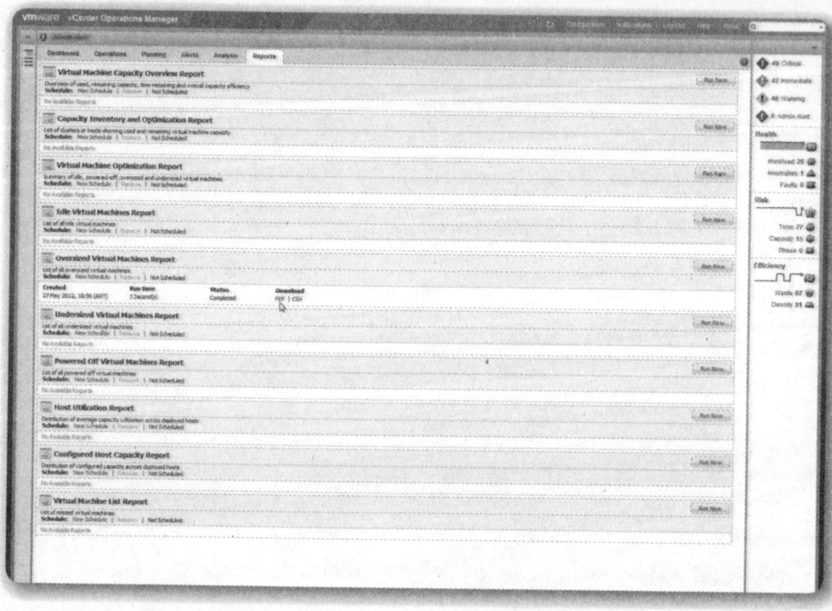

Figura 21. Todos los reportes pueden ser exportados a los formatos PDF o CSV y podemos elegir cuándo correr uno nuevo o programarlos.

Cada reporte siempre nos deja ver un gráfico, una infografía muy bien pensada en la cual se observan tamaños y colores.

Por último, veremos la vista **Reports** (Reportes) que está disponible a partir de la utilización de la licencia Advanced y que integra la antigua herramienta **Capacity IQ** de VMware.

Esta vista ofrece varios tipos de reportes que podemos extraer dependiendo del punto de la infraestructura donde estemos posicionados. Algunos ejemplos que veremos más adelante son de máquinas virtuales sobredimensionadas y subdimensionadas. Pero a la vez, existen también otros igualmente importantes como, por ejemplo, la cantidad de máquinas virtuales que se encuentran apagadas, la utilización de los hosts y mucho más.

Distintas licencias y posibilidades

Tal como mencionamos antes, existen cuatro versiones de VMware Operations: **Standard**, **Advanced**, **Enterprise** y la más avanzada **Enterprise Plus**. Esta última versión no la tendremos en cuenta en el análisis de este libro pues es verdaderamente costosa.

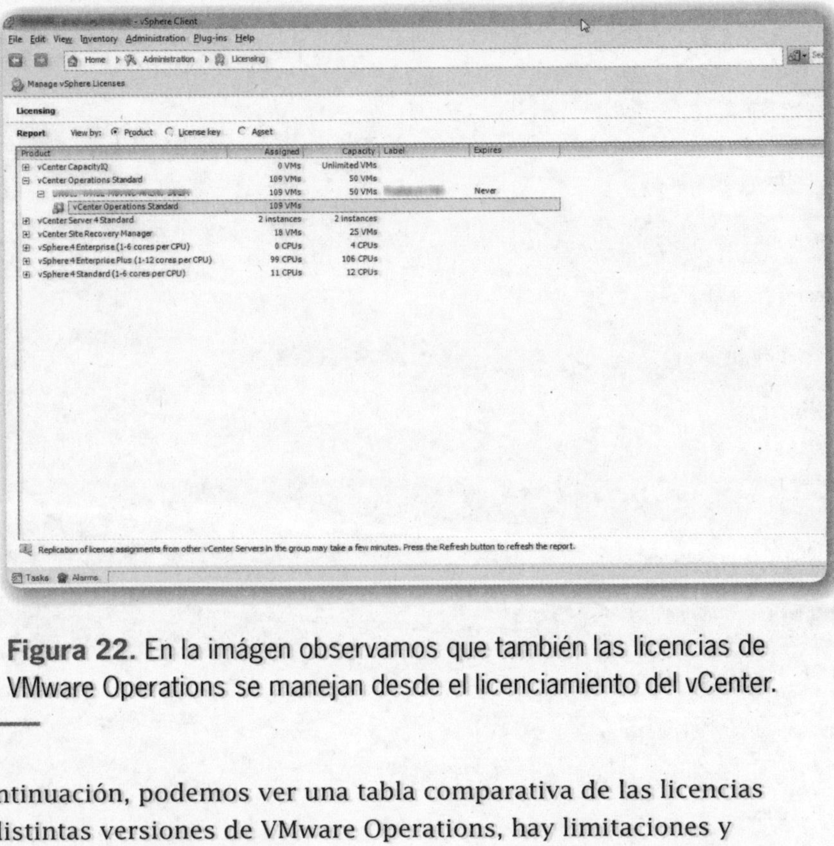

Figura 22. En la imágen observamos que también las licencias de VMware Operations se manejan desde el licenciamiento del vCenter.

A continuación, podemos ver una tabla comparativa de las licencias de las distintas versiones de VMware Operations, hay limitaciones y posibilidades muy importantes:

LICENCIAS VMWARE

El licenciamiento desde la consola de vCenter centraliza todo tipo de licencias para la infraestructura virtual. Allí se concentran las licencias de Vmware Operations y de muchos otros componentes que se pueden agregar, tales como sistemas de monitoreo, sistemas de DRP, sistemas de control de Storage, etc.

VCENTER OPERATIONS SUITE

	PYMES		EMPRESAS	
EDICIÓN	**STANDARD**	**ADVANCED**	**ENTERPRISE**	**ENTERPRISE PLUS**
ALCANCE	Pequeños entornos	Grandes entornos	Virtual y cloud	Cloud y otros
COMPONENTES				
vCenter Operations Manager	X	X	X	X
vCenter Infrastructure Navigator			X	X
vCenter ChargeBack Manager			X	X
vCenter Configuration Manager			X	X
CARACTERÍSTICAS Y CAPACIDADES				
Panel de control	X	X	X	X
Alertas inteligentes proactivas	X	X	X	X
Paneles de control a medida			X	X
GESTIÓN DE RENDIMIENTO				
Autoaprendizaje de análisis de rendimiento	X	X	X	X
Umbrales dinámicos	X	X	X	X
Extensiones para fuentes de datos de terceros			X	X
Adaptadores de terceros incluidos				X
GESTIÓN DE CAPACIDAD				
Medición de la capacidad	X	X	X	X
Paneles de tendencias		X	X	X

Escenarios y modelado		X	X	X
Alertas y reportes		X	X	X
CONFIGURACIÓN Y CUMPLIMIENTO				
Cambios por correlación de eventos	X	X	X	X
Cumplimiento de los hosts			X	X
Cambios por correlación para terceros				X
Cumplimientos por VM y por SO				X
Remediación y vuelta atrás				X
MAPA DE DEPENDENCIA DE APLICACIONES				
Descubrimiento automático			X	X
Nombramiento y versiones			X	X
Relaciones en la virtualización			X	X
MEDICIÓN DE COSTOS Y REPORTES			X	X
Modelos de costos fijos y variables			X	X
Visibilidad de costos para departamento comercial			X	X
Análisis y reportes de costos			X	X

Tabla 1. Comparación de las licencias de VMware Operations.

Si comparamos las distintas versiones, veremos que las versiones Standard y Advanced son para pequeños y medianos negocios, mientras que las versiones Enterprise y Enterprise Plus son exclusivas para empresas. La versión Advanced cumple con muchos requerimientos y mejora mucho los niveles de SLA. Por la madurez de las empresas de la región, se podría decir que la **versión Advanced** es una muy buena elección según la relación costo/beneficio. No obstante estas diferencias de servicio, todas las licencias nos permiten tener:

- **Paneles de control** desde donde podemos obtener una panorámica completa de toda la infraestructura.
- **Alertas inteligentes proactivas** que nos ofrecen notificaciones proactivas de nuevos problemas de salud, rendimiento y capacidad.
- **Análisis de rendimiento automático**, el cual va aprendiendo solo a partir de las buenas prácticas de VMware, el estado de la infraestructura (cuanto más tiempo de recaudación de datos tenga más exacto va a ser su información).
- **Umbrales dinámicos**, trabajan con la suposición de que los datos se distribuyen normalmente analizados.

CON UN SOLO DOBLE CLIC SOBRE LA ALERTA BASTA PARA IDENTIFICAR CUÁL FUE EL PROBLEMA

Dos características que son muy importantes y que también disponemos en todas las versiones son la medición de la **capacidad del sistema total** y el **seguimiento de cambios realizados por la correlación de eventos** dados.

La versión **Standard** de VMware Operations nos permite analizar la performance de la infraestructura, pero desde la versión **Advanced** se incorporan todas las funcionalidades que antes venían en una aplicación llamada **Capacity IQ**. Estas funcionalidades nos permiten tener paneles de tendencias de funcionamientos, emulación y modelos de escenarios, así como también ver todo tipo de reportes y alertas.

Con la licencia **Enterprise** del producto, podemos obtener muchas más herramientas que en la versión Advanced, ya que aparecen componentes de otras herramientas de VMware para una mayor

CONTRATO SLA

El **contrato SLA** permite que el cliente consumidor de un servicio de infraestructura tenga un contrato con el departamento o empresa que ofrece el servicio. Generalmente, se detallan la cantidad de horas, minutos o segundos que un servicio puede caerse, el tiempo de respuesta y reparación, entre otros. El monto del servicio aumenta a medida que el tiempo de respuesta baja.

integración. Incluye componentes de **vCenter Infrastructure Navigator**, **VMware Chargeback Manager** y **VMware Configuration Manager**. Vamos a analizar brevemente estas herramientas para saber qué significa disponer de estas capacidades.

vCenter Infrastructure Navigator

Esta herramienta es muy útil para una infraestructura a nivel empresa puesto que las dimensiones que esta puede llegar a alcanzar son inmensas. **Infrastructure Navigator** nos trae la posibilidad de acercarnos un poco más a las aplicaciones que corren sobre nuestro datacenter. Podremos saber, por ejemplo, cuántos servidores de aplicaciones están corriendo en toda nuestra infraestructura, buscar distintos tipos de sistemas como bases de datos, servidores de correo electrónico, servidores web, servidores de aplicaciones, servidores de archivos y muchas más. Esta herramienta relaciona cada punto de la infraestructura con cada aplicación que corre en ella.

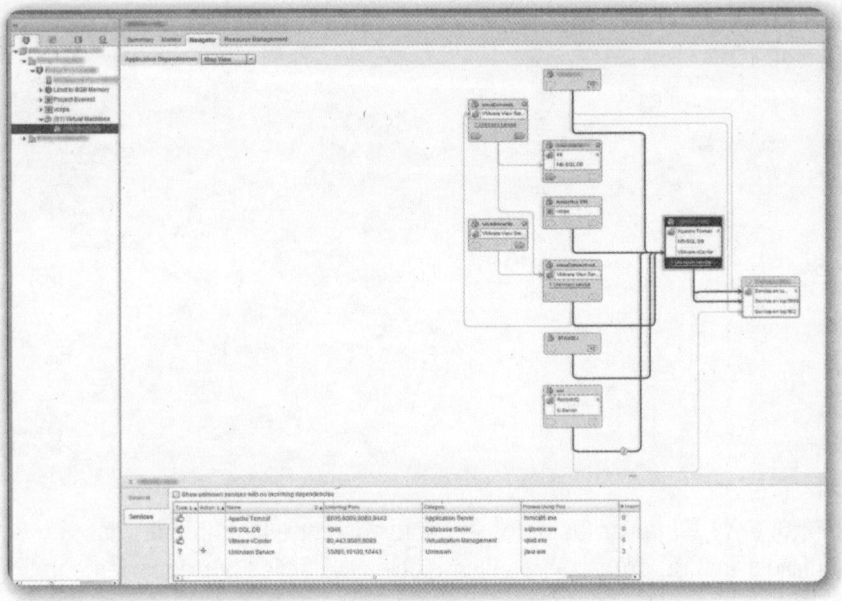

Figura 23. Esta herramienta identifica las relaciones entre los servidores virtuales, redes y datastores según los servicios que brindan.

De esta manera, si nos posicionamos en un datastore o un dispositivo de red veremos todas las aplicaciones que estamos afectando si llegamos a hacer algún cambio.

Además, como es parte de VMware Operations tiene una navegación similar, por lo tanto podemos ir viendo cada dispositivo y sus dependencias con una estructura de árbol. Sin dudas, es una gran herramienta para tener en cuenta a la hora de mejorar nuestro conocimiento y administración sobre la arquitectura de la empresa.

VMware Chargeback Manager

Esta herramienta sirve principalmente para obtener datos económicos de nuestro datacenter. Visualiza los costos reales de los consumos de virtualización.

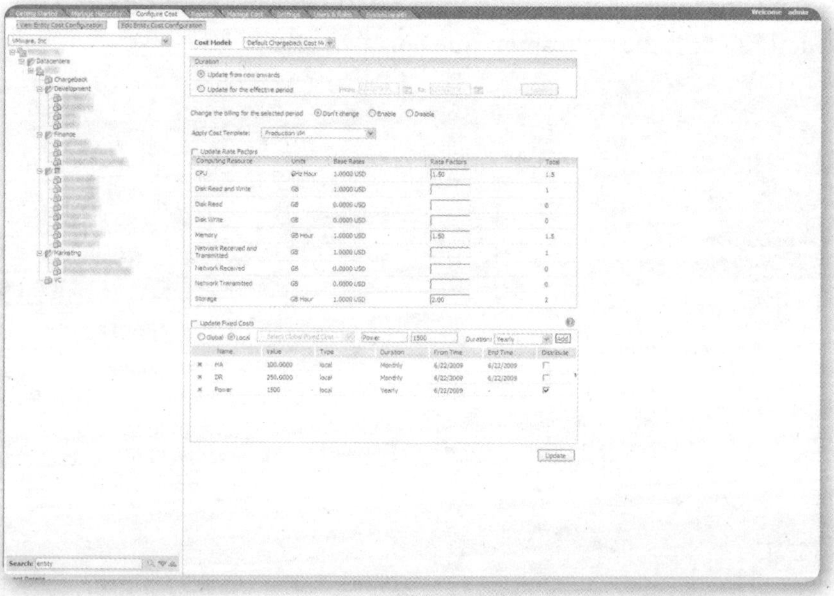

Figura 24. Para ver los datos económicos entre la empresa y la infraestructura, organizamos las máquinas virtuales por departamento.

Es totalmente moldeable a cualquier organización, ya que se pueden definir los modelos de costos y políticas para cada una. Los datos son recolectados directamente desde los vCenters, asegurando la más completa y precisa información de todo el entorno. Además, permite rápidamente distinguir los costos y consumos de distintos departamentos. Como se integra con **VMware vCloud** es parte esencial si queremos disponer de las herramientas para crear un cloud privado dentro de nuestra empresa. Sin dudas, si queremos obtener reportes de datos económicos y métricas es la herramienta ideal.

VMware Configuration Manager

Esta herramienta se utiliza para obtener datos más cercanos a los sistemas operativos que corren en nuestra infraestructura. A través de ella, se obtienen datos de los sistemas de archivos, de configuraciones de red, administración de usuarios, de grupos, de servicios de los sistemas, parches, cambios de red, logs y muchísimos más. Se pueden realizar también distintas reglas de estándares por cumplir y saber si se cumplen o no dejándola actuar y observando sus informes.

Con esta herramienta podemos automatizar millones de configuraciones de forma masiva, acción que de otra forma debiéramos hacer servidor por servidor. Además, las podemos poner en un calendario y horario para que corran a una determinada hora. Tiene muchísimas opciones y parámetros para poder hacer lo que se nos ocurra en nuestra infraestructura de sistemas operativos virtuales. Sin dudas, un gran paso, antes de pensar en un cloud privado.

Siguiendo el análisis comparativo de las licencias, vemos que con la **Enterprise** obtenemos **paneles de control a medida** y así podemos crear nuestros propios controles. Por otro lado, disponemos de mucha más **información de la infraestructura**, con la posibilidad de contar con fuentes de datos de performance de terceros, por ejemplo,

INTEGRACIÓN CON VMWARE SRM

Otra característica fundamental es la integración con **VMware SRM**, la herramienta de DRP para ambientes virtuales de VMware. Con ella podemos identificar rápidamente las aplicaciones y máquinas virtuales protegidas por el sistema, saber a qué grupo de protección pertenecen y cuáles son sus planes de recuperación correspondientes. Esta información es vital para controlar el buen funcionamiento del plan de DRP.

empresas de redes como Cisco o de storage como EMC. Podemos saber si los hosts ESXi cumplen o no con los estándares estipulados.

Los componentes nuevos de esta licencia nos permiten obtener capacidades para hacer un mapa de dependencia de aplicaciones al igual que obtener mediciones y reportes de costos.

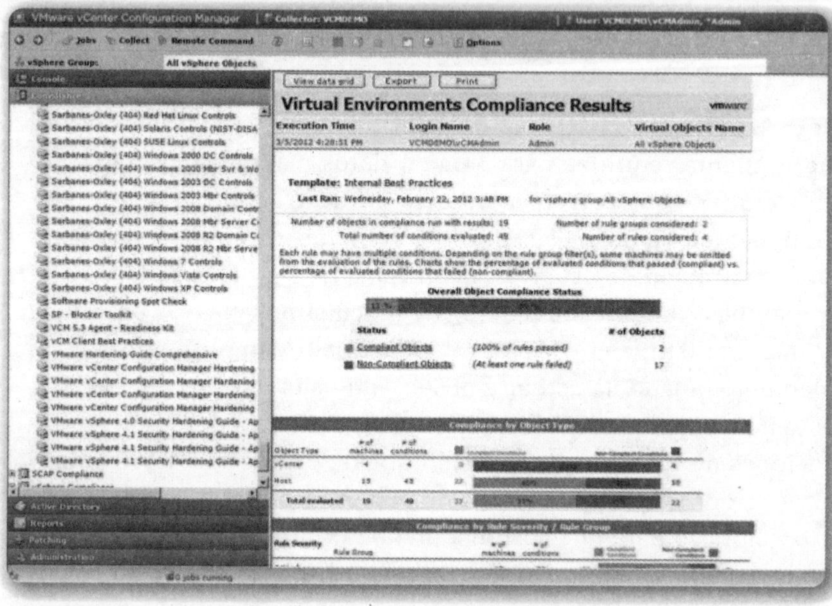

Figura 25. Con esta herramienta podemos realizar todo tipo de configuraciones automáticamente.virtuales por departamento.

La versión **Enterprise Plus** se diferencia de la anterior por la inclusión de algunos adaptadores de performance de terceros y algunos detalles de configuraciones y cumplimiento de políticas.

CRECIMIENTO DINÁMICO

Es un reporte que visualiza la capacidad de la infraestructura en el tiempo. Es muy utilizado para saber cuándo comprar recursos para satisfacer la demanda de creación de equipos. Es un informe muy importante dentro de la administración de una infraestructura virtual donde el crecimiento es muy dinámico.

Instalación

Ya estuvimos viendo todas las características de esta gran herramienta, ahora veremos cómo aplicarla a nuestra infraestructura y poder sacarle el mayor provecho posible.

Veremos paso a paso sus requerimientos, cómo instalarla, cómo configurarla para luego estudiar todas sus funcionalidades. Haremos una breve descripción de lo que son las vApps porque esta nueva versión viene en ese formato, que es una gran mejora y contrasta un poco con la versión anterior, que era un simple appliance. También comentaremos brevemente la postconfiguración para dejar todo en funcionamiento.

> LAS VAPPS SON SOLUCIONES DE SISTEMAS PREFABRICADAS DE LA NUEVA VERSIÓN

vApps

Las **vApps**, también conocidas como ***Virtual Appliances*** (una no muy afortunada traducción sería **aparatos virtuales**), son soluciones de sistemas prefabricados. Están constituidos por una o varias virtual machines, que son tratadas como una unidad, son instaladas, actu[illegible], mantenidas y adminsitradas como un conjunto único y no [illegible]rado. En cualquier empresa un sistema web que brinda soporte de monitoreo sería un buen ejemplo.

Este sistema se compone de:

- un servidor de bases de datos,
- un servidor de aplicaciones donde se utilice como capa de negocio,
- otro servidor web que sea el front-end de la aplicación.

Ahora bien, si por ejemplo nuestra empresa tuviese oficinas distribuidas por todo el mundo y tuviésemos que instalar estos tres equipos por cada país que administre cada región, sería muy complejo y costoso en tiempo y dinero tener que instalar, uno por uno, cada servidor y cada servicio correspondiente. Ni pensar si tuviésemos que administrarlos y conocer su estado rápidamente.

Con VMware podemos instalar una solución completa a este problema con tres máquinas virtuales que funcionen como un solo dispositivo virtual. Lo único que debemos hacer es desplegar el dispositivo en cada lugar que necesitemos. Siempre va a tener las mismas características y va a funcionar de la misma manera.

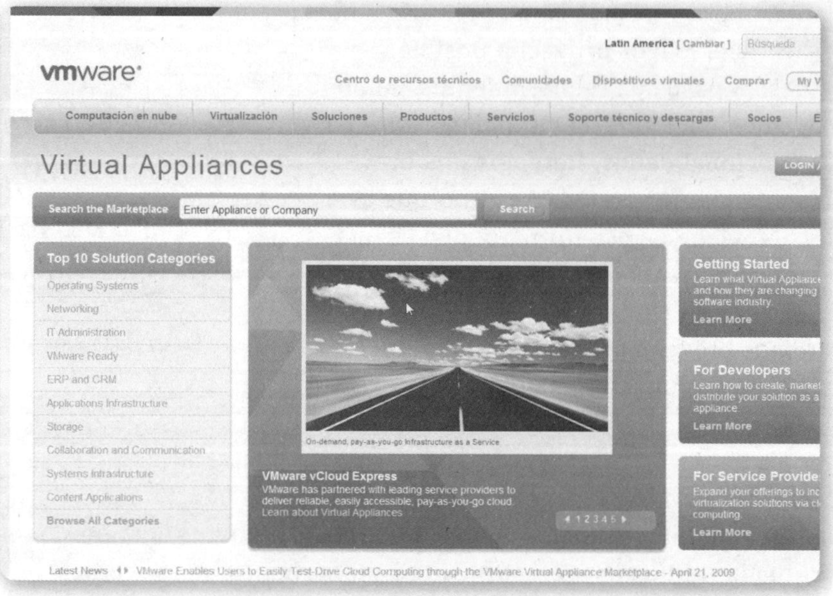

Figura 26. En el sitio de Vmware (**www.vmware.com**) hay miles de vApps, algunas pagas y otras gratuitas.

Actualizar estos appliances es muy fácil de hacer. Una vez que sabemos que los parches funcionan en uno, lo harán en los demás. La distribución de los appliances se realiza mediante un formato estándar industrial denominado ***Open Virtual Format*** (**OVF**).

Otro ejemplo consiste en la implementación de un sistema de parches

HERRAMIENTAS OVF DE VMWARE

VMware brinda herramientas como VMware Studio y un simple framework para la fabricación de estos OVF. La distribución de estas vApps simplifica cualquier administración y brinda una velocidad sin precedentes. Es realmente sencillo compilar un sistema y distribuirlo por toda la empresa.

en nuestra infraestructura, por ejemplo, **System Center Configuration Manager** de Microsoft para los sistemas Windows. Para hacerlo, deberíamos enseñar a todos los administradores los pasos a seguir en cada instalación, en cada lugar del mundo. Este sistema se compone de:

- una base de datos,
- un servidor de aplicaciones, y
- un servidor para distribuir parches.

Si fabricáramos una vApp con lo servidores relacionados, lo único que deberíamos hacer es desplegar la OVF en sus ambientes virtuales locales y tendríamos el sistema funcionando.

Pasos a seguir en la instalación

Entendamos un poco mejor por qué ahora el formato de VMware Operations ha cambiado con respecto a su versión anterior. En la versión anterior a la 5, eran dos servidores por separado, dos productos distintos, **VMware Operations** y **VMware Capacity IQ**. En esta nueva versión se integran esas dos herramientas en una sola. Vamos a ver que el despliegue del OVF nos configurará una vApp con dos servidores virtuales dentro. Se generará un pool de recursos para que consuman y veremos datos particulares de la aplicación en conjunto desde los detalles de la vApp. Lo más importante para tener en cuenta en la instalación es la generación de un pool de direcciones IP (**IP Pool**), que hay que crear antes de realizar el despliegue, esto es un listado de direcciones IP. Si bien generalmente se utilizará una IP fija para los equipos, hay que crearlo igual porque de otra forma no vamos a poder instalar la herramienta.

Haremos en dos partes los pasos a seguir para la instalación. En la primera, veremos cómo crear un IP Pool en vSphere y luego, el despliegue y configuración del OVF de VMware Operations.

IP POOL

Son un conjunto de direcciones IP asignadas a diferentes sistemas dentro de una empresa. Por ejemplo, si generamos máquinas automáticamente desde una consola de vSphere necesitamos que el vCenter le asigne una IP a cada nueva máquina. Para ello le asignamos un rango de direcciones IP que puede utilizar.

PASO A PASO: GENERACIÓN DE UN IP POOL

01 En la consola de vSphere, ubíquese arriba del datacenter donde va a instalar la aplicación y seleccione la solapa `IP Pools`. Haga clic en Add... .

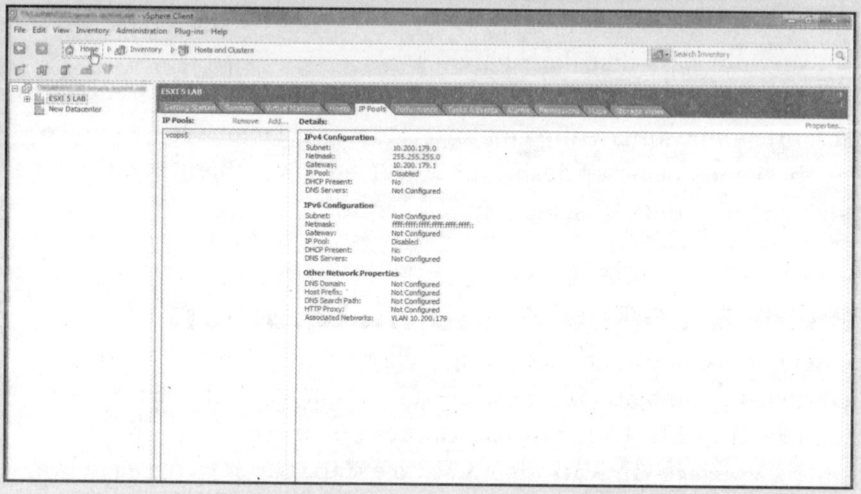

02 En la ventana emergente coloque un nombre que identifique a la aplicación. Luego, complete los campos de subred (`Subnet`) y la de la puerta de enlace (`Gateway`).

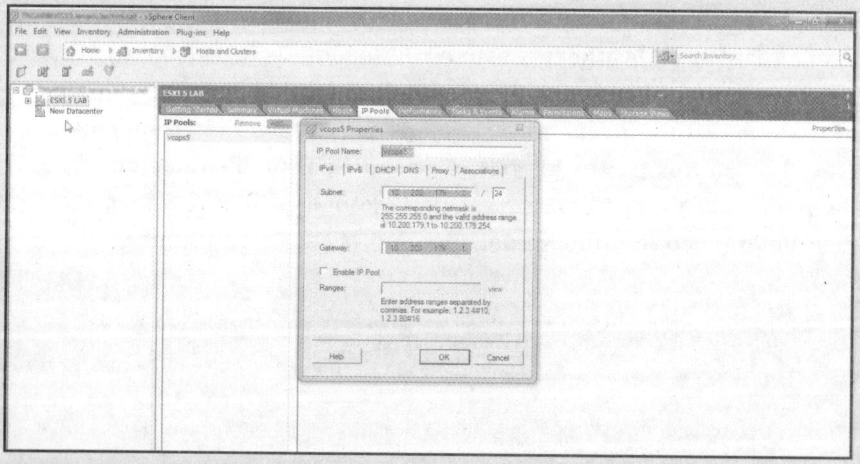

03 Por último, diríjase a la solapa de la ventana emergente llamada `Associations`, seleccione la subred correspondiente en donde va a estar instalada la aplicación, y haga clic en OK.

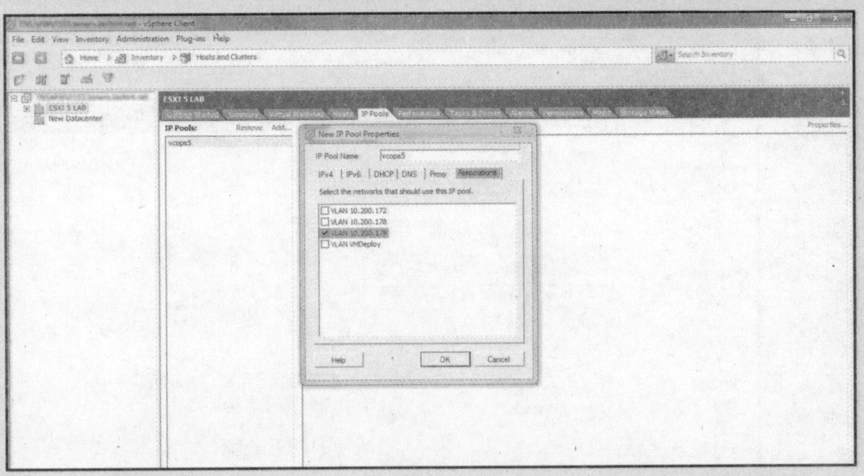

Si seguimos cada uno de los pasos que detallamos anteriormente, estaremos en condiciones de instalar nuestro VMware Operations sin ningún tipo de problemas. A continuación veremos los pasos que debemos seguir para lograr una óptima instalación del OVF de VMware Operations bajando desde el sitio de VMware la imagen OVF del instalador. Esta tarea no llevará, a lo sumo, 20 o 30 minutos y es muy fácil de llevar a cabo. La importación se realiza desde el cliente vSphere desde el menú File/**Deploy OVF Template**.

CHARGEBACK Y SHOWBACK

Estos términos se utilizan para hacer referencia a los sistemas que contabilizan los consumes dentro de una infraestructura. El ChargeBack muestra la facturación y los detalles económicos sobre la utilización de un servicio específico. Lleva la contabilidad automatizada del uso de la infraestructura. El ShowBack solo genera un reporte simple que detalla algunas cifras de consumo. Estos números son muy necesarios para saber qué cobrar y también cuándo comprar más hardware.

PASO A PASO: INSTALAR OVF DE VMWARE OPERATIONS

01 Baje desde el sitio de VMware la imagen OVF del instalador. En la consola de vSphere diríjase al menú `File/Deploy OVF Template...`.

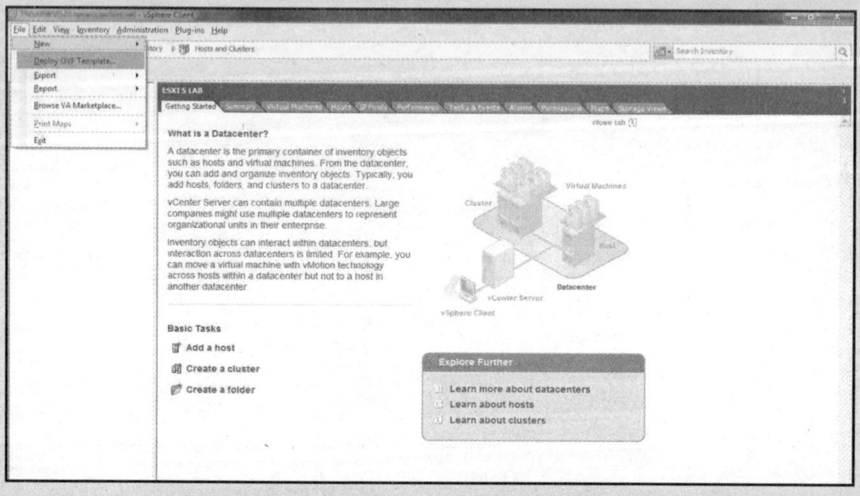

02 A contiuación, ubique la imagen OVF en el disco, donde lo haya guardado cuando la bajó del sitio de VMware.

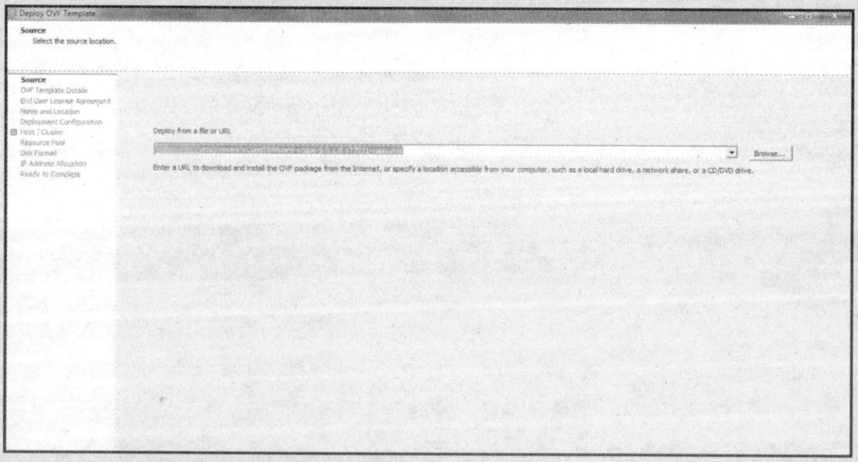

03

Al hacerlo, el sistema le bindará la información relacionada del producto, si la imagen no está corrupta. Para continuar, haga clic en **Next** >.

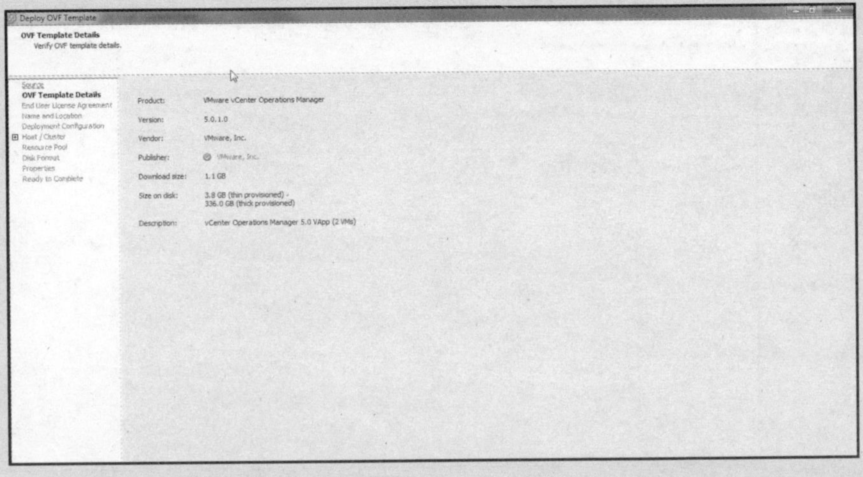

04

No olvide leer atentamente y aceptar el contrato de licencia del producto. Para hacerlo, haga clic en Accept y luego, para continuar, en **Next** >.

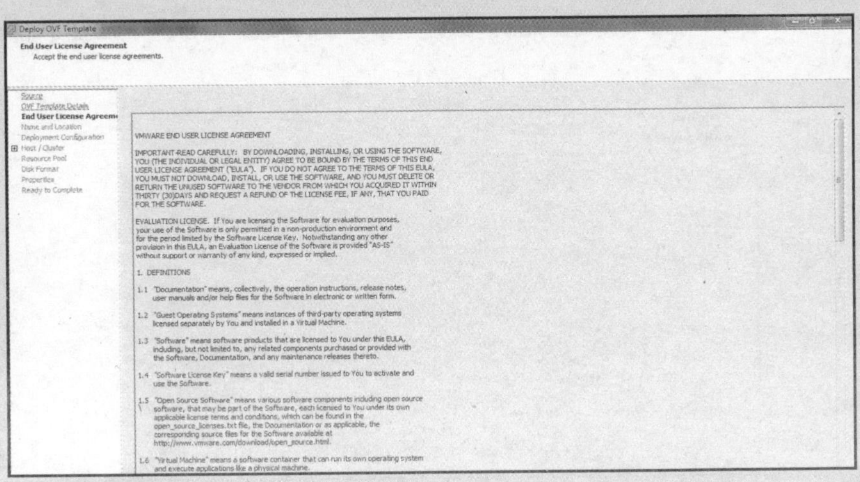

05

Escriba un nombre para ubicar la vApp dentro del datacenter (este nombre no será el nombre de los servidores). A continuación, seleccione el datacenter donde va a instalar el producto. Haga clic en `Next >`.

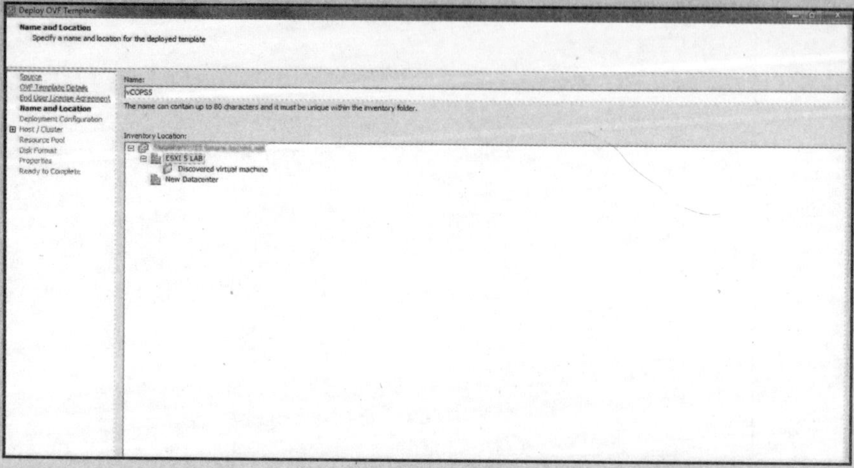

06

Elija un tamaño de su infraestructura desde el menú desplegable `Configuration`. Esto es importante para saber cuántos CPUs va a necesitar cada servidor, cuánta memoria y también qué tamaño de disco requiere para la base de datos. Haga clic en `Next >`.

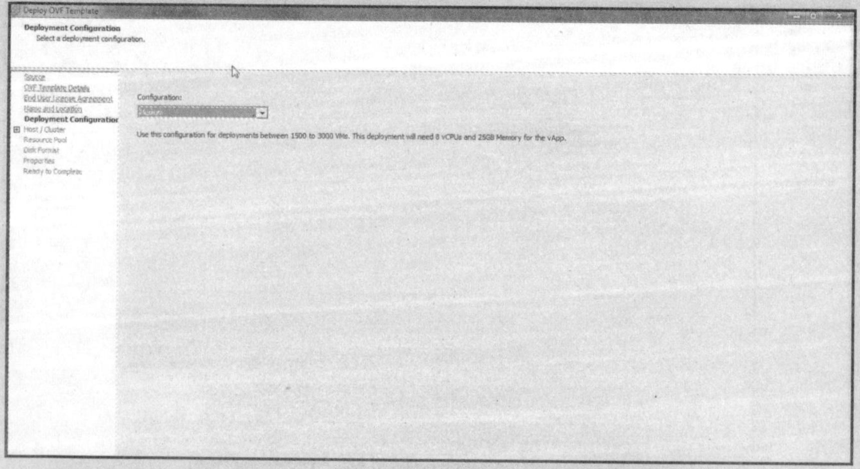

07

A continación, deberá seleccionar el cluster o el host ESXi donde va a quedar instalado definitivamente el producto. Haga clic en Next >.

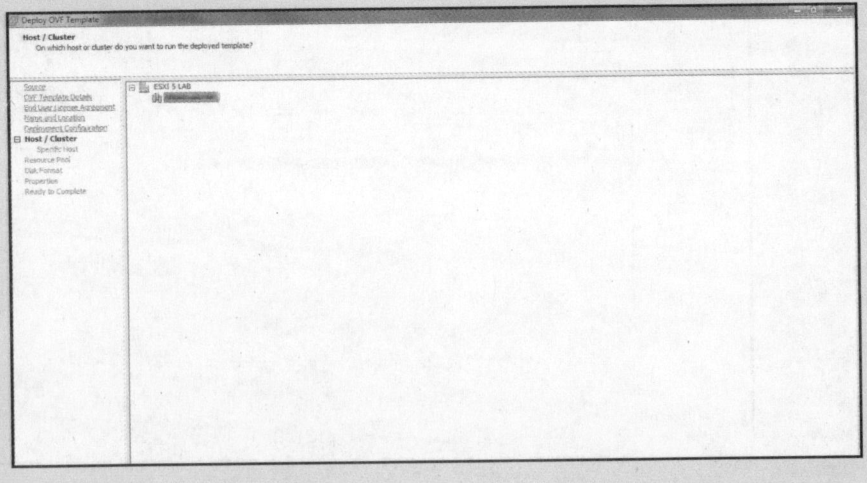

08

Seleccione el pool de recursos (Resource Pool) que desee para la aplicación. Elija el cluster completo si no tiene ninguno creado. Haga clic en Next >.

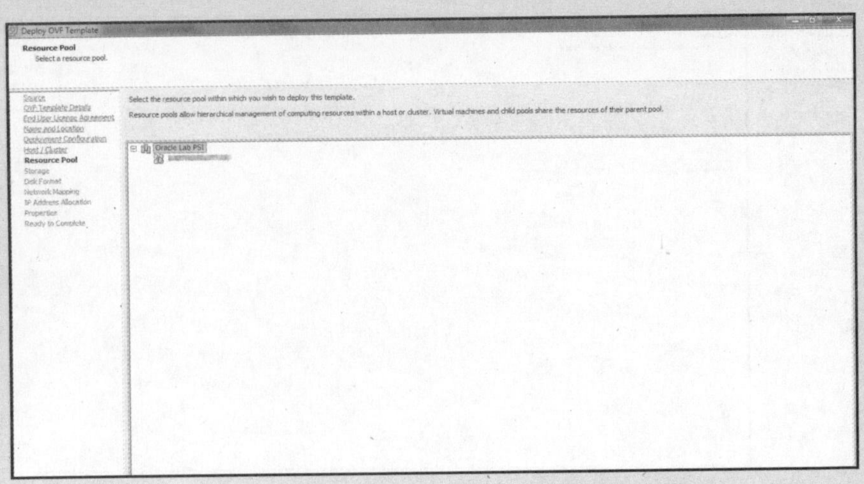

09

Indique el datastore donde prefiere que esté ubicada la aplicación. En caso de soportarlo, especifique también si habilita o no el Storage DRS para esta máquina. Una vez realizado esto, haga clic en `Next >`.

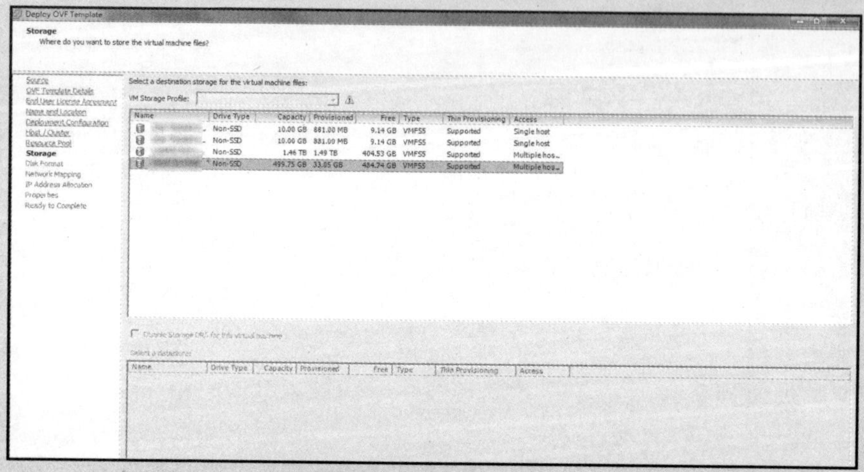

10

Elija el formato del disco virtual que se entregará. Recuerde que debe elegir entre los formatos de `Thick Provision` y de `Thin Provision`. Haga clic en `Next >`.

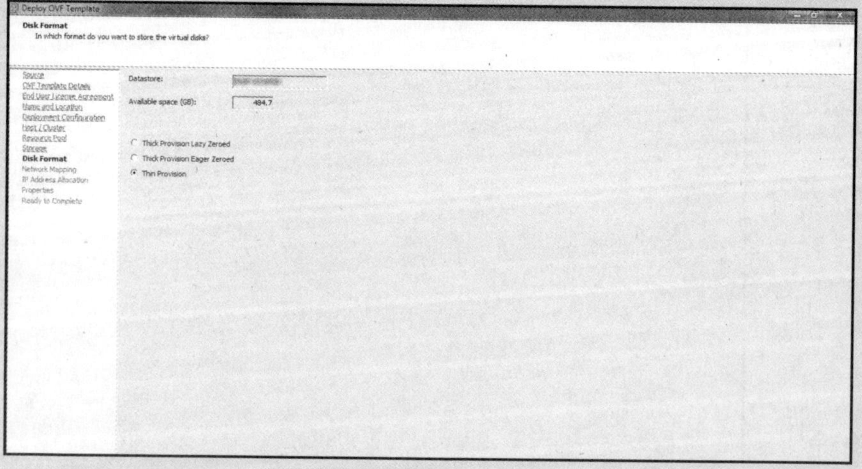

11 A coninuación, debe seleccionar del menú desplegabe la red en la cual trabajará el VMware Operations. Para finalizar este paso, haga clic en `Next >`.

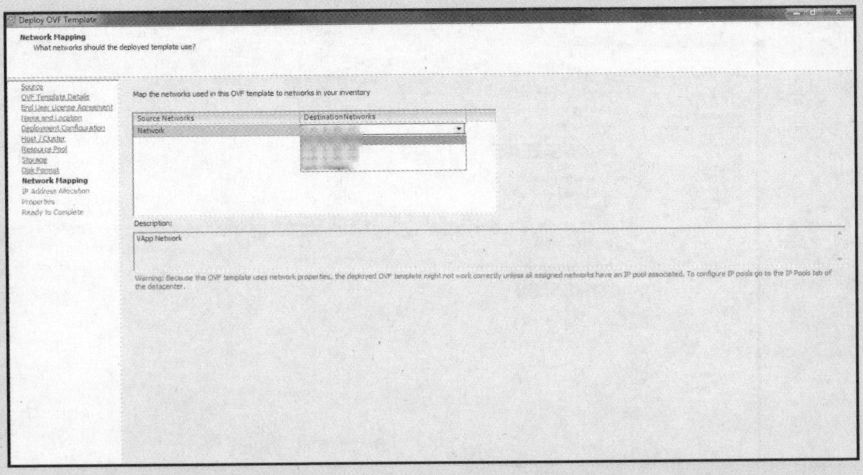

12 En el siguiente paso, opte por la opción `Fixed` en la locación de IP. Esto servirá para poder configurar una IP fija a los servidores. Luego, haga clic en `Next >`.

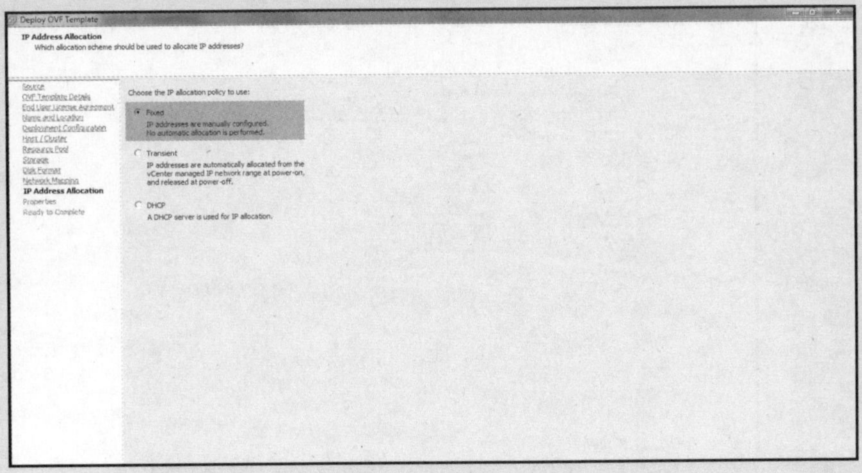

13

A continuación, indique el `Time Zone` correspondiente a su país y complete las direcciones IP de los dos servidores. Para continuar, haga clic en `Next >`.

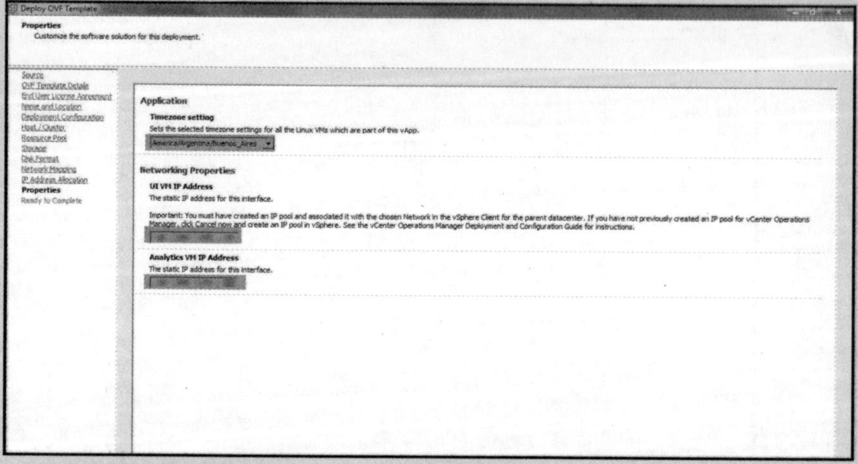

14

Vea el resumen y compruebe que todos los datos son correctos. En caso contrario, vuelva para atrás hasta modificar lo que piensa que está mal. Chequee el indicador de abajo para poder encender la vApp ni bien termine de instalarse. Luego oprima el botón `Finish`.

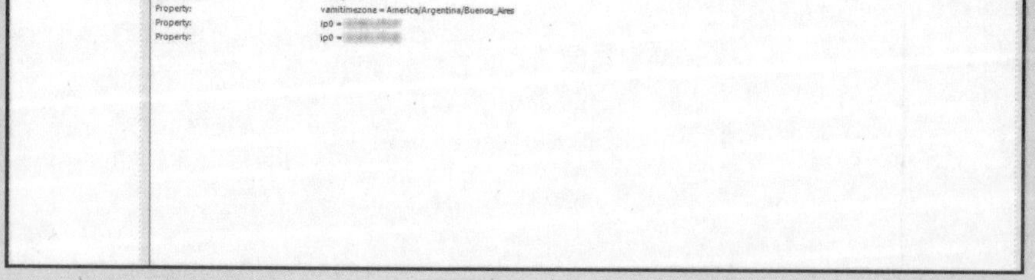

15 Una vez que se despliegue el OVF, verá en la consola la vApp con sus dos servidores en funcionamiento. Si llega a tardar mucho tiempo en encender, acceda a la consola de cada servidor y revise los errores.

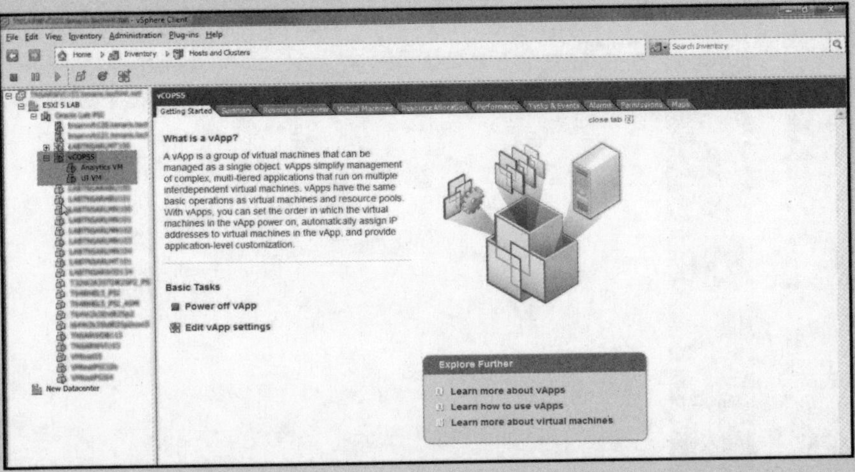

Ya aprendimos a instalar nuestro sistema de monitoreo, a continuación daremos una breve descripción de cómo acceder al sistema y configurarlo por primera vez.

El monitoreo en funcionamiento

Para acceder a la herramienta utilizamos solamente unas interfaces web. Una de estas será la interface de administración y configuración, mientras que la otra servirá para la utilización del producto.

Para acceder a la consola principal de utilización colocamos la IP del servidor o el nombre, si tenemos un registro en nuestro DNS. Al entrar, veremos que no disponemos de ningún dato pues no hemos configurado todavía ningún vCenter. Para ello, debemos acceder a la consola de administración vía web que será la IP del servidor o nombre, barra (/), la palabra admin. Como es la primera vez que entramos, con solo indicar la IP del primer servidor es suficiente.
Ahora sí, realizaremos un paso a paso para conocer la postconfiguración necesaria para poder utilizar VMware Operations.

PASO A PASO: POSTCONFIGURACIÓN

01 Vaya hasta la consola de administración (IP del primer servidor) y acceda con el usuario `Admin` y la contraseña `Admin`. Haga clic en `Login`.

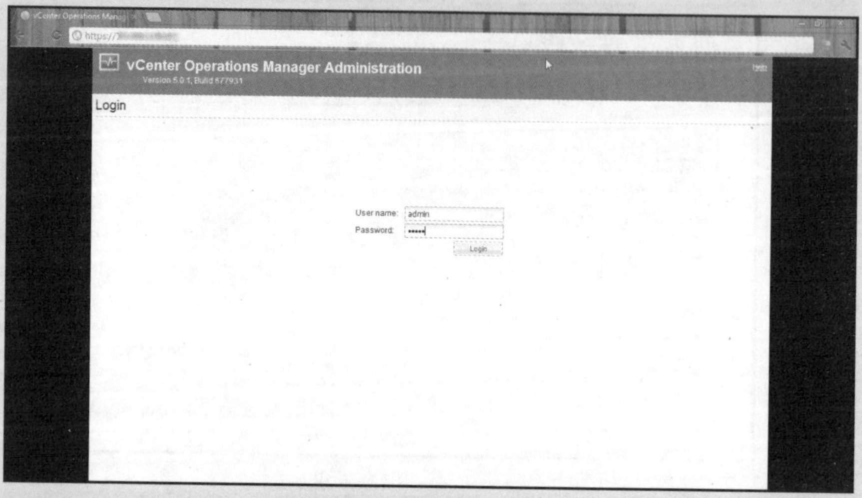

02 Complete en `Hosting vCenter Server adress` la dirección del servidor vCenter y los datos de un usuario administrador. Chequee si es correcta la IP que se le muestra y haga clic en `Next >`.

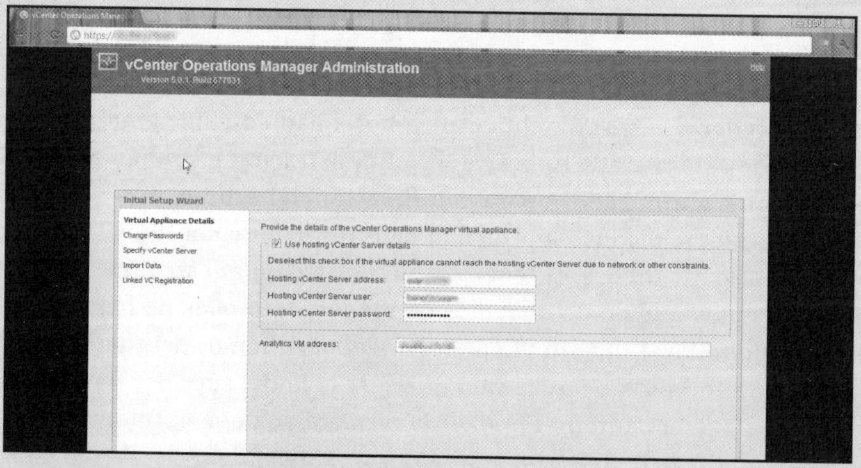

03

A continuación, una alerta de seguridad de un certificado aparecerá en su pantalla. Oprima en el botón Yes para decirle al sistema que confía en ese certificado.

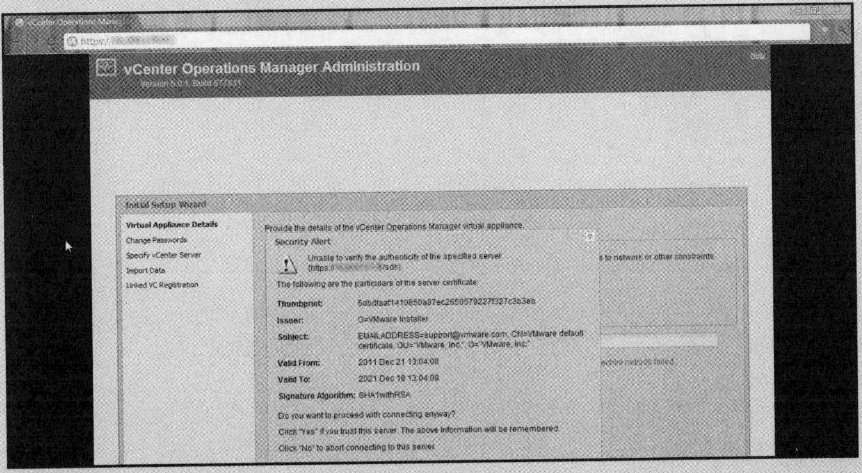

04

En este paso podrá cambiar las contraseñas del usuario Root de los servidores (porque son sistemas Linux) y también la contraseña del usuario admin que utilizó al entrar en la consola de administración en el paso 1.

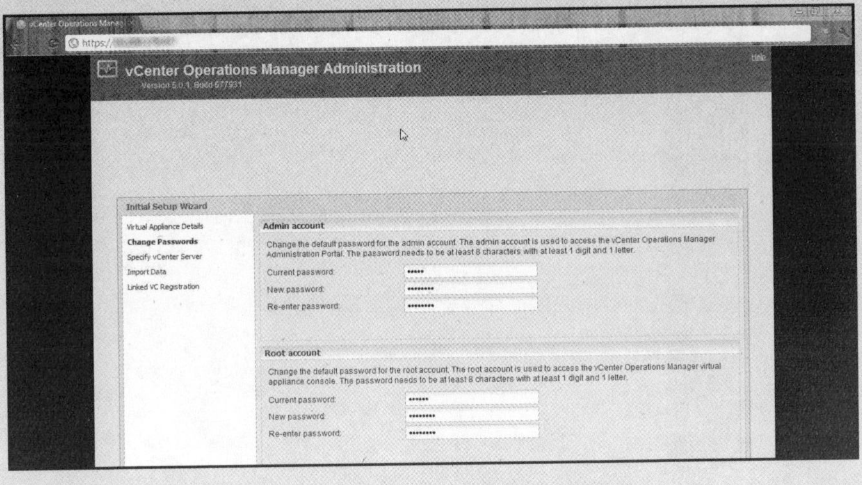

05

Complete los datos del vCenter que quiere monitorear. Consigne el nombre, la IP, un usuario administrador y otro que será el encargado de recolectar datos en el vCenter (quedará como usuario de servicio). Para finalizar este paso, haga clic en `Next >`.

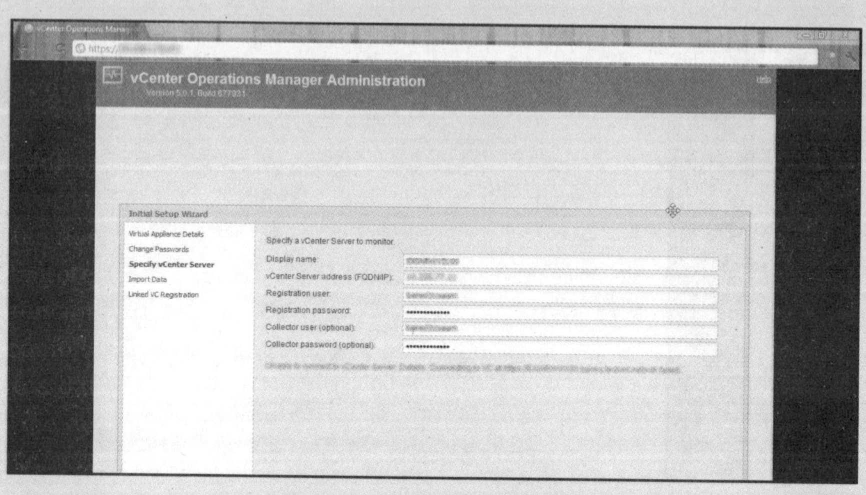

06

En este paso se deberán indicar los datos que se prefieren importar desde algún plugin extra para la herramienta.

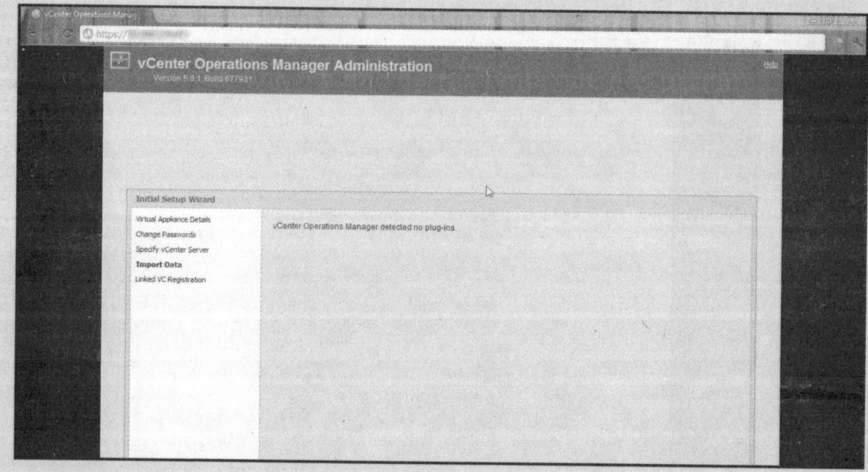

07

A continuación, deberá indicar al sistema si el vCenter encontrado se encuentra linkeado a algún otro vCenter.

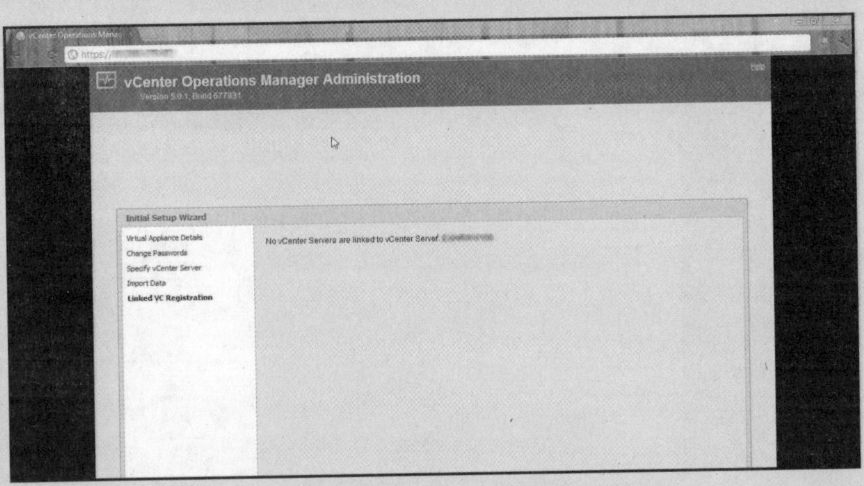

08

Se cerrará la ventana del asistente y aparecerá la interface de administración cotidiana. En la primera solapa, `Registration`, chequee los datos de la registración de los vCenters que se van a monitorear. Si lo desea, registre más vCenters oprimiendo en el botón New `Registration`.

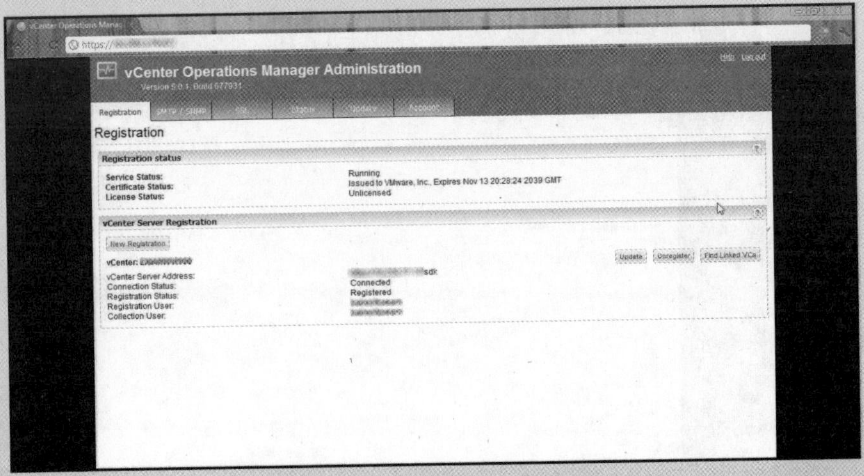

09 En la solapa SMTP/SNMP complete los datos del servicio SMTP, si desea recibir alertas y correos de la aplicación. Estos datos son importantes para recibir los informes programados.

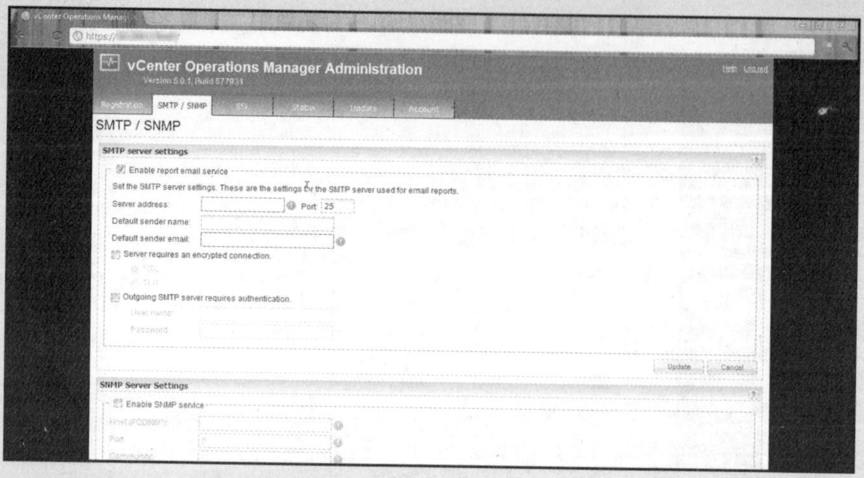

10 A continuación, en la solapa SSL deberá instalar los certificados que requieran los vCenters para conectarse. Solo deberá buscarlos y agregarlos.

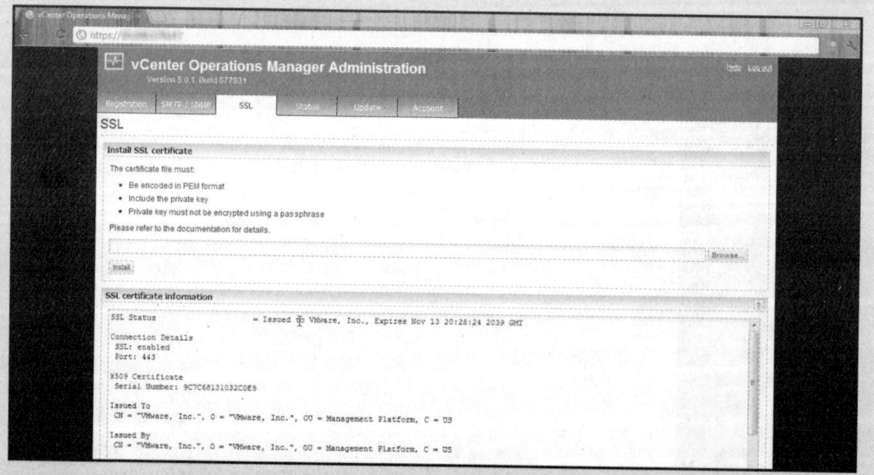

11 En la solapa `Status` podrá parar, arrancar y resetear el servicio de la vApp, la aplicación de VMware Operations. También puede bajar un informe de diagnóstico para corregir errores.

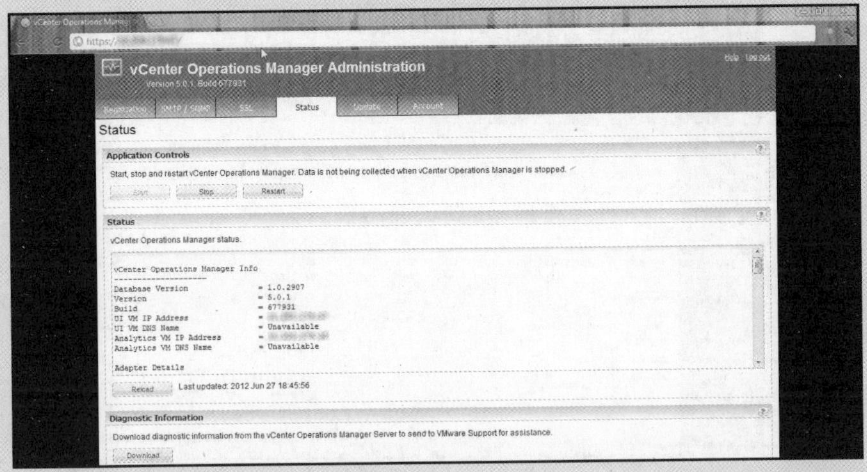

12 En cambio, si prefiere actualizar la herramienta en alguna ocasión, lo que deberá hacer es dirigirse a la solapa `Update` y agregar el paquete correspondiente.

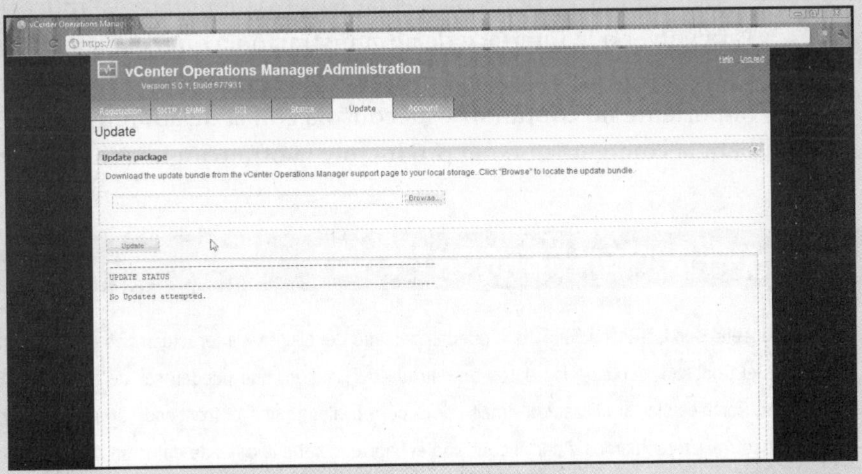

13 Nuevamente y para finalizar, en la solapa `Account` podrá cambiar las contraseñas del usuario `Root` y `Admin` del sistema, tantas veces lo considere necesario.

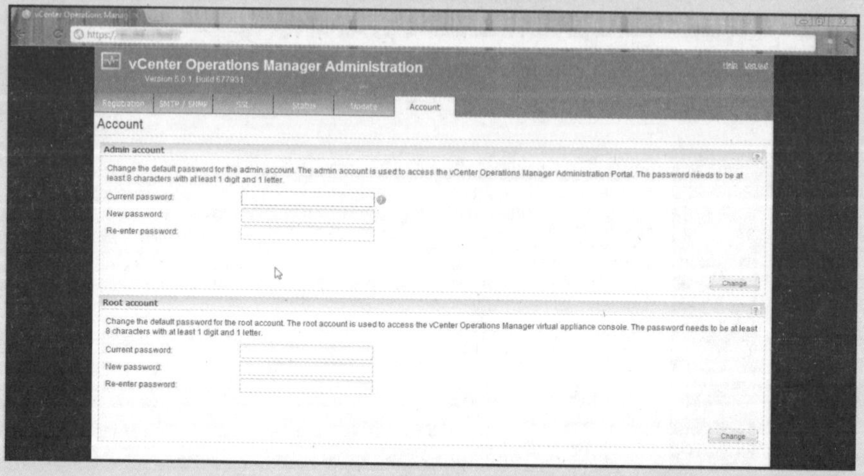

Una vez que damos por terminada la preconfiguración, nuevamente deberemos acceder via web a la dirección IP del primer servidor **UI** (***User Interface***, en español **interface de usuario**).

De esta forma, podremos estar listos para utilizar la aplicación. Para volver a la interface de administración, como comentamos antes, es necesario acceder mediante la IP del servidor + **/admin**. Es muy importante no confundir esta consola con la de administración. Una es para la configuración del producto y la otra para la utilización del mismo.

DEFINICIÓN DE FRONT-END

Los front-end son las aplicaciones que quedan del lado del cliente e interactúan con él. La idea general es que el front-end recolecta los datos de entrada del usuario, que pueden ser de muchas y variadas formas. Por ejemplo, si utilizamos gmail como correo electrónico el front-end sería la interfaz con la cual nosotros interactuamos y por el contrario el back-end sería la base de datos en donde se almacena nuestra información (e-mails, contactos, alertas, calendarios, etc.).

PASO A PASO: LICENCIAMIENTO

01

Acceda a la IP del primer servidor vía web. Se puede acceder con el usuario `Admin` o con algún usuario que tenga privilegios sobre alguno de los vCenters que vea la aplicación. Aparecerá una leyenda que indica que la aplicación no está licenciada.

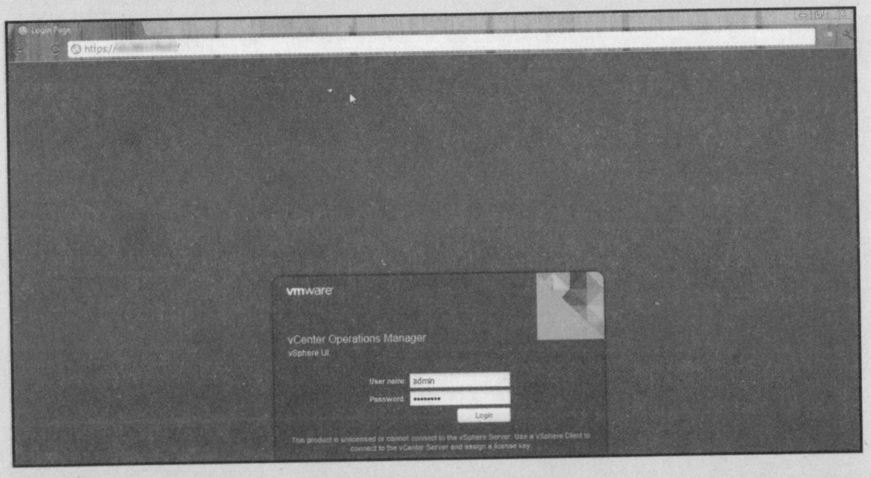

02

Diríjase al vCenter donde desplegó la OVF de VMware Operations y acceda a la administración de licencias. Allí oprima sobre la opción `Asset` y observe que aparece la aplicación como `Unlicensed`.

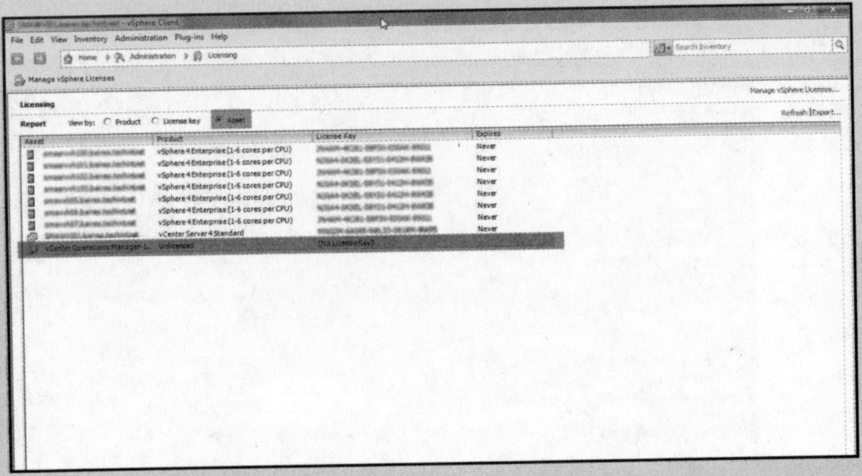

03 Haga clic derecho sobre la aplicación y elija `Assign License`. Al abrirse la ventana emergente, seleccione la segunda opción `Assign a new license key to this solution` y oprima el botón `Enter Key...`. Luego complete los datos de la licencia.

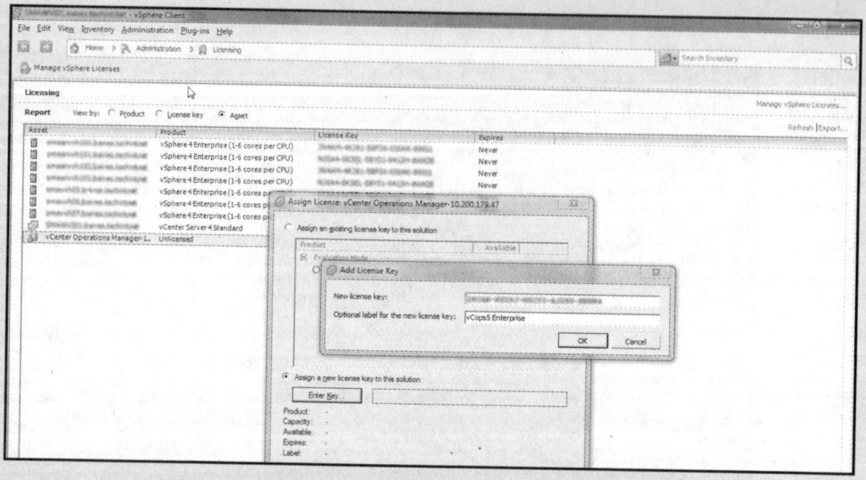

04 Ahora sí, diríjase de nuevo a la interface web, complete sus datos de usuario y acceda a la consola haciendo clic en **Login**.

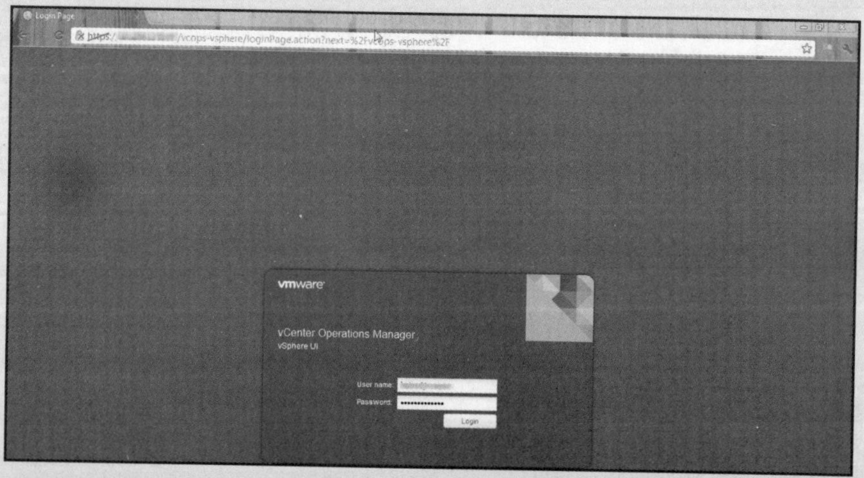

05 Deberá observar los datos del o de los vCenters que haya agregado. Verá que algunos figuran en color gris. Esto va a ser así hasta que pase una hora más o menos de recolección de información.

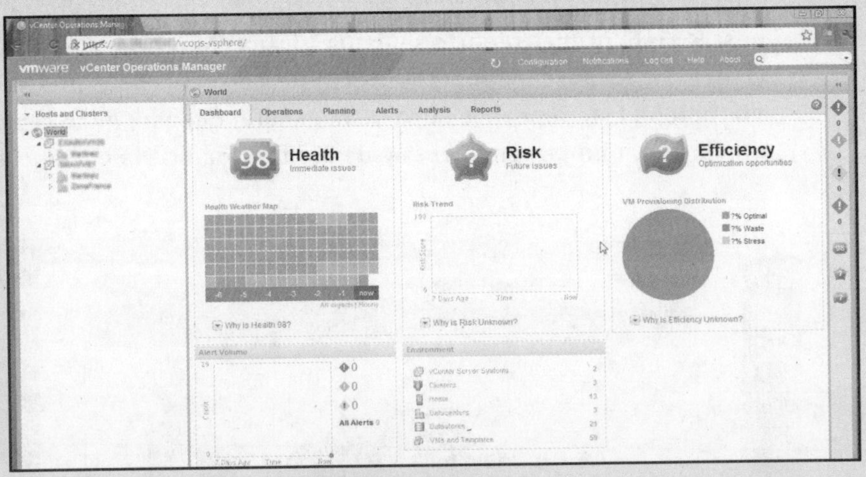

Ya estamos en condiciones de afirmar que hemos instalado nuestro sistema de monitoreo de última generación. Ahora pasaremos a detallar algunas características de su funcionamiento, para concluir, al fin, con una descripción de algunos reportes y métricas que nos pueden resultar sumamente útiles.

Análisis y reportes

En esta última sección estudiaremos los análisis y reportes que vienen incluidos dentro de **VMware Operations**, versión **Enterprise**. Deberemos prestar mucha atención a los reportes más importantes sin dejar de conocer todos los que vienen con la aplicación.

Asimismo veremos cómo podemos simular un posible escenario de despliegue de más equipos virtuales dentro de una infraestructura en funcionamiento para luego poder visualizar los distintos reportes con estos escenarios previstos a futuro.

Reportes que podemos obtener

Vamos a analizar en primera instancia la cantidad de reportes que podemos obtener con VMware Operations versión Enterprise. El sistema viene con **11 reportes** preconfigurados que podemos desplegar cuando queramos. Tenemos dos tipos de reportes, de máquinas virtuales y de host ESXi. El primer reporte se llama **Virtual Machine Capacity Overview Report** (**reporte general de capacidad de máquinas virtuales**). Este reporte es una vista general del uso, de la capacidad remanente, tiempo remanente y de la capacidad de la eficiencia total.

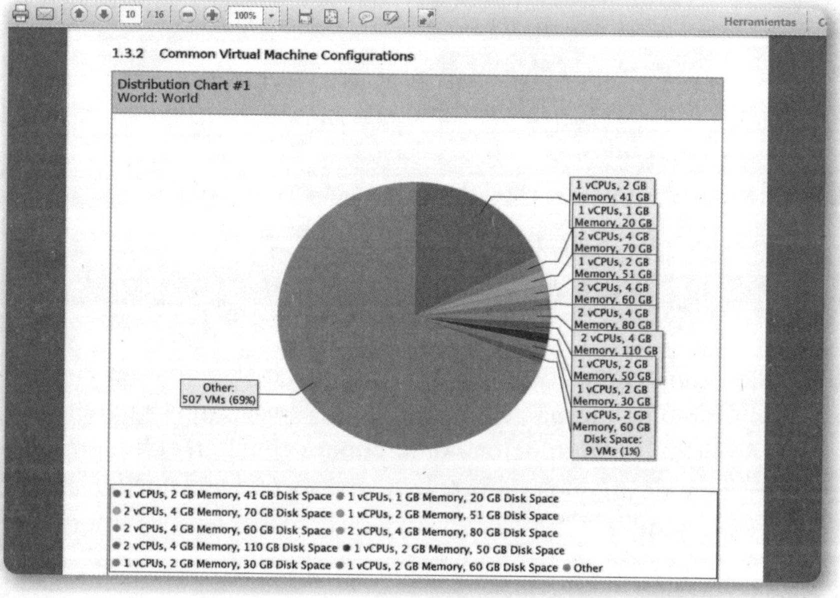

Figura 27. Un modelo de gráfico exportado a PDF que muestra la distribución de las configuraciones de las máquinas virtuales.

Si vemos el índice del reporte, podemos observar que nos ofrece cuatro apartados analíticos, uno con información sobre la capacidad usada y remanente, otro de tiempo remanente, otro de capacidad de uso y el último nos arroja datos de eficiencia.

Todos los reportes incluyen el reporte en sí mismo, una carátula, un índice y también un detalle que explica los conceptos y límites que se utilizaron para sacar dicho reporte.

El segundo reporte, el más completo de todos, es el **Capacity Inventory and Optimization Report** (**inventario de capacidad y optimización**), que consiste en un listado de clusters o hosts (esxi) que muestra lo usado y remante de la capacidad de las máquinas virtuales. En este caso, el índice delata solo un apartado de candidatos para optimizar la capacidad. Son muy buenos los datos que nos ofrece para mejorar nuestra infraestructura. Brinda un listado de las máquinas con recursos ociosos, que son equipos que no demandan ciclos de CPU, ni uso de red, ni uso de disco. Además, nos da un listado de las máquinas sobredimensionadas y otro de las subdimensionadas. Por último, brinda un listado de las máquinas apagadas con el porcentaje del tiempo, cantidad de disco asignado y cantidad de disco utilizado realmente.

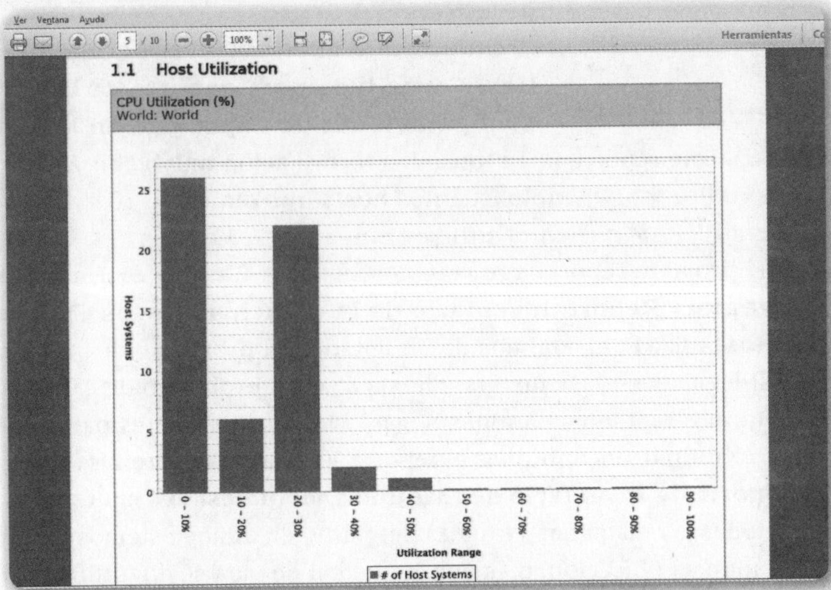

Figura 28. Uno de los gráficos del **Reporte de utilización de los Hosts** donde muestra resultantes del poco uso del CPU.

También disponemos de los subreportes específicos para cada detalle de los que hablamos. Entre ellos, está el reporte de **Idle Virtual Machine Report** (**máquinas virtuales ociosas**), el **Oversized Virtual Machine Report** (**máquinas**

sobredimensionadas), el **Undersized Virtual Machine Report** (**máquinas subdimensionadas**), o sea, máquinas que necesitan más recursos de los que les configuramos, y por supuesto, el listado de máquinas apagadas **Power Off Virtual Machines Report**. El reporte denominado **Host Utilization Report** (**reporte de la utilización de los Host ESXi**) nos da la distribución de la utilización de la capacidad media de los hosts en la infraestructura.

Nos ofrece tres gráficos que muestran las distintas utilizaciones de todo el grupo de host del punto de la infraestructura, de donde hemos sacado el reporte, divido en CPU, memoria y disco. Sin dudas es un reporte para sentarnos a pensar estándares que se ajusten a los usos reales de los recursos físicos.

> LOS REPORTES INCLUYEN DETALLES DE LOS CONCEPTOS Y LÍMITES UTILIZADOS

Otro reporte interesante es el **Configured Host Capacity Report** (**reporte de las configuraciones de Capacidad en los Host ESXi**). Este reporte nos ofrece una información muy valiosa que nos indica, por ejemplo, cuántos hosts utilizan entre 20 y 40 GB de memoria RAM o cuántos utilizan entre 95 y 100 GB.

El próximo reporte que veremos se llama **Cluster or Host Capacity Inventory Report** (**inventario de la capacidad de los Clusters o Hosts ESXi**), el cual nos da un listado del promedio de máquinas desplegadas en los clusters y hosts ESXi, el promedio de cantidad de máquinas restantes para desplegar, y los días restantes para hacerlo.

Por último, encontramos el reporte **Virtual Machine List Report** (**reporte de inventario de máquinas virtuales**) que emite un listado de todas las máquinas virtuales del punto en donde estemos parados listando su ubicación, días que le quedan de vida según utilización de sus

ESCENARIOS

Cuando hablamos de **escenarios** en este libro, queremos hacer mención a una situación particular en un tiempo determinado. Por ejemplo, hoy podríamos tener 10 hosts y estar pensando en quitar uno para poder actualizarlo. El escenario cambiaría pues tendríamos nueve hosts y necesitaríamos saber qué va a pasar con el resto de las máquinas virtuales.

recursos, GHz configurados al CPU local, MHz de limitación de CPU a demandar, porcentaje de contención de CPU, memoria RAM configurada, porcentaje de contención de memoria, uso del espacio total del disco virtual, total de espacio de disco físico utilizado, demanda de I/O de disco en KBps, contención de I/O y utilización de red también en KBps.

Como ya comentamos, todos los reportes pueden exportarse a planillas de cálculo en formato CSV o pueden guardarse como PDF.

EMULAR ESCENARIOS NOS PERMITE EVALUAR EN SITUACIONES HIPOTÉTICAS

Cada reporte lo debemos ejecutar con el botón **Run now** o también los podemos programar para que corran con alguna recurrencia, cada tantos días de la semana a un determinado horario.

Para la programación se necesita acceder al sistema con un usuario que cuente con los permisos correspondientes. Un usuario de servicio es lo más recomendable, ya que si el usuario cambia la contraseña los reportes no se ejecutarán.

Otro detalle bastante interesante es que podemos mandar los reportes a una casilla de e-mail para no tener que ir a la consola cada vez que lo queramos consultar. Esto nos permite, por ejemplo, programar un reporte de máquinas sobredimensionadas que llegue cada 3 semanas con lo que podemos ir mejorando la infraestructura y toda la utilización de los recursos.

Simulación de escenarios

Vamos a conocer un detalle no menor de este sistema de monitoreo de Vmware que consiste en la posibilidad de emular **escenarios**.

Tomaremos, como ejemplo, una arquitectura armada con cuatro hosts ESXi en donde corren unas 30 máquinas virtuales.

Podríamos necesitar saber qué pasaría si sumáramos 5 máquinas virtuales de 40 GB de disco, 2 CPU virtuales y 4 GB de memoria RAM.

Para ello, nos podríamos orientar viendo los recursos que nos quedan en la infraestructura, pero como VMware tiene una forma de utilizar los recursos bastante compleja es mucho más fructífero emular el escenario para saber qué puede ocurrir si optamos por ese cambio.

Otro escenario más complejo podría consistir en tener que saber qué podría ocurrir si necesito sumar 3 web servers de cierta capacidad,

4 bases de datos y 5 servidores de monitoreo para el mes entrante.

Tranquilamente, podemos emularlo con VMware Operations. Y como si fuera poco, no solo podemos emular el agregado de máquinas virtuales sino que también es posible emular el agregado de host ESXi para conocer, por ejemplo, con cuántos recursos vamos a contar dentro de tres meses y cómo se comportará la granja que reciba esos equipos.

Cada escenario que fabriquemos se verá reflejado en el sumario de la vista **Planing** y también en la subsolapa **Views**.

Si se nos muestra, por ejemplo, la vista del uso de la capacidad de los cluster o hosts podemos pronosticar qué pasará si agregamos cuatro hosts más, dentro de dos años o un año y medio.

Este análisis es de vital importantancia para programar futuras compras de hardware puesto que podemos estimar la carga que vamos a necesitar dentro de un mes, dos meses, o dos años.

PASO A PASO: CREAR UN ESCENARIO FUTURO

01 Diríjase a la solapa `Planing` y allí elija `Summary`. En esa vista, oprima el link que se encuentra arriba a la derecha llamado New `what-if escenario`. Seleccione la vista para el escenario por crear, haga clic en `Next >`.

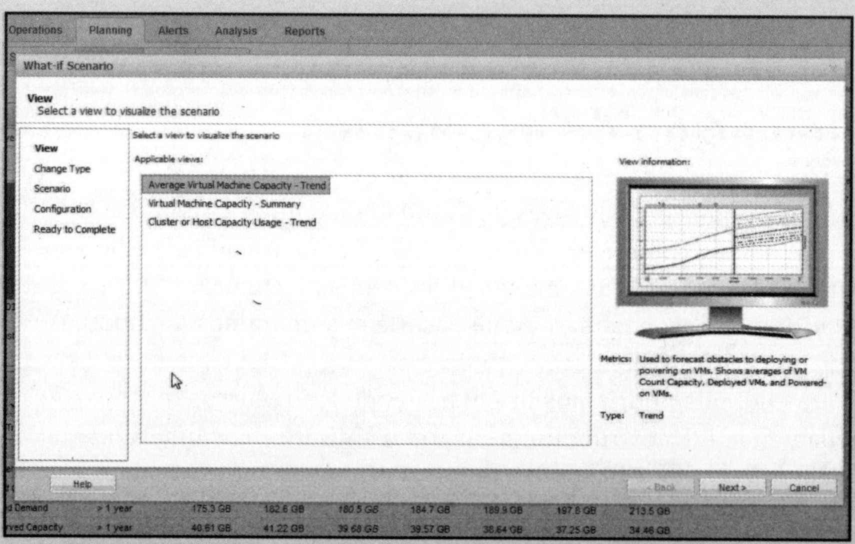

02 Seleccione el tipo de escenario, agregue o quite máquinas virtuales. En nuestro ejemplo, elegimos la segunda opción.

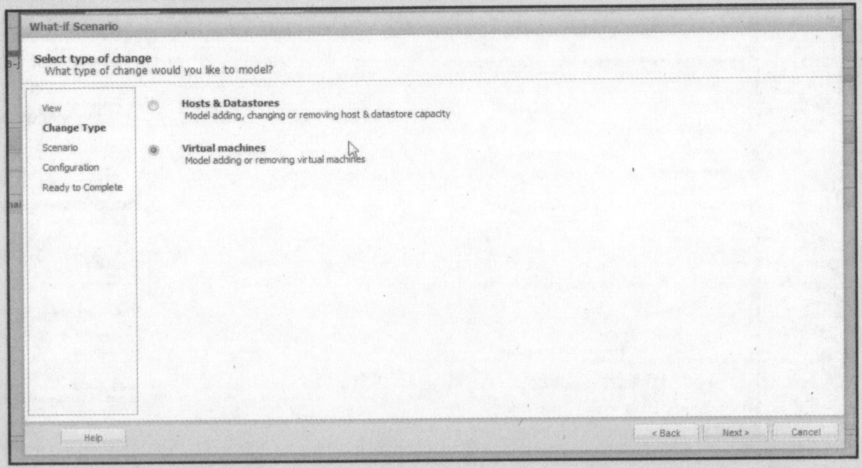

03 Elija el tipo de operación que va a realizar. Seleccione la primera opción para agregar máquinas virtuales según un perfil específico o crear otro tipo de máquinas `Add virtual machines by specifying profile of new virtual machine`. Luego, haga clic en `Next >`.

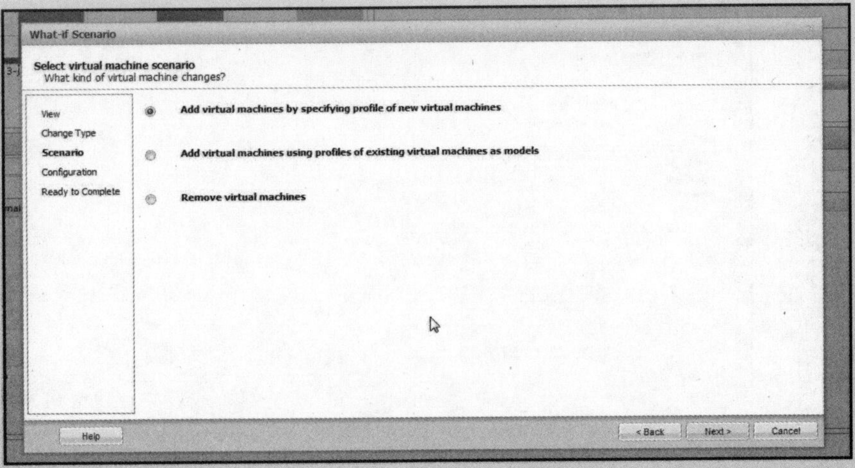

04

En la configuración, seleccione la cantidad de máquinas que va a crear y su configuración de virtual CPUs, memoria por asignar y disco. Luego, haga clic en Next >.

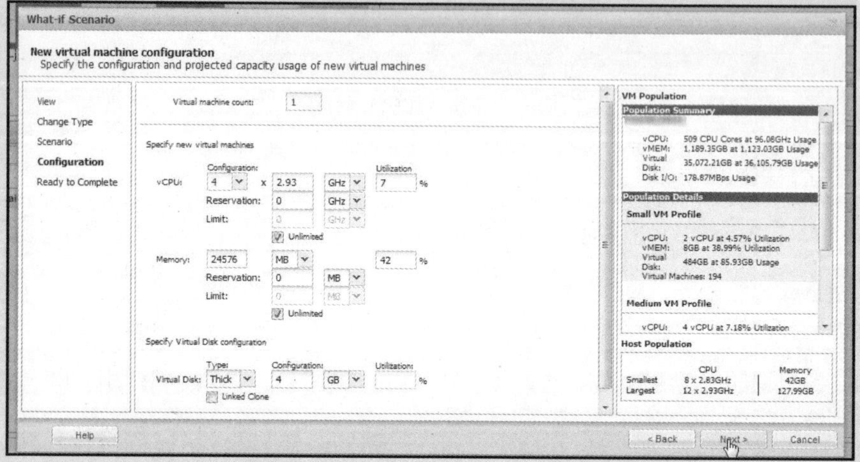

05

Observe el resumen y, antes de oprimir el botón Finish para finalizar la creación del escenario, verifique que todo está como lo desea.

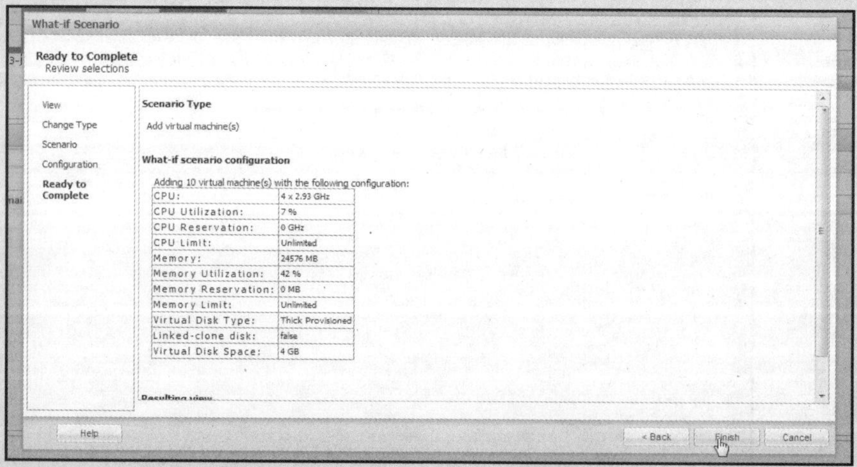

Cuando terminemos de crear el escenario, podemos ir a la solapa **Views** y cambiar de vistas. Todos los reportes y análisis del tipo **Trend** visualizan los datos a futuro. Podemos crear uno o varios escenarios, combinarlos o compararlos para obtener mayor información sobre el comportamiento a futuro de toda la infraestructura.

Análisis

Volvemos ahora a la vista **Analisys** (Análisis) para entender un poco más el conocimiento que podemos extraer de esta herramienta. Hay distintos informes que se muestran mediante cantidades de hosts, máquinas virtuales, datastores y clusters.

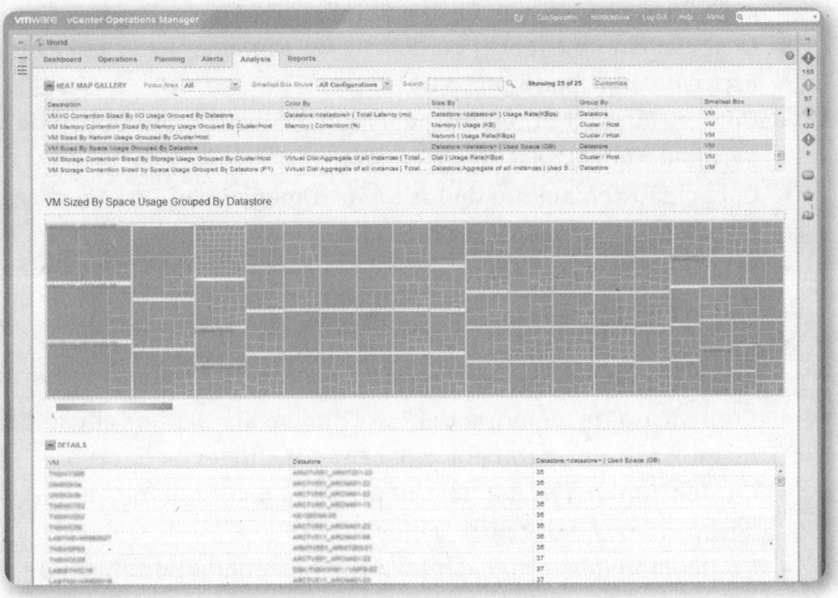

Figura 29. sLos distintos datastores en donde se encuentran todas las vms que lo utilizan, con sus correspondientes tamaños.

Vamos a listar los distintos informes que podemos obtener para luego conocer en detalle los más interesantes.

- Contención de CPU por cluster dimensionado por uso de CPU y agrupado por datacenter.

- Capacidad remanente del cluster dimensionada por la carga de trabajo y agrupada por datacenter.
- Salud del cluster dimensionada por la carga de trabajo y agrupada por datacenter.
- Contención de memoria del cluster dimensionada por el uso de memoria y agrupada por datacenter.
- Contención de red del cluster dimensionada por el uso de red y agrupada por datacenter.
- Contención de storage del cluster dimensionada por el uso de storage y agrupada por datacenter.
- Contención de I/O del datastore dimensionada por el uso de I/O y agrupada por datacenter.
- Contención de espacio de datastore dimensionado por el total de espacio y agrupado por datacenter.
- Desperdicio de espacio en datastores dimensionado por el uso del espacio y agrupado por datacenter.
- Contención de CPU en los hosts dimensionado por el uso de CPU y agrupado por datacenter y cluster.
- Capacidad remanente de los hosts dimensionada por la carga de trabajo, por datacenter y cluster.
- Salud del host dimensionada por la carga de trabajo y agrupada por datacenter y cluster.
- Contención de I/O del host dimensionada por el uso de I/O agrupada por datastore.
- Contención de memoria del host dimensionada por el uso de memoria, y agrupada por datacenter y cluster.
- Contención de red del host dimensionada por el uso de red, y agrupada por datacenter y cluster.
- Contención de storage del host dimensionada por el uso de storage.
- Contención de CPU de la VM dimensionada por el uso de CPU, y agrupada por cluster y host.
- Capacidad remanente de la VM dimensionada por la carga de trabajo, y agrupada por cluster y host.
- Salud de la VM dimensionada por la carga de trabajo, y agrupada por cluster y host.
- Contención de I/O de la VM dimensionada por el uso de I/O y agrupada por datastore.
- Tamaño de la VM por el uso de red, y agrupada por cluster y host.

- Contención de memoria de la VM dimensionada por el uso de memoria, y agrupada por cluster y host.
- Tamaño de la VM por el uso de espacio y agrupada por datastore.
- Contención de storage de la VM dimensionada por el uso de storage, y agrupada por cluster y host.
- Contención de storage en la VM dimensionada por el uso de storage y agrupado por datastore.

De esto informes podemos obtener nuestros más interesantes reportes acorde con nuestras necesidades. Algunos de los más importantes nos permiten saber cuánto espacio desperdiciado tenemos en los datastore para poder mejorarlo y aprovechar más los recursos.

La contención de I/O es muy importante también puesto que nos muestra cómo se está consumiendo la conectividad de la caja, según los distintos datastore que tengamos asignados.

El informe de VMs dimensionadas por el uso de red es bastante informativo sobre el consumo de red físico. Si debajo de los hosts tenemos sistemas de blades o sistemas standalone cambiarán mucho los tipos de mejoras que podemos llegar a realizar.

Además, podemos crear nuestros propios informes desde el botón **Customize**, dentro de la misma vista **Analisys**. Allí elegimos fácilmente los campos para armar el informe. Los dimensionamientos, las agrupaciones y los colores quedan a criterio nuestro.

Hemos concluido este capitulo con esta breve descripción de las oportunidades de análisis que nos ofrece VMware Operations. En el próximo capítulo, veremos una notable herramienta que nos permite obtener gran información de nuestro sistema de storage.

RESUMEN

Hay mucho aún por descubrir dentro del mundo VMware. En este capítulo, pudimos conocer una de las mejores herramientas para el monitoreo de toda la infraestructura virtual, desde los hosts ESXi hasta las máquinas virtuales, los discos, dispositivos de memoria, de red y mucho más. Analizamos una gran herramienta de cuarta generación que no solo nos brinda información de eventos como las antiguas herramientas sino que también aprende y nos da información sobre el futuro cercano. También vimos la simulación de escenarios para saber qué pasaría si optáramos por determinada acción.

Actividades

TEST DE AUTOEVALUACIÓN

1 Enumere las cinco generaciones de monitoreo que se nombran en el capítulo. Ofrezca un ejemplo de cada generación.

2 Describa y compare cada generación con su antecesora observando detenidamente las mejoras y posibilidades.

3 Liste los requerimientos para la instalación de la herramienta de VMware para nuestra infraestructura.

4 Describa brevemente cómo configurar un IP pool para poder luego instalar la herramienta sin problemas.

5 ¿Qué es una vApp? ¿Y un OVF? ¿Qué herramientas ofrece VMware para poder utilizar este tipo de tecnologías?

6 Liste las solapas principales de la consola de VMware Operations y estudie con cuidado la solapa Operations y la visión de ojo de halcón.

7 ¿Cuál de todas las solapas le parece más útil para su empresa? ¿Por qué?

8 Comente en breves palabras los reportes que puede obtener de la herramienta, cuáles son los más importantes y los que empezaría a utilizar en instantes.

9 Describa los pasos que se deben seguir para crear un escenario que emule la adición de cinco máquinas virtuales.

10 En dónde puede ver los escenarios creados? ¿Puedo crear más de un escenario al mismo tiempo?

ACTIVIDADES PRÁCTICAS

1 Cree un IP pool en su empresa e instale la herramienta en la infraestructura virtual.

2 Realice la postconfiguración y verifique el crecimiento de los discos virtuales de la vApp. Recolecte datos por dos horas y luego verifique la información obtenida.

3 Emita un reporte de cada tipo. Analice la situación y detalle las mejoras posibles.

4 Cree un escenario para agregar varios hosts, luego otro para agregar 10 máquinas virtuales y combínelos.

5 Busque algún error para corregir partiendo del análisis de las alertas. Trate de minimizar la cantidad de alertas críticas.

*03

VMware Storage Appliance

En este capítulo hablaremos de un appliance diseñado por VMware que nos permite obtener todas las funcionalidades que un almacenamiento centralizado nos puede ofrecer con VMware vShpere. VMware Storage Appliance utiliza los discos locales de cada ESXi para generar discos capaces de ser accedidos por todo el cluster y así aprovechar las funcionalidades de HA y vMotion, entre otras.

La supremacía de los virtual appliances

Se denomina **appliance** a un componente de hardware y software diseñado para cumplir una función específica, de manera óptima. Esto se aplica a heladeras, tostadoras, etc. o en nuestro caso, a las computadoras.

En una infraestructura física podemos decir que un appliance es un servidor preinstalado y configurado que cumple una función específica con un valor prestablecido, que simplifica su puesta en marcha, mantenimiento y monitoreo. Un ejemplo de esto son los firewalls, los balanceadores de carga, etc.

Con la aparición de la virtualización, el uso de appliances se hizo aun más útil al punto de que muchísimas empresas comenzaron a ofrecer sus productos basados en hardware con una alternativa en modalidad virtual appliance o incluso, exclusivamente, como virtual appliance. Uno de los ejemplos más claros de esto es el **Nexus 1000V** de **Cisco**, un virtual appliance que utiliza el concepto de **switches distribuidos** de VMware para realizar operaciones avanzadas de la misma forma que lo hacen los equipos switches físicos. También existe **Zimbra**, un servidor de correo y colaboración adquirido por VMware que puede ser instalado en minutos y que utiliza un virtual appliance que se puede descargar desde su sitio web.

Figura 1. Un appliance de Google para realizar búsquedas de archivos y sus contenidos dentro de una red LAN.

El uso de virtual appliances ofrece ventajas muy signifcativas no solo para los usuarios sino también para sus fabricantes: el costo de la fabricación desaparece, la entrega del producto es mucho más rápida y simple, y a la vez, es posible probarlos fácilmente antes de decidir su adquisición.

Como dijimos en el **capítulo 1**, VMware ofrece un portal en donde los fabricantes publican sus virtual appliances para que los potenciales clientes los puedan importar utilizando vCenter y probarlos.

LOS VIRTUAL APPLIANCES TIENEN LAS VENTAJAS DE LAS MÁQUINAS TRADICIONALES

Los virtual appliances tienen todas las ventajas de las máquinas virtuales tradicionales, pero además cuentan con algunas otras adicionales. La instalación de un virtual appliance es extremadamente fácil e incluso se puede hacer directamente desde Internet, gracias a las funcionalidades de vCenter. El proceso de instalación incluye en la mayoría de los casos la configuración de todos los parámetros que el appliance necesita para funcionar correctamente.

Otra ventaja que ofrece es que debido a que cada virtual appliance se diseña para consumir la menor cantidad de recursos posibles, para su creación se utilizan distribuciones de Linux, ya sea porque son gratuitas o porque el costo de adquisición de la solución incluye al appliance y la licencia del sistema operativo que utiliza. Esto genera una reducción muy significativa de los costos de inversión inicial y sobre todo de mantenimiento, ya que no tenemos que preocuparnos por los costos de soporte de hardware o del sistema operativo. Cuando un fabricante genera una versión nueva de un virtual appliance, esta reemplaza o actualiza la anterior.

Una de las visiones con las que trabaja fuertemente VMware para el desarrollo de sus productos es la que pone a la aplicación por sobre el

DISCOS SSD

Los discos **SSD** (Sold State Disk o disco de estado sólido) comienzan a ser una excelente opción para aplicaciones que requieren de mucha performance en el acceso al disco debido a la disminución de su costo. La velocidad comparada con discos SAS es notablemente superior (20.000 contra 200 iops por segundo aprox.) pero el tiempo entre fallas es menor a los discos SAS y SATA aún.

EL VIRTUAL APPLIANCE INCLUYE EL SISTEMA OPERATIVO CONFIGURADO

sistema operativo que la ejecuta, al punto de que el sistema operativo se entrega en conjunto con la aplicación que se adquiere. De esta manera, tal como pasa con el concepto de virtual appliance, los sistemas operativos perderán protagonismo debido a que el desarrollo de la aplicación incluirá al sistema operativo que será utilizado para que esta funcione correctamente. Esta modalidad de trabajo disminuye los costos asociados al desarrollo, simplifica la implementación y prueba de la aplicación. Además, las tareas asociadas a la instalación de nuevas versiones de aplicaciones serán procesos rutinarios muy básicos, tal cual está pasando hoy con los virtual appliances. A continuación, explicaremos paso a paso cómo se instala un virtual appliance utilizando vCenter desde un archivo o Internet.

PASO A PASO: INSTALAR UN VIRTUAL APPLIANCE

01 Conéctese al vCenter donde se instalará el virtual appliance. Luego, haga clic en **File** y a continuación, haga lo mismo en **Deploy OVF template**. En la ventana emergente deberá indicar la ruta al archivo OVF del virtual appliance que quiere instalar.

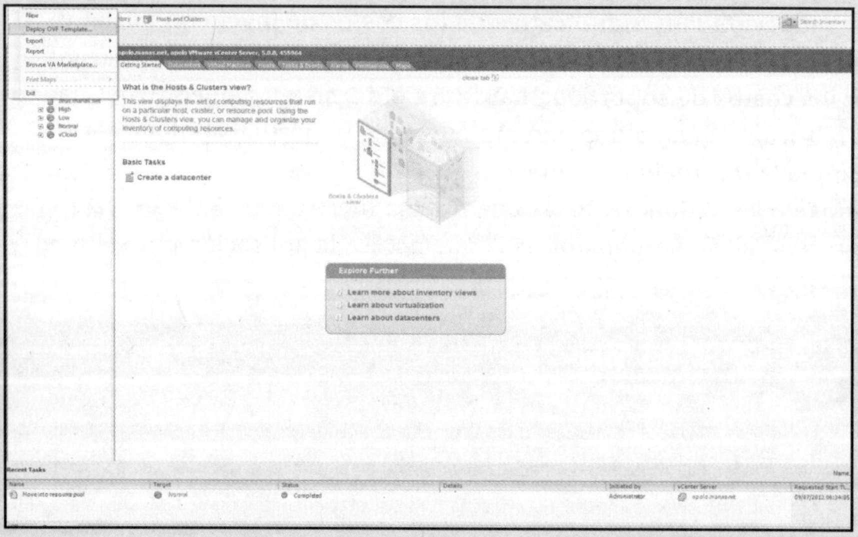

02 Una vez desplegada dicha ventana, indique la ruta al archivo OVF del virtual appliance que quiere instalar. Puede ingresar manualmente la ruta al archivo descargado o directamente hacer clic en el link de descarga desde Internet. Para buscar el archivo, debe hacer clic en el comando Browse....

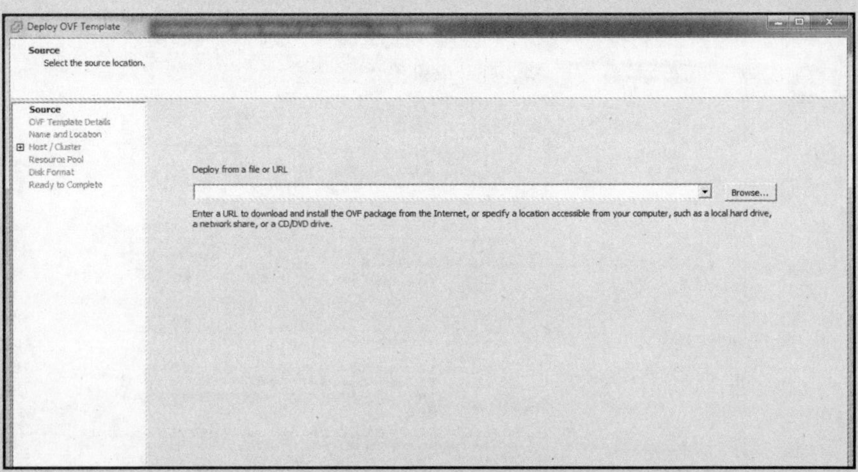

03 La siguiente ventana muestra un resumen del virtual appliance por instalar, incluyendo el tamaño de los discos, el fabricante, la versión, etc. Haga clic en Next >.

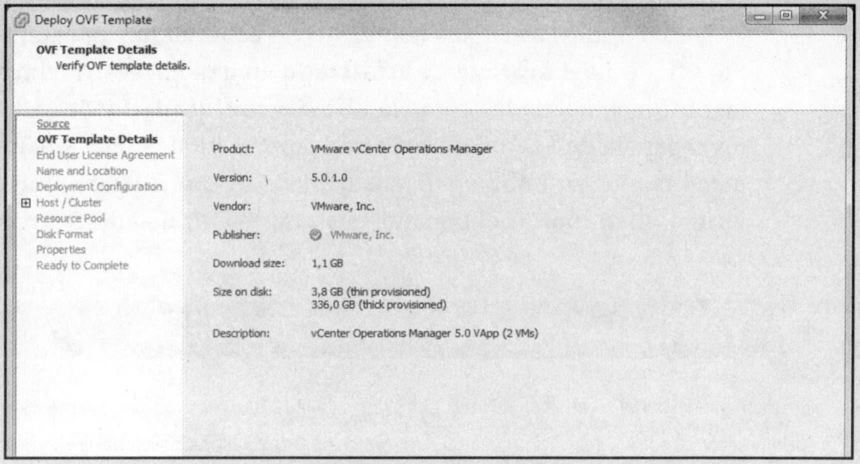

04

Previo a la instalación, aparecerá la ventana para aceptar las condiciones de uso. Léalas y haga clic en **Accept** y luego, en `Next >`. Seguido a esto, deberá indicar el lugar de instalación del virtual appliance y dependiendo del tipo de aplicación, será necesario indicar algunos parámetros adicionales.

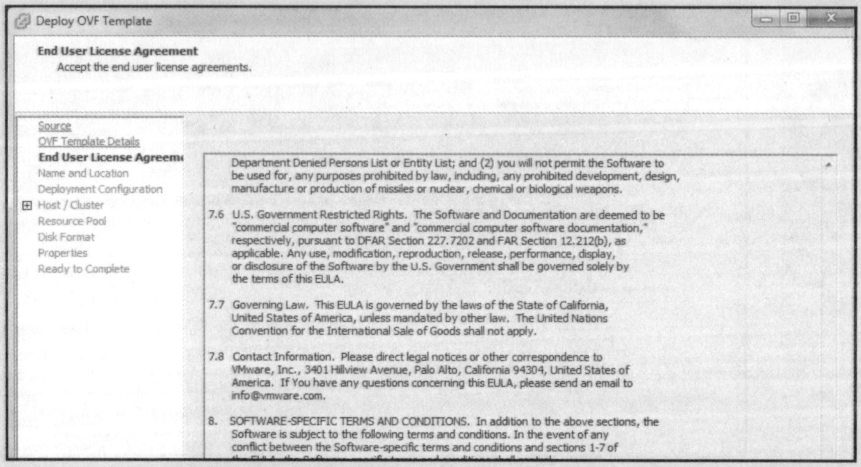

¿Qué es VSA?

En reiteradas ocasiones hemos hecho especial hincapié en la importancia del **storage centralizado** en una infraestructura para lograr funcionalidades como la **alta disponibilidad** y otra de bajo nivel para la detención de servicios por cuestiones relacionadas al mantenimiento. También hemos hablado de que en una infraestructura virtual, sin importar el tamaño, el storage centralizado es un componente

VIRTUAL APPLIANCE MARKETPLACE

Es el nombre del portal creado por VMware. Los usuarios pueden bajar los virtual appliances para probarlos y publicar su opinión sobre el producto. La dirección es **https://solutionexchange.vmware.com/store/category_groups/virtual-appliances/categories/virtual-appliances**.

fundamental ya que la performance de dicha infraestructura en general depende de su funcionamiento, diseño y capacidad de escalabilidad.

La adquisición de un storage suele ser una gran inversión y muchas veces puede terminar siendo el obstáculo que impide avanzar en la implementación de una infraestructura virtual, especialmente en **empresas pequeñas** o en **sucursales** que tienen un procesamiento de información limitado, en relación al sitio principal de una empresa.

En estas circunstancias, las opciones más comunes consisten en virtualizar solo los servicios de baja criticidad o postergar la virtualización de la infraestructura.

VMware lanza en la versión 5 de vSphere el producto **VMware Storage Appliance** (**VSA**) para cubrir este tipo de necesidades. El producto utiliza el concepto de **virtual appliance** para ofrecer un almacenamiento compartido que utiliza el protocolo **NFS**, a partir del uso de los discos locales de cada ESXi involucrado.

VMWARE LANZA EN SU VERSIÓN 5 DE VSPHERE A VMWARE STORAGE APPLIANCE (VSA)

VMware Storage Appliance crea una configuración con redundancia a pesar de utilizar componentes de cada host y permite, a partir de esta configuración, la utilización de las funcionalidades de HA y vMotion.

VMware Storage Appliance se instala, configura y monitorea desde **vCenter Server**.

El funcionamiento de VMware Storage Appliance se puede dividir en tres niveles para su mejor entendimiento: **storage**, **red** y **servicio de cluster**. Estos tres componentes se configuran durante el proceso de instalación y son los responsables de que la solución funcione correctamente. Más adelante profundizaremos los requerimientos, el funcionamiento y la configuración de cada uno de ellos.

VAPP

vApp es un contenedor lógico de máquinas virtuales que permite crear vShpere. Se puede utilizar para agrupar máquinas en base a alguna relación que tengan entre sí. vApp permite definir el orden de encendido, el uso de recursos y puede ser fácilmente exportado a otra infraestructura virtual.

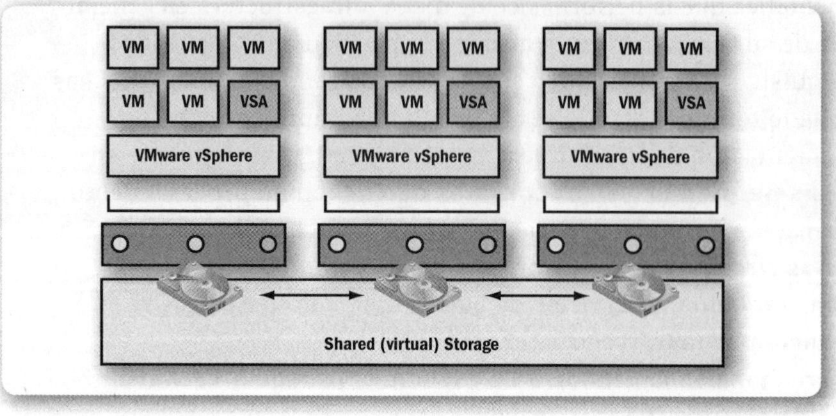

Figura 2. El esquema general de funcionamiento de VSA muestra cómo los hosts comparten el almacenamiento interno.

La configuración del VSA comienza con la instalación del **VSA Manager** en el vCenter Server, pero previo a esto debemos tener en cuenta que hay que cumplir con una serie de requerimientos que van a definir nuestra infraestructura virtual.

DEFINAMOS LA INFRAESTRUCTURA VIRTUAL ANTES DE INSTALAR VSA MANAGER

Para poder instalar VSA de manera correcta, tenemos que contar con dos o tres hosts (no más, ni tampoco menos) y cada uno de ellos debe estar configurado antes de la instalación del hipervisor con un RAID **5**, **6** o **1+0** por **hardware**.

La capacidad en disco del VSA estará definida por el tamaño disponible de cada ESXi, por lo que se recomienda que todos los hosts tengan siempre la misma capacidad. Si esto no es así y las capacidades son diferentes, VSA utilizará para todos los hosts involucrados la capacidad máxima, pero del host que tenga la menor capacidad.

Otro dato importante que debemos tener en cuenta a la hora de definir la infraestructura es que, al menos por ahora, la decisión de utilizar una configuración de dos o tres hosts es completamente definitiva. No podemos agregar un host más en una configuración definida con dos hosts, para llevarlo a tres. Si bien dos hosts requieren menos hardware, implican menos capacidad de almacenamiento.

Arquitectura de VSA

A continuación, vamos a describir el funcionamiento del VMware Storage Appliance y cada uno de sus componentes. Para entender claramente cómo VSA permite utilizar discos locales con un nivel de disponibilidad similar al de un storage externo, veremos el diseño y función de sus componentes.

Storage

Como mencionamos anteriormente, cada ESXi que forme parte del cluster de VSA deberá tener configurado un RAID 5, 6 o 10 utilizando los discos locales. La decisión de qué RAID utilizar dependerá del nivel de performance o disponibilidad que decidamos darle a la solución.

El **RAID 5** es el tipo de arreglo más conocido y usado, ya que se adapta correctamente a la mayoría de los escenarios. Utiliza el espacio equivalente a uno de los discos que lo componen para generar información de **paridad** y esto le permite seguir funcionando en caso de la caída de uno de los discos y generar la reconstrucción del RAID cuando el disco fallado se cambie. Necesita al menos, tres discos y el espacio disponible es el equivalente al total de discos, menos uno.

CADA ESXI DEBE TENER CONFIGURADO UN RAID 5, 6 O 10 UTILIZANDO LOS DISCOS LOCALES

El **RAID 6** es una variante del RAID 5. La diferencia sustancial es que guarda doble paridad para soportar la caída de dos discos a la vez, es decir, podría fallar un segundo disco antes de que el proceso de reconstrucción que comenzó con la falla del

NFS

NFS son las siglas de **Network File System**, un sistema de archivos basado en una red que fue creado por SUN Microsystems en 1985 y que fue adoptado por todas las distribuciones de UNIX y Linux transformándose en un estándar. También se puede instalar y usar en Windows. Permite que varios equipos puedan acceder a un disco por red y utilizarlo como si fuera un disco local.

primer disco termine. El RAID 6 se utiliza generalmente cuando vamos a configurar un RAID con más de 6 discos o cuando utilizamos discos SATA o NL-SAS, ya que su vida útil es menor a los discos SAS y como consecuencia, más propensos a fallar. Requiere de al menos cuatro discos y el espacio disponible es el equivalente al total de discos, menos dos.

El **RAID 10** o **1+0** es una variante del **RAID 1**. Utiliza dos discos para almacenar la información que se escribe y lee de uno de ellos. Esto le permite acceder a los datos de cualquiera de los dos y podría seguir funcionando en caso de que uno falle. El RAID 10 se crea con una cantidad de discos pares agrupados de a dos y genera RAIDs 1, para luego formar un volumen con la suma de todas las parejas. Con esto se logra soportar la caída de un disco de cada par y tener más performance de lectura y escritura que en los RAIDs anteriores. La consecuencia es que tenemos disponible el 50% del total de los discos.

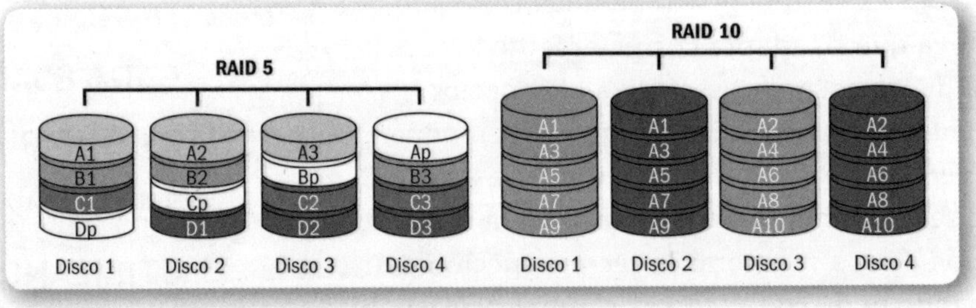

Figura 3. El presente diagrama esquematiza la arquitectura que poseen tanto el **RAID 5** como el **RAID 10**.

Podemos calcular el tamaño aproximado de nuestro espacio disponible en base al RAID utilizado en los ESXi y la cantidad de ESXi que forman parte del cluster. Por ejemplo, si tuviéramos tres ESXi con tres discos de 500 GB formando un RAID 5, deberíamos hacer la siguiente cuenta:

- Espacio disponible en el RAID: (3-1) x 500 = 1000
- Tamaño disponible para el cluster VSA: 1000 / 2 = 500
- Tamaño total para todos los hosts: 500 x 3 = 1500

El primer cálculo se deduce teniendo en cuenta que el RAID 5 pierde un disco por la paridad. El segundo cálculo se realiza considerando que cada appliance VSA divide el total del espacio disponible en dos discos iguales, para brindar disponibilidad a partir de la creación de una replica. El tercero calcula el espacio total en base a la cantidad de hosts que forman parte del cluster. En este caso nos quedarían aproximadamente 1,5 TB disponibles para crear máquinas virtuales, una vez que el cluster VSA esté funcionando.

VSA FUE DISEÑADO ESPECIALMENTE PARA NO TENER NINGÚN PUNTO DE FALLA

Después de que los ESXi y el vCenter están instalados y se encuentran funcionando, el uso y la configuración de alta disponibilidad del VSA dependerá de la decisión de usar un cluster de dos o tres nodos.

Figura 4. Esta placa controladora RAID fue diseñada especialmente para servidores de alta performance.

La opción de 3 nodos es las más segura y la que permite la utilización de mayor capacidad de disco. En caso de que optemos por la opción de dos nodos, un componente adicional es necesario, y se instala y configura como parte de la solución: el **VSA Cluster Service**.

VSA CLUSTER SERVICE IMPIDE LA CAIDA DE LOS SERVICIOS DE UN DATASTORE

El **VSA Cluster Service** es un componente que se instala en el vCenter Server y permite que ante la caída de uno de los dos nodos del cluster de VSA, el sobreviviente tome el control de los discos y mantenga los datastores activos sin interrupción de los servicios. Este componente no se utiliza en la configuración con tres nodos.

El appliance se instala en cada ESXi que forma parte del cluster con la siguiente particularidad: ejecuta una distribución Linux llamada **Suse Linux Enterprise Server** (**SLES**), versión 11, que genera dos volúmenes lógicos. Un volumen es presentado por NFS a los ESXi y el otro se transforma en la réplica de otro VSA. Esto se logra utilizando el protocolo **ISCSI**, que genera un RAID 1, cuyos componentes están formados por un volumen local y uno remoto.

Al configurar un cluster de dos nodos, cada VSA tiene la réplica del otro. Si configuramos un cluster de tres nodos, el VSA 1 tiene la réplica del 2, el 2 la réplica del 3, y el 3 la réplica del VSA 1.

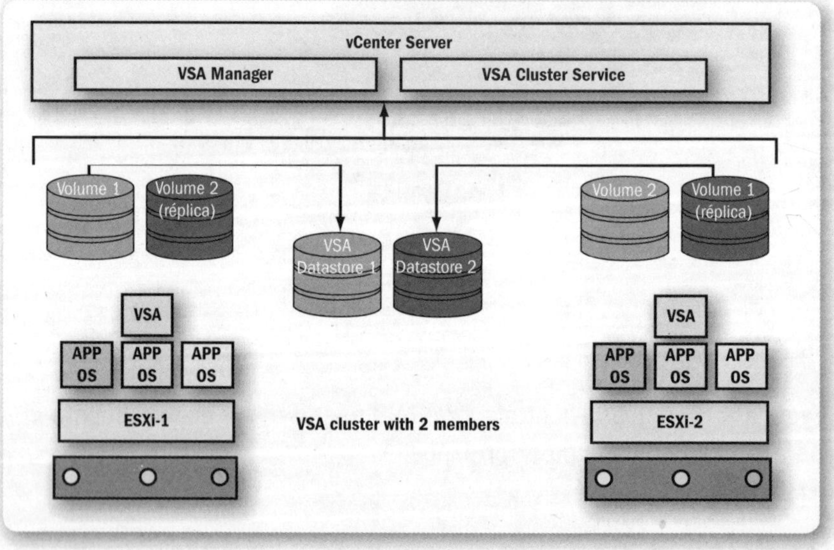

Figura 5. En este caso, vemos un cluster VSA formado por dos nodos en el que sus discos se replican entre sí.

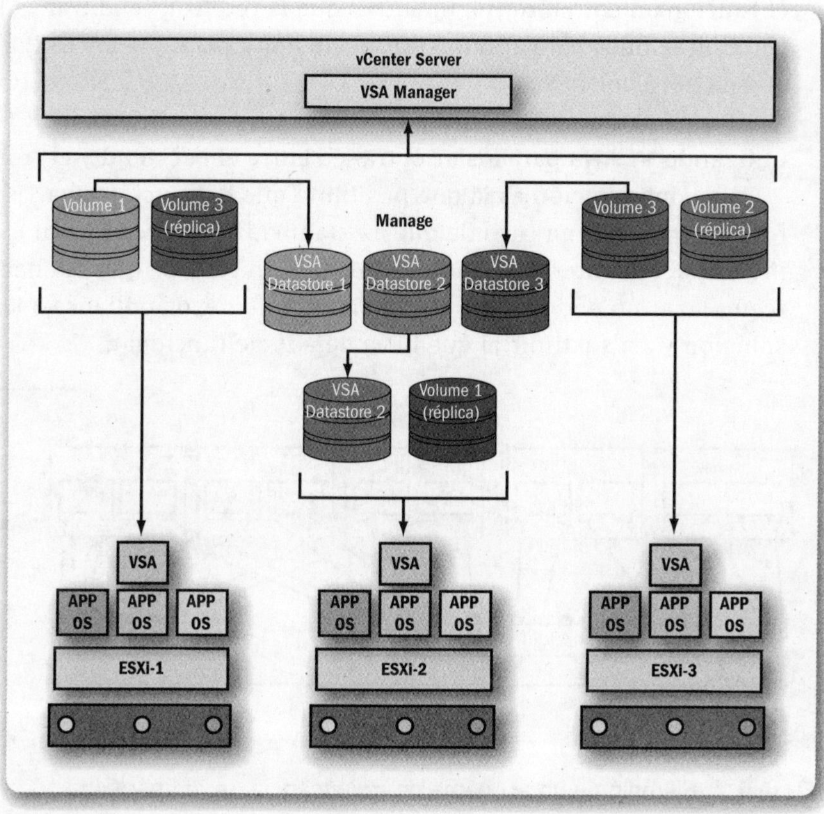

Figura 6. Cluster VSA formado por tres nodos. Cada nodo tiene la réplica de otro y se presenta a los ESXi 3 datastores por NFS.

Red

La **configuración de red** es un componente fundamental para un cluster VSA. Todos los protocolos involucrados en la solución utilizan la red para cumplir su trabajo, por eso entender su funcionamiento y aplicar las mejores prácticas permitirá que la solución se asemeje a una infraestructura virtual basada en almacenamiento por hardware, no solo en lo que respecta a la disponibilidad sino también a la performance.

Para asegurar la disponibilidad de la solución, la configuración de la red se separa en dos componentes: la red **back-end** y la red **front-end**. La red back-end se encarga del tráfico relacionado con el funcionamiento interno, mientras que la red front-end trafica las comunicaciones para administrar el cluster y para que los ESXi accedan al datastore por NFS.

La separación de las redes puede hacerse en forma física o utilizando **VLANs** para aislar el tráfico entre el back-end y el front-end.

Esta configuración es la que posibilita que la solución siga funcionando aun en caso de que exista una falla de red, de un ESXi o incluso del vCenter completo. Es posible, en caso de que sea necesario, reemplazar un nodo entero para asignar un nuevo appliance a la solución y así sustituir el que haya dejado de funcionar.

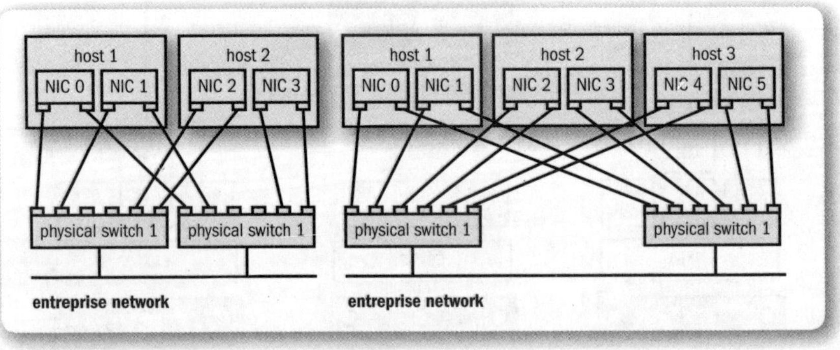

Figura 7. Ejemplo de un esquema de redundancia de red para un cluster de dos nodos y otro de tres nodos.

Servicio de cluster

El servicio de cluster se instala en el vCenter donde el cluster VSA va a ser ejecutado. Este servicio solo es utilizado en el caso de configurar un cluster VSA de dos nodos. El motivo por el cual no participa en la configuración de tres nodos es porque no es necesario debido a que el **quórum** se encuentra cubierto con esta configuración.

Uno de los principios del concepto de cluster es justamente el quórum, que es un componente que permite detectar en un cluster cuáles de los nodos están activos y cuáles no. Cada nodo activo forma parte de este quórum que puede funcionar a partir de la transmisión de paquetes de red por un vínculo exclusivo o mediante el acceso a un disco en común (o las dos cosas). El cluster funciona correctamente mientras estén activos más de la mitad de los componentes del cluster. De esta manera, se evita que sucedan situaciones llamadas **Split Brain**, que como vimos en el **Capítulo 1**, son generadas por la falla de algún componente y provocan que cada componente del cluster entienda que el resto de los componentes no están activos. Si esto sucediera, los nodos tratarían de acceder a los discos del cluster, todos a la vez sin un control y podría generar la corrupción del cluster y sus datos.

Cuando el número de nodos activos es mayor a la mitad del total de los componentes, la decisión de cuál de los nodos sigue activo y cuál no ante la caída de la conectividad entre ellos nunca generará un empate y por consiguiente la falla del cluster.

Para mantener un número impar de miembros del quórum, el cluster service actúa como un nodo más cuando configuramos un cluster VSA de dos nodos.

LA INSTALACIÓN Y CONFIGURACIÓN DE UN CLUSTER VSA PUEDE SER MANUAL O AUTOMÁTICA

Configuración de un cluster VSA

En la siguiente sección explicaremos en detalle la forma de instalar y configurar esta herramienta y así conocer la infraestructura que necesitamos para un correcto funcionamiento. La instalación puede hacerse en forma manual o automática, luego de cumplir con los requerimientos básicos.

Para dar comienzo a la instalación de la solución primero debemos contar con el hardware y los componentes adecuados, estos son:

VLAN

Una **Virtual LAN (VLAN)** es un área lógica dentro de una red física que aísla las comunicaciones evitando que otros componentes que no pertenecen a ella puedan acceder. Se utiliza para evitar exceso de tráfico de red y aumentar la seguridad. Las VLANs se configuran en los switches de red.

- Dos o tres servidores soportados por VMware vSphere 5. La cantidad dependerá de que armemos o no un cluster de dos o tres nodos.
- Suficientes discos para armar un RAID por hardware. Recomendamos usar discos SAS por su velocidad y utilizar RAID 5 o 10.
- Contar con cuatro puertos de red en cada servidor. Se recomienda usar dos placas de red, de dos puertos cada una.
- Instalar ESXi 5 en cada servidor.
- Instalar vCenter Server en un equipo físico o como máquina virtual. La ventaja de instalarlo como vm es que podrá beneficiarse de HA y vMotion. La desventaja es que si el datastore donde está instalado llegara a fallar, el cluster VSA no podrá ser monitoreado aunque seguirá funcionando de todas formas.

Luego de contar con los componentes básicos requeridos, es necesario instalar el **VSA Manager**. El VSA Manager se instala en el vCenter y activa el plugin que permite instalar, configurar y monitorear el VSA. También incluye el servicio de cluster del que ya hemos hablado anteriormente.

Finalizada la instalación del VSA Manager, debemos ingresar al vCenter que vamos a utilizar. Una vez que creamos un cluster, estamos listos para instalar el VSA Cluster.

El proceso de instalación del VSA Cluster nos guía en la configuración de la conectividad entre los componentes de la solución y verifica que todos los requerimientos se hayan cumplido. El proceso genera la red de comunicación front-end y back-end con sus características, habilita las funcionalidades de HA y vMotion, instala los virtual appliances en cada ESXi, formatea los datastores creados utilizando los discos locales de cada ESXi, y los presenta para su uso.

En el siguiente paso a paso veremos el proceso de instalación completo y explicado en detalle.

SUSE

Es una de las distribuciones de Linux más conocidas y usadas del mercado junto con Red Hat y Debian. Fue adquirida por la empresa Novell en el año 2004 y gracias a la relación que existe entre Novell y VMware, todos los virtual appliances creados por VMware se basan en esta distribución.

PASO A PASO: INSTALAR UN VSA CLUSTER

01 Ejecute el instalador del producto. Si todavía no lo tiene instalado, puede obtenerlo del sitio oficial de VMware.

02 En la pantalla inicial que aparece al ejecutar el producto, presione Next para dar comienzo al proceso de instalación. Caso contrario, cancelará dicho proceso.

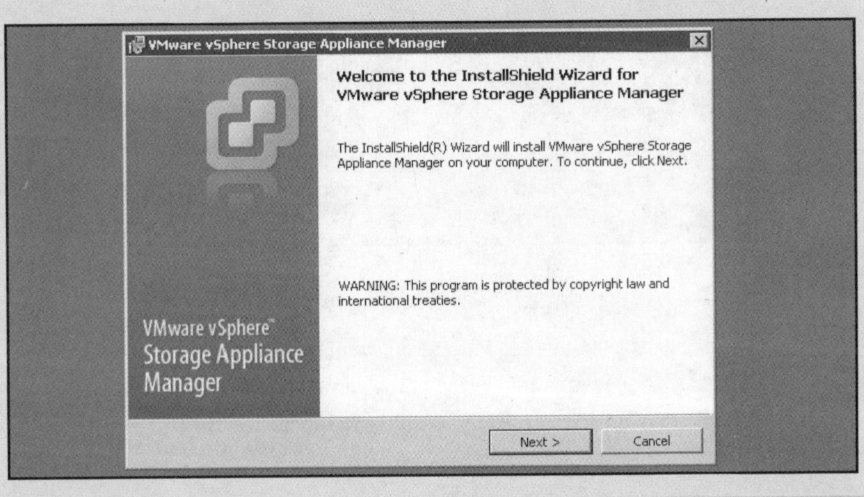

03 En la pantalla de bienvenida de VMware vSphere Storage Appliance Manager, haga clic en Next para continuar. Tenga presente la advertencia sobre el acuerdo de la patente y la licencia que posee este producto.

RENDIMIENTO DE LOS DISCOS

La diferencia de performance entre discos SAS (Serial Attached SCSI) y NL-SAS (Nearline SAS) es importante. Un disco de 600 GB de 15.000 revoluciones tiene un tiempo de acceso para escritura promedio de 3,9 milisegundos mientras que un disco SATA de 1 TB de 7.200 revoluciones tiene un tiempo de 9,5 milisegundos.

04 A continuación, indique la IP del vCenter que se usará para administrar el VSA Cluster. Una vez consignados todos los parámetros, haga clic en Next para continuar.

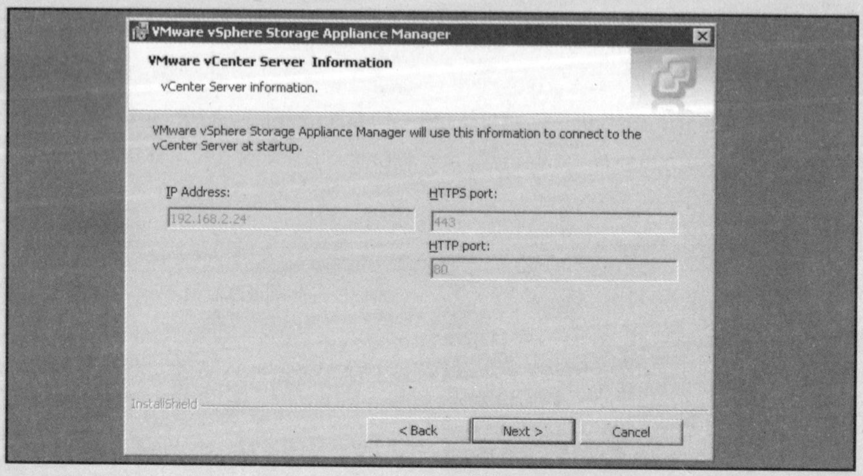

05 En la pantalla siguiente, ingrese un nombre de usuario y una contraseña en los campos correspondientes. Estos datos serán los que utilizará cada vez, al iniciar el servicio de VSA Cluster. Para continuar, haga clic en Next.

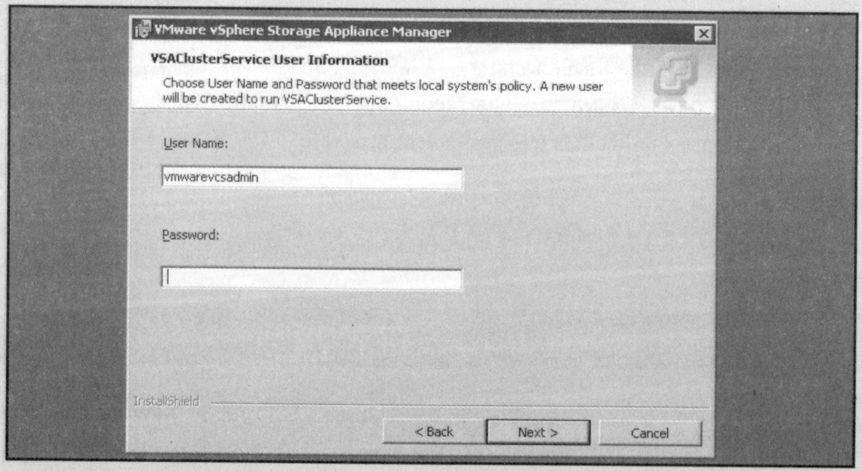

06

Ingrese el código de la licencia para activar el producto. En caso de no tener uno, el producto habilitará una licencia que funcionará en modo evaluación durante 30 días. Haga clic en `Next` para continuar.

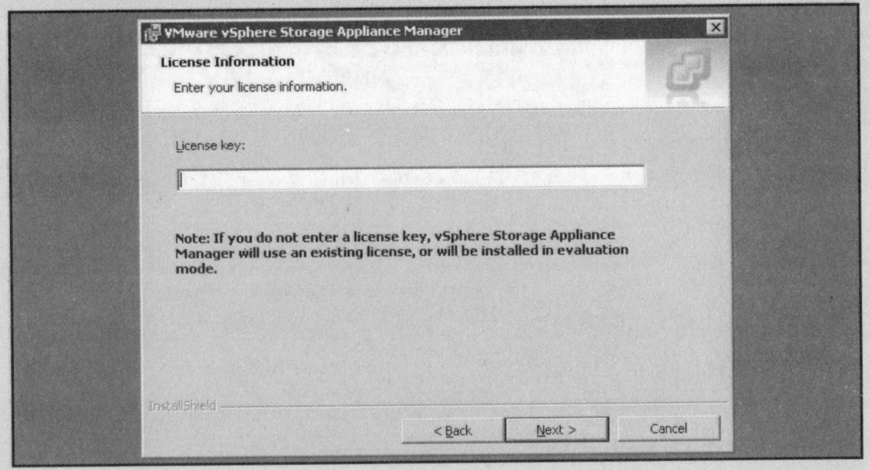

07

Con la información consignada hasta este momento, el asistente está listo para comenzar la instalación. Solo resta hacer clic en **Install** para comenzar el proceso. Recuerde que tiene opción de cambiar los parámetros haciendo clic en <Back.

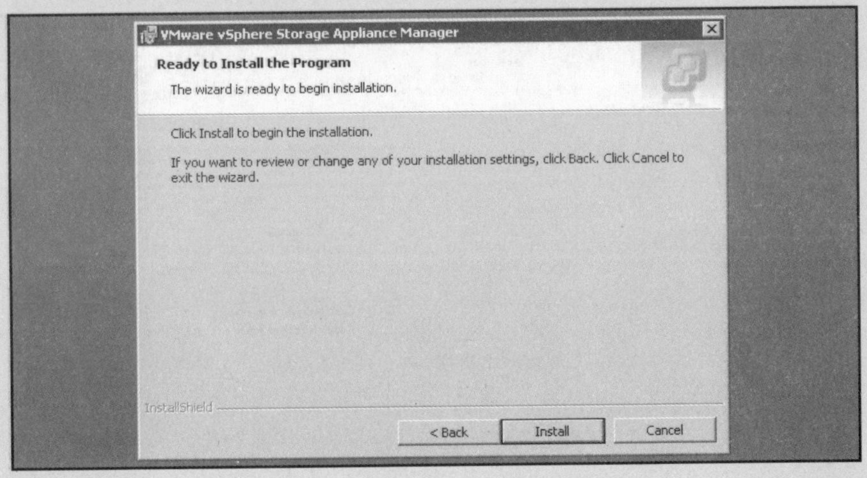

08

Al finalizar, conéctese al vCenter Server utilizando el VI client. Haga clic en el nombre del Datacenter y luego en el tab en la pantalla derecha llamado VSA Manager. Haga clic en **start VSA Installer**. A continuación acepte la advertencia del certificado y en caso de ser necesario, instale el componente Adobe Flash Player.

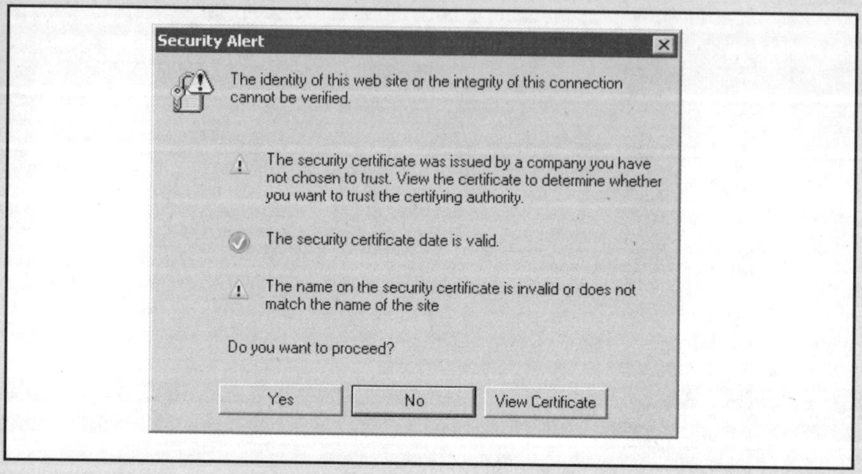

09

En la pantalla de bienvenida el programa presenta tres opciones. Haga clic en **New Installation**. La próxima pantalla indica cuáles son las funcionalidades a configurar. Haga clic en Next para continuar.

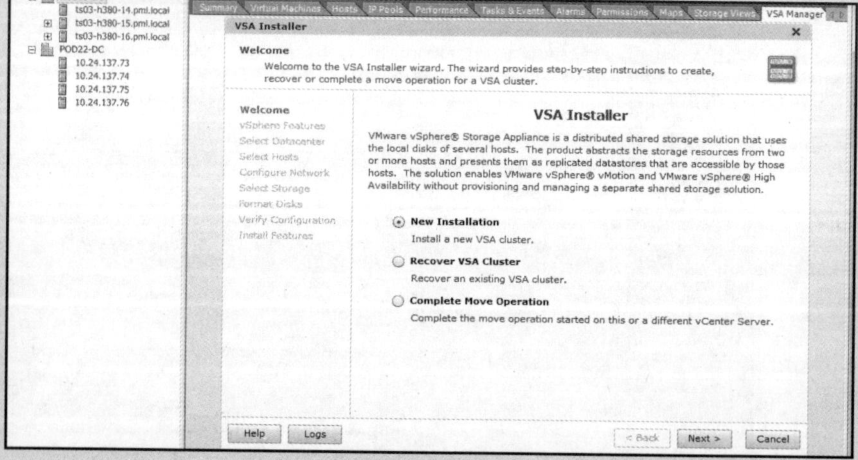

10

El instalador muestra los datacenters que se encuentran disponibles y la cantidad de hosts que hay en cada uno. Seleccione uno y haga clic en `Next` para continuar.

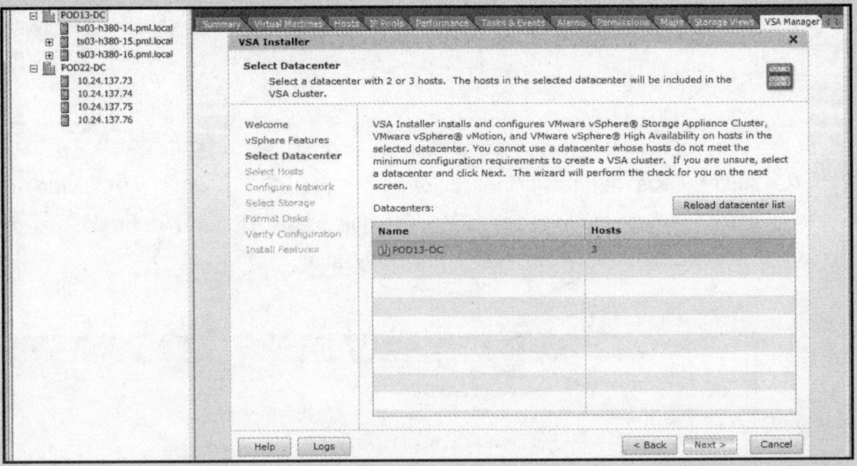

11

La siguiente pantalla muestra los hosts disponibles. Debe seleccionar al menos dos para poder continuar. Luego, para continuar, haga clic en `Next`.

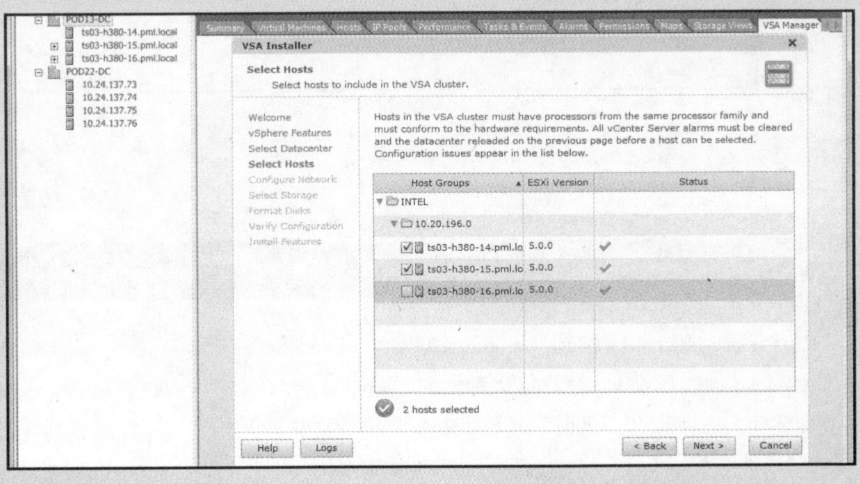

12 Si llegara a ocurrir el caso de que alguno de los hosts seleccionados no se encuentre en la HCL de VMware, el sistema lo alertará mediante una pantalla de advertencia.

13 Ahora debe definir las direcciones IP del VSA Cluster y de cada uno de los componentes, incluyendo las VLANs que usará. Una vez definidos los parámetros requeridos, haga clic en Next para continuar.

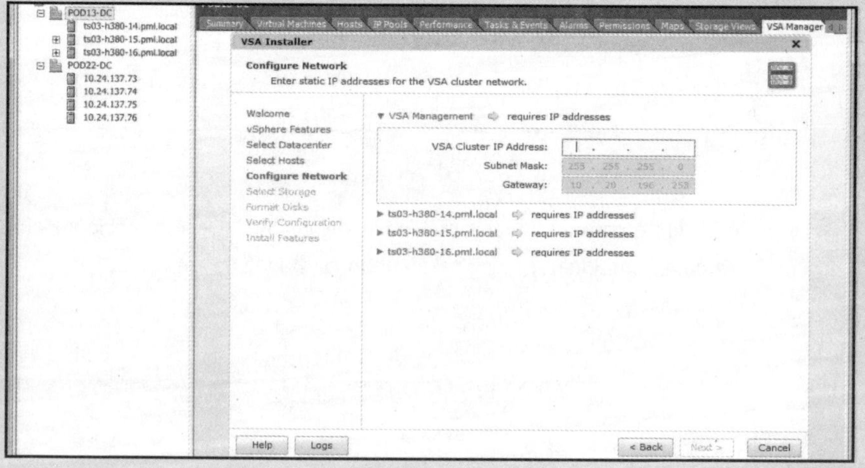

HCL

HCL son las siglas de **Hardware Compatibility List**. Se trata de una lista de hardware compatible que publica el fabricante de un producto en base a las pruebas de funcionalidad realizadas por él o por los fabricantes del hardware. Esta lista nos da la seguridad de que si instalamos el producto en algún hardware de esa lista, debería funcionar correctamente. En caso contrario, tendremos la garantía de contar con el soporte del fabricante del producto.

14 La próxima pantalla le permitirá seleccionar el tamaño total del almacenamiento destinado al VSA Cluster. Luego de hacer clic en `Next`, se le pedirá decidir si formatea los discos que se usarán en la solución ahora o la primera vez que se requiera acceso a ellos. Seleccione una de las opciones y haga clic en `Next` para continuar.

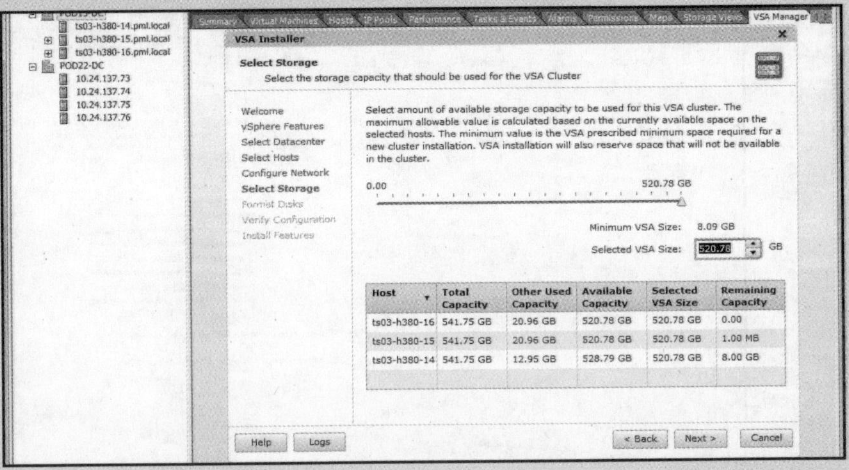

15 La pantalla previa a la instalación permite revisar las selecciones realizadas antes de comenzar el proceso. En caso de que todo esté correcto haga clic en `Install`.

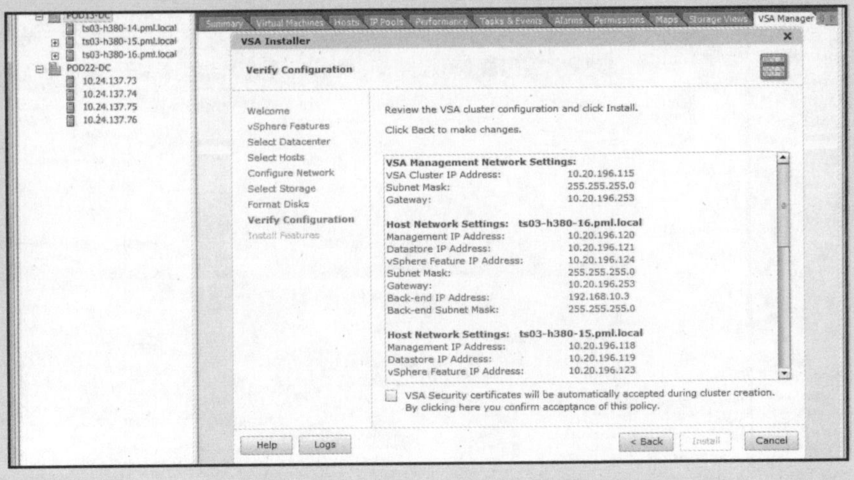

16 Antes de comenzar, el instalador advierte que los discos serán formateados. Haga clic en Yes para continuar. El VSA Installer comenzará a realizar las tareas necesarias para configurar el VSA Cluster.

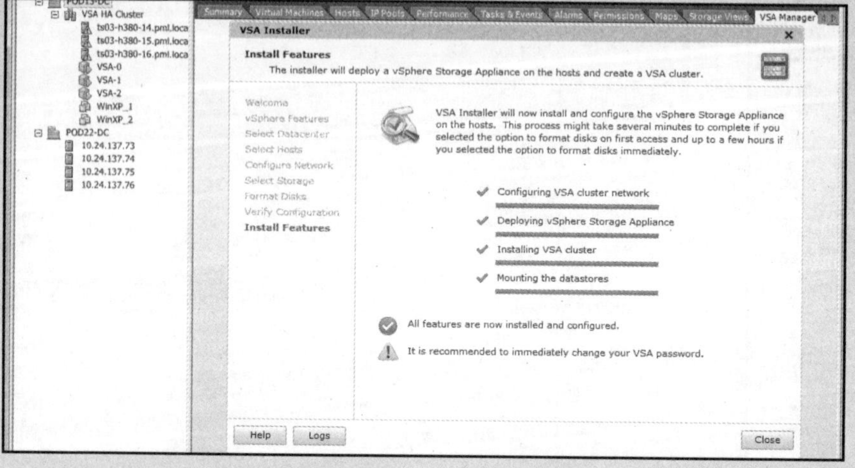

17 Una vez que termine el proceso de configuración, podrá monitorearlo desde el VSA Manager. Se pueden ver los tres appliances que fueron creados en funcionamiento.

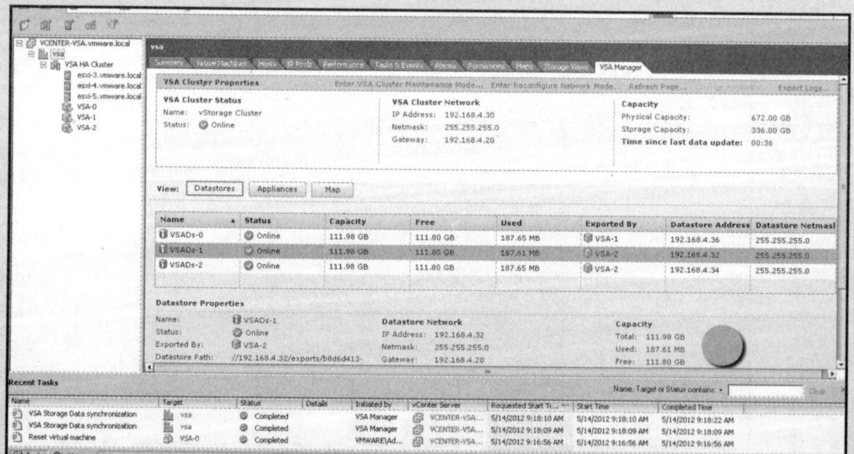

Administración y mantenimiento de un cluster VSA

Una vez que el cluster VSA se encuentra activo, todas las operaciones relacionadas con la administración y el mantenimiento se realizan desde el VSA Manager, dentro del vCenter.

Mantenimiento

Para realizar tareas de mantenimiento generalmente es necesario poner fuera de servicio algún componente de la solución. Nos referimos a tareas asociadas a la actualización de un componente, la modificación de parámetros de conectividad, la actualización de la versión de los ESXi, etc. En caso de tener que realizar alguna tarea que involucre al cluster entero, se deberá poner en modo **fuera de línea** a todos los componentes del cluster, exceptuando a los virtual appliances. Esto permite realizar las tareas requeridas y mantener la coherencia y consistencia de la solución.

Si lo que debemos resolver es algún problema relacionado con uno de los nodos, tendremos que poner fuera de línea a ese nodo en particular, teniendo en cuenta que no es posible que haya más de un nodo fuera de línea sin afectar al cluster entero.

En caso de que sea necesario reemplazar un nodo del cluster por algún problema de funcionamiento, luego de reemplazar o reparar físicamente al nodo ESXi, tendremos que reconfigurarlo desde la consola de VSA manager.

Monitoreo

Desde el VSA Manager también es posible tener acceso al estado de la solución y a sus componentes: ver la capacidad de almacenamiento disponible para las máquinas virtuales, el estado de los nodos y el funcionamiento de los virtual appliances. Esto facilita la detección de problemas y su resolución.

A partir de la vista **Datastore**, podemos detectar una falla en la réplica de discos ya que el estado sería **Degraded** y no **Online**. Desde la vista **Appliances** es posible ver la configuración de red de cada nodo y el estado de su réplica, la capacidad de su datastore y el ESXi en donde se está ejecutando.

Más allá de la metodología propia del VSA Cluster, vCenter nos permite realizar un monitoreo general y adelantarnos a posibles problemas gracias a la capacidad de generar eventos y alarmas personalizables que pueden ser enviadas por e-mail o incluso realizar acciones programadas en base al tipo de alarma recibida.

Troubleshooting

Existen procedimientos básicos para la resolución de problemas que son propios de la solución VSA Cluster. Es importante conocerlos para saber qué decisiones tomar a la hora de detectar un problema que afecte la funcionalidad de esta.

En caso de detectar una falla o mal funcionamiento en algún lugar donde la causa no puede ser claramente identificada, lo recomendado es analizar los logs generados por la propia solución. VSA Manager permite exportar los logs para ser analizados y así facilitar el diagnóstico del problema.

LA DETECCIÓN DE FALLAS A TIEMPO FACILITA EL DIAGNÓSTICO DEL PROBLEMA

En un cluster de dos componentes, el servicio de cluster es esencial para que la solución funcione correctamente. Este servicio que se ejecuta en el vCenter puede ser reiniciado o reparado en caso de detectar alguna falla desde el VSA Manager y así evitar que el cluster deje de funcionar. Recordemos que este servicio actúa como un nodo más para evitar las situaciones de Split Brain ya mencionadas.

Un componente importante y cuyo mal funcionamiento puede afectar al VSA Cluster es el vCenter. Si no interrumpe el funcionamiento del VSA Cluster, no es posible administrarlo hasta que el vCenter vuelva a funcionar correctamente. Por lo tanto, debemos reconectar al VSA Cluster el vCenter, una vez que esté nuevamente operativo. Esto se realiza mediante un **recover** que vuelve a vincular el cluster con el VSA Manager del nuevo vCenter.

Conclusión

Existen muchos conceptos análogos a la virtualización pero pocos tan vinculados a la idea de almacenamiento externo. Todas las funcionalidades relacionadas con la disponibilidad y la confiabilidad de la solución descansan en este componente de hardware. Como dijimos en capítulos anteriores, la decisión de cuál utilizar y su respectiva configuración será uno de los motivos principales por las cuales la infraestructura virtual funcione o no correctamente.

Desde septiembre de 1956, cuando IBM presentó el primer disco de almacenamiento de la historia con una capacidad de 4.4 MB y un tamaño mayor a la de una heladera, hasta la fecha el almacenamiento ha evolucionado no solo en tamaño y velocidad sino también en el costo por gigabyte. Esta característica lo vuelve accesible para cualquier empresa, que antes veía a una solución de almacenamiento centralizado como una verdadera utopía.

Figura 8. El primer disco de almacenamiento de la historia tuvo 4.4 MB de capacidad y se llamó IBM 350 disk file.

Aun así existen numerosos escenarios en donde una solución de almacenamiento no puede o no conviene ser implementada. Un entorno con pocas máquinas virtuales pero que requieren alta disponibilidad, pequeñas sucursales, instalaciones realizadas en lugares con ambiente hostil para el hardware (gran altura, lugares con climatología que afecte a los componentes, áreas de difícil acceso) son algunos ejemplos.

NO SIEMPRE EL STORAGE CENTRALIZADO ES UNA SOLUCIÓN CONVENIENTE

La necesidad de contar con servidores para alojar máquinas virtuales y la gran capacidad de memoria, puertos de red y discos internos que pueden ser configurados para cada uno de ellos nos permite sumar una alternativa que está a la altura de los sistemas de almacenamientos actuales: **Virtual Storage Appliance**.

Como vimos a lo largo de este capítulo, la solución utiliza componentes que toda infraestructura virtual necesita y por medio de virtual appliances y la replicación entre los nodos involucrados provee de un almacenamiento común utilizando el protocolo NFS, que permite funcionalidades como HA y vMotion y que resultan fundamentales a la hora de ejecutar servidores críticos.

Esta solución permite que compañías con bajo presupuesto pero con la necesidad de proveer alta disponibilidad a su entorno puedan incorporarlo a su infraestructura con una baja inversión y sin necesidad de poseer grandes conocimientos en administración de soluciones de almacenamiento.

En conjunción con **Site Recovery Manager**, una compañía puede contar con una infraestructura virtual con alta disponibilidad y una

CACHÉ DE LECTURA/ESCRITURA

Se le llama así a la porción de memoria que tienen determinadas placas de RAID para acelerar el proceso de escritura y lectura. El caché es controlado por la placa para minimizar el acceso a los discos en forma directa y de esta manera mejorar la velocidad de las transacciones. El caché de escritura se puede habilitar solo cuando es respaldado por una batería que permita escribir su contenido a los discos en caso de falla eléctrica.

solución de recuperación automatizada ante desastres, pero realizando una inversión notablemente inferior a lo que en el mundo físico estábamos acostumbrados. Compañías con puntos de procesamiento distribuidos pueden bajar costos sin limitar funcionalidades ni niveles de servicio mediante la utilización de Virtual Storage Appliance.

Recomendaciones

VSA Cluster es una solución de almacenamiento que como vimos puede ser una excelente opción en muchas circunstancias por su bajo costo y facilidad de implementación y administración, pero debemos tener en cuenta algunas recomendaciones, ya que en algunas cuestiones es más rígido que la administración de un almacenamiento centralizado.

Planificación

Es muy importante planificar la configuración de la solución de antemano. VSA Cluster requiere al menos dos servidores para funcionar y de la configuración de ellos depende toda la solución.

Es necesario analizar el consumo que tendrán las maquinas virtuales que funcionarán en el VSA Cluster para definir los cuatro componentes fundamentales: CPU, memoria, placas de red y disco. De estos cuatro, los más importantes en relación al funcionamiento de la solución son los últimos dos. Las placas de red serán las responsables de que los virtual appliances repliquen los volúmenes de datos y, por consecuencia, que VSA Cluster sea altamente disponible. El tipo y la configuración de los discos dictaminarán la performance y capacidad máxima de la solución.

> PLANIFICAR LA CONFIGURACIÓN DE LA SOLUCIÓN DE ANTEMANO ES FUNDAMENTAL

Se recomienda usar al menos dos placas de red diferentes de 2 puertos cada una, por redundancia de puertos y componentes.

Para el caso de los discos siempre utilicemos la mejor tecnología que sea posible, SAS es hoy la opción recomendada por relación costo/performance. Si bien NL-SAS tiene un costo menor, su rendimiento

ES IMPORTANTE HACER UN ANÁLISIS PREVIO DEL CONSUMO QUE TENDRÁN LAS VMS

también es menor y es más susceptible a fallas. Los servidores actuales tienen la posibilidad de usar placas controladoras RAID que permiten armar arreglos de discos utilizando **caché de lectura y escritura**, que mejora notablemente la performance. Utilizar una placa de estas características es la mejor opción.

Si bien se puede extender el arreglo y sumar mayor capacidad al VSA Cluster, es recomendado dimensionar con la mayor precisión posible el tamaño disponible que necesitaremos en función de las máquinas virtuales que usarán los servicios de esta solución. Cualquier cambio de este tipo generalmente nos obliga a parar el servicio o bajar el rendimiento de la solución para llevarlo a cabo.

Previsión

Como ya dijimos, el vCenter Server es uno de los componentes principales de la solución ya que en él se ejecuta el VSA Manager. Se recomienda que si es una máquina virtual, no forme parte del conjunto de máquinas virtuales que corran dentro del VSA Manager. Esto evitará que en caso de que este falle no tengamos acceso a la herramienta que puede permitir entender qué pasó y resolver el problema.

Rendimiento óptimo

Elegir el tipo de RAID correcto puede ser fundamental, ya que estamos definiendo el tamaño y la performance de la solución. El rendimiento no solo se establece con el tipo de tecnología de discos, sino también con el

RAID 5

El **RAID 5** es más usado debido a que funciona aceptablemente en la mayoría de los escenarios. Como el cálculo de la paridad ocupa un disco del total, no se recomienda crear un RAID 5 con más de 8 componentes, ya que el tiempo de reconstrucción en caso de falla crece y porque las probabilidades de falla de más de un disco también aumentan.

RAID. Utilizar RAID 1+0 nos brinda la mejor performance pero también nos quita mucha capacidad. Utilizar RAID 5 nos da la mejor capacidad manteniendo el soporte de fallas, pero puede ser insuficiente si vamos a usar el VSA Cluster para correr maquinas virtuales que requieren mucho acceso a disco. No está demás aclarar que la cantidad de discos también es un factor importante, ya que puede influir positiva o negativamente, esto depende del RAID que utilicemos.

El análisis del uso de recursos actual de las máquinas virtuales o de los servidores físicos que vamos a virtualizar será de gran ayuda para tomar la decisión correcta.

RESUMEN

VSA Cluster es una excelente alternativa que propone VMware a la solución de almacenamiento central. Ya sea por presupuesto o por las características de la infraestructura podemos contar con una solución de almacenamiento centralizado utilizando discos instalados en cada hipervisor.

En este capítulo pudimos ver cómo se instala, configura y monitorea esta solución que provee alta disponibilidad y funcionalidades imprescindibles como HA y vMotion. Otro punto importante que hemos aprendido es determinar el tipo de RAID correcto en base a sus características y a calcular el espacio disponible según los discos internos de cada miembro del cluster.

Actividades

TEST DE AUTOEVALUACIÓN

1 ¿Cuáles son los tres componentes principales de la solución de VSA Cluster?

2 Nombre al menos dos ejemplos de virtual appliances conocidos.

3 ¿Cuál es el protocolo de red que utiliza el VSA Cluster para presentar espacio de almacenamiento a los hipervisores?

4 ¿Qué componente de la solución es imprescindible cuando se configuran dos nodos, pero no es utilizado en la configuración de tres nodos? ¿Cuál es el motivo?

5 ¿Qué utilizamos cuando necesitamos monitorear o realizar mantenimiento en algunos de los componentes de la solución?

6 ¿Cómo se llama el portal en Internet donde se presentan virtual appliances de diferentes fabricantes para su evaluación y uso?

7 ¿Cómo se denomina la situación generada por una falla que genera que cada nodo del cluster crea que los otros nodos no están disponibles? ¿Qué mecanismos evitan que esto suceda?

8 Indique al menos dos situaciones en la que es ventajoso utilizar VSA Cluster en vez de un storage centralizado.

9 ¿Qué componente de vSphere resulta necesario para poder instalar y también administrar VSA Cluster?

10 ¿Cuáles son los niveles de RAID más usados actualmente?s

ACTIVIDADES PRÁCTICAS

1 Instale un VSA cluster de dos nodos.

2 Simule la caída de una placa de red y de un ESXi completo y documente el comportamiento del VSA.

3 Utilice el VSA Manager para verificar el espacio disponible.

4 Cree una VM en cada ESXi que forma parte del cluster VSA.

5 Pruebe las funcionalidades de vMotion trasladando las VMs al otro nodo.

*04

VMware View

En este capítulo analizaremos por qué VMware View es mucho más que un sistema que virtualiza estaciones de trabajo, al punto de ser un cambio de paradigma en la forma de concebir un desktop y la manera de administrarlo. Este producto cambia el foco sobre el uso del desktop, posiciona al usuario en el centro de la solución y separa las instancias del desktop, el sistema operativo y las aplicaciones.

La evolución del desktop

La modalidad de trabajo tradicional, utilizada desde hace años con el comienzo del procesamiento de datos distribuido, no ha mejorado más que en el equipamiento utilizado. Algunos de los aspectos, que representan problemáticas asociadas a este tipo de arquitectura, son la complejidad a la hora de migrar de sistema operativo y de hardware, el modo de controlar la fuga de información, el consumo de energía, el costo de componentes y recursos humanos para dar soporte, etc.

Figura 1. Terminal usada para acceder al mainframe en forma compartida y también para procesar información.

Otra característica de esta forma de trabajo es que todo gira en torno al desktop. Esto significa que el centro de administración depende del desktop que se esté usando, ya que este determina qué aplicaciones se pueden utilizar y qué usuarios tienen acceso y a dónde. La capacidad de procesamiento de cada desktop es una de las causas principales del nivel de productividad que el usuario puede lograar.

La primera aparición de un equipo similar a una PC fue a mediados de los años 60, cuando los mainframes dominaban el mercado. Este equipo permitía a varios usuarios utilizar el procesamiento de un mainframe para realizar trabajos específicos sin tener que alimentar al ordenador principal utilizando tarjetas perforadas.

El gran cambio se produjo en 1972 con la creación del primer microprocesador: Intel 4004. Fue el modelo que inspiró el desarrollo del 8008, considerado el primer microprocesador utilizado en gran escala, cuyo lenguaje de programación era Asembler.

A partir de esto, fueron surgiendo en el mercado computadoras con microprocesadores más potentes y económicos, como el Apple II en 1977 y la IBM PC en 1981. En 1983, salió a la venta la primera computadora portátil, Epson HX-20, generando un nuevo salto en la evolución de la computación. El surgimiento de periféricos y de las redes LAN dio lugar a que la adopción de PCs, tanto en empresas como para uso personal, fuera masiva y creciera notablemente año a año hasta la realidad que conocemos hoy en día. La aparición de PCs compatibles, llamadas clones, basadas en la IBM PC provocó una competencia entre diferentes marcas, que facilitó aun más la adquisición de computadoras para uso empresarial y hogareño.

La evolución de estos dispositivos se caracterizó por proveer al mercado de equipos más poderosos, pequeños y de menor costo, generando a la vez una dependencia al usuario y a su productividad.

En la actualidad, las empresas medianas y grandes cuentan con un departamento de IT propio o tercerizado, cuya área de soporte está dividida principalmente en soporte a infraestructura y soporte a usuarios. Esta última atiende problemas relacionados con la falla de los equipos y el uso de las aplicaciones, la migración de datos por recambio tecnológico, que generan que el usuario no pueda trabajar normalmente hasta que estos inconvenientes sean resueltos.

TARJETAS PERFORADAS

Las tarjetas perforadas eran tarjetas con información en código binario que se usaban para alimentar de datos a los mainframes durante la década del 60. Fueron gradualmente reemplazadas por otros medios más efectivos, como por ejemplo las cintas magnéticas.

El desktop sigue al usuario

Como vimos con anterioridad, el origen de la virtualización tuvo lugar y especialmente se desarrolló gracias a VMWare, cuyos servidores estaban dentro del datacenter de una empresa.

Figura 2. El cliente que permite conectarse a un desktop virtual puede ejecutarse en Windows, Linux, Mac, tablets y teléfonos.

El concepto aplicado al desktop va mucho más allá, ya que si bien el hecho de virtualizar es esencialmente el mismo, este involucra a componentes que históricamente estuvieron fuera del datacenter y que tratan con problemáticas completamente diferentes. Estamos hablando de un cambio aún mayor que la virtualización en sí misma y que abarca áreas disímiles como son el usuario final y el datacenter, entre otras.

VMware View permite que el concepto de desktop sea independiente del hardware a partir de varios componentes: la **virtualización del desktop**, la **paquetización de aplicaciones** y la posibilidad de conectarse al entorno de trabajo desde cada vez más **dispositivos**.

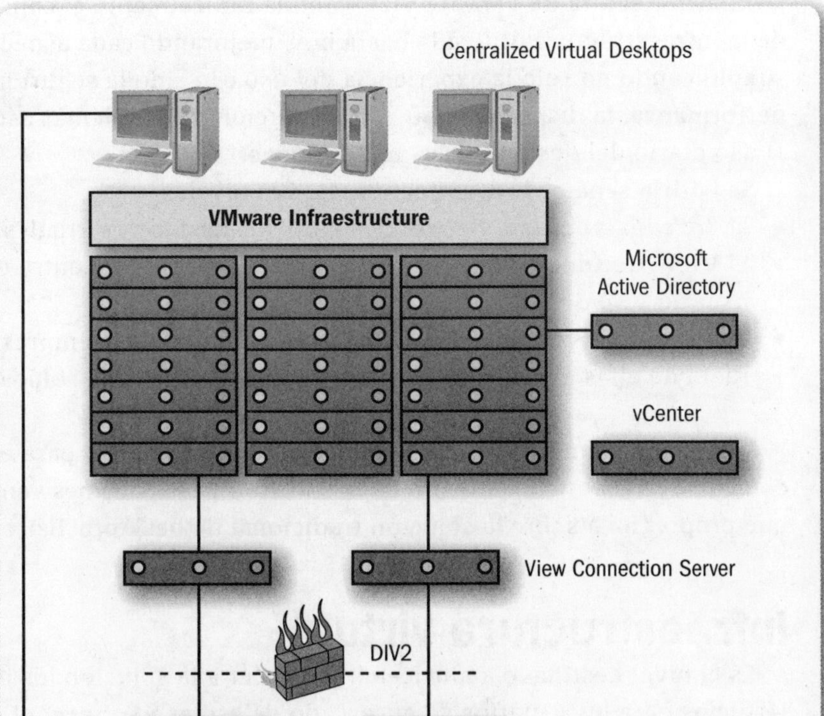

Figura 3. Infraestructura de VMware View que muestra las opciones de comunicación y los niveles de la arquitectura.

La arquitectura de VMware View cambia radicalmente el concepto de la infraestructura utilizada hasta hoy, mejorando cada aspecto y simplificando no solo la experiencia del usuario sino la seguridad, la performance, la disponibilidad y la resolución de problemas asociados al uso diario del desktop y sus aplicaciones.

Se podría separar la arquitectura en tres niveles:

- La **infraestructura virtual** que aloja los desktops virtuales.
- El **View Connection Server** que establece el vínculo entre el usuario y su desktop.
- Los **dispositivos** que pueden utilizarse dentro de la empresa y fuera de ellas a través de un vínculo para acceder a la solución.

Vamos a profundizar el concepto asociado a cada nivel para entender con claridad el funcionamiento de la solución y las enormes ventajas que proporciona sobre la solución tradicional de desktops físicos.

Infraestructura virtual

Es el nivel destinado a almacenar y ofrecer a la solución los desktops virtuales para los usuarios. El encargado de eso es **vSphere**, el mismo que nació para crear la infraestructura virtual para servidores.

Dependiendo del tipo de licenciamiento utilizado, vamos a poder contar con diferentes niveles: de alta disponibilidad, balanceo de carga, fault tolerance, switches distribuidos, etc.

El licenciamiento llamado **add-on** sirve cuando se quiere utilizar una infraestructura virtual existente e incluye solo las conexiones al View Connection Server, por lo que las funcionalidades a este nivel dependerán de lo que ya se dispone para los servidores virtuales.

El licenciamiento llamado **bundle** incluye no solo las licencias para establecer las conexiones sino también un vCenter sin límites (que

VIEW CONNECTION SERVER

Es un componente también llamado **broker de conexión**. Se encarga de validar cada intento de conexión de los usuarios de VMware View para asegurar que están autorizados para utilizar la solución, asignarles el desktop virtual correcto y establecer las políticas de conexión que hayan sido definidas.

permite solo crear máquinas virtuales de tipo desktop) y todas las licencias de tipo Enterprise Plus que se consideren necesarias para servir a los desktops virtuales de la solución.

El licenciamiento de la solución se define por **conexión concurrente** y no por usuario. Esto quiere decir que si en una solución existen 300 usuarios pero se conectan 150 en forma concurrente, solamente necesitaremos 150 licencias de VMware View.

La comunicación entre este nivel y el View Connection Server se realiza utilizando **vCenter** en donde también se activan funcionalidades avanzadas como **Composer**, de la que hablaremos más adelante en este capítulo.

> VSHPERE ES LA BASE QUE REQUIERE VMWARE VIEW PARA EJECUTAR SUS FUNCIONALIDADES

Funcionalidades como la generación de snapshots, clonación, pool de recursos y organización por carpetas son utilizadas para que la solución de virtualización de desktops funcione como se espera, más allá que para el usuario sea completamente transparente.

El diseño de la infraestructura es una tarea clave en esta solución, incluso tal vez más necesaria que la virtualización de servidores. La capacidad de consolidación de desktops virtuales es mayor por servidor y una caída del servicio o un problema de performance afectarán a una gran cantidad de usuarios. Por el contrario, una infraestructura bien diseñada generará un entorno de gran rendimiento y alta disponibilidad para ofrecer a los usuarios una gran experiencia al utilizar la plataforma, mejorando así la productividad y minimizando los incidentes de soporte. La clave para que la infraestructura funcione está en el diseño del almacenamiento compartido.

ENTERPRISE PLUS

Se trata del nivel más alto de licenciamiento de vSphere. El licenciamiento tradicional incluye licencias Standard, Enterprise y Enterprise Plus. Entre las funcionalidades más importantes de esta edición tenemos Host Profiles, Storage DRS, Storage IO Control, Network IO Control y switches distribuidos. En el siguiente link podemos aprender más sobre cada una de estas funcionalidades: **www.vmware.com/products/vsphere/buy/editions_comparison.html**.

View Connection Server

View Connection Server posee cuatro roles diferentes que pueden ser utilizados o no, dependiendo de la arquitectura de la solución que se quiera implementar: **View Connection Server**, **View Replica Server**, **View Security Server** y **View Transfer Server**.

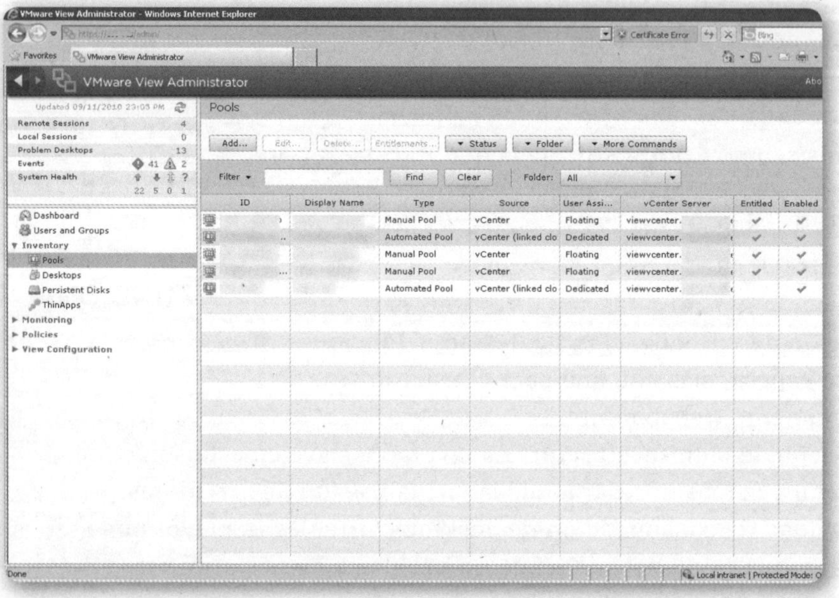

Figura 4. La consola de **View Connection Server**, desde aquí se configuran todos los aspectos relacionados con la solución.

View Connection Server es a VMware View lo que vCenter es a vSphere. Este componente activa todas las funcionalidades de la solución, valida a cada usuario que quiere acceder a su desktop virtual y se encarga de que el usuario acceda a la **vm** (**virtual machine** o **máquina virtual**) correcta utilizando el protocolo de comunicación apropiado y aplicando las políticas previamente definidas. Se debe instalar en un servidor separado de otras funciones y es la pieza clave de la solución. Más adelante vamos a indicar los pasos necesarios para poder instalar correctamente el View Connection Server.

El primer paso para la implementación de una solución de VMware View es instalar el View Connection Server y vincularlo con los componentes necesarios para su funcionamiento: **vCenter** (uno o varios), **Active Directory** o algún otro tipo de servicio de LDAP; **Security Server**, si necesitara seguridad adicional, y el repositorio de paquetes de **ThinApp**, si quisiera trabajar con aplicaciones paquetizadas.

Una vez configurado, debemos establecer la forma en la que los usuarios se conectarán con los desktops virtuales para trabajar, desde el View Connection Server. Para ello, se crean **pools**, que son agrupaciones de desktops virtuales que existen en un cluster controlado por el o los vCenters relacionados con View Connection Server. Los pools también definen la forma en que los usuarios accederán a sus desktops y las configuraciones relacionadas con la conexión en sí misma.

La configuración del pool determina si un usuario usa protocolo RDP o PCoIP para conectarse, si el desktop virtual se desloguea cuando el usuario se desconecta, si el usuario puede utilizar dos monitores, la resolución de la pantalla y más. Básicamente un pool define quién accede, de qué forma llega a su desktop y qué puede hacer durante su sesión.

> VIEW CONNECTION SERVER ACTIVA TODAS LAS FUNCIONALIDADES DE LA SOLUCIÓN

Cuando creamos un pool, debemos seleccionar el tipo entre tres opciones: **Automated Pool**, **Manual Pool** y **Terminal Services Pool**. Vamos a concentrarnos en los dos primeros, ya que son los que están relacionados íntegramente con la solución.

El **Automated Pool** permite usar la tecnología **Composer** de la cual hablaremos más adelante. Admite la creación de máquinas virtuales bajo demanda. Esto significa que cuando un usuario es validado por el connection server y asignado a un pool, pero en este no hay desktops disponibles, la solución crea un desktop virtual en base a un template

LDAP

Son las siglas de **Lightweight Directory Access Protocol**. Es un protocolo de acceso a un sistema de directorio, que es una base de datos con objetos relacionados a la cual se consulta. Se utiliza para simplificar la administración y control de acceso de usuarios, máquinas y otros objetos. El Active Directory de Windows es un ejemplo de sistema de directorio LDAP.

designado y lo asigna automáticamente. Otra opción para este problema consiste en definir desktops virtuales **suplentes** (**spares**) que son creados pero no asignados, quedando a la espera de que un usuario se conecte por primera vez.

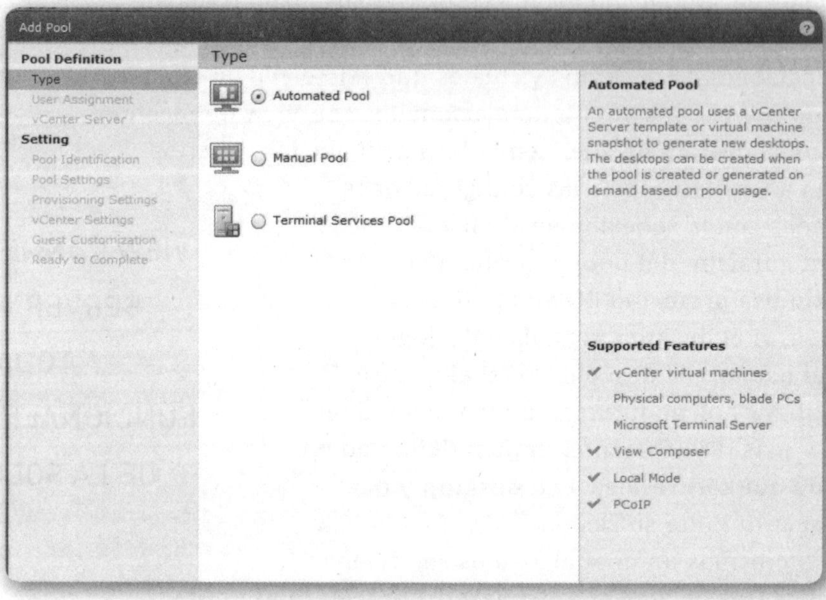

Figura 5. Desde esta ventana se selecciona el tipo de pool. A la derecha se indican las funcionalidades que ese pool habilita.

El **Manual Pool** no utiliza Composer ni está habilitado para asignar automáticamente desktops virtuales, pero puede ser utilizado por equipos físicos que tengan el **agente View** instalado. Es decir, que podría definir un equipo físico como desktop de un cliente utilizando

TERMINAL SERVICES

Son servicios de acceso remoto que están integrados en los sistemas operativos Windows. Con estos servicios se puede acceder a un servidor o estación de trabajo para administrarlo o ejecutar aplicaciones, utilizando el protocolo RDP (Remote Desktop Protocol).

VMware View. Si bien no aprovechamos de esta forma las ventajas de la virtualización, centralizamos en el datacenter los desktops de los usuarios y obtenemos los beneficios de esta condición, como ser: alta disponibilidad, mayor control y mejor uso de los recursos, capacidad de monitoreo centralizado y mayor seguridad.

Cualquiera de estos dos tipos de pools que hemos mencionado puede utilizar dos clases de asignaciones diferentes, que en última instancia van a determinar la forma en la que el usuario recibe el desktop que le corresponde.

> LOS POOLS DEFINEN CÓMO SE CONECTAN LOS USUARIOS A LOS DESKTOPS VIRTUALES

La **asignación dedicada** asigna a un usuario siempre el mismo desktop permitiendo usar las funcionalidades de **Composer**, **Local Mode** y el protocolo **PCoIP**. Estas funcionalidades las explicaremos en detalle más adelante.

La **asignación flotante** permite que los usuarios que accedan a este pool puedan utilizar un grupo de desktops en base a su disponibilidad sin que se le asigne un desktop fijo a cada uno. Esto es útil cuando tenemos usuarios que utilizan desktops con aplicaciones y configuraciones idénticas como sería el caso de un call center. La gran ventaja de esta funcionalidad es que no necesitamos tener tantos desktops como usuarios, sobre todo si estos rotan y la cantidad de concurrentes es menor que el total de usuarios. Un buen ejemplo sería el de un call center que cuenta con 200 usuarios, pero en el que trabajan en forma concurrente solo 100 (100 a la tarde y 100 a la mañana) para optimizar recursos y bajar costos.

En este caso, solo necesitaríamos armar un **Automated Pool** con **asignación flotante** y **100 desktops virtuales** establecdas en él con las mismas aplicaciones y configuraciones en su sistema operativo.

AGENTE VIEW

El **agente View** es un componente de la solución que debe ser instalado para que el desktop (ya sea virtual o físico) pueda ser parte de un pool de VMware View y por lo tanto, accedido por un usuario de la solución. Este agente le indica a View Connection Server si el desktop se encuentra disponible para ser utilizado y cuál es el estado de la conexión.

Como podemos ver, el ahorro en licencias de sistema operativo, licencias de VMware View y de recursos de infraestructura resulta sumamente significativo para este tipo de asignación.

Una buena idea es automatizar una operacion de refresh cuando un grupo de usuarios se desloguea de sus desktops. El proceso de refresh crea nuevamente el disco en base a la configuracion del Composer para volver a presentar un desktop limpio para el próximo usuario.

PASO A PASO: INSTALAR CONNECTION SERVER

01 Ejecute el instalador del producto (puede obtenerlo desde el sitio oficial de VMware). En la pantalla inicial, haga clic en Next para comenzar el proceso de instalación.

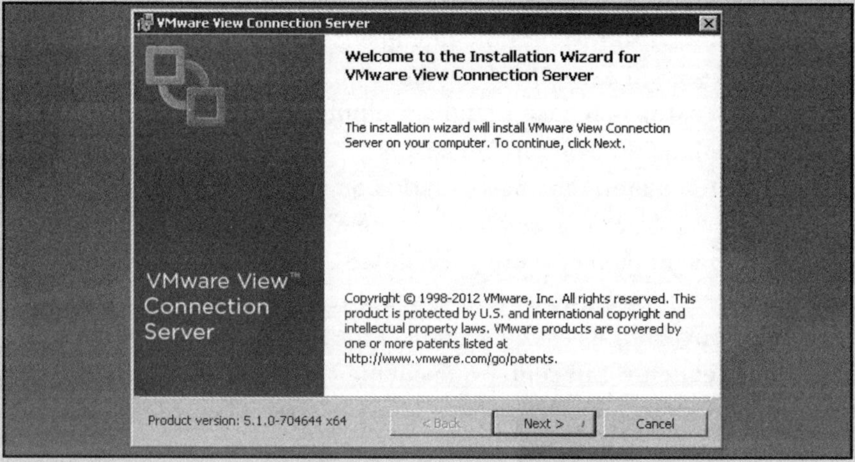

02 Lea detenidamente y acepte el contrato de uso de la licencia que aparece a continuación y haga clic en Next para continuar con el asistente de instalación.

03 Verifique la ruta de instalación que aparece por defecto. Haga clic en Change si desea cambiarla. Una vez que visualice la ruta de instalación que le resulta conveniente, haga clic en Next para continuar.

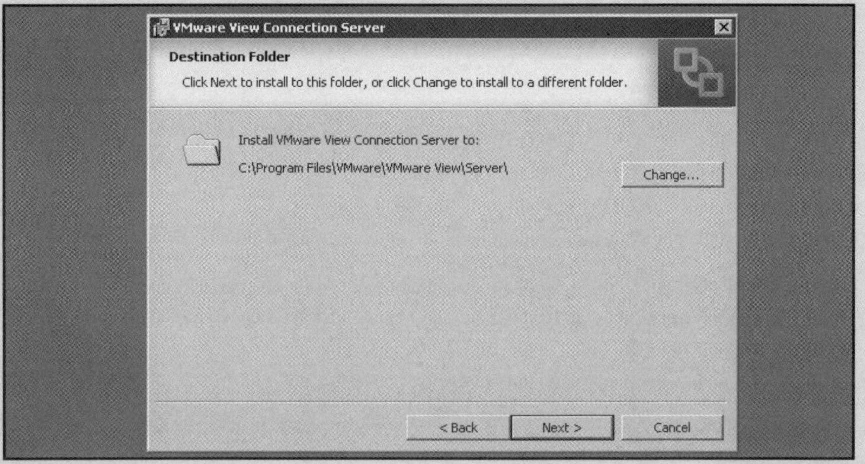

04 De las opciones que aparecen a continuación, seleccione **View Standard Server** como instancia. Una vez realizado esto, haga clic en Next para seguir adelante.

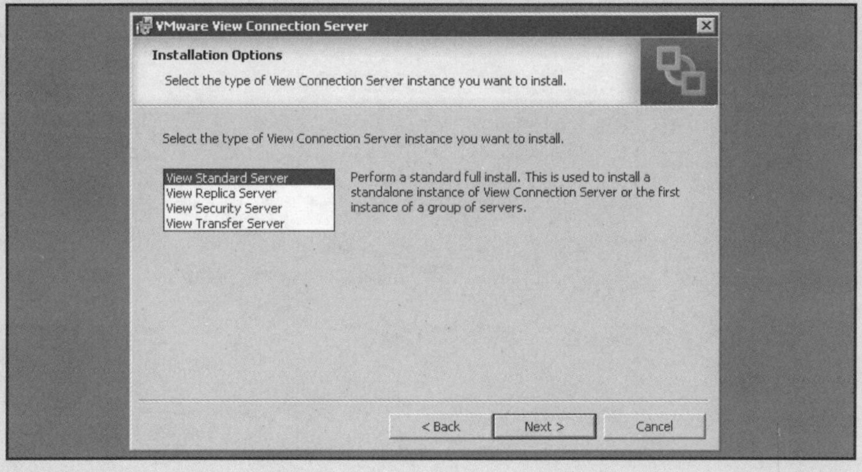

05

Ingrese una contraseña, que le será requerida en caso de realizar una recuperación de datos del connection server. Reingrese la contraseña para confirmar y opcionalmente, una descripción que le ayuda a recordarla. Luego, haga clic en `Next` para continuar.

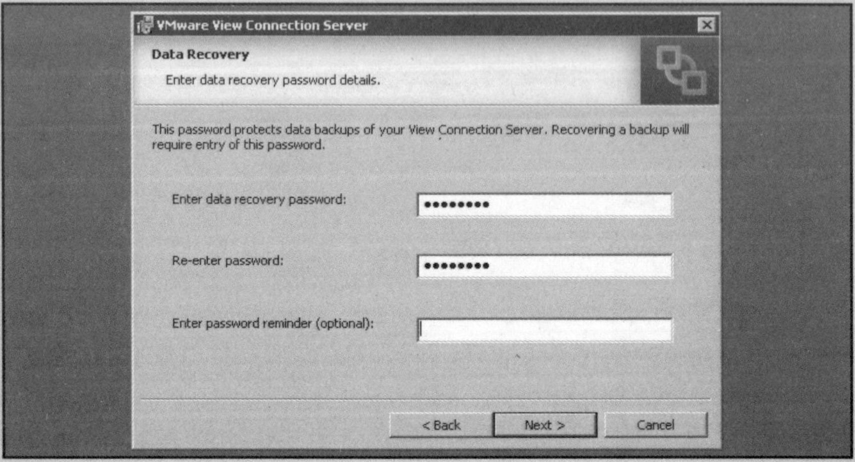

06

En la siguiente ventana, seleccione **Configure Windows Firewall automatically** para permitir que el instalador abra los puertos necesarios en el firewall de Windows. Luego, haga clic en `Next` para continuar.

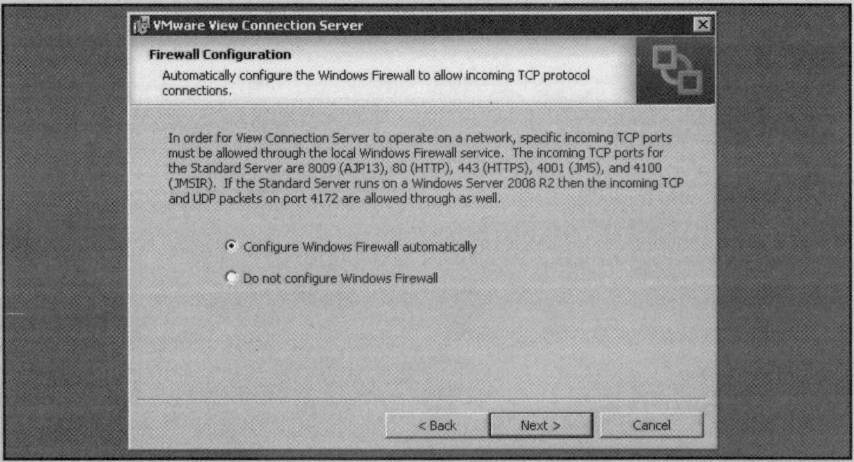

07 Ingrese un usuario o grupo de dominio que tendrá permisos de administrador sobre la consola de View Connection Server. Se pueden ingresar más de uno, separados por comas. Luego, haga clic en `Next` para continuar.

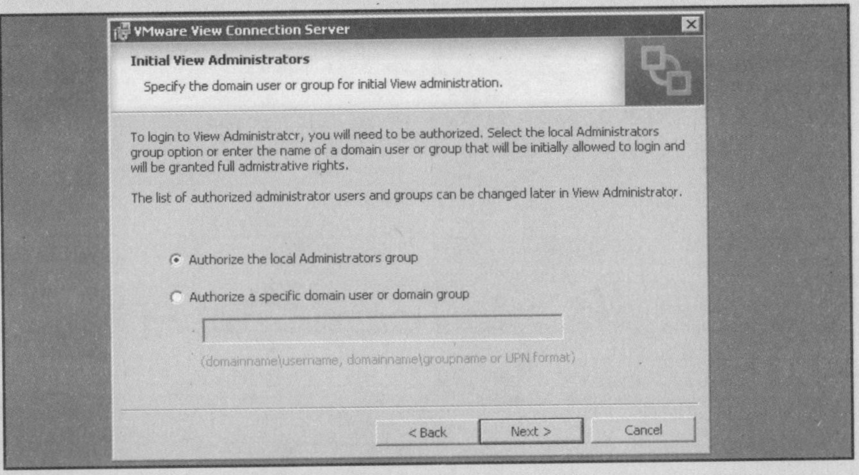

08 Deberá decidir si participa o no del programa de mejora de la experiencia del usuario, que envía información estadística a VMware en forma anónima sobre uso de la herramienta. Luego, haga clic en `Next` para continuar.

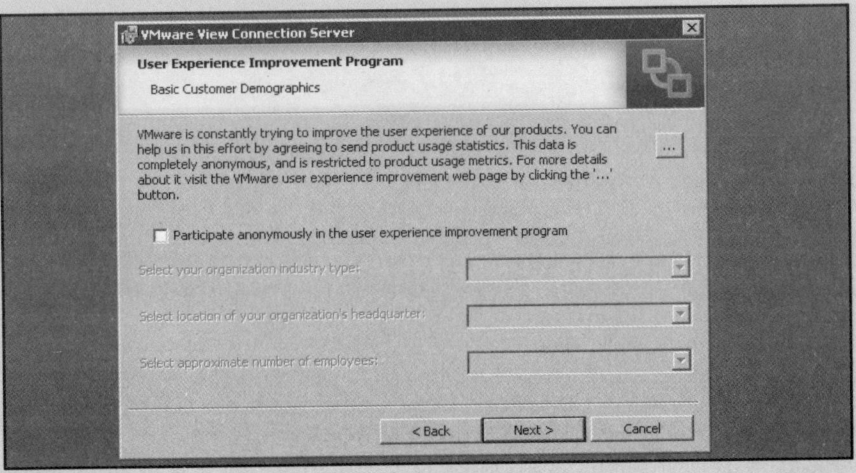

09 La pantalla final indica el lugar seleccionado para instalar el producto. Haga clic en `Next` para continuar y en `Finish` para dar por finalizada la instalación.

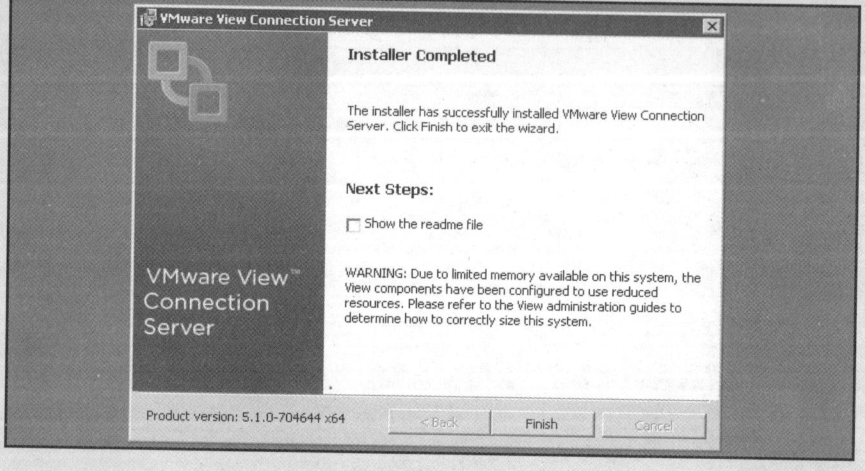

10 Para ingresar al View Connection Server puede ejecutar el acceso directo que se crea en el desktop o mediante un navegador de Internet accediendo a la dirección **https://<host o ip>/admin**. No olvide que debe ingresar con un usuario de dominio que haya definido en el paso 8 de este tutorial.

THIN CLIENTS CERTIFICADOS

VMware cuenta con una interesante página en Internet destinada especialmente a la clasificación y búsqueda de los thin clients certificados para VMware View. Su diseño es muy intuitivo y en ella es posible buscar por versión de VMware View, marca, tipo de sistema operativo, tipo y características de producto y funcionalidades específicas que se requieren. El link a la página es **www.vmware.com/resources/compatibility/search.php%3FdeviceCategory=vdm.**

11

Seleccione **Servers** y luego, en la solapa `vCenter Servers`, haga clic en `Add...` para sumar el o los vCenters que se usarán para agregar desktops virtuales a los pools. Para ello deberá ingresar un usuario y una contraseña con permisos administrativos de acceso a cada vCenter. Al finalizar haga clic en `Next`.

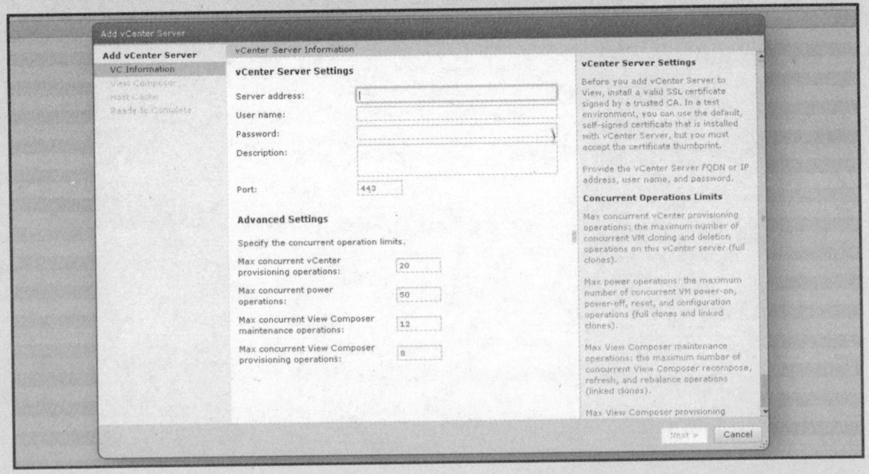

12

Debe decidir en esta ventana si usará **Composer** o no y cuál es su ubicación. Generalmente Composer se instala en el vCenter que se va a utilizar con View Connection Server. Luego, haga clic en `Next`.

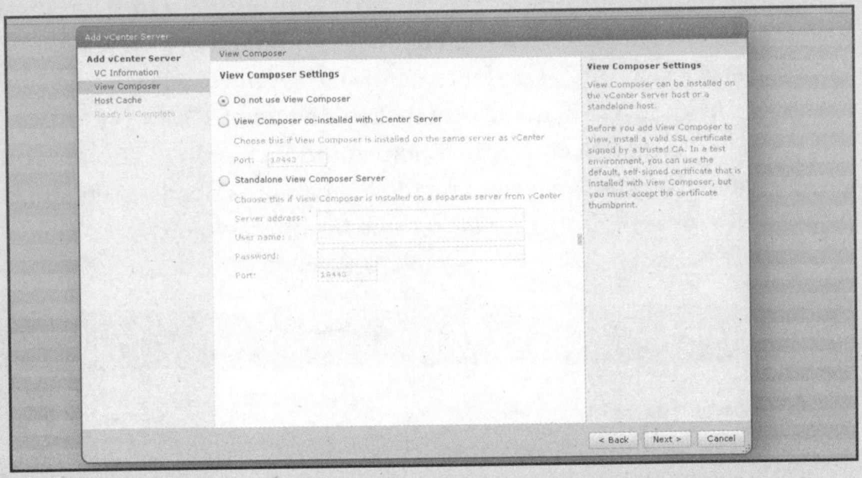

13

Por último, tendrá que elegir si se usará el host caching for View. Esta funcionalidad nos permite habilitar a los hipervisores a guardar en caché los datos sobre los desktops virtuales para acelerar procesos que requieren gran performance de disco. Haga clic en `Next` y en `Finish` para finalizar.

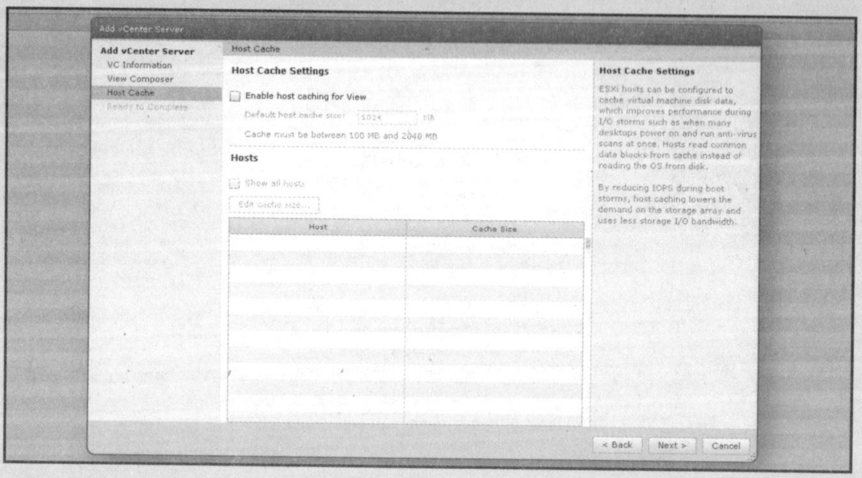

View Replica Server

View Replica Server es una copia exacta del View Connection Server que sirve para proveer **alta disponibilidad** y **balanceo de carga**. Cualquier cambio en la configuración del View Connection Server se repite al instante en el o los replica servers que funcionen utilizando **View LDAP**. En el caso de que el View Connection Server falle, la réplica continúa funcionando y cuando el servidor que falló vuelve a estar operativo recibe los cambios desde la instancia en funcionamiento para que retome las operaciones.

STORAGE ACCELERATOR

Esta funcionalidad también llamada **Host Caching** se incorporó a partir de VMware View 5. Permite usar el caché de los hipervisores para acelerar la carga de datos de los desktops virtuales. Mejora notablemente la performance durante las cargas pesadas de recursos de disco.

▼ PASO A PASO: INSTALAR CONNECTION SERVER

01 Para comenzar, ejecute el instalador del producto. Como ya lo mencionamos, puede obtenerlo del sitio oficial de VMware.

02 En la pantalla inicial se muestra la información referida a versión y derechos del producto a instalar. Haga clic en `Next` para comenzar el proceso de instalación.

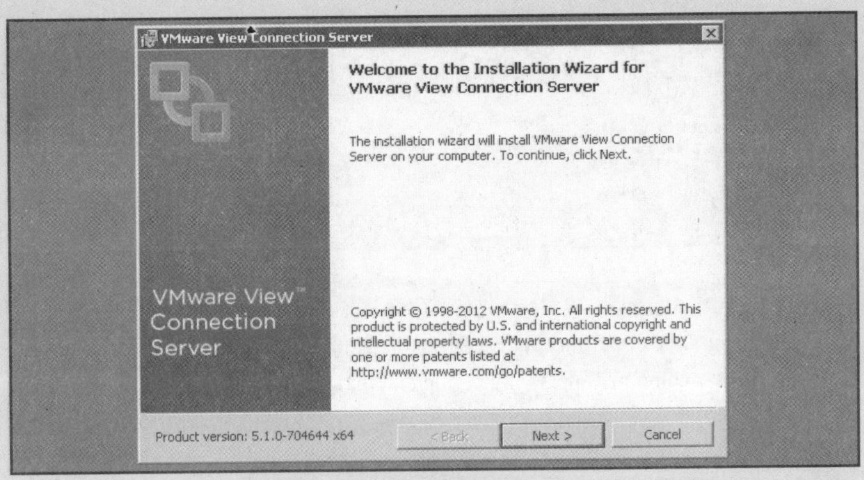

03 Lea atentamente el contrato de uso de la licencia. Para poder continuar debe aceptar las condiciones y hacer clic en `Next`.

★ LIMITACION RDP DESKTOP

La versión del protocolo RDP que utilizan los desktops basados en Windows sólo permiten una conexión a la vez. Esto impide que dos usuarios puedan usar el mismo desktop virtual y ni siquiera es posible que un segundo usuario pueda ver lo que el otro está haciendo hasta que éste se desloguee.

04 En este paso debe elegir la ruta de instalación. Para hacerlo, haga clic en Change si desea cambiar la que aparece por defecto. Luego haga clic en Next para continuar.

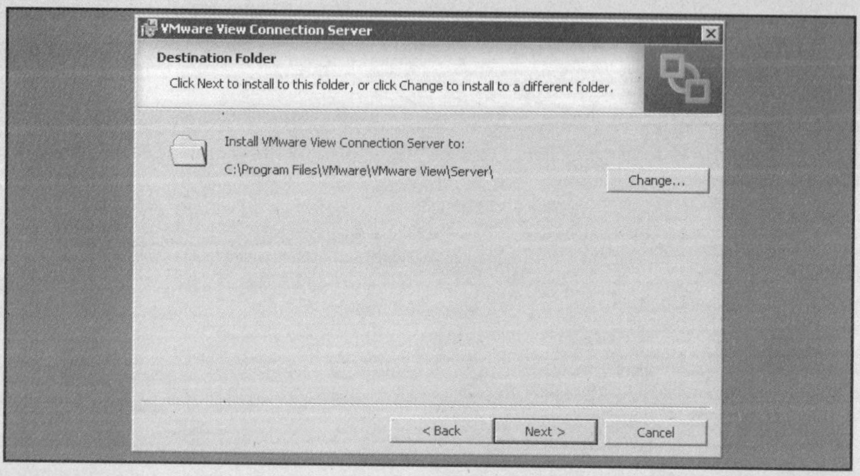

05 De las opciones que aparecen en la siguiente pantalla, seleccione **View** Replica **Server** como instancia y haga clic en **Next** para continuar.

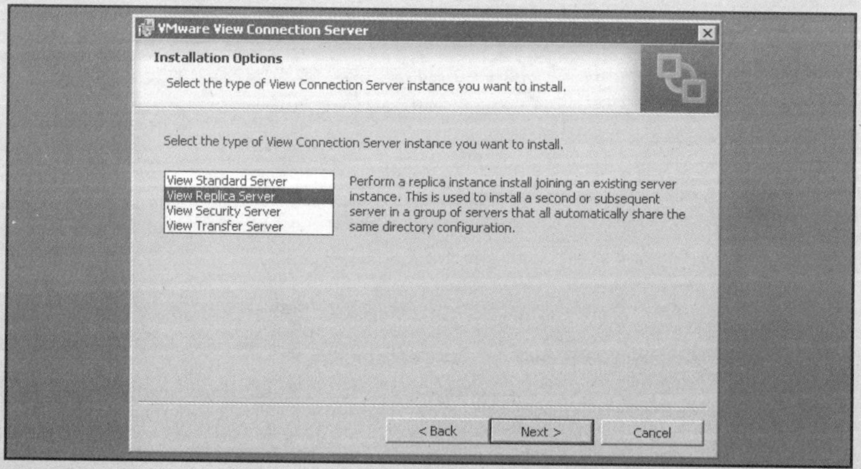

06

Ingrese el nombre del connection server y haga clic en Next. La pantalla del asistente le provee un ejemplo para que tenga en cuenta.

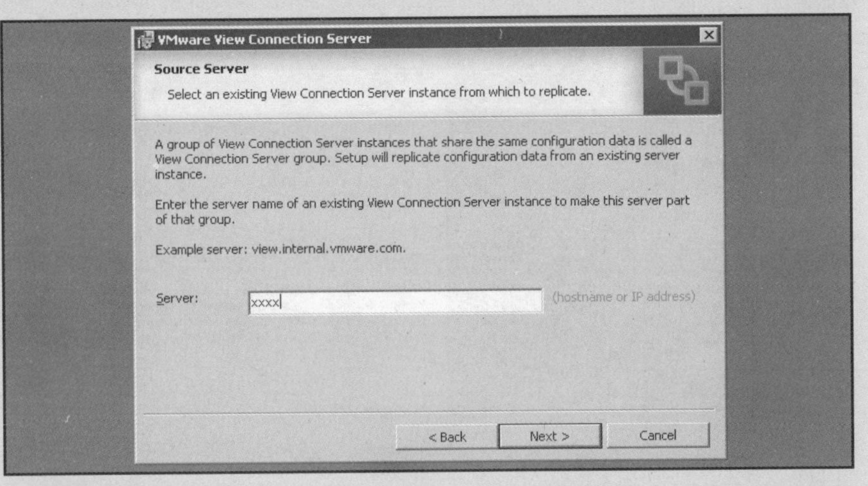

07

En esta ventana seleccione **Configure Windows Firewall automatically** para permitir que el instalador abra los puertos necesarios en el firewall de Windows. Luego, haga clic en Next para continuar.

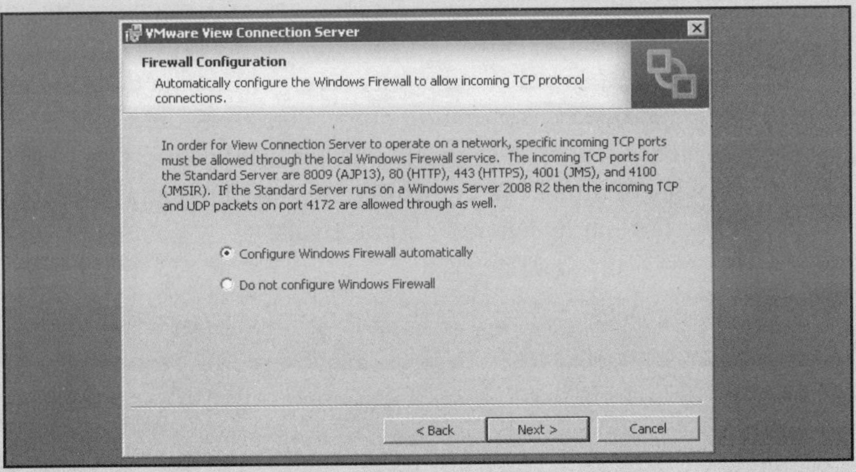

08 La pantalla final indica el lugar seleccionado para instalar el producto. Haga clic en `Next` para continuar y en `Finish` para dar por finalizada la instalación.

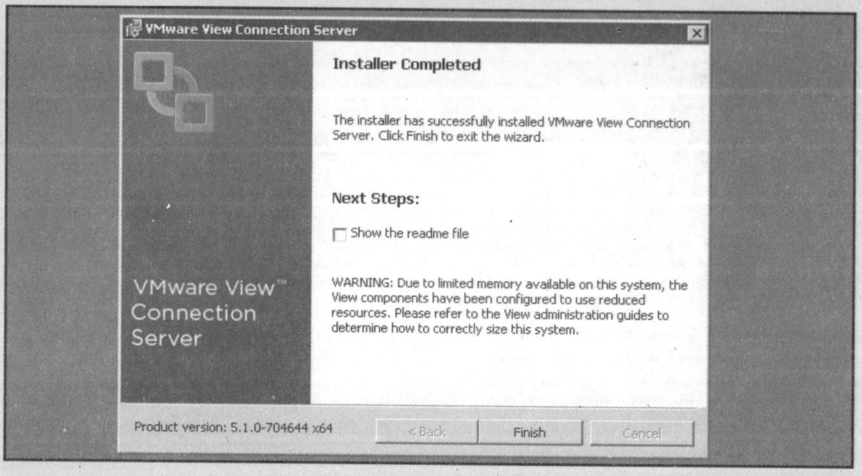

View Security Server

View Security Server es un componente de la solución destinado a agregar un nivel de seguridad mayor para aquellas conexiones que provienen de Internet.

Se integra con el connection server y funciona de la misma manera que un **gateway** asegurando que el cliente de view que accede desde Internet sea quien dice ser. El o los security servers generalmente se conectan en una **DMZ** detrás del firewall para evitar que algún ataque llegue fácilmente a la red corporativa.

DMZ

Las siglas **DMZ** significan **zona desmilitarizada**. Es un espacio entre la red pública y la red privada que brinda servicios de la empresa a usuarios que se conectan desde Internet. En caso de que alguien no autorizado intente llegar a la red privada, la DMZ se encarga de que eso no suceda.

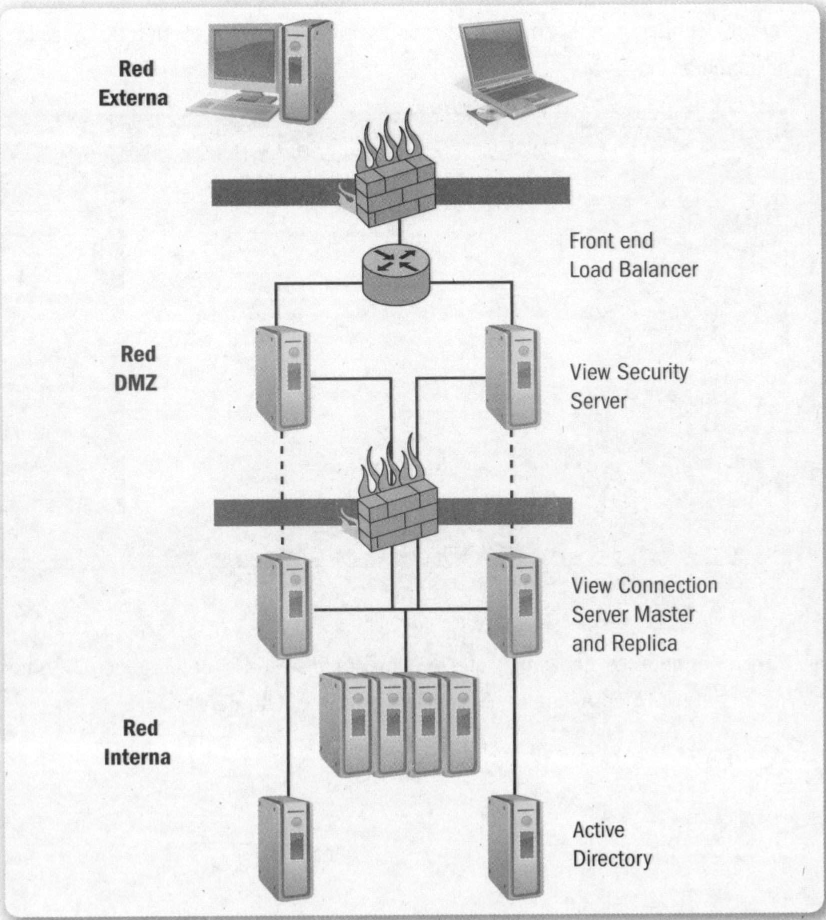

Figura 6. Esquema que muestra el diseño de conexión de los security servers con la solución de VMware View.

PASO A PASO: INSTALAR SECURITY SERVER

01 Ingrese al connection server y seleccione el tab **Connection Servers**. Luego, haga clic en el servidor que va a vincular con el Security Server. Pulse en `More Commands` y seleccione `Specify Security Server Pairing Password`.

02 Defina la contraseña que se usará para vincular el Security Server con el connection server. Confirme nuevamente la contraseña y defina el tiempo que la sesión permanecerá activa.

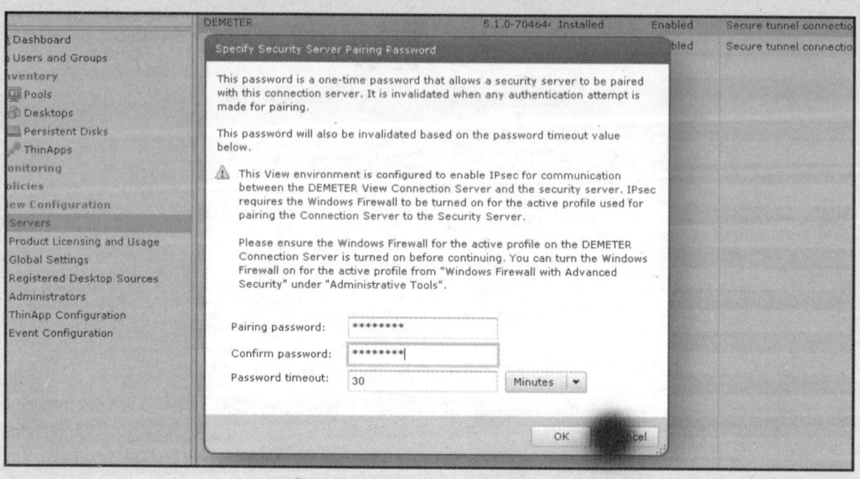

03 Para continuar es necesario que ejecute el instalador del producto. Como ya se indicó anteriormente, puede obtenerlo del sitio oficial de VMware.

BLADE PC

Blade PC es una forma de desktop remoto que se apoya en la infraestructura de blades. Los blades PC ocupan muy poco espacio y se centralizan en el datacenter para ofrecer la mayoría de las ventajas de la virtualización de desktops a nivel del acceso y disponibilidad. VMware View es capaz de integrar el acceso a los blades utilizando el connection server y así simplificar la administración y el control de toda la solución de desktops centralizados.

04

En la pantalla inicial de presentación del producto debe hacer clic en Next para iniciar el proceso de instalación. Caso contrario puede cancelar la operación.

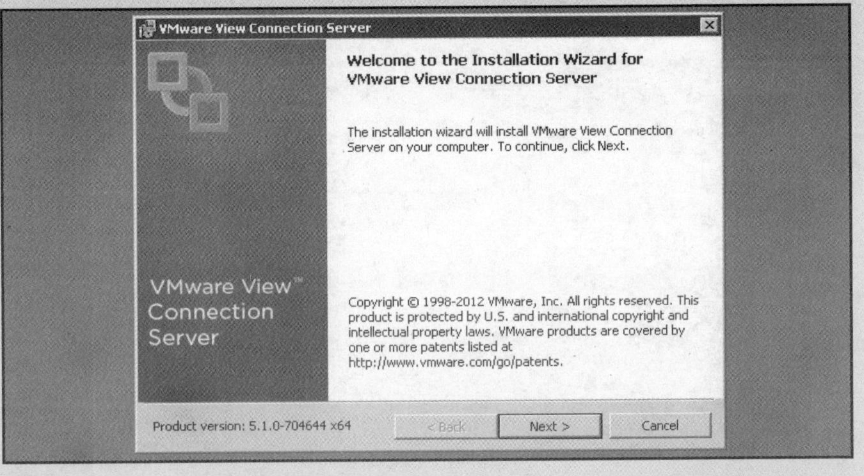

05

Lea detenidamente los usos y condiciones del producto. Para continuar debe aceptar el contrato de uso de la licencia y haga clic en Next para pasar a la siguiente pantalla.

THINAPP + HORIZON

La última versión de VMware Horizon (del que hablaremos más adelante) permite administrar aplicaciones paquetizadas con ThinApp. Esto que parece tan simple permite asignar una aplicación paquetizada a cualquier usuario, sin importar qué tipo de desktop (sea físico o virtual) esté utilizando. Para llevarlo a cabo solo se requiere tener instalado el agente de Horizon. Horizon nació como un producto para ser usado solo por proveedores de nubes públicas, pero luego fue adaptado para cualquier infraestructura virtual.

06 Verifique la ruta de instalación que se dispone por defecto. Si desea cambiarla, elija la ruta de instalación que considere mejor haciendo clic en Change. Luego, para confirmar y continuar pulse Next.

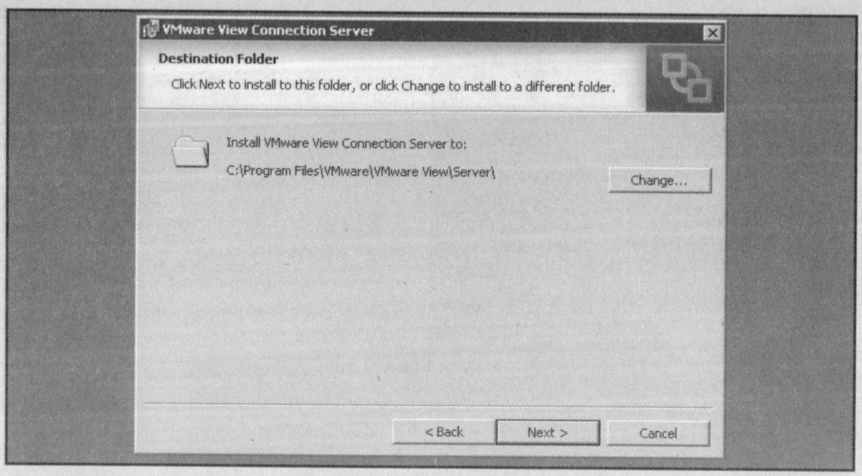

07 De las opciones que aparecen a continuación, Seleccione **View Security Server** como instancia de **View Connection Server**. Haga clic en Next para continuar.

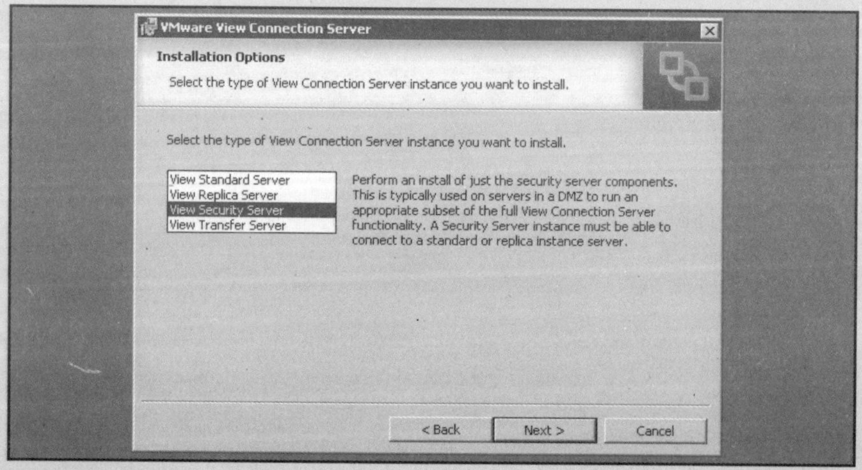

08 Ingrese la contraseña definida en el paso 2 para asociar el servidor de seguridad con el servidor de conexión. Haga clic en `Next` para continuar.

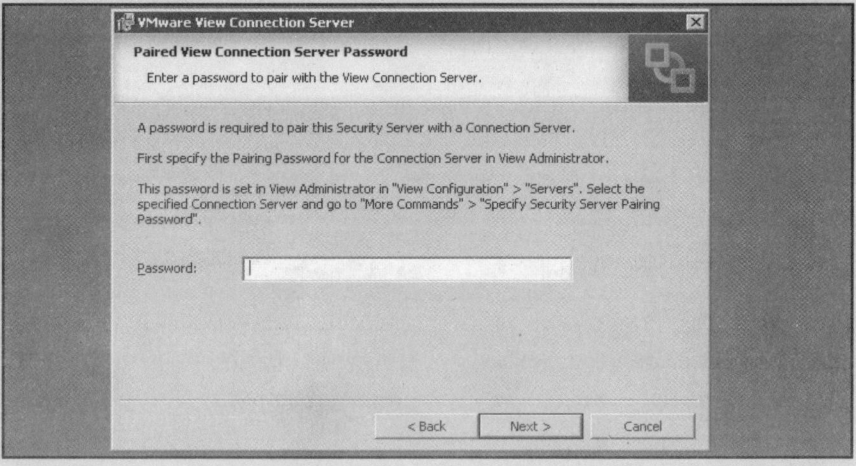

09 Ingrese el nombre del connection server que será vinculado con el Security Server y para continuar, haga clic en `Next`.

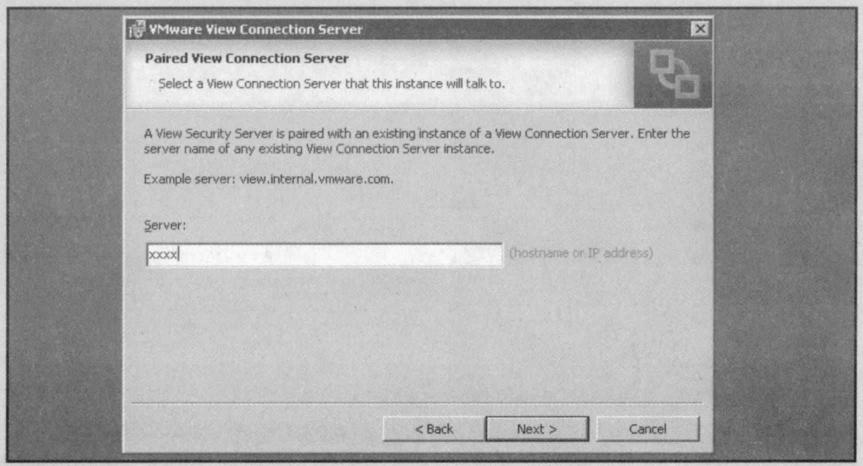

10 Defina la URL externa por la cual los usuarios se conectarán al servidor y la IP que será utilizada para establecer la conexión en `PCoIP External URL:`. Haga clic en `Next` para continuar con el paso siguiente.

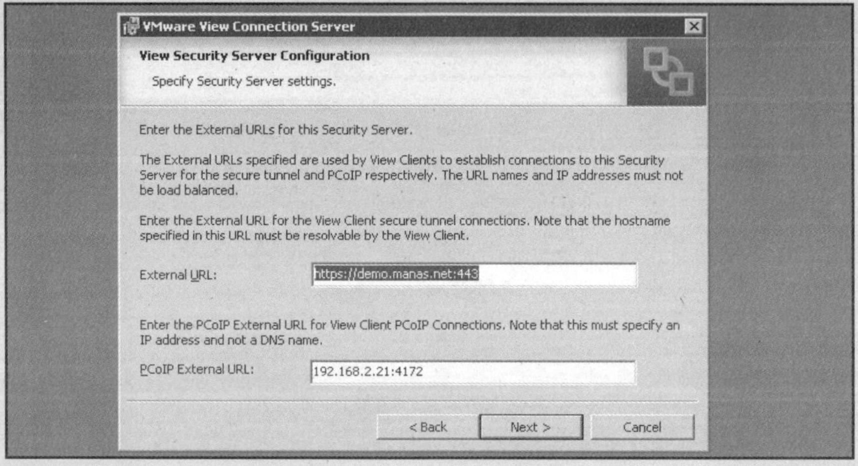

11 La pantalla final indica el lugar seleccionado para instalar el producto. Haga clic en `Next` para continuar y en `Finish` para finalizar la instalación.

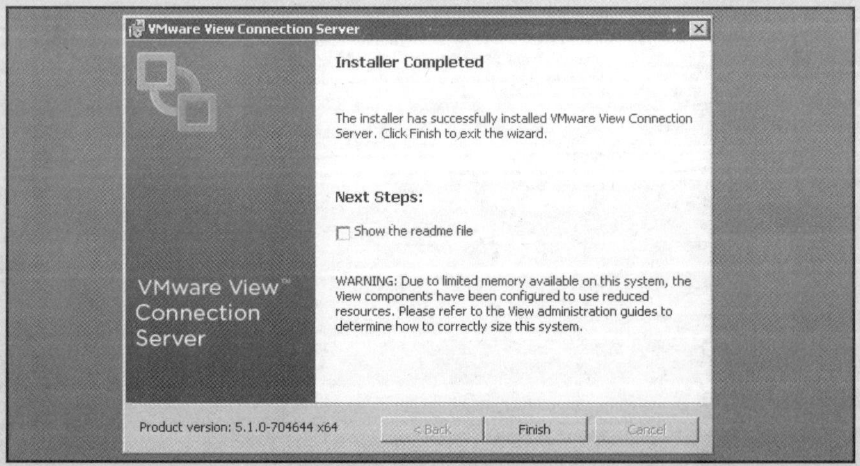

View Transfer Server

View Transfer Server es un componente del cual depende la funcionalidad **Local Mode**, sobre la que hablaremos más adelante. Se encarga de realizar la transferencia de datos durante la **sincronización** del desktop virtual del datacenter con el desktop virtual que el usuario utiliza cuando está desconectado de la red.

> CON LOCAL MODE LOS USUARIOS MÓVILES TRABAJAN SIEMPRE CON EL MISMO DESKTOP

Para ello, requerimos de un **repositorio** que mantiene los datos necesarios para la sincronización. Si vamos a utilizar un solo transfer server, el repositorio alojarse en el mismo equipo, pero si requerimos más de uno lo recomendado es que utilicemos una ruta de red para que todos los transfer servers accedan a ese repositorio.

PASO A PASO: INSTALAR TRANSFER SERVER

01 Ejecute el instalador del producto. En la pantalla inicial, haga clic en `Next` para dar comienzo al proceso de instalación.

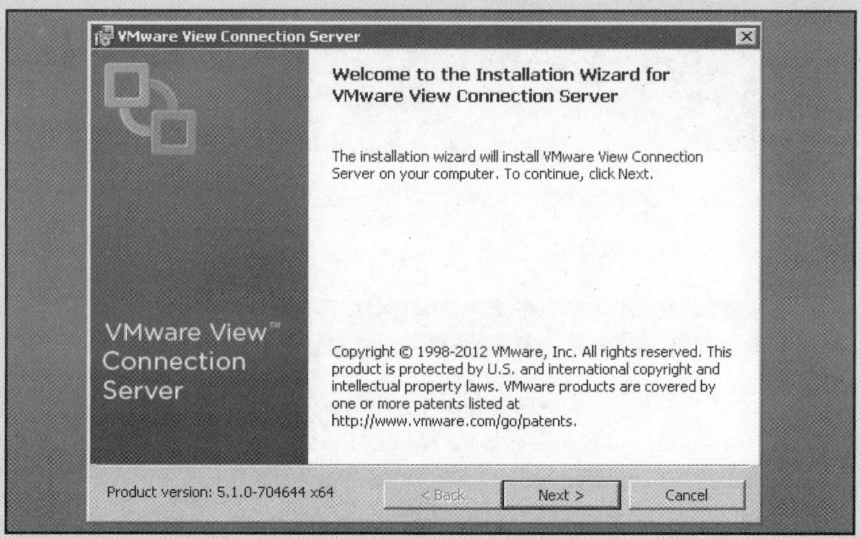

02

Lea detenidamente el contrato de uso de la licencia. Para continuar debe aceptar los téminos de uso y las condiciones que se disponen. Para continuar, haga clic en `Next`.

03

Verifique la ruta de instalación propuesta. Haga clic en `Change` si desea cambiarla y elija la que considere mejor. Luego, pulse `Next` para continuar.

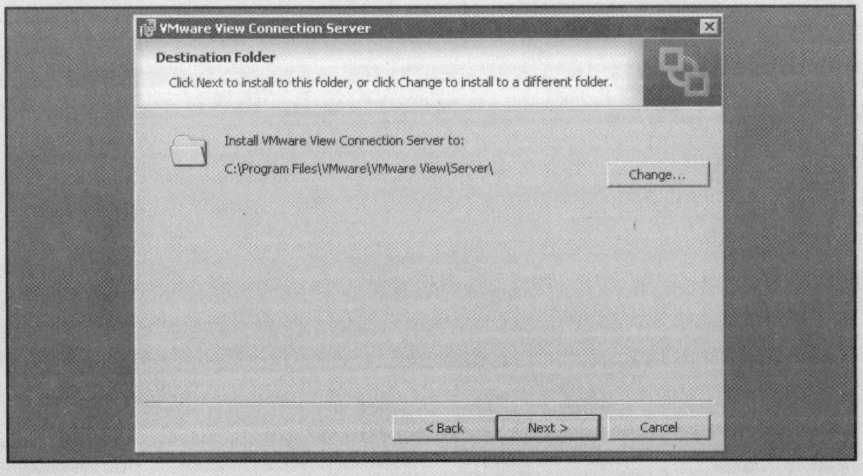

LOCAL MODE

VMware presentó la funcionalidad Local Mode con el lanzamiento de la versión 3 de VMware View. En su lanzamiento esta funcionalidad se denominaba Offline Client Mode y estaba disponible sólo en una version experimental. Recién con la llegada de la version 5 dejó de estar disponible en su fase beta. La versión final funciona sobre entornos Windows y utiliza componentes que permiten ejecutar una máquina virtual dentro de una notebook, encriptándola por seguridad.

04

De las opciones que aparecen en la siguiente pantalla, seleccione **View Transfer Server** como instancia y haga clic en `Next`.

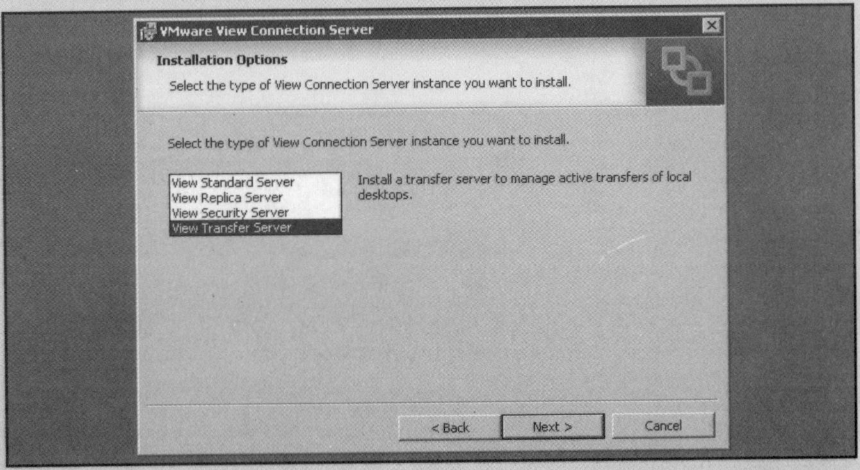

05

Confirme los datos sobre el dominio en `Network Domain`, nombre del Transfer Server en `Server Name` y correo electrónico del administrador en `Administrator's Email Address`. Haga clic en `Next` para continuar.

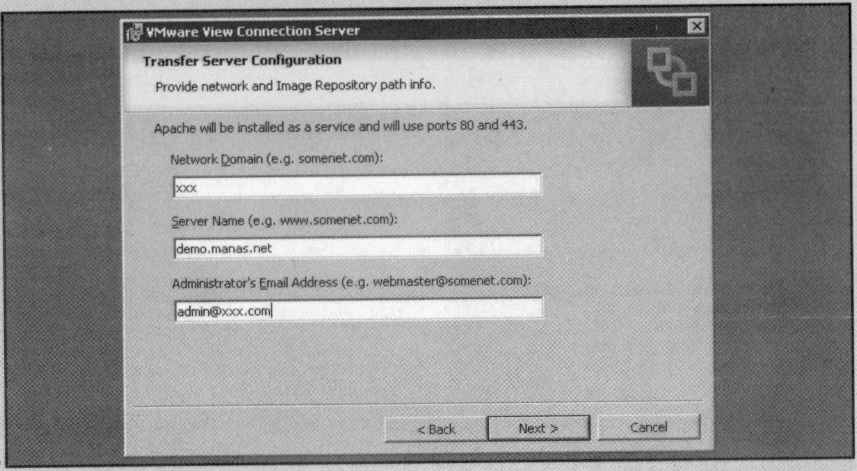

06

En esta ventana seleccione **Configure Windows Firewall automatically** para permitir que el instalador abra los puertos necesarios en el firewall de Windows. Luego, haga clic en Next para continuar.

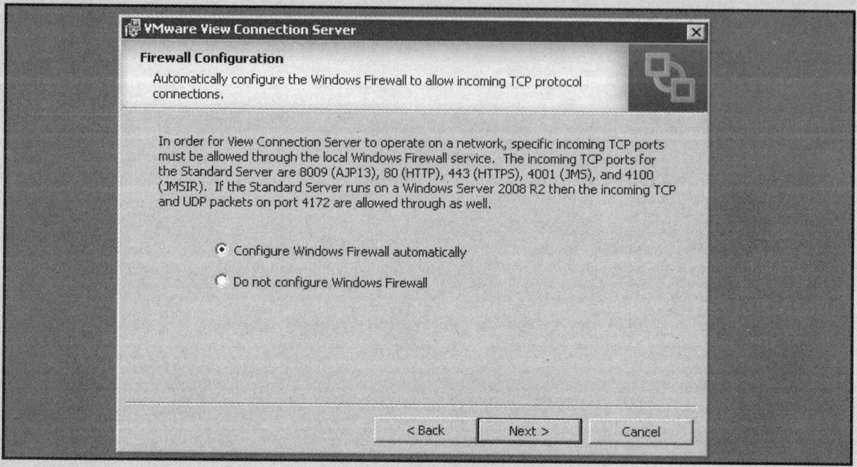

07

La pantalla final indica el lugar seleccionado para instalar el producto. Haga clic en Next para continuar y en Finish al finalizar la instalación.

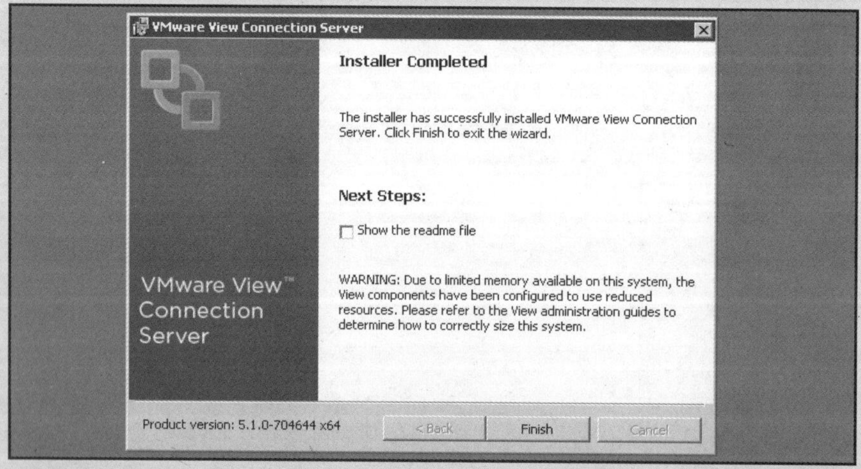

Dispositivos

Cualquier dispositivo que ejecute el agente View puede acceder a conectarse al View Connection Server para trabajar con el desktop virtual que le es asignado al usuario. Cuando se inicia el cliente de View, este se conecta al **connection server**, que espera un usuario y una contraseña para ser validado tal como si nos estuviéramos logueando desde una PC. Dependiendo de quién sea el usuario, se le presenta uno o varios pools de desktops para acceder. Cuando el usuario selecciona el pool, automáticamente es logueado al desktop virtual que le corresponde.

VMware View está siendo adoptado con la misma velocidad que la virtualización de servidores por lo que hoy en día existen muchas formas de acceder a nuestro desktop virtual: utilizando una PC o una notebook con sistema operativo Windows, Linux o Mac; teléfonos con Android o Mac OS; una tablet con Android o un iPad, thin clients, etc. Incluso hay sistemas operativos diseñados para ser instalados en PCs o notebooks que las convierten en un **thin client**.

Figura 7. En esta imagen podemos observar la diferencia de tamaño que existe entre una PC y un thin client.

Nuevamente volvemos a notar la relevancia con el origen de la virtualización, ya que los thin clients nacen con el concepto de terminales usadas para que los usuarios trabajen conectados a los mainframes, donde la virtualización nació.

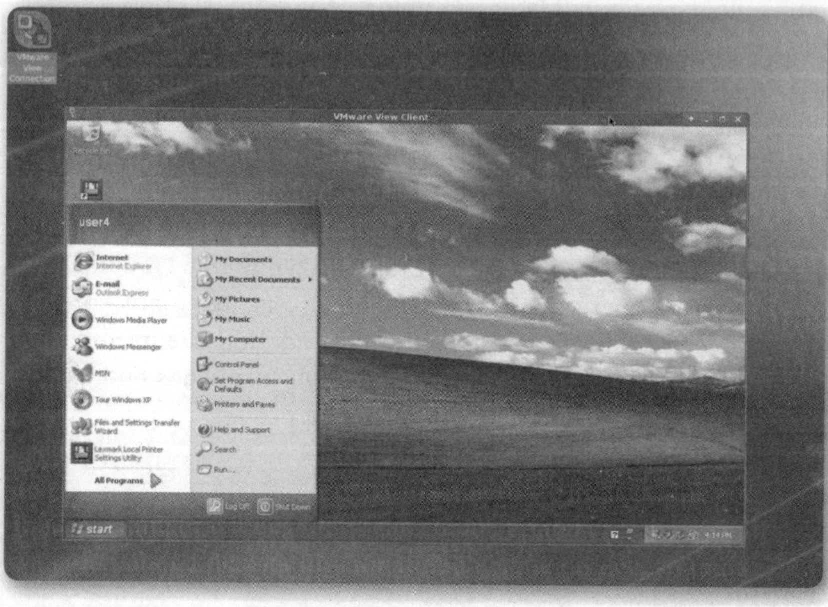

Figura 8. DeTOS es el sistema operativo desarrollado por la empresa DevonIT, a su vez fabricante de thin clients.

El concepto de thin client es un gran aliado, ya que el mismo consume menos energía, tiene una vida útil mucho mayor y es más económico. También es más seguro porque no se puede almacenar

THIN CLIENT

Un **thin client** es un dispositivo con un sistema operativo especialmente diseñado para permitir al usuario conectarse a un sistema de terminal, como son, por ejemplo, Terminal Services de Windows, Citrix y VMware View. Se denomina de esta manera porque es extremadamente liviano, no tiene partes móviles y su consumo es menor al de una PC de escritorio.

información en él, ya que el sistema operativo solo permite definir la conexión hacia el espacio de trabajo remoto.

Más adelante hablaremos cómo esta tecnología, junto con el concepto de **BYOD** (**Bring Your Own Device** o **trae tu propio dispositivo**), están marcando una clara tendencia a la hora de simplificar el acceso y potenciar la productividad de los usuarios de cualquier compañía.

Las tecnologías detrás de la solución

En este apartado hablaremos de los tres conceptos característicos de VMware View que lo posicionan como una solución vanguardista de virtualización de desktops: **Composer**, **ThinApp** y el protocolo **PCoIP**.

Ellos son la base para que VMware View coloque al usuario en el centro de la escena, separe el desktop, las aplicaciones y los dispositivos, permitiendo conexiones sobre vínculos de Internet y optimizando al máximo el almacenamiento.

Composer

Este concepto fue presentado como una de las principales mejoras de la versión 3 de VMware View.

Composer es tal vez la funcionalidad más sorprendente que puede ofrecer VMware View. Es posible utilizarla con la adquisición de la versión Premier de la herramienta y permite obtener ahorros notables en el uso de recursos de disco, velocidad de aprovisionamiento y

SISTEMA OPERATIVO THIN CLIENT

En la actualidad, existen numerosos sistemas operativos (algunos de ellos son gratuitos) diseñados exclusivamente para que una PC de escritorio actúe como lo hace un thin client. La mayoría de ellos están basados en alguna distribución de Linux.

simplificar a la máxima expresión los cambios periódicos a nivel sistema operativo y aplicación que se ejecutan en cada desktop virtual.

Composer permite definir un desktop virtual denominado comúnmente como **Golden Master**, que a partir de un **snapshot** genera los desktops virtuales que serán usados en el pool. Estos desktops prácticamente no ocupan espacio en disco hasta que el usuario empieza a realizar modificaciones o a almacenar información en él. Los desktops generados de esta manera reciben el nombre de **linked clones**.

> COMPOSER ES TAL VEZ LA FUNCIONALIDAD MÁS SORPRENDENTE DE VMWARE VIEW

Una vez instalado Composer, se lo activa definiendo un pool de desktops en el connection server para usar una asignación dedicada. Para poder generar desktops virtuales linked clones, es necesario crear una máquina virtual como Golden Master y a partir de esta generar un snapshot. Ese snapshot es el que será utilizado por el vCenter y el connection server para crear los desktops virtuales. Es muy importante optimizar la máquina virtual Golden Master en base a las mejores prácticas, ya que será la base para que el pool de desktops funcione correctamente.

Otra funcionalidad del producto es la ejeución de las operaciones **recompose** y **rebalance**. **Recompose** es un procedimiento que se ejecuta luego de hacer modificaciones en la Golden Master, como podrían ser la instalación de algún service pack, la actualización de alguna aplicación o la configuración de una impresora, y que regenera el disco C de cada desktop virtual para reflejar esos cambios. Básicamente, estamos haciendo en un solo paso modificaciones en todas las máquinas del pool, algo que con desktops físicos nos podría representar muchas horas o incluso días de trabajo.

VMWARE VIEW

El anterior nombre del producto era **VDI** (**Virtual Desktop Infrastructure**). El nombre cambió al anunciarse la versión 4, junto con las funcionalidad de Local Mode, entre otras. Local Mode permite a los usuarios móviles sincronizar la vm corriendo en una notebook o netbook con el desktop virtual corporativo.

Rebalance es una operación que permite balancear el uso de los datastores, equilibrando la cantidad de desktops virtuales almacenada en cada uno. El resultado obtenido de esta operación representa un aprovechamiento más eficiente de los recursos y una mejora en el rendimiento de los desktops virtuales.

Tengamos en cuenta que como en la infraestructura virtual basada en servidores, la configuración y el uso correcto del almacenamiento es clave para que la solución funcione de manera correcta. Elegir el protocolo de comunicaciones (Fiber Channel, ISCSI, NFS, etc.) y la tecnología de discos (Near Line SAS, SAS, Fiber Channel, SSD) puede ser algo sumamente complejo y que depende en gran parte de un análisis de consumo previo a la virtualización de los desktops. Si bien el proceso Rebalance es extremadamente útil para distribuir los linked clones entre los datastores que hayamos definido para su uso, no contamos con un proceso similar si no usamos Composer, por lo que deberíamos hacerlo manualmente con Storage vMotion o aplicando Storage DRS. Esta funcionalidad sólo esta habilitada en la version Enterprise Plus.

Composer generalmente se instala en el vCenter donde se crearán los desktops virtuales aunque puede instalarse en otro servidor.

PASO A PASO: INSTALAR COMPOSER

01 Previo a la instalación, es necesario crear una base de datos SQL para Composer. Luego, se deberá crear una conexión ODBC a esa base que será utilizada para que el componente pueda comunicarse con la base de datos.

SNAPSHOTS

Un **snapshot** es lo análogo a sacar una foto, representa el estado de una vm en un momento específico y permite volver a ese momento en el caso de que sea necesario por alguna falla o circunstancia que lo amerite. VMware View lo utiliza para poder generar desktops virtuales a partir de uno, sin consumir espacio adicional. vSphere lo usa también para realizar réplicas y respaldos de máquinas virtuales.

02

Para comenzar el proceso de instalación debe ejecutar el instalador del producto. En la pantalla inicial, haga clic en `Next` para comenzar el proceso de instalación.

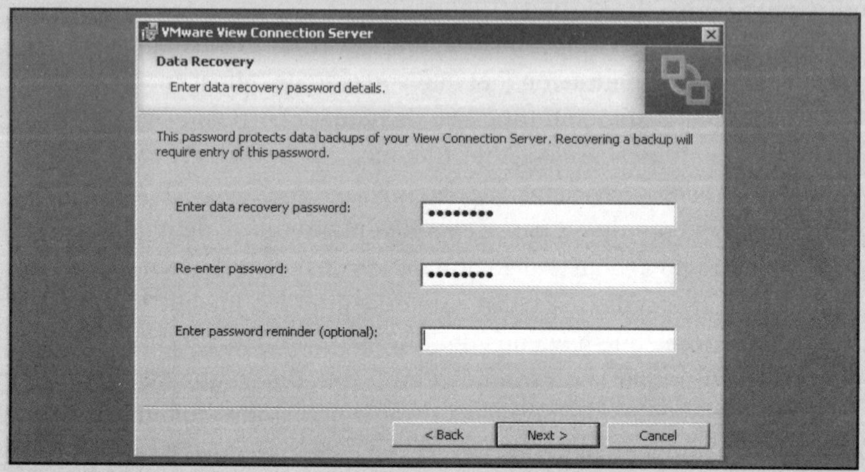

03

Luego de aceptar los términos de la licencia y definir la ruta de instalación, deberá escribir el nombre de la conexión ODBC que va a utilizar y, el usuario y la contraseña para acceder a la base de datos. Haga clic en `Next`.

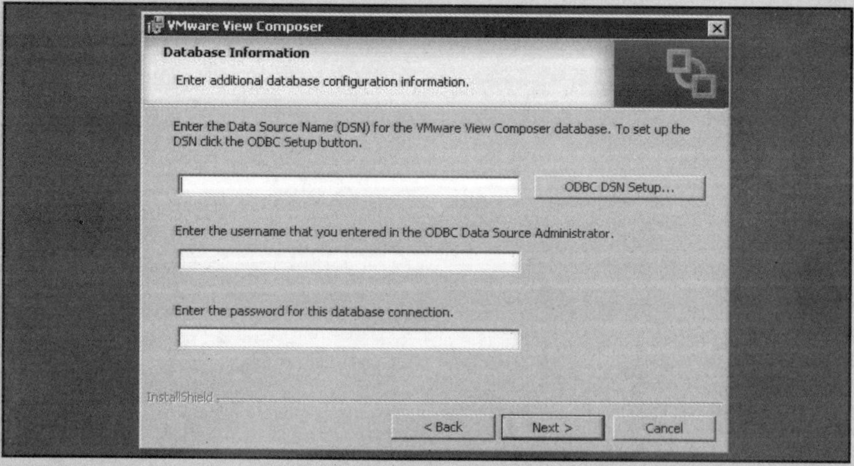

04 En la próxima pantalla se definen las configuraciones de seguridad. Escriba el número de puerto y seleccione la opción que indica que el proceso de instalación crea un certificado SSL. Haga clic en `Next`.

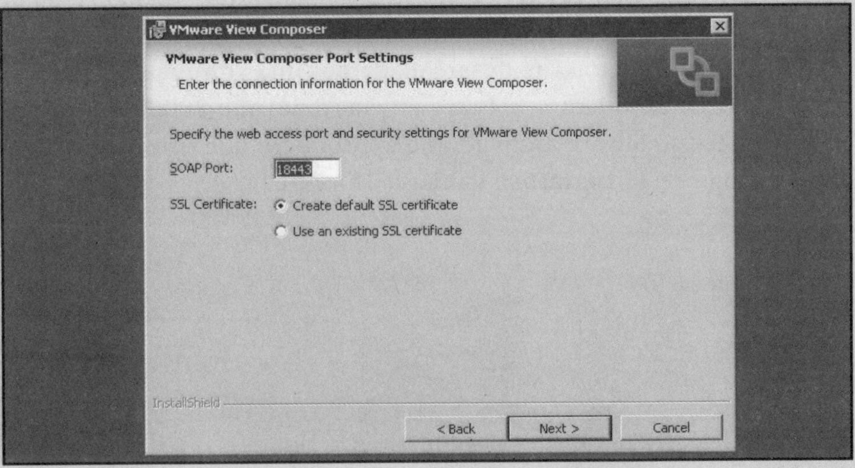

05 El proceso finaliza la instalación. Recuerde que es necesario reiniciar el equipo para que se activen los cambios realizados. Haga clic en `Finish`.

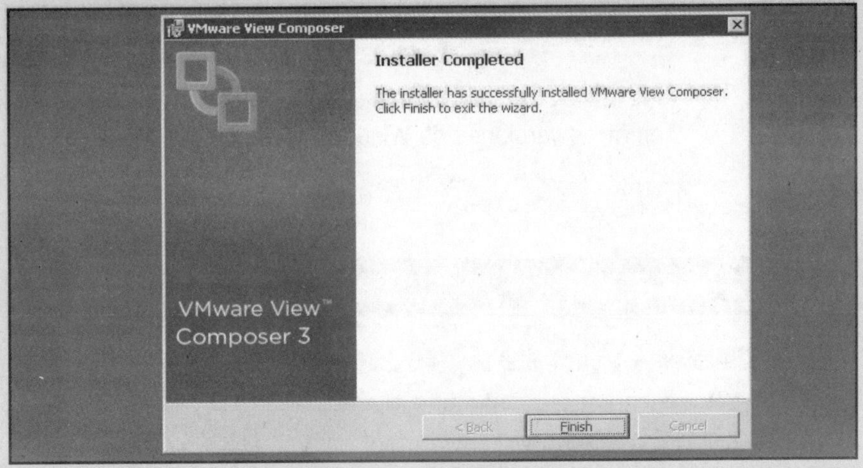

ThinApp

La función **ThinApp** es simple: elimina la necesidad de instalar aplicaciones para ser ejecutadas en un desktop. Permite que las aplicaciones se transformen en **ejecutables** y que puedan ser utilizadas en cualquier desktop (virtual o no), incluso si la aplicación original no era compatible con el sistema operativo que la utiliza.

Esta función fue desarrollada por una empresa llamada Jitit Inc., que fue comprada por VMware en enero del año 2008. Luego de pocos meses, VMware anunció que el producto que originalmente tenía el nombre **Thinstall** se llamaría ThinApp.

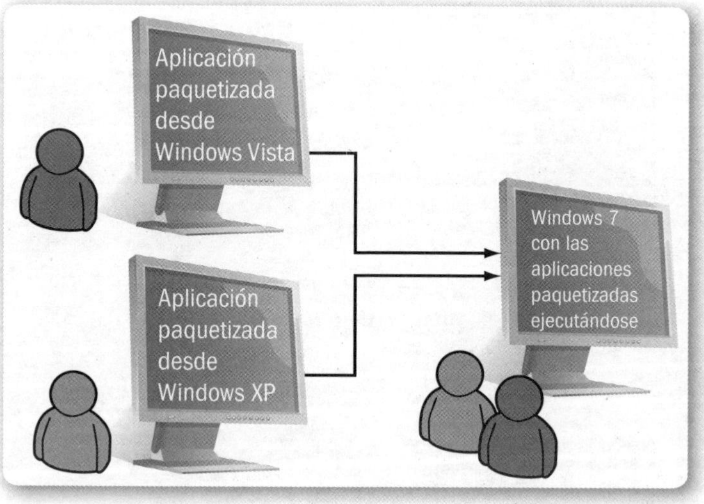

Figura 9. La aplicación paquetizada con ThinApp puede correr en otras versiones de Windows sin necesidad de ser instalada.

STORAGE DRS

La funcionalidad **Storage DRS** está incluida en la licencia de vSphere Enterprise Plus. La misma permite trasladar máquinas virtuales de un datastore a otro automáticamente y sin generar interrupción del servicio, en caso de que vCenter detecte que hay un desbalanceo entre datastores similares, ya sea por espacio ocupado o por performance.

ThinApp está incluida en el licenciamiento Premier de VMware View, pero es un producto de VMware en sí mismo y se puede adquirir por separado. El concepto que nace con Composer y el proceso Recompose no serían tan efectivos si el dekstop no estuviese separado de las aplicaciones que utiliza. Es por eso que ThinApp es clave para este concepto, ya que permite que un desktop virtual pueda ser regenerado a partir del proceso de recomposición sin perder los vínculos con las aplicaciones que ese desktop utiliza.

El uso de ThinApp es sorprendentemente simple. Utilizando un desktop sin ninguna aplicación instalada, ejecutamos ThinApp en el momento que se instala la aplicación que queremos **paquetizar**. Luego de instalar la aplicación y hacer los ajustes necesarios en su configuración, ThinApp registra los cambios realizados en ese desktop y los combina para crear el paquete de la aplicación.

Para que VMware View puede utilizarlo, se almacena en un repositorio definido en la configuración de VMware View y se define la forma en que los desktops van a hacer uso de él, en forma **local** o mediante **streaming** desde la red.

Otra funcionalidad destacable del producto es que la aplicación portable puede ejecutarse en diferentes versiones de Windows y que en un solo desktop podrían ejecutarse múltiples versiones de la misma aplicación. Imaginemos esto en una empresa que utiliza cientos o miles de desktops y que tiene que planificar la migración del sistema operativo de todas ellas, junto con sus aplicaciones. Utilizando desktops virtuales con ThinApp podríamos lograr que la migración dure algunos días a un costo muy bajo y no meses con costos de recursos humanos, software y desarrollo enormes.

UNA VEZ INSTALADO COMPOSER, SE LO ACTIVA DEFINIENDO UN POOL DE DESKTOPS VIRTUALES

STREAMING

Streaming es un concepto que nace en 1995 y que permite que una aplicación o archivo multimedia sea utilizado desde Internet o una red interna al mismo tiempo que se efectúa su descarga, sin necesidad de esperar que el archivo baje por completo para reproducirlo.

PASO A PASO: PAQUETIZAR UNA APLICACIÓN

01 En un desktop físico o virtual se debe instalar la aplicación. Se recomienda que el desktop no tenga ninguna aplicación adicional instalada. Ejecute el instalador del producto desde el sitio oficial de VMware.

02 Haga clic en `Next` para poder ingresar la licencia y el nombre del usuario del producto. Presione en `Install` y luego, en `Finish` al terminar el proceso.

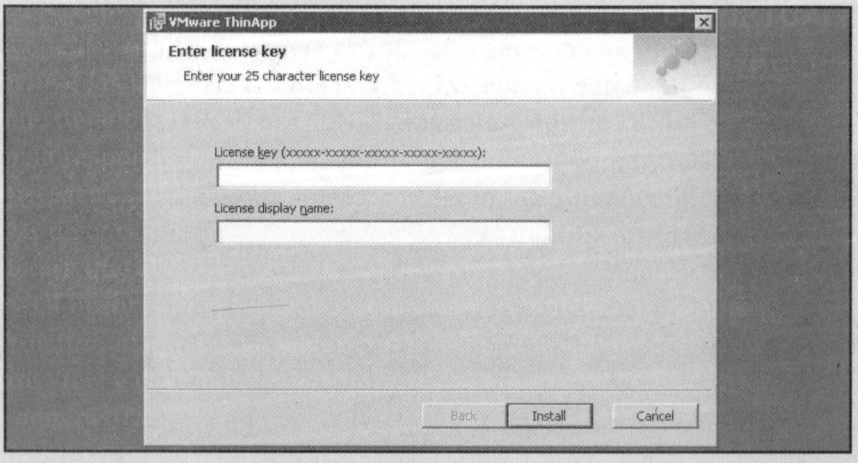

03 Una vez instalado el producto, debe ejecutar la aplicación y hacer clic en Next. Esto habilitará el proceso mediante el cual se da comienzo al escaneo el desktop.

04 Recuerde hacer clic en Prescan para lanzar el escaneo previo en el equipo que identifica el estado previo a la instalación de la aplicación que se está por paquetizar.

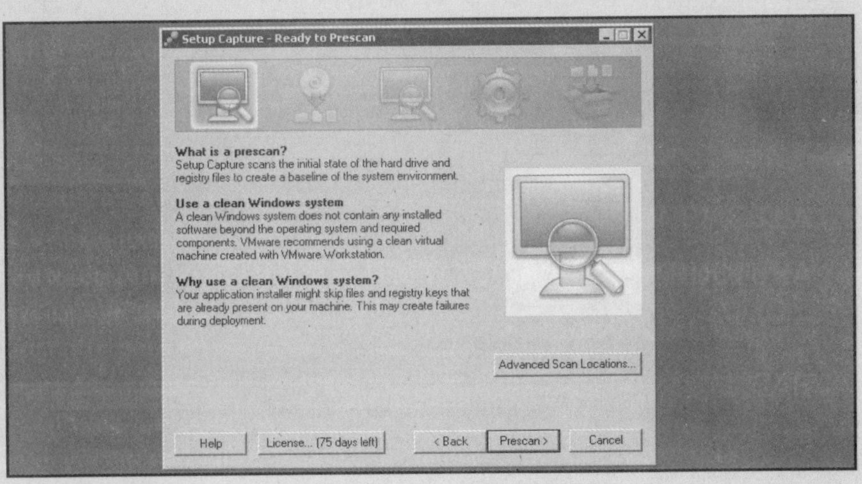

MEJORES PRÁCTICAS

Algunos vínculos muy útiles para la optimización del almacenamiento y de Windows 7 son los siguientes:

- **www.vmware.com/files/pdf/VMware-View-OptimizationGuideWindows7-EN.pdf**
- **http://kb.vmware.com/selfservice/microsites/search.do?language=en_US&cmd=displayKC &externalId=1021049**
- **www.vmware.com/files/pdf/view_storage_considerations.pdf**.

05

Cuando el proceso termina se debe instalar la aplicación antes de proseguir. En este caso la aplicación que se debe instalar es Mozilla Firefox.

06

Cuando termine de instalar la aplicación, haga clic en Postscan para lanzar el proceso de verificación de cambios.

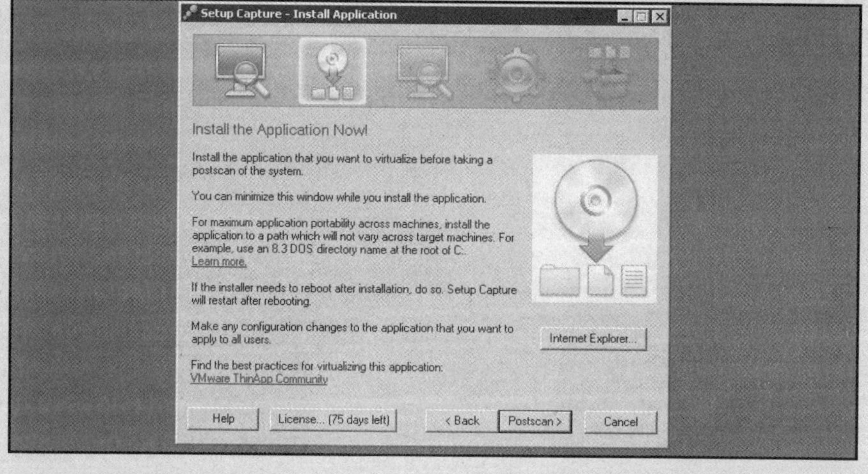

MSI

MSI es la extensión que corresponde al archivo que se encarga de la instalación de Windows. Este archivo **msi** forma parte del proceso de instalación de aplicaciones diseñadas para ser ejecutadas en cualquier versión de Windows. La estructura de estos componentes permite que una aplicación pueda ser instalada, reparada y desinstalada correctamente. Las herramientas de generación y distribución de aplicaciones usan este formato para paquetizar y presentar cada aplicación.

07 Al finalizar, la aplicación le preguntará cuál será el archivo que deberá ejecutar para lanzar la aplicación. Elija el correcto y haga clic en `Next`. En este caso, el archivo que debe seleccionar es **Mozilla Firefox.exe**.

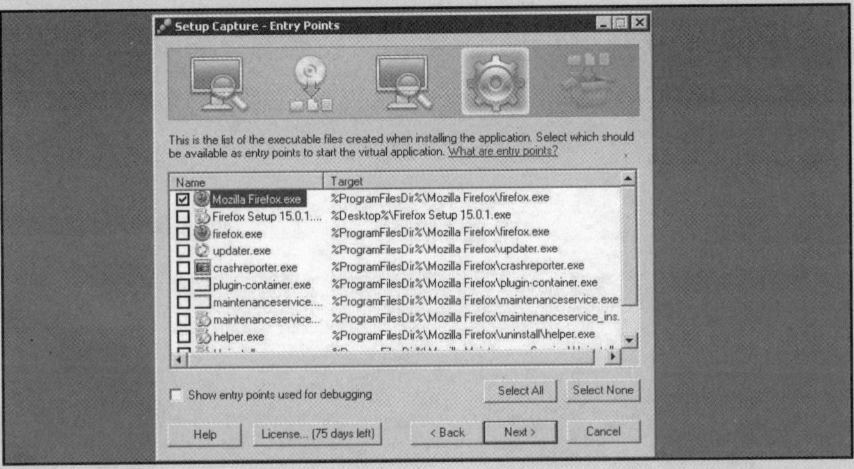

08 En este paso, debe decidir si esta aplicación será administrada por Horizon. Para esta demostración no seleccione esta opción y haga clic en **Next** para continuar.

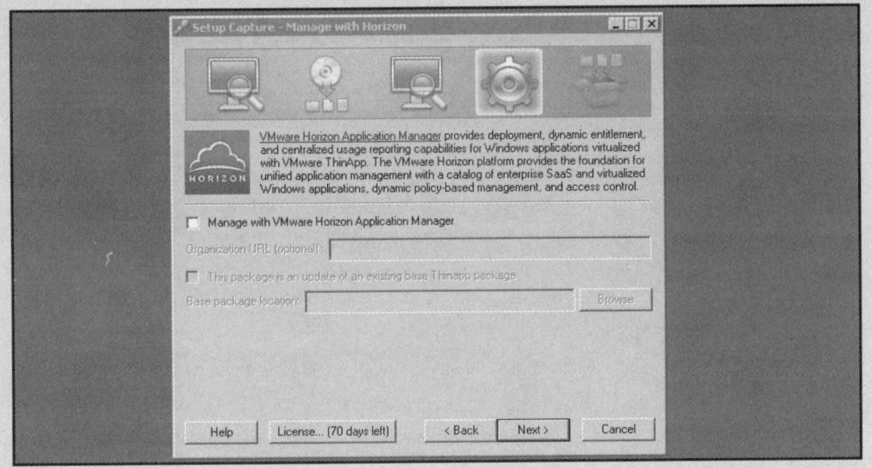

09 Luego defina si la aplicación estará disponible para todos o para grupos específicos de Active Directory. Haga clic en `Next` cuando haya realizado la selección.

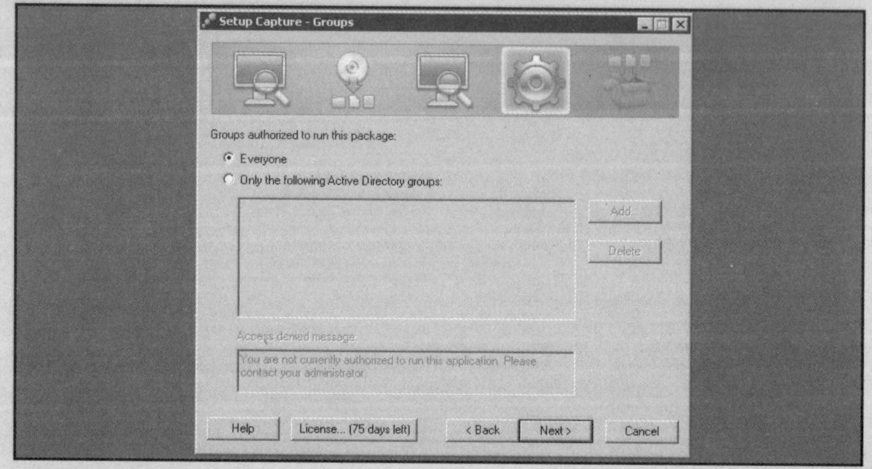

10 Esta ventana le permite definir si permite que la aplicación escriba o no en los directorios que ella decida. Si la aplicación es conocida, seleccione **Merged isolation mode** y haga clic en `Next` para continuar.

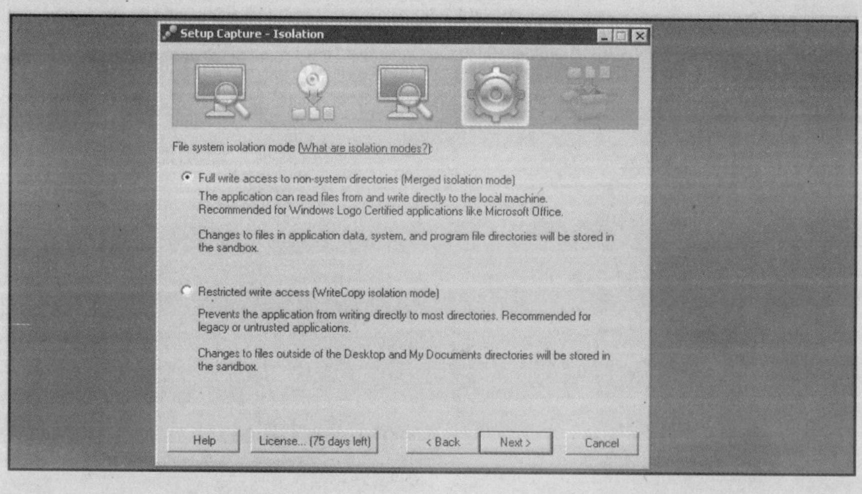

11

Defina el lugar donde se guardarán los archivos de configuración de usuario. Haga clic en `Next` para continuar. Luego, elija si permite que se releven estadísticas de uso del producto. Después de hacer la selección, haga clic en `Next` para continuar.

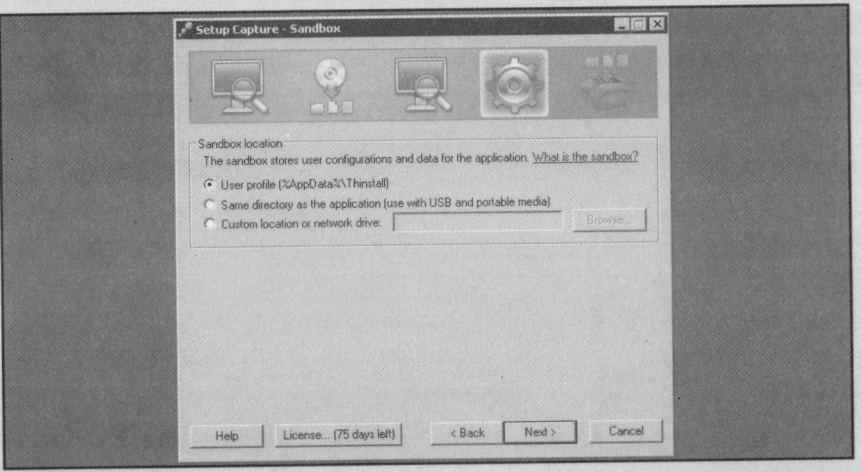

12

Debe elegir el nombre del proyecto y el lugar dónde se almacenarán los archivos relacionados. Una vez definidos estos elementos, haga clic en `Next` para continuar.

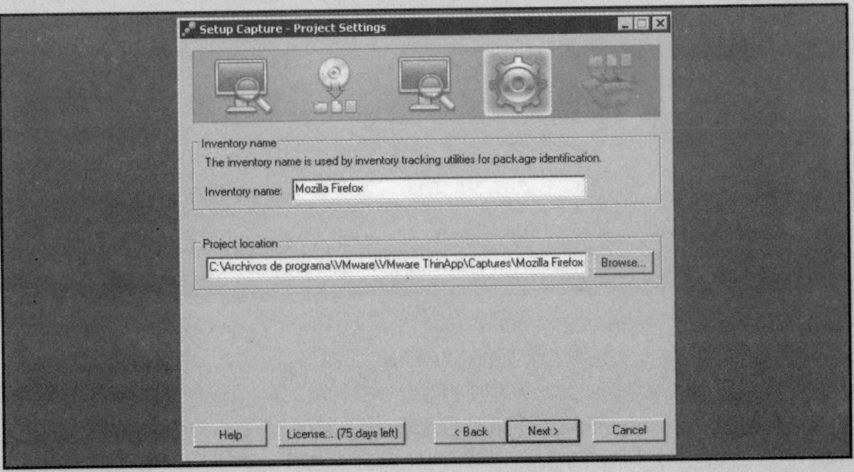

13

Defina qué archivos se van a generar como fin del proceso. Para VMware View necesitamos que ThinApp genere el archivo MSI. Defina esto y haga clic en Save.

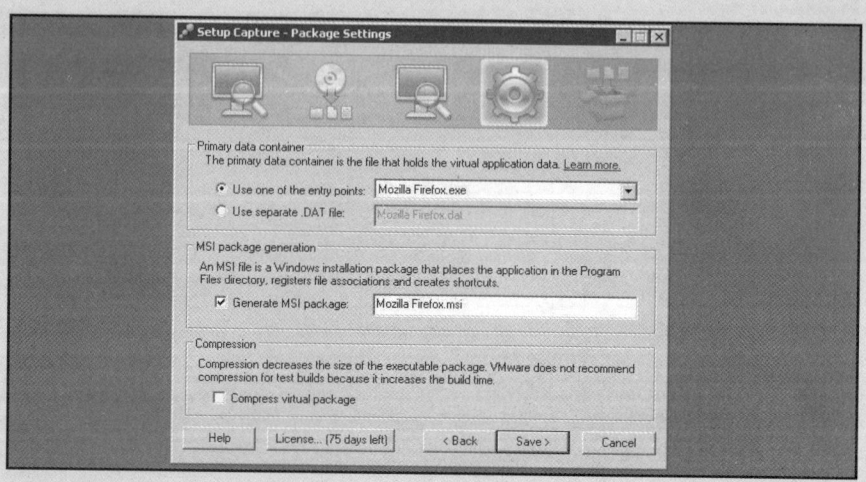

14

Previo a la creación de la aplicación paquetizada, ThinApp le permite realizar modificaciones al proyecto. Esto puede ser útil para paquetizar aplicaciones de instalación compleja o que requieran de componentes externos para funcionar. En este caso omita todo esto. Haga clic en `Build`.

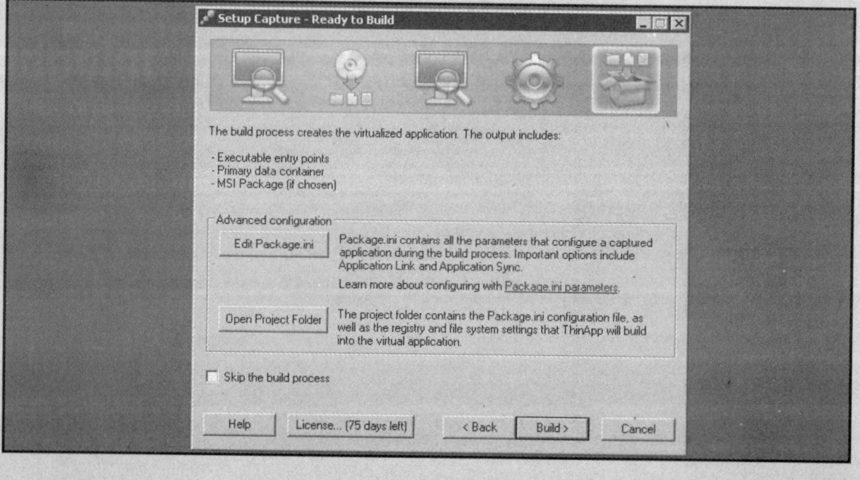

15 ThinApp genera los archivos y los almacena en el directorio que había definido previamente. Haga clic en `Finish` para dar por terminado el proceso.

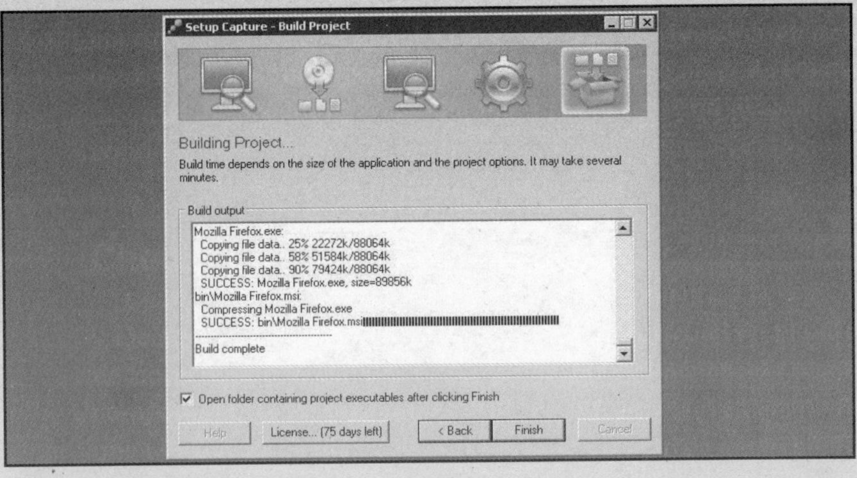

Este procedimiento que acabamos de revisar se produce en la gran mayoría de las aplicaciones a paquetizar que existen, aunque hay excepciones en las cuales se tienen que realizar algunas operaciones adicionales. Estas operaciones requieren la realización de algunos cambios en la registry o agregados de archivos específicos, como por ejemplo en Microsoft Office 2010. El blog de Thinapp es un excelente espacio para consultar y recibir ayuda, en el caso de necesitar paquetizar aplicaciones que son complejas en su instalación y en su licenciamiento. Con sólo tipear **http://blogs.vmware.com/thinapp** se accede a un sitio con muchísima información y bien categorizada, cuyas entradas muestran una activa participación de su comunidad.

EL BLOG DE THINAPP ES UN MUY BUEN ESPACIO PARA HACER CONSULTAS

Una recomendación adicional que puede ayudar a simplificar el próximo paso es definir un repositorio accesible desde la red para concentrar allí todas las aplicaciones paquetizadas y, de esta manera, poder asignarlas fácilmente a los pools o a los desktops virtuales.

PASO A PASO: ASIGNACIÓN DE UNA APLICACION

01 Guarde la aplicación paquetizada en un share definido como repositorio de aplicaciones ThinApp. Vaya a `View Configuration/ThinApp Configuration`, ingrese la ruta y la descripción. Luego, haga clic en `Save`.

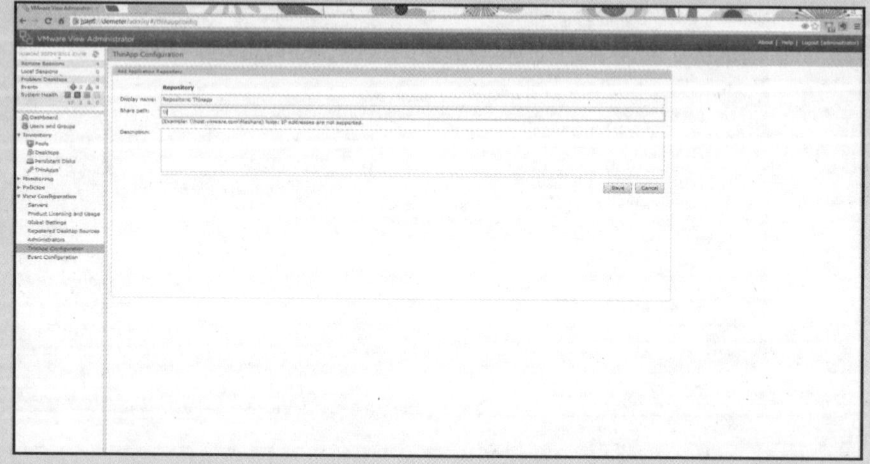

02 Vaya a `Inventory/ThinApps`. Haga clic en `Scan New Thinapps` para realizar la búsqueda de nuevas aplicaciones paquetizadas. Seleccione el repositorio que generó en los pasos anteriores y pulse `Next`.

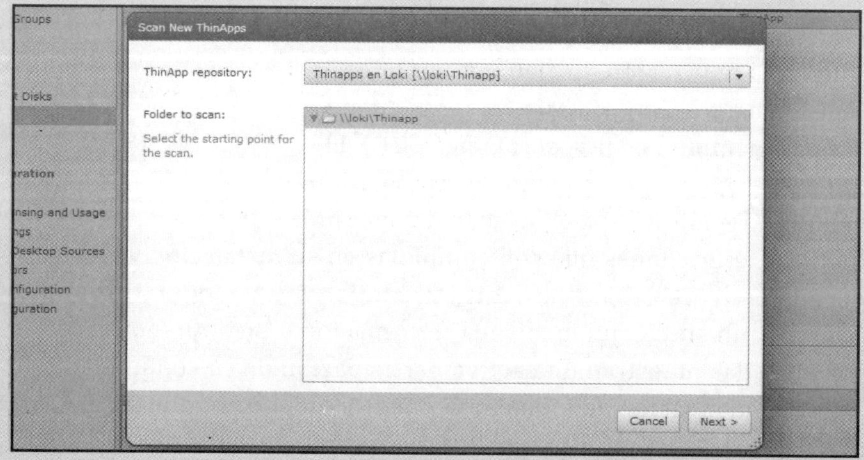

03

Haga clic en Scan. Al finalizar el proceso, seleccione las aplicaciones que quiere agregar al repositorio.

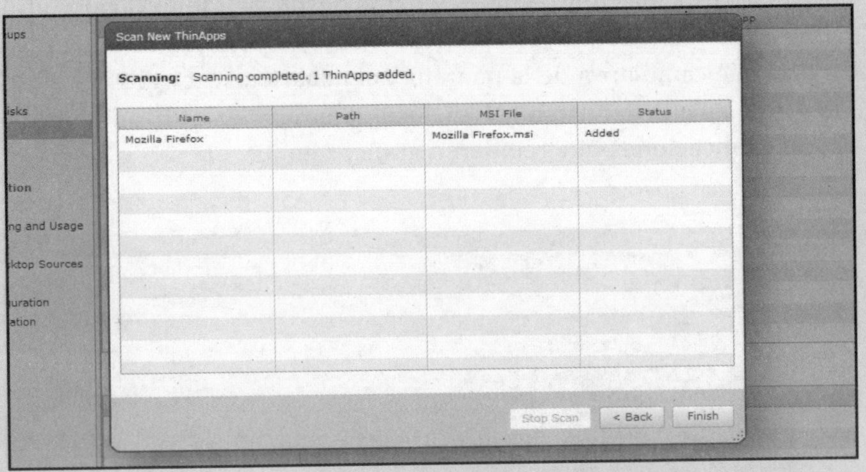

04

Haga clic en Add Asignment para asignar la aplicación a un desktop o a un pool de desktops. Este proceso permite que el usuario pueda utilizar la aplicación cuando se loguee nuevamente al desktop virtual.

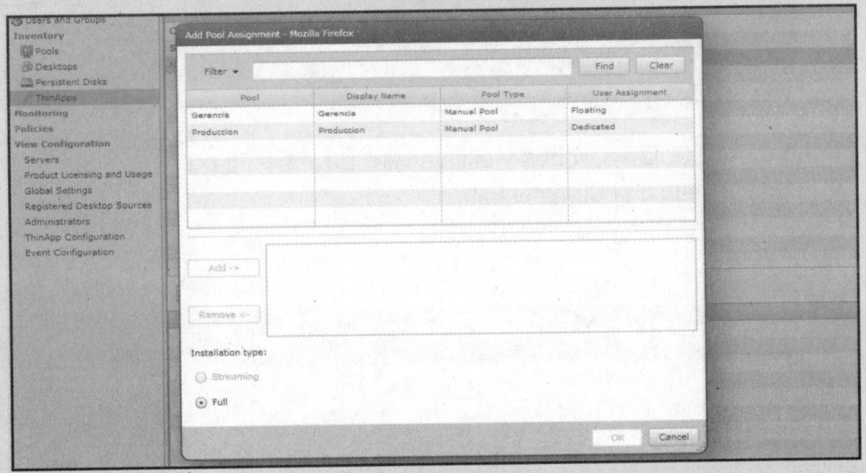

PCoIP

PCoIP es un protocolo de comunicaciones diseñado por la empresa **Teradici** con el objetivo principal de consolidar toda la operatoria de una organización en su datacenter y así permitir a los usuarios el acceso a las aplicaciones y datos desde cualquier lugar y utilizando una gran variedad de dispositivos. PCoIP transmite únicamente los píxeles que cambiaron de la pantalla del usuario asegurando una experiencia igual a la del uso local, incluso para quienes utilizan multimedia y aplicaciones que requieren gráficos en 3D.

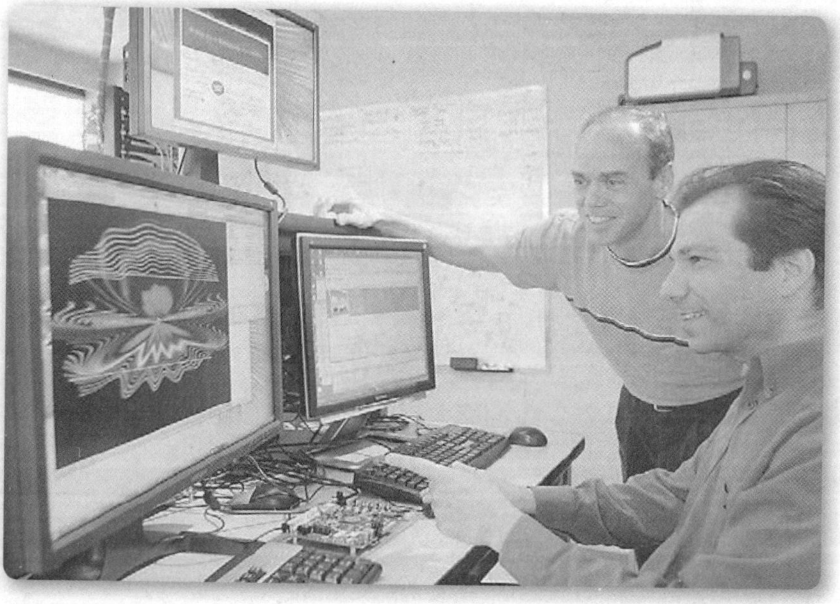

Figura 10. Dave Hobbs y el ingeniero Dave Garau probando una de sus creaciones en el Burnaby Lab.

TERADICI

Fue fundada en 2004 por Dave Hobbs and Dan Cordingley y se focalizó en la creación de tecnología que permite enviar en forma digital, comprimida y encriptada imágenes de pantalla y señal USB desde el datacenter al dispositivo que use el usuario final. El producto fue llamado **PC over IP**.

Teradici fabrica hardware y software para el uso de esta tecnología. Su versión en software es la que se aplica en VMware View.

VMware View utiliza dos protocolos como opciones para la comunicación de los usuarios con sus desktops virtuales: **RDP** y **PCoIP**.

RDP (**Remote Desktop Protocol**) es un protocolo que Microsoft incluye en todos sus productos para establecer conexiones remotas. Tanto Windows 7 como Windows 2008 y las versiones anteriores pueden ser accedidos en forma remota utilizando este protocolo para administrar o utilizar el equipo. Si bien RDP funciona muy bien en redes LAN su performance puede ser inaceptable cuando se utilizan vínculos lentos o cuando se necesita ejecutar aplicaciones que requieren de imágenes o videos en alta definición.

PCOIP BRINDA ACCESO A LOS DATOS Y APLICACIONES DESDE CUALQUIER LUGAR

VMware View nos da la opción de definir cuál será el protocolo que conectará el dispositivo del usuario con su desktop virtual. Esto no debe hacerse a la ligera, ya que la elección del protocolo incidirá en la experiencia del usuario pero también en el costo de la solución.

A continuación enumeramos algunos consejos que pueden servir a la hora de simplificar la decisión de cuál protocolo usar.

Más simple es mejor

Si bien es posible utilizar PCoIP en cualquier situación, existen escenarios en los que puede no ser realmente un beneficio y hasta generarnos un costo adicional innecesario.

Los thin clients que utilizan PCoIP se los conoce con el nombre de **zero clients** y en general, aunque tienen beneficios sobre los thin clients tradicionales, poseen un costo bastante mayor.

RDP

RDP fue desarrollado por Microsoft y presentado por primera vez en su sistema operativo Windows NT 4 Terminal Server. Esta versión si bien fue la primera se la denominó versión 4. El protocolo permite que múltiples usuarios se conecten remotamente a un mismo servidor para trabajar en entornos de trabajo diferentes.

Cuando los usuarios de VMware View se conectan a sus desktop virtuales desde una LAN, es una buena idea que utilicemos RDP para ellos, sobre todo con la aparición de la versión 7 que ha mejorado notoriamente el uso del ancho de banda y de multimedia. Esto nos permitirá bajar costos relacionado con los thin clients que se utilicen.

Figura 11. En esta imagen vemos un monitor de última generación con un zero client PCoIP integrado.

Telefonía IP

En caso de que estemos usando telefonía IP integrada en el desktop, lo más recomendado es realizar pruebas. Si bien en este caso deberíamos, sin temor a dudas, utilizar PcoIP, esto dependerá del tipo de central IP, del headset y de cómo se conecta la línea con el desktop (por USB o por el conector de micrófono), y si tenemos un thin client u otro dispositivo. También debemos considerar que el uso de sonido bidireccional exige más trabajo del procesador por lo que seguramente será requerida una mayor infraestructura virtual para soportar los desktops virtuales que funcionen en esta modalidad.

PCoIP para WAN

Cuando los usuarios de VMware View se conectan a sus desktops virtuales por un vínculo WAN, el protocolo tendría que ser PCoIP aun si RDP funciona correctamente. Esto se debe, principalmente, a que PCoIP es más seguro que RDP, porque fue diseñado para trabajar sobre vínculos lentos, incluso con los que tienen una gran latencia. PCoIP solo trafica píxeles de video, no datos entre el desktop virtual y el dispositivo usado por el cliente. Por otro lado, si bien RDP encripta la información, trafica datos que aún encriptados pueden ser interceptados.

VMWARE UTILIZA REDES WAN Y LAN, INCLUSO AMBAS, COMO PROTOCOLO DE COMUNICACION

PCoIP adapta la calidad de las imágenes y videos en base a la capacidad de la conexión de red que utiliza logrando la mejor calidad posible en función de los recursos de red que tiene disponibles.

Un usuario, dos protocolos

VMware View permite establecer en la política de cada pool qué protocolo de comunicación se va a utilizar, pudiendo definir uno de los protocolos o incluso los dos, pero estableciendo siempre uno como primario. Cuando existen usuarios que pueden conectarse al desktop virtual tanto desde un vínculo LAN como uno WAN, es una buena medida definir RDP como el protocolo primario, pero dándole al usuario la posibilidad de elegir PCoIP como alternativa.

De esta manera, el usuario utiliza su thin client en la empresa, que solo soporta RDP; pero su iPad o notebook lo hace con el cliente de View y utilizando PCoIP, a través de una VPN por Internet o desde una sucursal por un vínculo lento.

ZERO CLIENT

La arquitectura **zero client** es una versión de thin client pero con la diferencia de que no utiliza un sistema operativo. Se basa en un solo protocolo de conexión para lograr una mayor seguridad, una mejor performance y una experiencia para el usuario mucho más satisfactoria.

Funciones avanzadas

A continuación, veremos algunas herramientas avanzadas de VMware View que pueden dar mayor funcionalidad y seguridad a la solución. Estas son **Persona Manager**, **Local Mode** y **vShield Endpoint**.

Cada una de ellas opera en diferentes niveles de la solución y ofrece distintos beneficios. Por eso, vamos a describir a cada una y a explicar en qué situaciones vale la pena tenerlas en cuenta.

Persona Manager

Persona Manager es una funcionalidad que surge en la versión 5 para simplificar el uso de perfiles al utilizar linked clones. Cuando un pool utiliza Composer y por consiguiente linked clones, cada desktop virtual es creado con un disco C, donde se encuentra el sistema operativo y las aplicaciones instaladas, y con 1 o 2 discos más que representan el disco de datos y opcionalmente el perfil del usuario, y un disco para archivos temporales que se eliminan al cerrar la sesión.

PERSONA MANAGER SIMPLIFICA EL USO DE PERFILES, EN ESPECIAL LOS PERFILES MÓVILES

Para lograr que un usuario vea las configuraciones de su desktop sin importar dónde esté conectado y a qué desktop accede es muy recomendable utilizar **perfiles móviles**. Esto nos lleva a usar un repositorio centralizado, accesible a todos los usuarios en donde están los perfiles de cada uno, que se cargan cuando el usuario se valida con el **Active Directory**.

PERFILES MÓVILES

Los perfiles móviles son una funcionalidad que nace en el sistema operativo Windows 2000 y que permiten centralizar los perfiles de usuarios que contienen la configuración de su entorno de trabajo a un acceso de red central. De esta manera, un usuario puede acceder al dominio Windows desde cualquier equipo y trabajar con su entorno de trabajo. Cuando los perfiles ocupan mucho espacio, el proceso de logon y logoff del dominio puede ser extremadamente lento.

Los perfiles móviles también nos aseguran que durante el proceso Recompose estos datos de configuración del entorno de trabajo del usuario no se pierden.

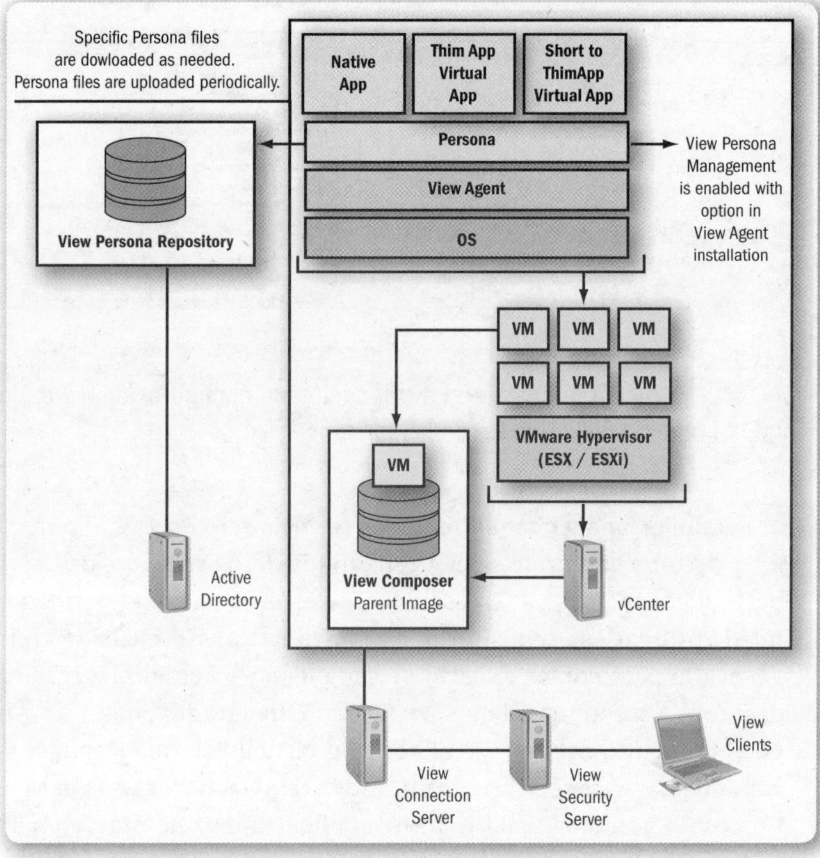

Figura 12. Este gráfico muestra el esquema general de VM View con la funcionalidad de Persona Manager.

Una alternativa a este procedimiento es **Persona Manager**. Esta funcionalidad trabaja con el mismo concepto e incluso puede complementarse con los perfiles móviles. La ventaja de Persona Manager es que está diseñada para realizar menos cambios y actualizaciones al perfil del usuario en el momento de logon y logoff y por ende es más eficiente que los perfiles móviles. Otro beneficio es que no nos obliga a usar perfiles móviles y de esta manera evitamos realizar modificaciones a la infraestructura actual, que podrían ser muy costosas si manejamos muchos usuarios.

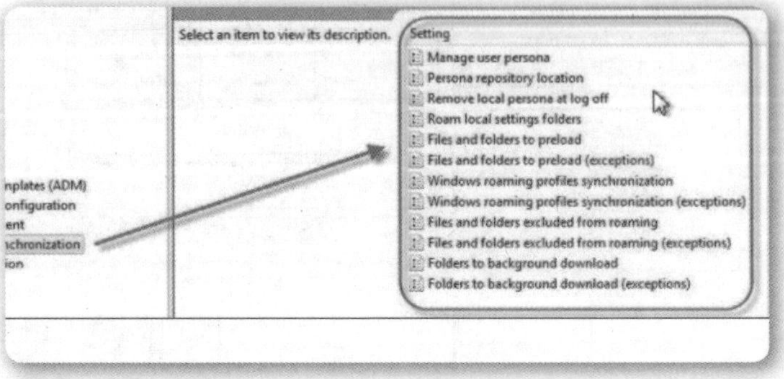

Figura 13. Estas son las opciones de configuración del template de la política de Persona Manager.

Persona Manager requiere de un **repositorio** accesible por todos los desktops en donde se centralizan los datos relacionados con el perfil de cada usuario. En caso de que estemos usando perfiles móviles, puede utilizar ese repositorio. Minimiza la transferencia de archivos necesaria para copiar el perfil de cada usuario cuando ingresa en un desktop. A diferencia de los perfiles móviles tradicionales de Windows, en el momento del ingreso al desktop virtual Persona Manager solo copia desde el repositorio central los archivos necesarios para ese proceso. Cuando el usuario utiliza aplicaciones que requieren acceder a las configuraciones específicas de ese usuario, Persona Manager las descarga del repositorio, pero no antes.

Para que los desktops virtuales reciban los parámetros correctos relacionados con Persona Manager se utilizan **group policies**. Si queremos usar Persona Manager para determinados pools, podemos aplicar las políticas asociadas a esta en forma local, recordemos que esto se puede realizar fácilmente si usamos linked clones, ya que lo aplicaríamos en la Golden Master y eso se extendería al resto de los desktops virtuales. En caso de querer hacerlo en forma general, lo más sencillo sería aplicar la política en el Active Directory para que sea funcional a cada desktop virtual en forma automática.

Para realizar las configuraciones necesarias, utilizamos el template **ViewPM.adm** que viene con VMware View y se importa a Group Policy. Algunas de las opciones que podemos definir son la ruta al repositorio central, si el perfil local es removido cuando el usuario se desloguea del desktop virtual y cada cuánto tiempo el perfil local es sincronizado con el perfil del repositorio central.

Local Mode

Local Mode es una funcionalidad innovadora pensada para usuarios móviles. Con usuarios móviles nos referimos a aquellas personas que por su función en la empresa están mucho tiempo fuera de ella, trabajando desconectados de la red local.

Local Mode es una funcionalidad del licenciamiento Premier que permite que un usuario móvil **sincronice** el desktop virtual que se encuentra en la empresa con un desktop virtual en su notebook o netbook. Esto hace posible que un usuario utilizando Local Mode pueda trabajar sobre el desktop virtual en su notebook y sincronizar los cambios sobre el desktop virtual cuando se conecte a la red de la compañía en forma local o a través de una conexión remota segura. El componente de VMware View encargado de que el proceso de sincronización se realice es el **transfer server** del que hemos hablado anteriormente.

LOCAL MODE SINCRONIZA LA NOTEBOOK DE UN USUARIO MÓVIL A SU DESKTOP VIRTUAL

La funcionalidad se activa cuando se configura el pool de desktops virtuales y permite que el usuario pueda realizar cuatro operaciones, que explicaremos a continuación.

GROUP POLICY

Los perfiles móviles son una funcionalidad que nace en el sistema operativo Windows 2000 y que permiten centralizar los perfiles de usuarios que contienen la configuración de su entorno de trabajo a un acceso de red central. De esta manera, un usuario puede acceder al dominio Windows desde cualquier equipo y trabajar con su entorno de trabajo. Cuando los perfiles ocupan mucho espacio, el proceso de logon y logoff del dominio puede ser extremadamente lento.

Check out

Mediante el proceso de **check out**, el desktop virtual que se encuentra en la compañía se descarga en el dispositivo del cliente. Una vez que la operación termina, el desktop local es bloqueado para que no pueda ser utilizado. El desktop que el usuario móvil va a utilizar se encripta mediante AES de 128 bits aunque puede ser configurado para usar 192 o 256 bits para mayor seguridad. Este nivel de seguridad fue diseñado especialmente teniendo en cuenta que un desktop virtual contiene casi siempre datos que son sensibles para la compañia.

Check in

Cuando el usuario móvil se conecta nuevamente a la red corporativa y ejecuta el proceso de **check in**, el desktop virtual en la notebook o netbook reemplaza al desktop virtual que se encuentra en la red de la compañía. De esta manera, el desktop virtual local se desbloquea para que el usuario pueda utilizarlo como le resulte más conveniente.

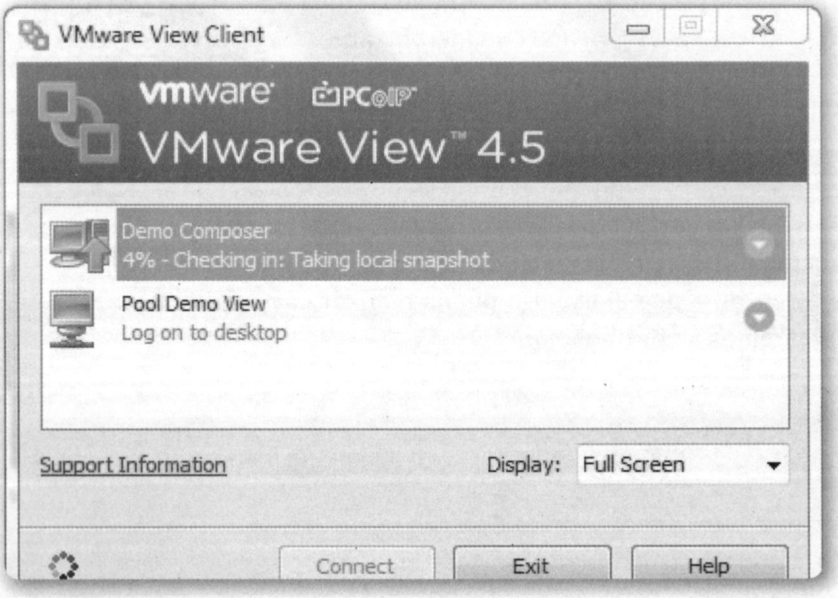

Figura 14. Esta imagen muestra el proceso de check in en acción. El usuario puede ver el progreso en tiempo real.

Rollback

El proceso de **rollback** reactiva el desktop virtual local descartando el desktop que se encontraba en la notebook o netbook hasta que el usuario vuelva a ejecutar el proceso de check in. Esto es útil cuando el usuario móvil pierde su desktop virtual ocasionado por una pérdida o robo del dispositivo, falla del disco, etc.

Backup

Cuando el usuario ejecuta el proceso de **backup** se comparan las diferencias entre el desktop del dispositivo y el desktop del datacenter. Los cambios son aplicados en el desktop del datacenter pero este se mantiene bloqueado y el desktop del dispositivo se mantiene desconectado.

> UN PROBLEMA PARA LOS DESKTOPS FÍSICOS ES EL USO DE ANTIVIRUS TRADICIONALES

Desde las políticas definidas en el pool se pueden especificar procesos de replicación en forma periódica para mantener los desktops actualizados, aunque el usuario no ejecute ninguna operación en forma manual. También es posible definir tiempos máximos en los que los desktops virtuales no se sincronicen para forzar que el usuario no deje pasar mucho tiempo sin actualizar el desktop virtual en el datacenter.

vShield Endpoint

Uno de los mayores problemas sin resolver cuando trabajamos con desktops, heredado de la infraestructura física, es la metodología utilizada por las soluciones de antivirus para proteger las máquinas contra ataques desde Internet, malware, virus y otros.

AES

Advanced Encryption Standard (**AES**) es un tipo de encriptación de datos que fue estandarizado mundialmente el 26 de noviembre del año 2001. Esta estandarización sirvió para que hoy día sea uno de los procedimientos que más se está utilizando.

Al igual que las soluciones diseñadas para el ambiente físico, cualquier solución de antivirus depende de agentes instalados en cada desktop que requieren de actualización y escaneos constantes.

Aunque el uso de esta solución es necesario, esto genera que los desktops deban utilizar recursos de procesador, memoria y disco para este tipo de operaciones negándoselos a las aplicaciones corporativas. Es común también ver incompatibilidades del agente de antivirus con otras aplicaciones que causan problemas de funcionamiento y perfomance.

Otra situación indeseable es la llamada **tormenta de antivirus** (antivirus storm) provocada cuando muchos desktops en forma simultánea son escaneados por los antivirus en busca de archivos infectados, generando grandes problemas de performance producidos por cuellos de botella en el acceso a disco de cada desktop.

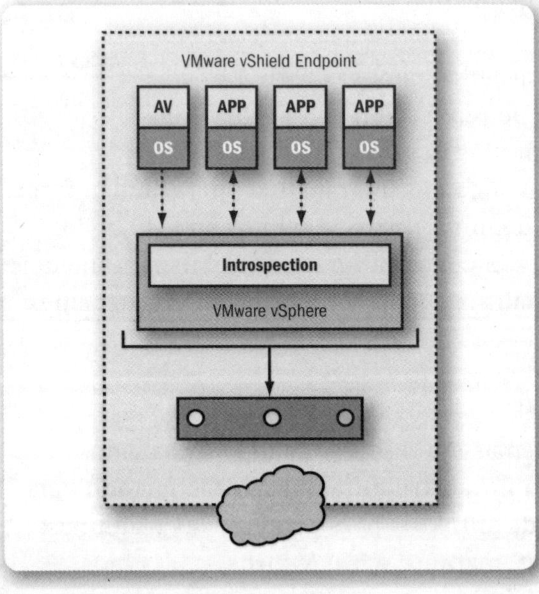

Figura 15. Esquema de funcionamiento de vShield Endpoint utilizando un appliance para comunicarse directamente con el hipervisor.

vShield es un conjunto de aplicaciones diseñados para aumentar la seguridad de la infraestructura virtual en diferentes áreas. Una de esas aplicaciones es **vShield Endpoint** que se integra en la versión Premier de VMware View, y es la segunda generación de un conjunto de APIs, llamado **VMSafe**, que utiliza la técnica de **introspección** para realizar operaciones accediendo directamente al hipervisor.

La técnica de introspección se basa en la comunicación de un appliance con el hipervisor para liberar procesos en las máquinas virtuales, pero con la capacidad de poder monitorearlas desde afuera.

> LA TÉCNICA DE INTROSPECCIÓN LIBERA DE PROCESOS A LAS MÁQUINAS VIRTUALES

vShield Endpoint permite que fabricantes de antivirus desarrollen productos que aseguren la protección de las máquinas virtuales contra ataques y virus sin la necesidad de tener agentes en cada una de ellas. Empresas como Trend Micro, McAfee y Kaspersky, entre otras tantas, ya proveen de soluciones de seguridad certificadas para trabajar con vShield Endpoint. En todos los casos, las empresas ofrecen un virtual appliance que se ejecuta en la infraestructura virtual y que se encarga de realizar las operaciones de escaneo de archivos en tiempo real conectándose directamente con el hipervisor.

La era de los thin clients y de BYOD

Ya hemos visto que la virtualización de desktops nos permite, entre otras cosas, tener la plena libertad de poder acceder a nuestro entorno de trabajo desde cualquier lugar, manteniendo siempre la seguridad y la sensación de que estamos trabajando en forma local.

En base a esta tendencia, surgen dos modalidades de trabajo que son una excelente opción y que se complementan con este nuevo concepto: los thin clients y la filosofía de BYOD (en inglés, Bring Your Own Device o trae tu propio dispositivo).

Por otro lado, los thin clients son los compañeros perfectos de la virtualización de desktops, ya que estos potencian muchos de los conceptos que esta representa: el ahorro, la simplicidad, la duración y la escalabilidad. No tienen partes móviles por lo que su tiempo de vida esperado es de al menos 5 años, mientras que para las PC es de 3 años. El consumo de energía es notablemente menor, no generan ruido, apenas ocupan lugar y en caso de alguno falle simplemente se cambia por otro y el usuario sigue trabajando.

Actualmente la variedad de modelos de thin clients que existe es enorme y su elección depende básicamente de la cantidad de dispositivos de conexión (USB, puertos seriales), el número de monitores que soporta y su resolución máxima, los tipos de protocolos y el sistema operativo que utilizan.

Una clase particular de thin client que día a día acrecienta su demanda en el mercado es el zero client, que no tiene un sistema operativo sino un kernel que solo activa las funciones de red y monitor para conectarse al entorno remoto.

Figura 16. En esta imagen vemos un thin client incorporado al monitor. Un verdadero ejemplo de ahorro de espacio y también de energía.

Por supuesto, cada marca de thin client tiene su propio software que le permite administrar el thin client en base a los requerimientos específicos de cada empresa y así poder configurarlo y monitorear su funcionamiento en forma centralizada.

Otra ventaja de estos dispositivos es la seguridad, ya que fácilmente se puede configurar para que el usuario solo utilice los conectores USB para el teclado y el ratón y no para conectar discos removibles, evitando que ingrese o extraiga información por vías prohibidas. Algunos incluso pueden conectarse a redes WiFi y configurar clientes VPN para conectarse en forma remota.

El costo de estos dispositivos comparado con el de una PC tradicional generalmente es similar o incluso menor, por lo que las compañías que comienzan a trabajar con desktops virtuales naturalmente los adoptan a medida que requieren actualizar el parque de PCs con el que trabajaron hasta el momento.

Un ejemplo claro de cómo cambia el paradigma relacionado con la productividad del usuario de una compañía es la tendencia BYOD. Empresas como Ford y SAP, por ejemplo, fomentan la política en la que los usuarios utilizan sus propios dispositivos para trabajar en la compañía conectados a la red. Incluso una encuesta recientemente realizada por Cisco a 600 personas entre un grupo de empresarios y gerentes de IT indica que el 95% de las empresas permiten de alguna manera que los empleados usen sus propios dispositivos para realizar tareas. Los dispositivos más utilizados que podemos encontrar son los **smartphones**, las **notebooks** y las **tablets**.

Las mayores ventajas que se obtienen al aplicar este tipo de tendencias es el ahorro de costos relacionado con la compra o mantenimiento de equipamiento para el usuario y los costos asociados con el soporte por el uso de esos equipos. Una de los principales obstáculos en la proliferación de esta tendencia es el riesgo debido al uso de dispositivos no controlados o que el dispositivo sea robado con información no encriptada de la compañía.

La virtualización de desktops simplifica de manera considerable la adopción de esta política, ya que al usar el dispositivo solo para establecer la conexión con el desktop virtual, el problema de seguridad disminuye. Unicamente es necesario que el usuario instale el cliente de VMware View en su dispositivo. VMware View facilita la conexión al desktop virtual en forma segura encriptando la comunicación, utilizando single sign on y permitiendo el uso de otros métodos de seguridad como acceso por token o smart card.

TOKEN Y SMART CARD

Son diferentes sistemas de seguridad para la validación de acceso. El **token** es un dispositivo que utiliza el usuario como parte del proceso de validación en donde generalmente es combinado con un nombre de usuario. **Smart card** es una tarjeta con un chip electrónico que permite el acceso a diferentes sistemas.

Conclusión

Existen numerosas tecnologías innovadoras y tendencias que influyen en la forma en la que los empleados de una compañía realizan su trabajo. No diríamos nada nuevo al mencionar que el objetivo de una compañía es que sus empleados puedan realizar su trabajo de la manera más efectiva, segura y óptima posible, y muchos de los avances tecnológicos de los últimos años impactan favorablemente en este objetivo.

La virtualización ha demostrado cómo se puede ahorrar costos, simplificar procesos antes muy complejos y elevar el nivel de servicio de los servidores y aplicaciones que forman parte de una infraestructura virtual. Ahora llegó el momento de aplicar esto a las herramientas que los usuarios necesitan para realizar su trabajo: los desktops.

VMware View, la proliferación e innovación constante de los dispositivos como las tablets y los smartphones, las tendencias como Green IT y BYOD confluyen en una misma idea, que es la de posicionar el usuario como centro de la solución.

La virtualización de desktops permite a los usuarios trabajar sin estar condicionados a estar físicamente en su puesto de trabajo ni utilizar un dispositivo para ello, y aun así mantener e incluso mejorar la experiencia del uso de las aplicaciones que necesita para cumplir con su misión dentro de la compañía a la cual pertenece.

Por otra parte, los administradores de la infraestructura aumentan la seguridad y pueden implementar más fácilmente soluciones para proteger los datos que son usados por los usuarios, logran reducir la cantidad de pedidos de soporte y pueden realizar más tareas en forma proactiva que reactiva sin interrumpir el servicio.

El concepto de la virtualización de desktops no está relacionado directamente con el ahorro de hardware o software, sino con el aumento de productividad de los usuarios de las aplicaciones, con el fortalecimiento de la seguridad en el manejo de información tan sensible para la compañía y con el ahorro de costos asociado con la vida útil de cada dispositivo que utilizan los usuarios para realizar su trabajo.

Así como el proceso de virtualización de servidores marcó la tendencia de la gran mayoría de los cambios asociados a la infraestructura de IT de las empresas, este es el momento de la virtualización de desktops. Este proceso es una consecuencia del mencionado anteriormente que suma sus propios y notables beneficios tanto para los usuarios como para los administradores de la solución.

Recomendaciones

Vamos a dar algunas recomendaciones basándonos en los niveles que definimos para graficar la arquitectura de esta solución.

El objetivo es brindar algunas pautas que nos permitan realizar un buen diseño y dimensionamiento de todos los componentes de la solución en base a la cantidad y el tipo de usuarios que van a utilizarla.

Infraestructura virtual

Dimensionar la infraestructura virtual es el primer paso en la construcción de una solución de virtualización de desktops. Es muy importante tener información sobre la utilización de los recursos de los usuarios, que serán los consumidores de la solución.

Para lograr esto se recomienda utilizar alguna herramienta de medición que nos permita identificar los usuarios que utilizan pocos recursos, los que utilizan recursos de manera general y los que requieren más recursos que la media. Con esta información, podremos dimensionar el hardware que necesitaremos para que la solución funcione de la manera esperada.

> DIMENSIONEMOS LA INFRAESTRUCTURA VIRTUAL ANTES DE VIRTUALIZAR DESKTOPS

Otro punto importante para tener en cuenta es que VMware View posee dos formas de licenciamiento: Add-on y Bundle. Add-on solo incluye las licencias de conexión concurrente, dejando al administrador de la solución la responsabilidad de cubrir las licencias necesarias para la infraestructura virtual. Bundle incluye las licencias de conexión y licenciamiento Enterprise Plus de la infraestructura que el administrador considere necesaria. La única limitación del licenciamiento Bundle es que solo se pueden agregar a la infraestructura máquinas virtuales con sistema operativo soportado por VMware View y el vCenter que administrara a los ESXi. Este vCenter no puede administrar ESXis que ejecuten maquinas virtuales con sistema operativo servidor.

Se recomienda utilizar licenciamiento Bundle, ya que no es posible combinar los dos licenciamientos y aunque nos obliga a utilizar hardware adicional, tenemos resuelto el licenciamiento tanto de la conexión como de la infraestructura virtual. El licenciamiento Add-on tiene sentido si contamos con una infraestructura virtual en funcionamiento que tenga muchos recursos disponibles.

View Connection Server

Al ser el componente más sensible de la solución debe dimensionarse correctamente y contar con el mayor nivel de disponibilidad que podamos proveer.

Es necesario definir replicas por cada connection server para asegurarnos la continuidad del funcionamiento de la solución en caso de que alguno falle. Si contamos con un security server tenemos que aplicar el mismo concepto. Recordemos que los security servers nos permiten acceder a los desktops virtuales desde Internet, por lo que es altamente recomendado instalarlos en una DMZ y sin formar parte de un dominio Active Directory. Aplicar fault tolerance a los connection servers puede ser una excelente forma de proveer un nivel de disponibilidad mayor.

Dispositivos

Los dispositivos son los que determinan el nivel de satisfacción de los usuarios durante su interacción con los desktops virtuales. Definir cuáles son los dispositivos que serán utilizados es importante, pero hay que tener en cuenta que al ser simplemente la forma de acceder al desktop no solo pueden ser reemplazados por otros en forma natural sino que incluso un mismo usuario podría usar más de un dispositivo dependiendo de dónde se conecte.

> VIEW CONNECTION SERVER ES EL COMPONENTE MÁS SENSIBLE DE LA SOLUCIÓN

Reciclar los desktops utilizados hasta el momento es una buena idea, ya que evitamos invertir en nuevos dispositivos durante la adopción de esta solución y alargamos la duración de la inversión de hardware ya realizada.

Se pueden utilizar distribuciones Linux y automatizar la ejecución del cliente de VMware View para que el usuario no tenga interacción con el sistema operativo más que para loguearse y comenzar a utilizar su desktop virtual.

A la hora de elegir un thin client debemos tener en cuenta varios aspectos que influirán en su valor: los protocolos que admite, la cantidad y tipo de puertos y el soporte para determinados sistemas operativos.

Los thin clients más básicos (y de menor costo) soportan solamente el protocolo RDP, aunque esto puede ser suficiente sobre todo si trabajamos accediendo a nuestro desktop virtual utilizando LAN. En caso de requerir acceso a través de un vínculo o de utilizar diariamente aplicaciones que necesitan el uso de multimedia o teléfono IP integrado al desktop, deberemos buscar thin clients que utilicen protocolo PCoIP.

Todos los thin clients poseen al menos 4 puertos USB para conectar teclado y mouse. En caso de querer conectar más dispositivos USB o dispositivos a otros puertos (serial, pararelo, etc.), será necesario contar con thin clients que tengan esta capacidad. Esto podría incrementar un poco su valor.

Con las nuevas características visuales que ofrece Windows 7, han salido al mercado thin clients especialmente diseñados para trabajar con este sistema operativo. Estos tienen la capacidad de ejecutar los componentes visuales de Windows 7 en modo local, optimizando el uso del vínculo hacia el desktop virtual y haciendo que la experiencia del usuario sea la misma que al usar una PC estándar. Si bien es un punto a favor del usuario, el costo de estos thin clients es mayor al resto.

RESUMEN

En este capítulo, hemos podido entender el cambio de paradigma que representa la adopción de una solución de virtualización de desktops, en relación a la funcionalidad de cada uno de sus componentes. A partir de las opciones de creación y uso de desktop virtuales, la cantidad de dispositivos soportados y la forma en que PCoIP optimiza el uso de cualquier vínculo de conexión, VMware View nos permite tener una libertad de uso de nuestro entorno de trabajo sin precedentes.

Hemos podido entender cómo herramientas del tipo Thinapp y funcionalidades como Composer son fundamentales para que esta solución mejore la productividad de los que la utilicen y ahorre costos en inversión de hardware, consumo de energía, seguridad y experiencia del usuario. También pudimos definir la mejor opción para conectarnos a nuestro desktop virtual, dentro de todas las alternativas posibles: equipos tradicionales convertidos en thin clients, tablets, smartphones y los thin y zero clients.

Actividades

TEST DE AUTOEVALUACIÓN

1 Enumere los tres componentes que permiten que el usuario se independice del desktop.

2 Identifique y describa brevemente los tres niveles en los que se separa la solución de VMware View.

3 ¿Cuáles son los dos protocolos que utiliza la solución para conectar al usuario con el desktop virtual? ¿Cuál seria el ideal si estuviéramos usando un vínculo de Internet?

4 ¿Cuáles son las operaciones que un usuario puede hacer cuando trabaja con la funcionalidad de Local Mode?

5 ¿Qué proceso utilizado por Composer regenera el disco C de los desktops virtuales a partir de un snapshot de la Golden Master?

6 ¿Qué tipo de pool permite utilizar linked clones?

7 Enumere tres ventajas que se obtienen al utilizar thin clients.

8 ¿Cuál es la diferencia entre los thin clients y los zero clients?

9 ¿Qué significa BYOD?

10 ¿Qué componente de la solución permite subir el nivel de seguridad cuando el usuario se conecta a su desktop desde Internet?

ACTIVIDADES PRÁCTICAS

1 Instale los componentes necesarios para armar una solución de desktops virtuales con VMware View.

2 Configure un pool por cada tipo de pool posible y asigne una VM a cada uno.

3 Analice qué sucede cuando asigna dos usuarios a un mismo desktop e intente conectarse con uno estando el otro conectado.

4 Utilice Thinapp para paquetizar Acrobat Reader.

5 Asigne el paquete a una desktop virtual y pruebe su funcionamiento.

Site Recovery Manager

¿No pensamos alguna vez cómo evitar todo tipo de desastres en un centro de datos? No solo la caída de un equipo o de un storage, sino también tsunamis y desastres de energía. VMware brinda una buena herramienta de restauración. Con un storage replicado y dos infraestructuras virtualizadas, con VMware podemos implementar la restauración de un datacenter completo, en muy poco tiempo.

¿Qué es el DRP?

DRP viene de las siglas **Disaster Recovery Plan** o, lo que es lo mismo en castellano, **Plan de Recuperación de Desastres**. Consiste en un plan en el cual se aseguran el hardware, el software y los datos de una empresa para que esta pueda continuar con su operatoria diaria. En muchos casos, no se piensa en un probable pero no imposible imprevisto que nos puede generar grandes pérdidas económicas si no estamos a la altura de las circunstancias. Es por eso que siempre debemos estar provistos de un plan de contingencias, prever una estrategia de recuperación ante desastres de cualquier tipo.

Breve introducción a los sistemas de DRP

Los sistemas de **DRP** a lo largo de la historia fueron elementos esenciales para mantener la operatividad de una empresa. Como su nombre lo indica, son utilizados para la recuperación de sistemas ante la ocurrencia de desastres imprevistos, cortes de energía, catástrofes naturales y de cualquier tipo. Esta clase de sistemas nos asegura la continuidad del negocio más allá de los desastres posibles. En las grandes empresas es de extrema importancia establecer un plan conciso de recuperación para los sistemas críticos de la compañía. Generalmente, lo vemos implementado en sistemas de correo, de bases de datos, de Intranet y de negocios como SAP.

Años anteriores, un sistema de DRP se establecía basándose en tener equipos de iguales características en los distintos sitios de la compañía. En caso de producirse algún desastre se tenía los datos replicados del otro lado, si la empresa era previsora. El modo opuesto de llegar a la misma solución era teniendo discos espejados en algunos servidores productivos, que luego se trasladaban al sitio de recuperación. La recuperación con la traslación de discos era factible si el sistema era chico, con pocos discos, ya que si se necesitaba mover un storage completo era muy posible que se corrompiera toda la información en el traslado, por alguna caída o choque en el camino (son equipos muy delicados a los golpes). En muchas ocasiones, también ocurría que si los datos eran replicados, se debía reinstalar el sistema operativo y recuperar los datos desde dicha réplica.

Todas estas recuperaciones eran válidas hace tiempo. Si bien se generaban pérdidas ante la eventualidad de un fallo, se podía continuar con la operatoria del negocio a más tardar en 24 o 48 hs.

Hoy en día, estos tiempos de recuperación se acortaron mucho con los ambientes virtualizados. En **pocos minutos** podemos tener todo restaurado y operando como si nada hubiese ocurrido y para arreglar lo que esté fuera de línea en un tiempo futuro. Esta sustancial mejora reduce las pérdidas de la compañía, en caso de catástrofes, y también evita dolores de cabeza en la administración.

> **HOY EN DÍA, EN POCOS MINUTOS PODEMOS RESTAURAR TODOS LOS DATOS**

La infraestructura virtual permite flexibilizar este tipo de planes de contingencia y pensar en varias soluciones posibles. Podemos hacer una copia de respaldo cada determinado tiempo sobre las máquinas virtuales productivas, para luego recuperarlas en otro sitio; también, replicarlas directamente a discos en storages interconectados o implementar el tipo de soluciones que ofrece VMware de manera automatizada sobre todo el proceso.

DRP no solo depende de una herramienta tecnológica sino de varios procesos y responsables, coordinación y una gran cadena de aprobaciones. Cada servidor debe contar con su propio DRP lo que nos lleva a tener que coordinarlos a todos, en conjunto, en el plan de recuperación del datacenter. Por otro lado, cada servidor debe tener un plan en donde se establezca cuándo y cómo puede dejar de dar servicio y cuáles son los pasos para ponerlo nuevamente en línea, además de las posibles conexiones y direcciones en la red, así

REPLICACIÓN

La replicación hace referencia a la copia de datos de un lugar a otro, en este caso desde el sitio de producción a proteger contra el sitio de recuperación. Generalmente, se hace por vías de alta velocidad como fibra óptica o satelitales. Hay varios sistemas de storage que son compatibles con estas soluciones y también traen su propio software para administrarlos.

como contemplar las configuraciones de seguridad. Más adelante veremos cómo con **SRM** estas tareas son muchísimo más fáciles de implementar y mantener en el tiempo.

Antes de dar comienzo con los detalles de SRM, explicaremos dos conceptos clave en los sistemas de DRP. Se trata de dos indicadores de excelencia en este tipo de sistemas, uno es el **RTO** y el otro se llama **RPO**. El **RTO** (**Recovery Time Objective**) es el tiempo que pasará hasta que una infraestructura esté nuevamente disponible para utilizarse. Cuanto menor sea este número mayor será la performance del sistema de DRP. El **RPO** (**Recovery Point Objective**) es básicamente la cantidad de datos que la organización está dispuesta a perder en caso de ejecución de un DRP. Si queremos reducir este número es necesario maximizar los esfuerzos en la réplica de datos para lograr una sincronización acorde. Cuanto menor sea este valor, el DRP tendrá un mejor rendimiento. SRM ayuda a que estos números bajen drásticamente en comparación con los antiguos sistemas, lo que se traduce como una enorme reducción de pérdidas de dinero.

Figura 1. Nos referimos a desastres naturales, a cortes de luz total u otras situaciones que dejan sin funcionar a los datacenters productivos.

¿Qué es SRM?

SRM viene de las siglas **Site Recovery Manager** y hace referencia a una de las mejores herramientas de VMware para aplicar el DRP en una empresa. Con unos pasos muy simples podemos tener implementada una solución de DRP sin igual, la cual nos brindará todas las características buscadas en un sistema así y más, ya que podremos fácilmente emular una situación de desastre para estar más seguros de que todo vaya a funcionar.

Introducción a SRM

Site Recovery Manager de VMware es una gran herramienta que nos permite tener en minutos una solución de DRP total para la infraestructura virtual completa. Fue lanzada por VMware en el **VMWorld** del año 2007, el gran evento de virtualización que se realiza año tras año en distintas ciudades del mundo. En breve, lo que podemos esperar de SRM es tener una consola con los planes de recuperación de uno o varios servidores para poder oprimir un botón y ver cómo revive toda la infraestructura y de esta manera, dar continuidad de negocio a esos servidores en otro sitio distinto de donde corrían, en cuestión de minutos. Permite además, la prueba no disruptiva de todo el sistema de DRP, automatización de los procesos de recuperación y migración de equipos.

> SRM NOS DA UNA CONSOLA CON PLANES DE RECUPERACIÓN PARA LOS SERVIDORES

Pero si queremos lograr esto y que todo quede funcionando correctamente es necesario llevar a cabo una serie de pasos, coordinar distintos departamentos y realizar varios controles. Para comprender las tareas que debemos llevar a cabo es necesario entender la arquitectura que necesitamos. En principio, como mínimo, requerimos **dos vCenters**. Uno va a ser el sitio productivo que vamos a proteger y el otro el sitio de recuperación. En el sitio de protección se generarán los **grupos de protección** que se componen de uno o más servidores virtuales. En el sitio de recuperación vamos a construir los **planes de recuperación** de los grupos de protección preestablecidos. Cada grupo de protección puede tener uno o varios planes de recuperación. Esta flexibilidad nos permite optar por recuperar dos o tres servidores o si queremos recuperar todo el datacenter. Otra opción con la que contamos es recuperar los equipos en distintos sitios. Podemos tener un gran sitio productivo y dos sitios de recuperación donde repartiremos la carga productiva por un tiempo acotado.

SRM se conecta con el vCenter mediante un plugin, el cual nos ofrece un apartado para la administración, y maneja de forma automática las órdenes a las cajas de storage, para ello es necesario instalar algunas herramientas previas que veremos más adelante.

LOS PLANES DE RECUPERACIÓN PUEDEN SER DE LO MÁS VARIADOS Y FLEXIBLES

Debemos tener en cuenta que si utilizamos certificados propios en nuestra infraestructura de VMware hay tener algunas precauciones con la instalación de vCenter. Es muy engorrosa su instalación pero con un poco de atención podemos ahorrarnos grandes dolores de cabeza. Para la instalación en entornos certificados es importante saber que el certificado de SRM debe tener un campo en donde figure el servidor vCenter donde va a ser instalado. Entonces tendremos para nuestra infraestructura dos vCenters certificados, dos SRM con otros dos certificados que deben hablar entre sí. Para ello es necesario también que el nombre del certificado sea igual, tanto en el sitio de protección como en el sitio de recuperación. Más información encontraremos en este enlace: **http://kb.vmware.com/kb/1008390**.

Como comentamos anteriormente, SRM se instala sobre un sistema operativo Windows que puede ser el mismo vCenter u otro equipo y necesita una base de datos para correr, que puede ser MS SQL, Oracle o DB2. Una conexión de ODBC a cualquiera de las bases de datos que

VMWORLD

Es el evento de virtualización más importante del año. Desde 2004, se lleva a cabo en distintas ciudades del mundo y se extiende de 3 a 5 días con charlas, presentaciones y lanzamientos. Las principales novedades del mundo VMware se dan en estas conferencias, las cuales se difunden una vez concluidas mediante webinars, documentaciones, videos y tutoriales.

elijamos es necesaria antes de comenzar con la instalación. SRM viene en distintas versiones, podemos encontrar infraestructuras instaladas con la versión **4.0**, con la **4.1**, con la **5.0** y con la actual **5.1**. Los requisitos mínimos los terminaremos de comprender a continuación.

Antes de ver los requisitos mínimos de instalación, observemos los **máximos** que ofrece la versión de SRM 5.1:

REQUISITOS

VERSIÓN 5.1	REQUISITOS MÁXIMOS DE INSTALACIÓN
Total de servidores virtuales protegidos	1000
Total de servidores protegidos en un solo grupo de protección	500
Total de grupos de protección	250
Planes de recuperación corriendo simultáneamente	30
Servidores virtuales replicados con vSPhere Replication	500

Tabla 1. Requisitos mínimos para instalación de SRM.

Algunas otras mejoras en la nueva versión pueden ser el soporte de IPv6, la unificación de las consolas por más que no tengamos dos vCenters en modo Link y la personalización de direcciones IP fijas. También es necesario que sepamos que la consola de la versión 4 no es nada parecida a la de la nueva versión 5.

LUNS EN SITIO DE RECUPERACIÓN

Las LUNs que conformarán los datastores replicados se encuentran desconfiguradas contra los hosts ESXi en el sitio de recuperación. Esto quiere decir que al entrar a las configuraciones de los hosts no las vamos a poder ver. El SRM, una vez que se ejecute el DRP verdadero, se encargará de conectarlas y crear los datastores. Si ejecutáramos una prueba, esta crearía los datastores, movería las máquinas y luego los destruiría. Esos datastores albergarán los discos de los servidores virtuales recuperados.

Requisitos mínimos

Ya hicimos una breve introducción sobre qué es SRM, ahora veremos que además necesitamos una serie de prerrequisitos para poder instalarlo. Estos prerrequisitos tratan las especificaciones técnicas del hardware así como también los programas que necesitamos tener instalados con anterioridad. Si prestamos mucha atención a este punto, muy importante en todo el proceso, podremos evitar errores que ocurren una vez finalizada la instalación y la configuración.

Requisitos mínimos para la instalación

Hay varios requisitos mínimos que debemos tener en cuenta a la hora de instalar VMware SRM.

En todo lo relacionado a hardware vamos a necesitar principalmente:

- Un procesador de 2Ghz, como mínimo, Intel o AMD x86.
- 2 GB de memoria RAM.
- 5 GB de espacio en disco.

Esto en cada sitio en donde instalemos SRM, dos sitios por lo menos, uno de protección y otro de recuperación.

En caso de instalar el SRM sobre un servido vCenter habría que sumar los prerrequisitos del vCenter con los de SRM para tener un estimativo del equipo que se va a emplear. Así, si los prerrequisitos de vCenter son 2 procesadores, para los de SRM también debemos pensar, por lo menos, en un equipo quad-core o similar.

Necesitamos tener también algún tipo de replicación de discos. Hasta la versión 4 de SRM, disponíamos de las replicaciones ofrecidas por

STORAGE

Se denomina **storage** a las cajas de discos que utilizan los datacenters para contener sus datos. Vienen de distintos tamaños, según la cantidad de discos que posean, y se conectan a los servidores generalmente por placas de fibra o placas de red Ethernet. Hay una gran cantidad de empresas proveedoras en el mercado, entre las cuales están las más reconocidas EMC, HP e IBM.

terceros con lo cual se utilizaba su software para realizar la tarea. De esta forma EMC, HP, NetAp tenían su propia replicación, y así con cada uno de los vendedores de storage del mercado. Cada uno de ellos ofrece un par de conectores que se instalan sobre Windows y con los cuales se puede comandar la caja de discos.

VMware SRM conoce todos estos conectores y es así como automáticamente maneja comandos simples, a la hora de ejecutar el DRP. Algunos comandos pueden ser el de cortar la replicación o reanudarla, poder generar los datastores automáticamente a partir de unas LUNs presentadas, etc.

CUMPLIR CON LOS REQUISTOS DE INSTALACIÓN EVITA ERRORES DE CONFIGURACIÓN

Hoy en día, con la versión 5, disponemos de vSphere Replication, una solución propia de VMware que detallaremos más adelante. Si bien se ofrece esta nueva posibilidad para ahorrar el costo de herramientas de terceros, podemos seguir utilizando soluciones de alguno de estos partners:

- 3PAR
- Compellent
- Dell
- EMC
- Falconstor
- Fujitsu
- Hitachi Data Systems
- HP
- IBM
- LeftHand Networks
- NetApp
- Xiotech

ACTUALIZACIÓN DE VERSIÓN 4 A 5

Los clientes que ya tienen instalada una versión de SRM 4 y tengan un contrato con VMware vigente de soporte y suscripción, tienen derecho a licencias de SRM Enterprise 5 sin costo adicional, en virtud de los derechos de dicha suscripción. En caso de no tener un contrato corporativo se pueden convertir a razón de 5 MV por cada licencia de procesador de la versión 4.

Figura 2. En esta figura podemos observar distintos tipos de storage. Como vimos, hay un montón de empresas proveedoras, EMC, HP e IBM.

En el caso de que utilicemos un storage de terceros para la replicación de los discos entre los distintos sitios, vamos a necesitar el conector propio del fabricante que comunica el sistema operativo Windows y SRM contra la caja de storage. Las soluciones son variadas pero buscan este fin. Por ejemplo, para los discos HP se utiliza SVSP; para los DELL, EquaLogic y para EMC, SRDF en conjunto con el Solution Enabler. Hay más SRAs (Storage Replication Adapters, adaptadores de replicación de storage) disponibles según los distintos fabricantes.

Debemos tener en cuenta que hay dos versiones actuales de VMware SRM, una es la Standard y otra la Enterprise. La primera la utilizaremos en caso de tener que instalar una instancia que administre no más de 75 servidores virtuales. En caso de pasar este límite debemos pensar en una solución con SRM Enterprise.

El licenciamiento de la versión 4 se realizaba por procesador de cada nodo. En cambio, con la versión 5 se realiza por máquina virtual. Si ya disponíamos de licencias de la versión 4 se pueden convertir a razón de 5 máquinas virtuales por cada licencia de procesador anterior.

De esta forma un cliente que tenga una licencia de 25 procesadores recibirá una licencia de la versión 5 de 125 máquinas virtuales. En los casos en que la relación no sea acorde con los equipos productivos nos podemos contactar con VMware para modificar la cantidad. Desde ya, está de más decir que cada uno de los sitios por replicar debe tener un datacenter como mínimo creado en vCenter.

Otro detalle a la hora de analizar los prerrequisitos es que más allá de la tecnología que utilicemos en la replicación de los datos, ambos sitios deben tener la misma tecnología y deben ser pares.

Por supuesto, cada uno de los sitios por replicar debe poseer un datacenter, como mínimo, creado en vCenter. También tenemos que tener en cuenta que los requisitos de recursos de un lado y del otro deben ser similares ya que si no, las máquinas se apagarán en caso de pasar a un sitio con menores recursos.

Instalación de los requisitos mínimos

Para la implementación de SRM es necesario primero definir la caja de discos (storage) que vamos a utilizar. Si bien podemos instalar las herramientas del storage una vez que hayamos instalado el SRM, es recomendable hacerlo antes de la instalación de la solución de DRP así continuamos con la configuración de esta una vez finalizada la instalación. Podemos elegir cualquiera de los partners del mercado para trabajar o utilizar la nueva herramienta propia de VMware llamada **vSphere Replication**.

> ES RECOMENDABLE TENER ANTES INSTALADAS LAS HERRAMIENTAS DEL STORAGE

Tomaremos como ejemplo la instalación de las herramientas para una caja de storage EMC VMAX conectada mediante FC y luego daremos lugar a otro ejemplo de instalación con la nueva opción de vSphere Replication.

El conector de nuestro primer ejemplo es una combinación de herramientas. Una se llama EMC Solution Enabler, que hasta el momento de escribir este libro existía en el mercado la versión 7.3, y la otra se llama SRDF SRA. EMC Solution Enabler es una consola desde la cual podemos mandar comandos contra la caja de storage y SRDF SRA es el conector que existe entre esta consola y el SRM. Es posible chequear la compatibilidad de nuestra caja de storage y los SRAs disponibles en esta matriz: **www.vmware.com/resources/compatibility/search.php?deviceCategory=sra**.

El SRDF para la versión 5.1 se estima que saldrá publicado en octubre en 2012 de manos de EMC. En este que vamos a desarrollar, tomaremos el conector SRDF para versiones de SRM 5.0. Lo hacemos solo para ilustrar los pasos a seguir para la correcta de cualquier caja. Es más, en esta ocasión debemos instalar una herramienta de más. Si usáramos otro tipo de storage, con instalar solamente la herramienta de SRA sería suficiente.

Un ejemplo contrario sería el SVSP de HP, el cual contiene la consola de comandos y los scripts integrados en la misma solución.

Veremos a continuación, entonces, los pasos a seguir para la instalación del Solution Enabler y del SRDF para una caja de storage EMC VMAX conectada por FC.

PASO A PASO: INSTALAR SOLUTION ENABLER

01 Baje la última versión de la herramienta llamada `Solution Enabler` desde el sitio web de EMC. Ejecute su instalación con permisos de Administrador y luego oprima en `Next`.

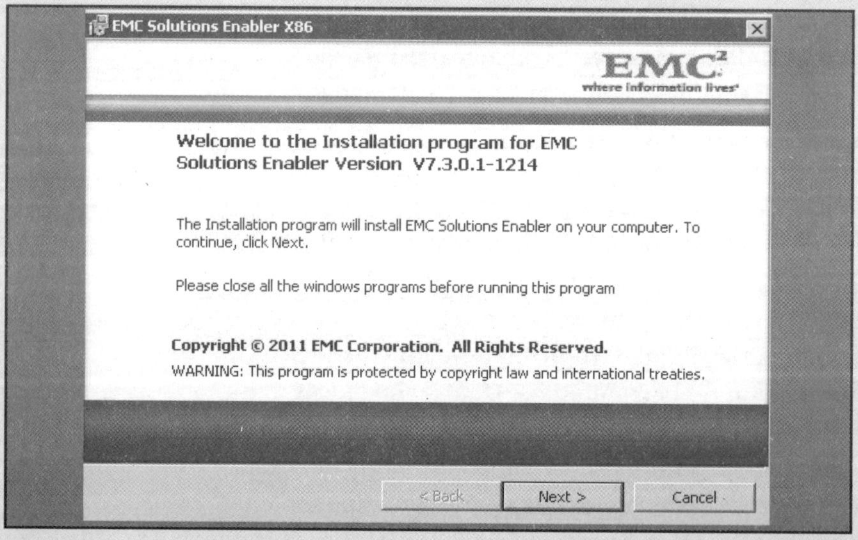

02 Seleccione la ubicación del software en el disco local mediante el botón Change..., haga clic en el botón OK y luego, en Next.

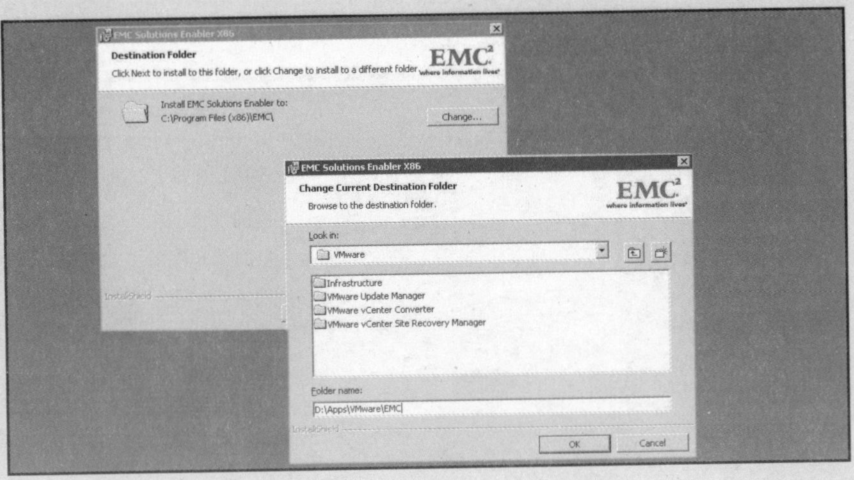

03 A continuación, aparecerán una serie de opciones sobre los tipos de configuración disponibles. Deje seleccionada la opción Typical, que es la que sugiere por defecto el programa, y oprima en Next.

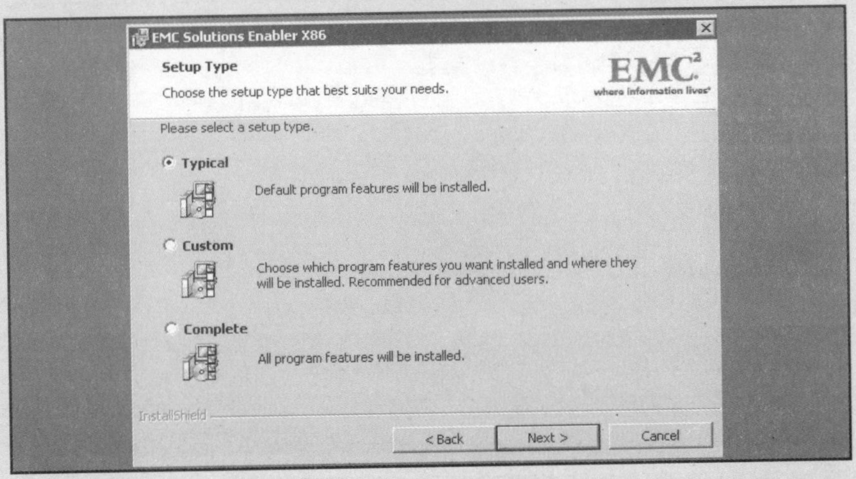

04 En la pantalla siguiente, aparecerá un listado de servicios adicionales que se ofrecen para instalar. Seleccione mediante un check la opción EMC SE SRM Daemon y luego pulse Next.

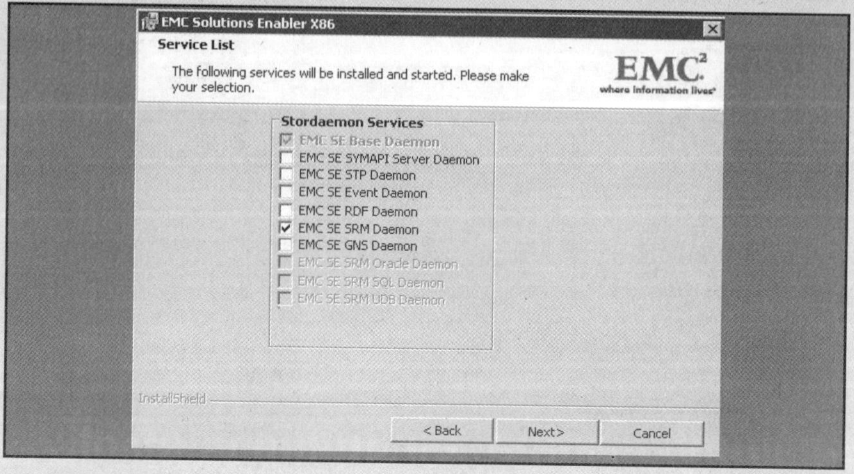

05 Verifique el resumen y si está de acuerdo, haga clic en Install y luego en Finish. Como dato adicional, el sistema calcula el espacio de disco que se necesita para llevar a cabo la operación.

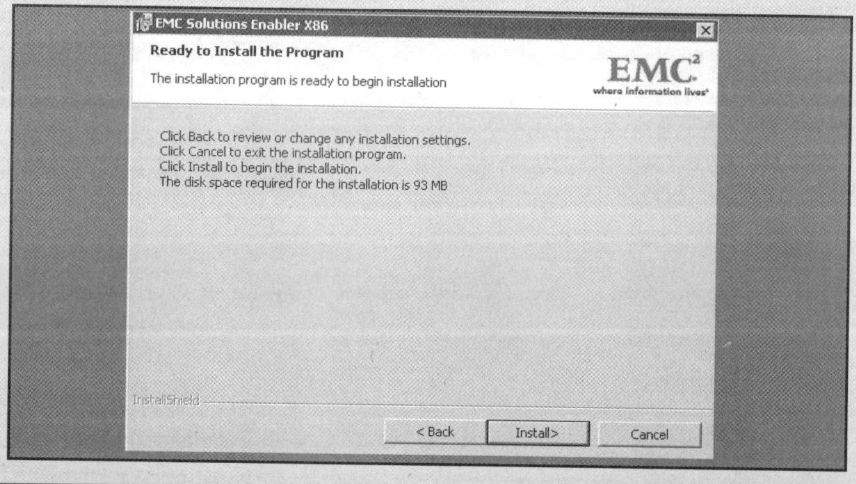

A continuación, analizaremos un paso a paso para instalar la otra herramienta que necesitamos para nuestro primer ejemplo, con un storage EMC, el SRDF. En tan solo tres pasos tendremos la herramienta preparada y en funcionamiento.

PASO A PASO: INSTALACIÓN DEL SRDF

01 Baje la última versión de la herramienta llamada EMC SRDF Adapter desde el sitio web de EMC. Ejecute su instalación con permisos de Administrador y luego oprima en Next.

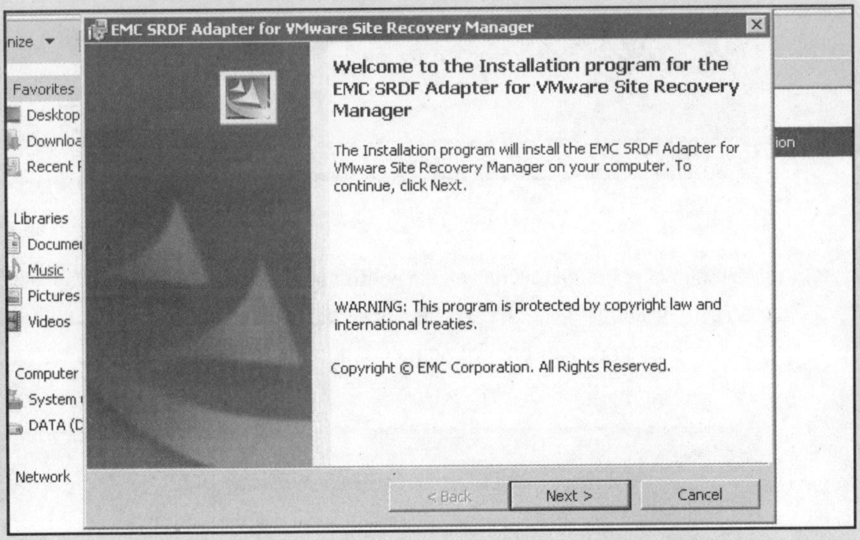

NECESIDADES PARA PROBAR VR

Para probar VR es necesario tener desplegados dos appliances, uno servirá para VR y otro será para VRMS. Para ello, vamos a requerir una base de datos para el VRMS. Para ambos también será necesario tener definidos un usuario y una contraseña. Este procedimiento se multiplica por dos porque necesitamos uno por cada sitio. Por supuesto, también debemos tener establecida una dirección para cada uno de los cuatro equipos que diponemos.

02 Este paso es por si tiene instalado el SRM. Se le solicita permiso para reiniciar el sistema, siempre y cuando no tenga otras actividades SRM ejecutándose. Oprima en `Next`.

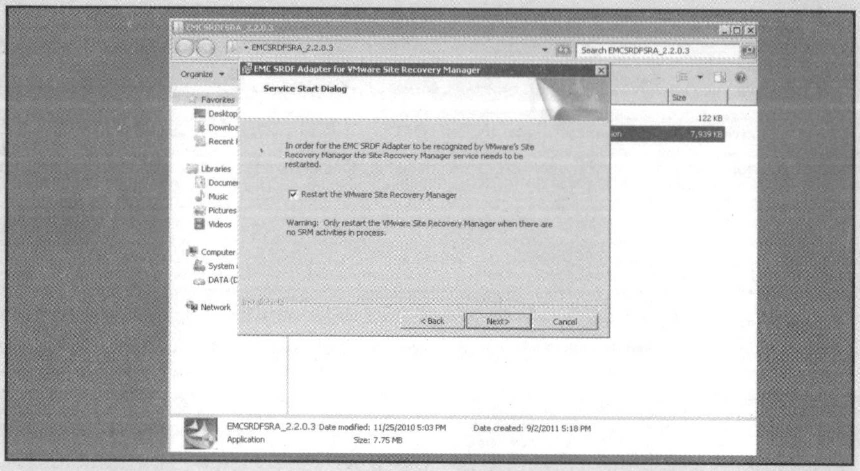

03 Verifique el resumen que aparece a continuación, haga clic en `Install` si le parece correcto y luego en `Finish`. Vea atentamente el aviso que lo alerta sobre los recaudos que hay que tener al momento de elegir reinstalar el sistema.

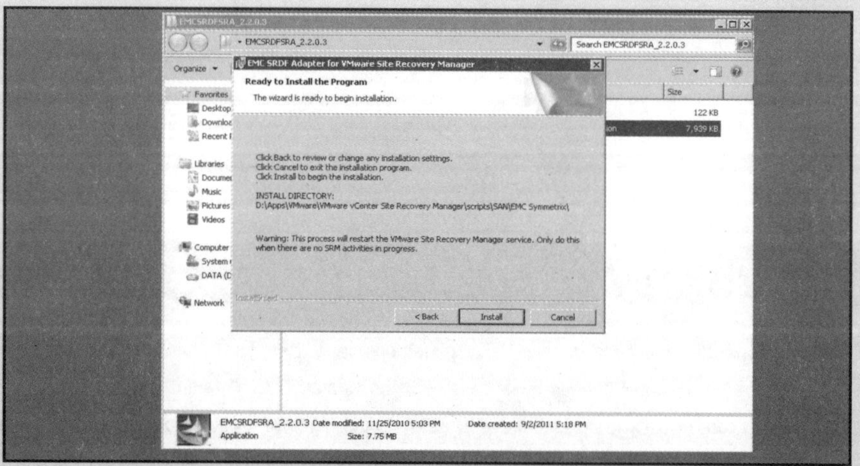

Ya tenemos instaladas las herramientas de storage y dejaremos el ejemplo de vSphere Replication y demás detalles de replicación para más adelante. Ahora tenemos que recordar que otro prerrequisito muy importante consiste en tener armada una **base de datos** para SRM en cada sitio de la infraestructura. También debemos configurar los ODBC para poder conectar los sistemas operativos con estas.

SRM utiliza una conexión de **ODBC de 32 bits**. Recordemos que en sistemas Windows de 64 bits no vamos a poder encontrar el acceso desde el panel de control, sino que vamos a tener que ejecutar un comando desde el botón **Inicio/Ejecutar** con la siguiente instrucción:

```
C:\windows\syswow64\odbcad32.exe
```

PASO A PASO: CONEXIÓN ODBC DE 32 BITS

01 Diríjase al botón `Inicio` del menú `Ejecutar` y escriba el comando `c:\windows\syswow64\odbcad32.exe`. Seleccione la pestaña `System DSN` y oprima en el botón Add.... Luego complete el nombre de la conexión en Name y el del servidor de base de datos en `Server`.

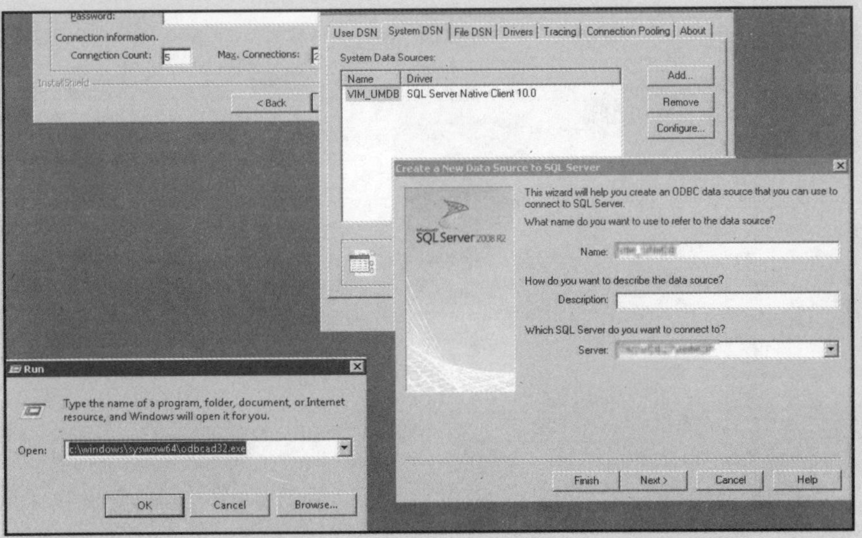

02

Escriba el nombre de usuario para la base de datos y la contraseña. Oprima en `Next`.

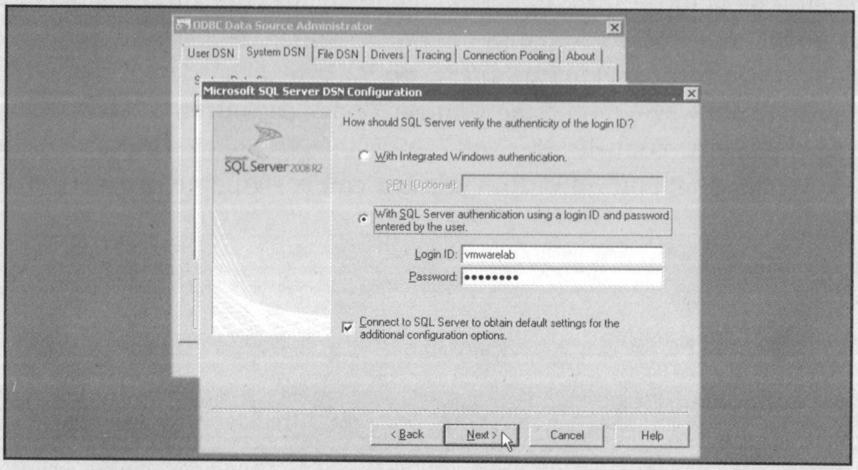

03

Seleccione la instancia de base de datos creada para SRM del combo desplegable que aparece en la siguiente pantalla y pulse `Next`.

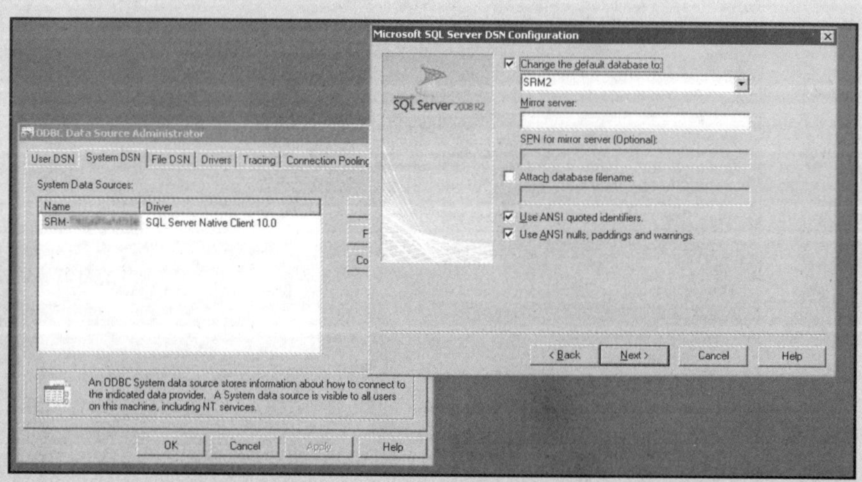

04

Complete las opciones en caso de que sea deseable y haga clic en el botón `Finish`.

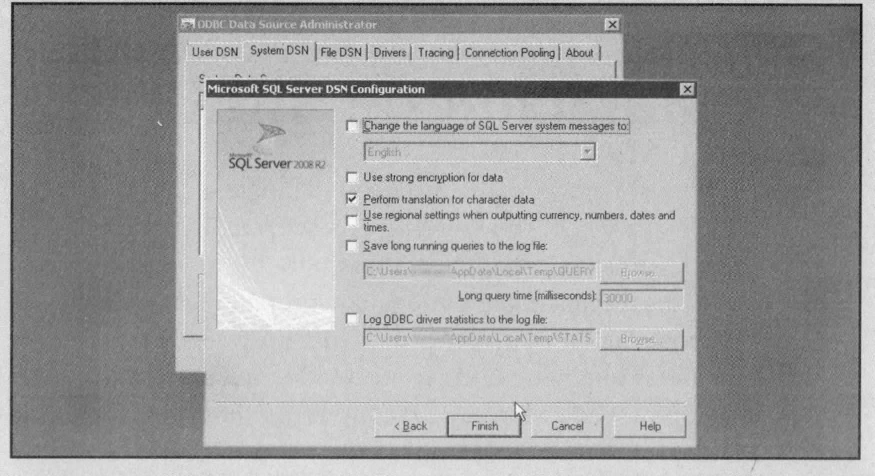

05

Realice un test de conexión haciendo clic sobre el botón `Test Data Source...` y cierre las ventanas si el test es correcto. En caso contrario, revise los pasos y datos ingresados anteriormente.

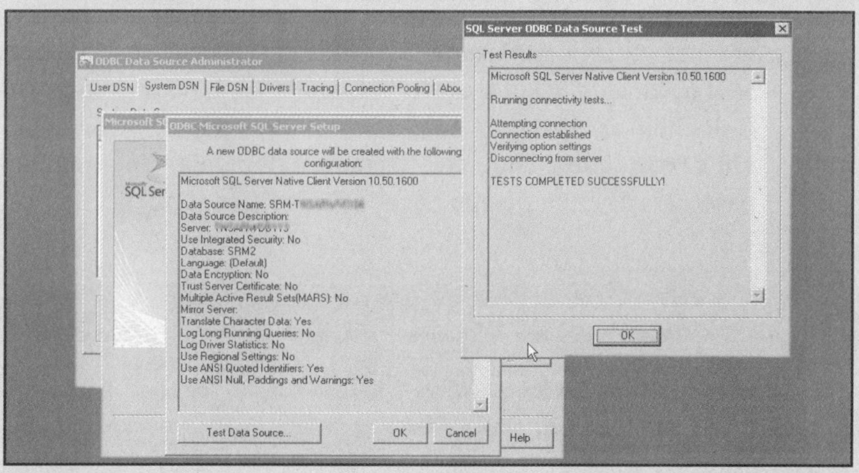

Con respecto a los usuarios que necesitamos, debemos establecer un usuario que utilizará el SRM para conectarse en cada sitio, en cada vCenter, y también tenemos que recordar los usuarios de ambas bases de datos, que utilizaremos a la hora de la instalación del producto.

Instalación de SRM

Ahora sí llegó el momento de ver la instalación propiamente dicha del sistema de DRP de VMware, el SRM. A lo largo de este apartado conoceremos los pasos específicos para llevar a cabo la instalación y luego, dejaremos lugar a la postconfiguración de todo el sistema.

La instalación es un procedimiento muy sencillo pero debemos considerar que tiene que ser efectuado en ambos sitios, en el de protección y en el de restauración. Prestemos mucha atención a este apartado, quizás el más importante del capítulo.

Pasos para su instalación

Luego de instalar las herramientas de storage, vamos a continuar con el análisis de un paso a paso para la instalación del producto. No olvidemos que debemos instalar el SRM en cada sitio que utilicemos para la infraestructura. Es importante tener en cuenta también que si nuestro vCenter utiliza certificados, debemos generar nuevos certificados para SRM porque de lo contrario no funcionará, no podrá conectarse contra el vCenter. En nuestro ejemplo, instalaremos la solución en un ambiente **sin certificados**. Entonces, sigamos detenidamente el siguiente paso a paso para aprender cómo hacerlo de manera correcta.

SRM CON CERTIFICADOS

La instalación del sistema SRM con certificados es bastante compleja. Necesitamos disponer de cuatro certificados para que todo funcione bien y se valide correctamente: un certificado para cada vCenter y uno para cada sistema SRM. En los certificados del SRM se necesita tener una línea que indique cuál es su vCenter. El nombre del certificado SRM tiene que ser igual para ambos y algunos otros detalles más.

PASO A PASO: INSTALACIÓN DE SRM

01 Baje la versión de SRM que va a utilizar desde el sitio web de VMware, mediante su nombre de usuario. Ejecute el software con permisos de Administrador.

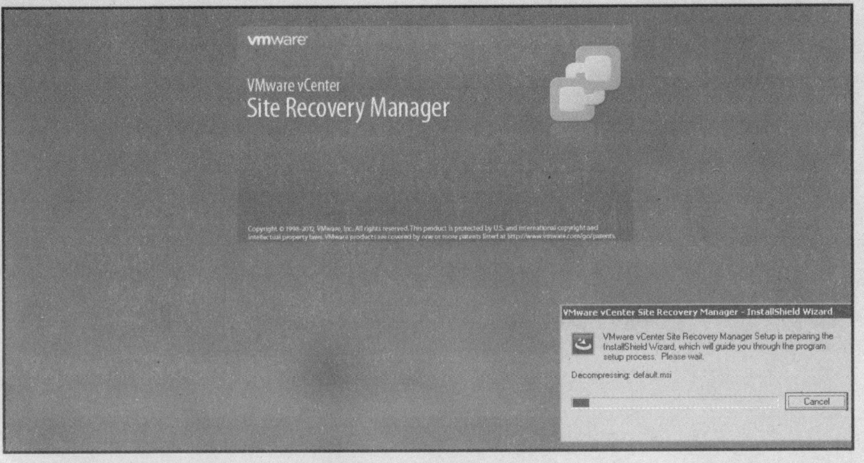

02 Observe la bienvenida a la ayuda de instalación y oprima en `Next`. Visualice la patente del producto y pulse `Next` nuevamente.

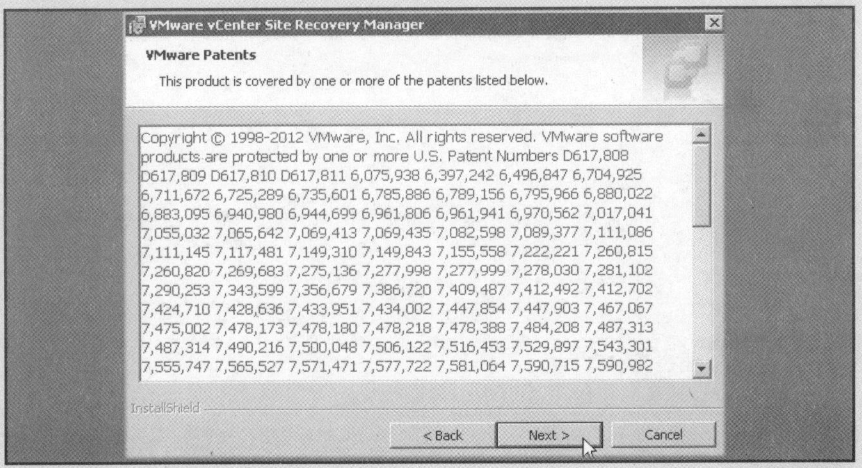

03

Acepte el contrato de licenciamiento después de leerlo detenidamente y haga clic en Next si está de acuerdo con los términos de uso.

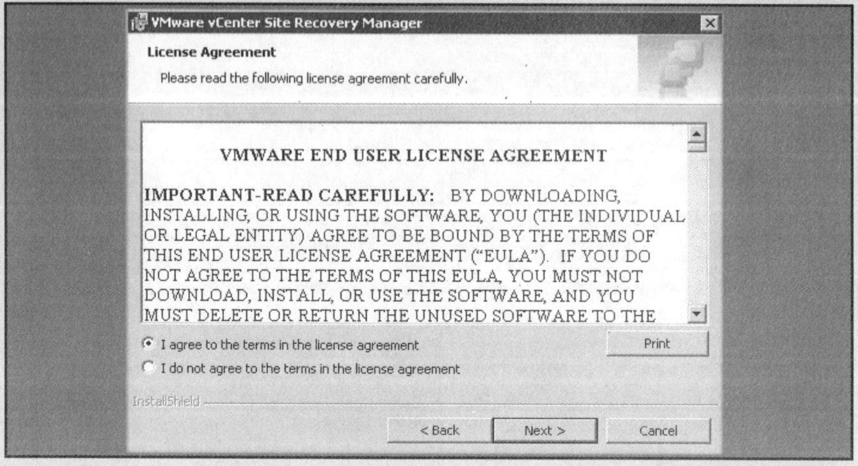

04

Corrobore la ubicación en donde se va a alojar el producto instalado o cámbiela si prefiere alguna otra alternativa, oprimiendo en Change.... Una vez definida la ubicación, pulse el botón Next para continuar.

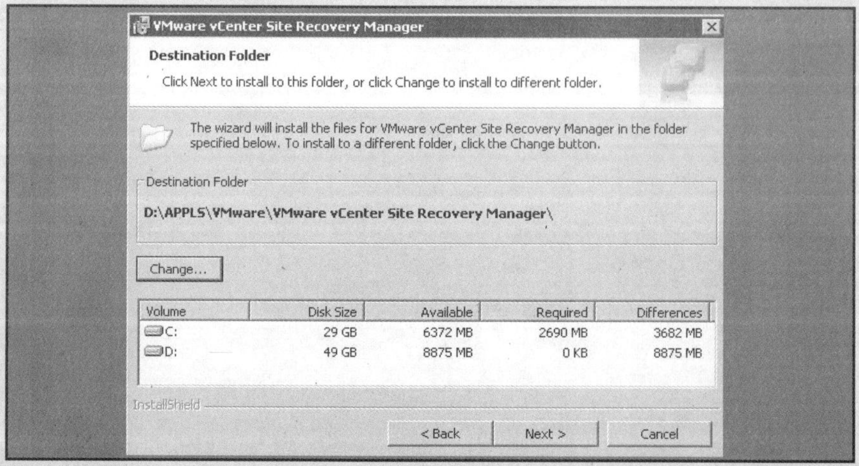

05

Seleccione la opción deseada con respecto a la elección del storage, si decide instalar vSphere Replication deje dicha opción seleccionada y oprima Next. En caso contrario, seleccione Do not install vSphere Replication y haga clic en Next.

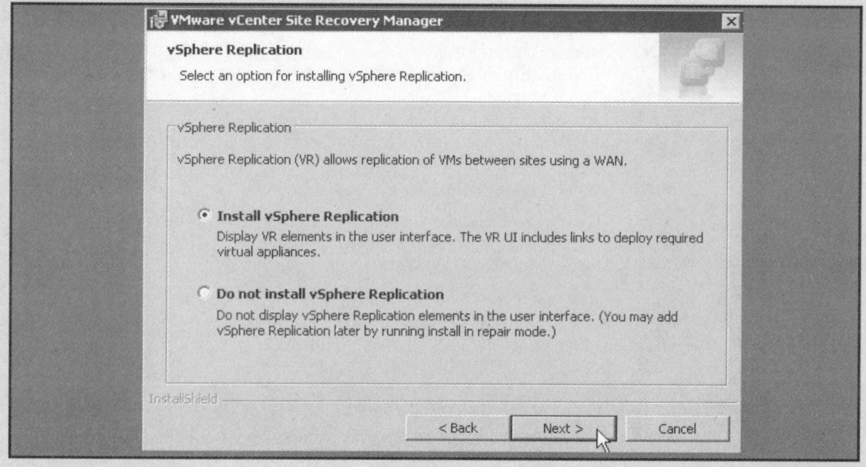

06

Coloque los datos del vCenter donde está instalando el SRM para poder conectarse: nombre de red en la primera línea, puerto en la segunda, usuario en la tercera y contraseña del usuario en la cuarta. Oprima Next.

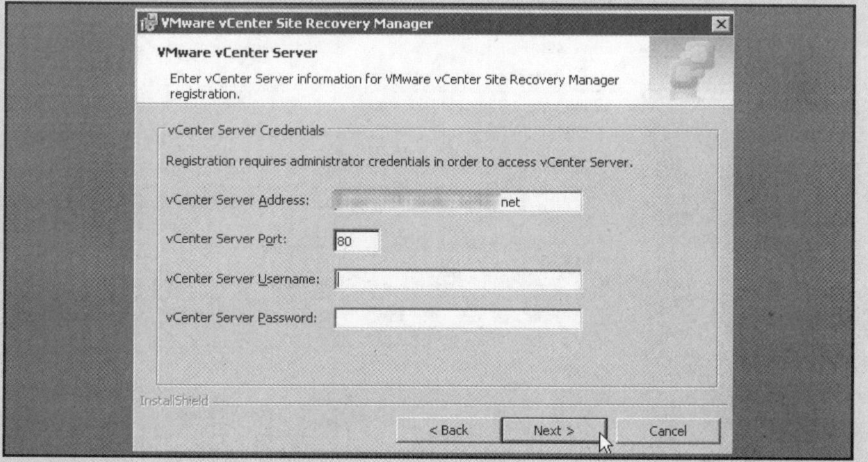

07

Aquí debe optar por utilizar un certificado o generar uno automáticamente. Para nuestro ejemplo, deje la primera opción seleccionada y pulse Next.

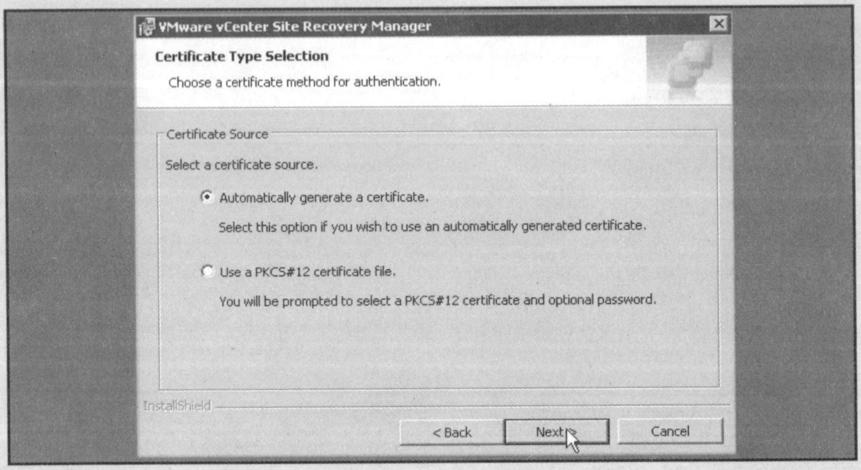

08

Ingrese unos datos simples para el certificado automático: nombre de la empresa en Organization y nombre de su unidad de negocio en Organization Unit. Haga clic en Next.

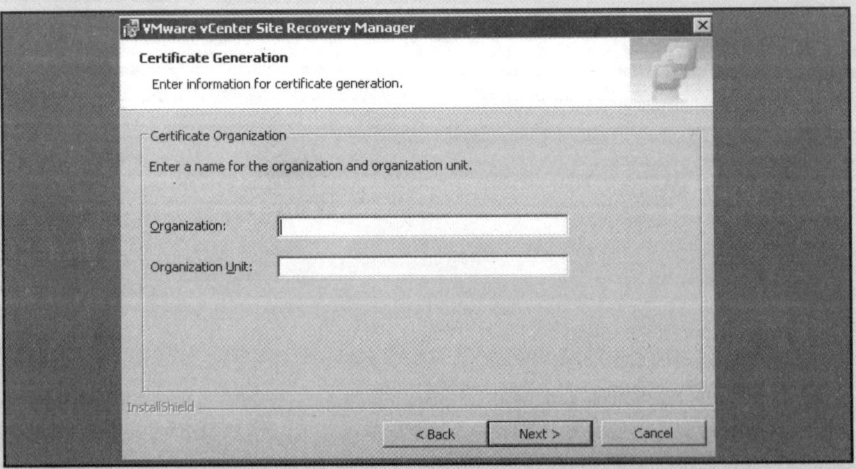

09 Escriba un nombre en `Local Site Name`; en `Administrator E-mail` ingrese una dirección de email. Complete la tercera línea, si lo ve necesario, y en `Local Host` deje seleccionada la opción de reconocimiento por IP o cámbiela para reconocer al sitio por un nombre de red. Oprima en `Next`.

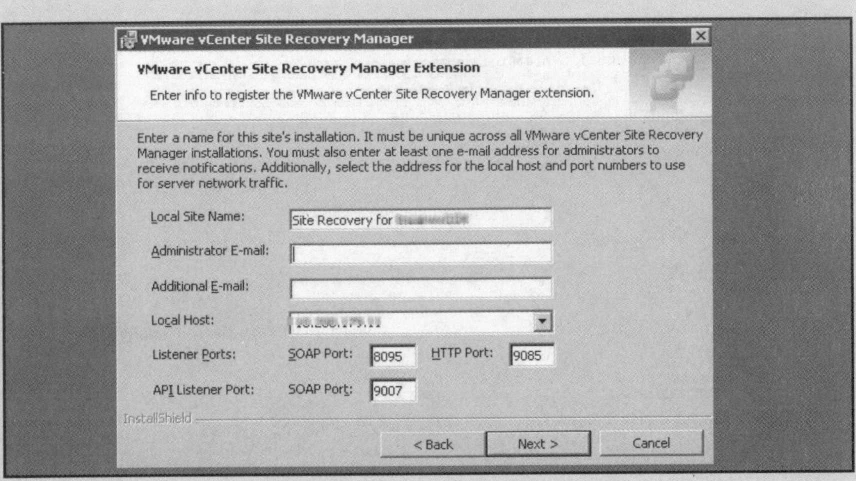

10 Ahora, complete los datos de la base de datos que va a utilizar el SRM y que usted instaló como prerrequisito. Seleccione el cliente correspondiente y el nombre de la conexión ODBC configurada con anterioridad. Luego, coloque el nombre de usuario para el sistema SRM en `Username` y la contraseña en `Password`. Pulse `Next`.

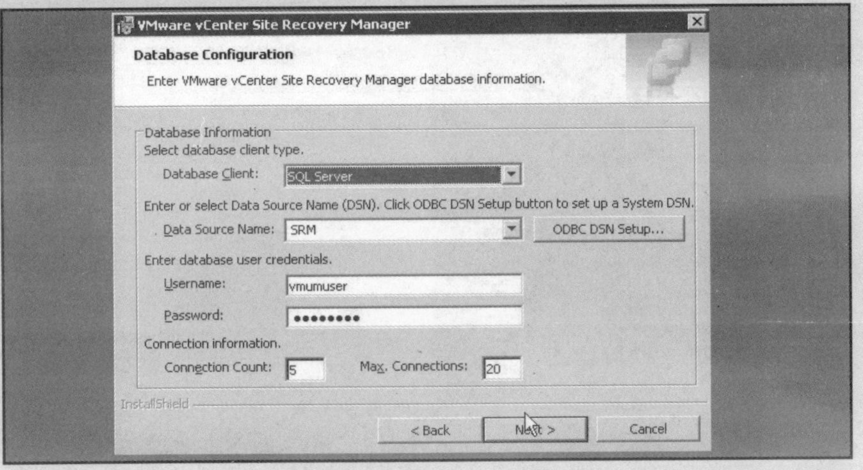

11 Si prefiere cambiar algunos de los parámetros de configuración, puede optar por volver sobre sus pasos y revisarlos. Caso cotrario, prepárese para la instalación y haga clic en el botón Install. Espere mientras la instalación se ejecuta.

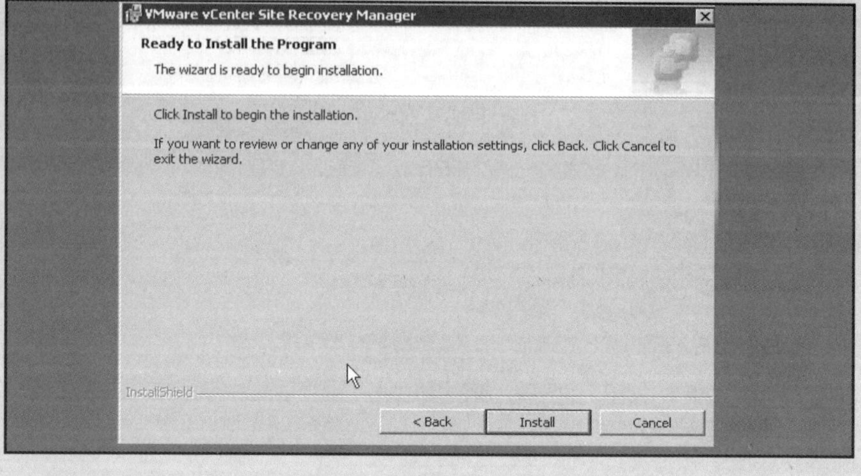

12 A continuación, oprima el botón Finish cuando la instalación de **VMware vCenter Site Recovery Manager** haya finalizado.

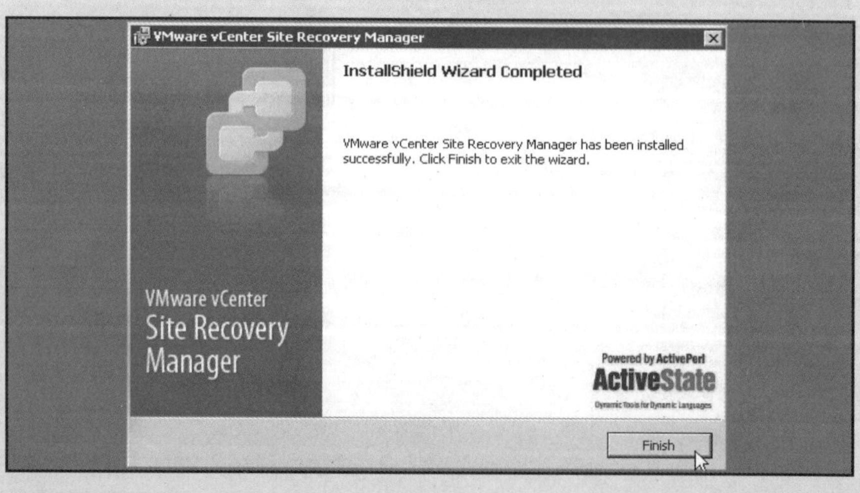

Ya hemos instalado SRM en uno de los sitios de la infraestructura siguiendo el paso a paso anterior. Ahora debemos realizar el mismo procedimiento en cada uno de los otros sitios que queramos instalar. Recordemos que, por lo menos, tenemos que repetirlo una vez más porque, como mínimo, debe haber dos sitios. Si quisiéramos contar con otro sitio de recuperación, tendríamos que repetirlo una vez más y así por cada uno de los que agreguemos.

Luego de completar estas tareas estamos en condiciones de dar comienzo a la configuración de toda la arquitectura para luego poder replicar algún servidor, crear los grupos de protección, y planes de recuperación para probar y ejecutar los planes.

Configuración del sistema

Abordemos, entonces, la configuración del sistema SRM. En cada uno de los sitios donde hayamos instalado la herramienta, debemos instalar un **plugin** para vCenter para que podamos acceder a la consola de SRM desde el **vSphere client**. Además, tenemos que conectar los distintos sitios a las consolas de SRM para administrarlos. Luego, debemos configurar algunos mapeos de ciertos parámetros para que opere SRM, también necesitamos ubicar unos archivos que van a utilizar los servidores protegidos en alguno de nuestros datastores.

DEBEMOS CONFIGURAR EL SISTEMA SRM POR CADA SITIO INSTALADO

Comencemos entonces por la **configuración del plugin**. Debemos repetir por cada sitio el siguiente paso a paso. Abramos el vCenter que vamos a configurar primero y continuemos atentamente las tareas que acá se detallan.

FQDN

Full Quality Domain Name (FQDN) es el nombre único de un servidor en una red dentro de una organización. Se trata del nombre de dns que tiene el servidor para ser reconocido en combinación con su correspondiente dirección IP. El FQDN se compone del nombre del servidor en conjunto con el nombre del dominio donde esté alojado. Ej: **servidor1.contoso.com**.

PASO A PASO: PLUGIN DE SRM EN VCENTER

01 En la consola de vCenter seleccione la opción `Plug-ins`. Verifique que figure la opción `Vmware Site Recovery Manager`. Oprima en `Download and Install` y en el botón Run de la ventana emergente.

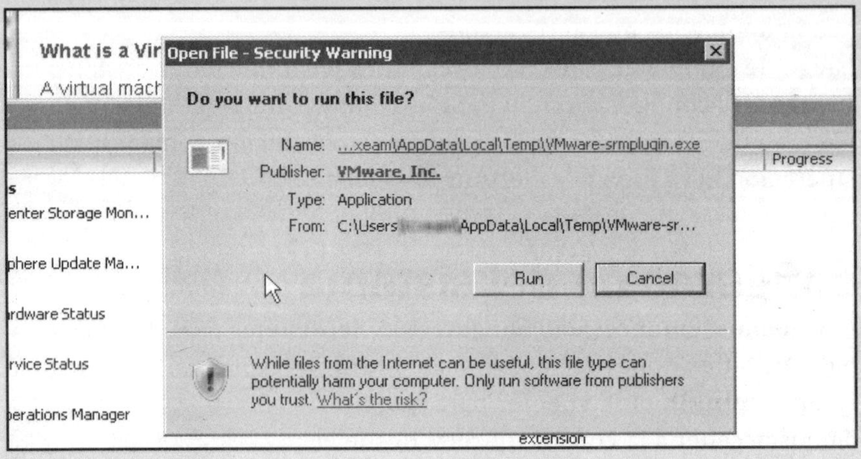

02 Observe la bienvenida al asistente de instalación. Para comenzar con el proceso, haga clic en `Next`.

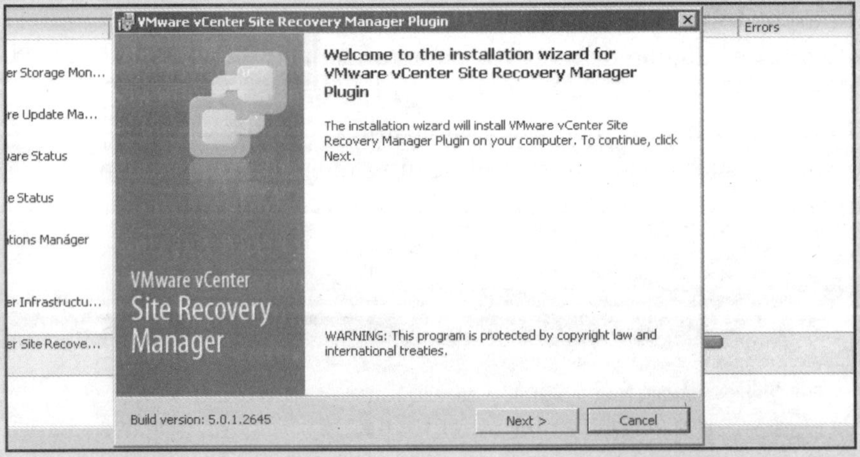

03

Acepte el contrato de licenciamiento después de leerlo detenidamente. Si está de acuerdo con los términos de uso, haga clic en `Next`.

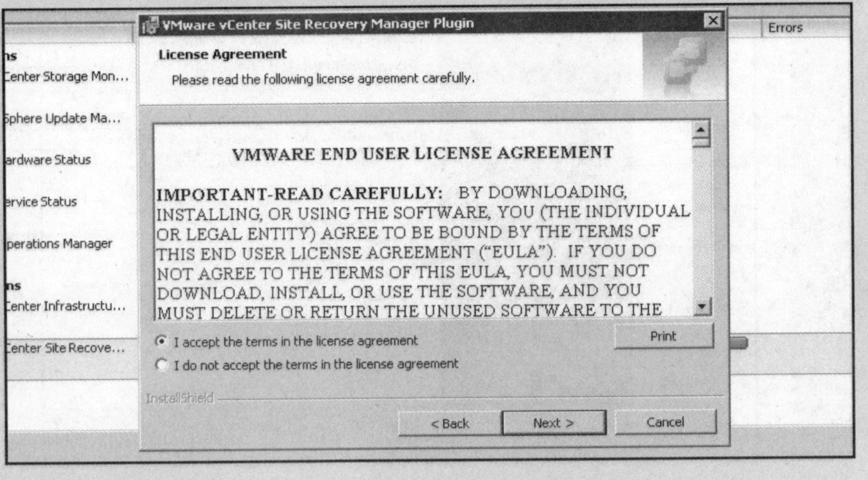

04

Cuando esté preparado para dar comienzo al proceso de instalación del plugin, oprima el botón `Install` y espere hasta que el producto se instale correctamente.

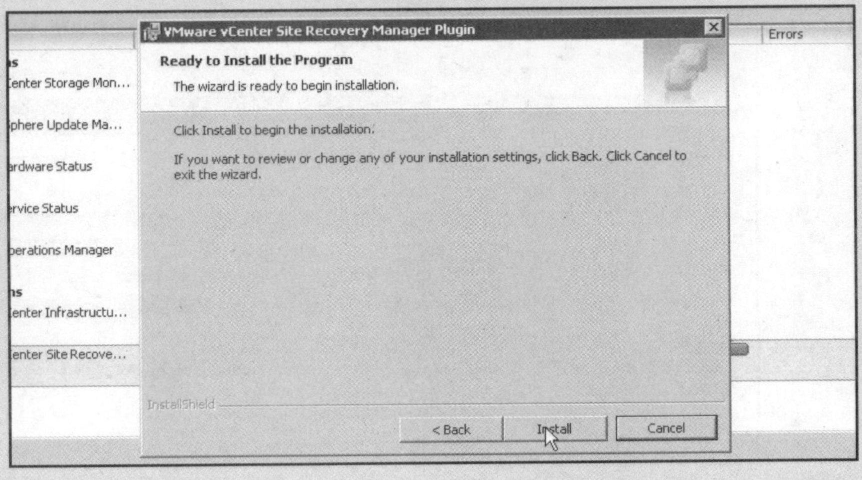

05

Cuando el porceso de instalación termina, aparecera una ventana con el aviso. Pulse el botón `Finish` para poder cerrar el apartado de plugins posteriormente.

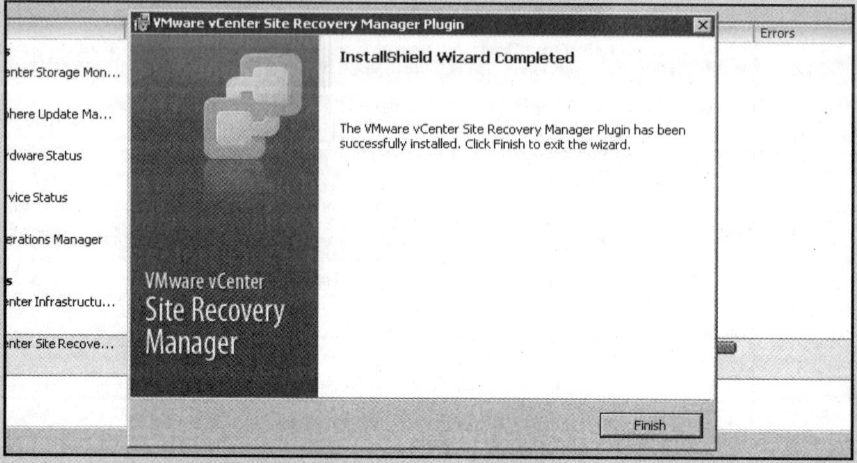

06

Ahora sí, ya puede acceder a la consola desde `Home/Solution and Applications/Site Recovery`.

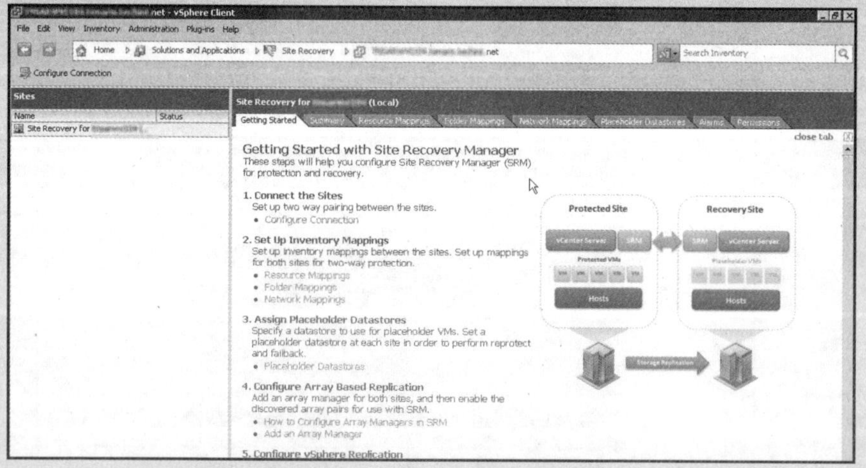

Ahora vamos a tener que **conectar los sitios entre sí**. El sitio de recuperación y el de protección deben estar emparejados entre sí, para continuar con la configuración. Recordemos que los dos sitios deben tener el sistema SRM 5 instalado junto con su plugin correspondiente en cada vCenter. No es necesario que los vCenters estén en modo **Link**. Se podrán administrar ambos sitios por más que no se encuentren interconectados. Cuando hablamos de conectar los sitios nos referimos a la conexión de los sitios (vCenters) con la consola de SRM y no entre las consolas del vCenter propiamente dicho. Por más que conectemos ambos sitios de SRM no vamos a ver los dos vCenters desde la consola de vCenter. Para ello haría falta utilizarlos en modo Link.

Comencemos la configuración sobre el sitio de protección, desde donde vamos a proteger los equipos. A continuación veremos un paso a paso práctico para lograr la interconexión con el asistente de SRM.

PASO A PASO: INTERCONECTAR LOS SITIOS

01 Diríjase a la consola de SRM del sitio de protección. Complete los datos de su **usuario** y **contraseña** para conectarse. En el lado derecho de la pantalla de bienvenida, haga clic sobre `Configure Connection`.

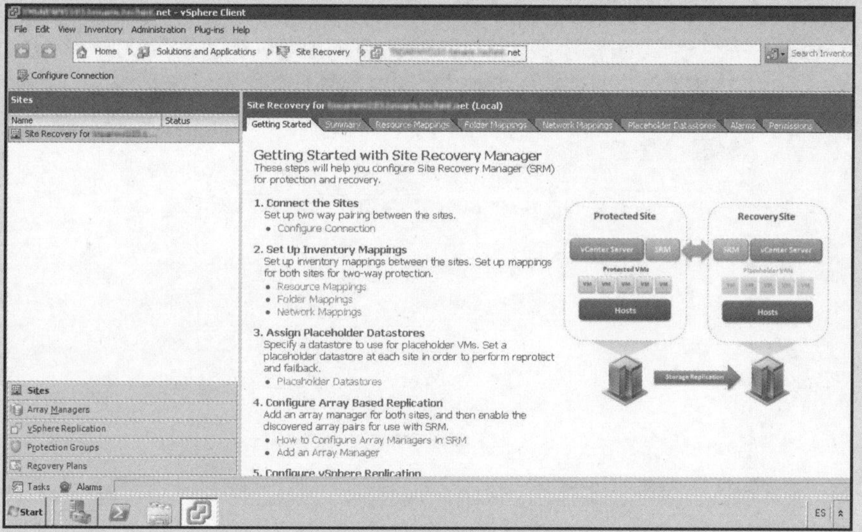

02 En la ventana emergente escriba la dirección del servidor de recuperación. Deje el puerto 80 si es que no cambió las conexiones por defecto y oprima el botón Next.

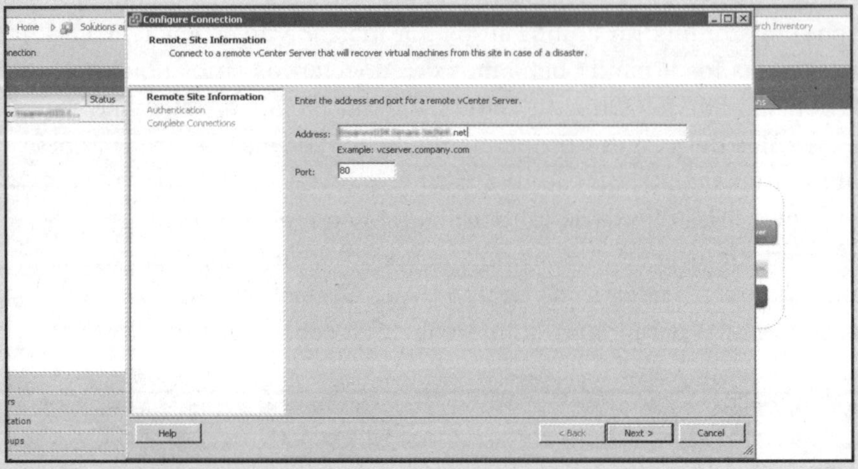

03 A continuación, una ventana emergente le dará opción a ver el certificado de autenticación. Para acceder a este, pulse en Show Certificate. Luego, para aceptar y continuar con la conexión entre los sitios, haga clic en el botón OK.

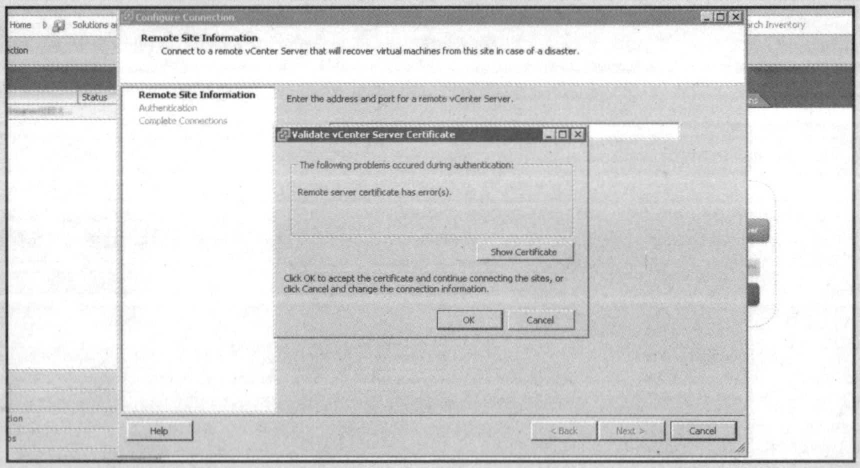

04

Complete el nombre de usuario y contraseña que se usará para conectarse con el otro vCenter. Es solo para utilizarse en esta oportunidad, luego lo podrá cambiar. Oprima en Next.

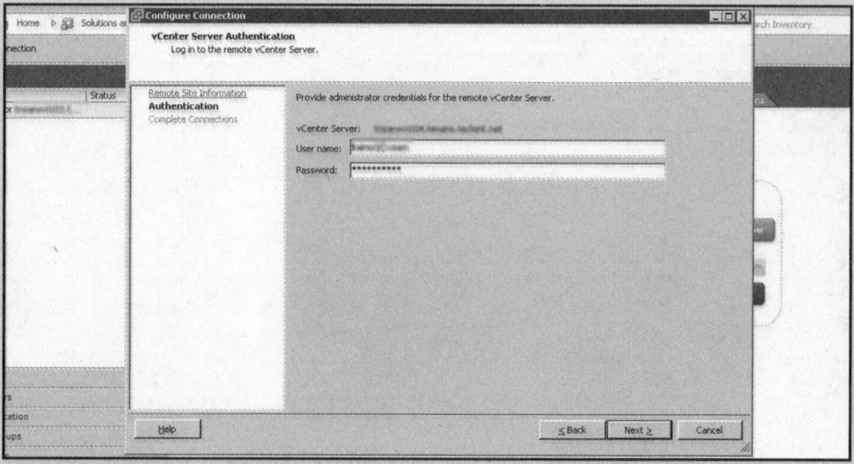

05

Nuevamente se mostrará un detalle del certificado del sitio remoto, pulse Ok para aceptarlo o haga clic en Show Certificate para acceder a los detalles del mismo.

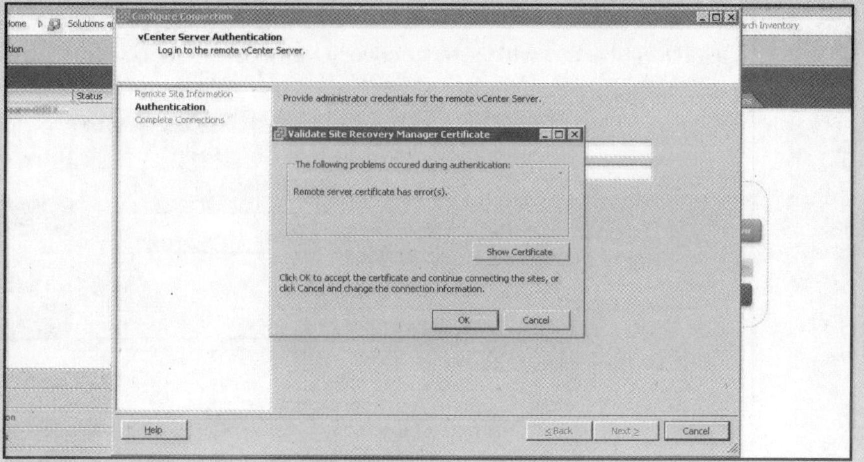

06

Verifique que en ninguno de los cinco puntos de configuración se genere un error y oprima en `Finish`. El sistema le brindará un informe sencillo, para su correcta comprensión.

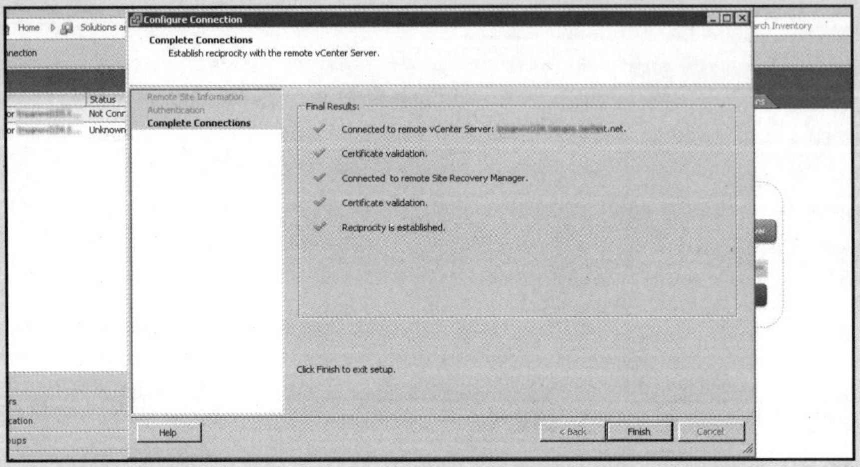

07

Una vez que la conexión entre los sitios SRM se haya efectuado, vuelva a completar el nombre de usuario y contraseña para conectarse al sitio remoto.

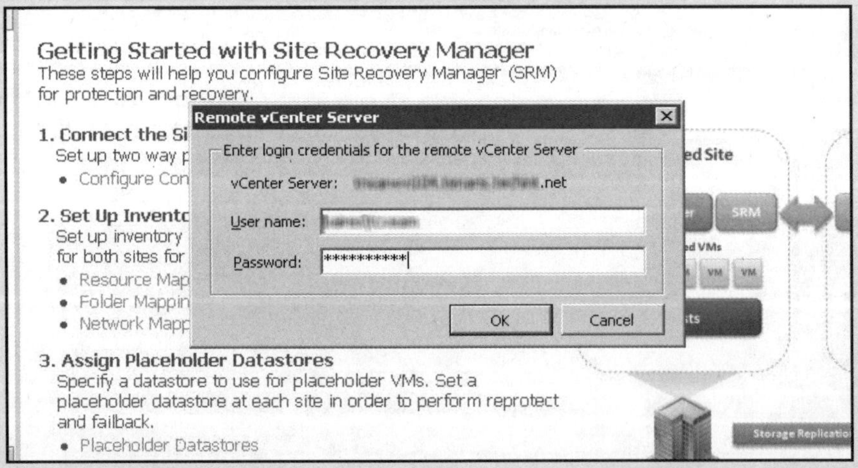

Debemos repetir esta tarea tanto para el sitio de protección donde estuvimos trabajando como para el sitio de recuperación. De esta forma, podremos administrar estos dos sitios, como anteriormente comentamos, desde cualquiera de las dos consolas de SRM 5. Si no realizamos estas conexiones no vamos a poder configurar el sistema para proteger los equipos.

Como tercer paso hay que **configurar algunas variables** con las que se manejará SRM. Una de ellas son los **Resource Mappings**. Debemos marcar dentro del vCenter en el que estemos trabajando los recursos que serán asignados al sistema de SRM. De esta manera, tendremos, por ejemplo, 5 clusters creados en vCenter aunque solo utilizaremos uno para la recuperación de servidores.

Luego, están los **Folder Mappings** que son las carpetas dentro del vCenter en donde ubicaremos estos servidores recuperados.

Lo mismo sucede con los **Networks Mappings** que son las redes dentro de la infraestructura que vamos a utilizar de un lado y del otro para los servidores recuperados.

Como cuarto paso en la configuración del sistema debemos establecer la ubicación que SRM utilizará para los **placeholders**. Estos son archivos de marcación de posición de los servidores virtuales por recuperar. Por lo tanto, tendremos que configurarlos en el sitio de recuperación. Si queremos proteger servidores en los dos sitios para que el otro sitio remoto oficie de sitio de recuperación en algún momento, debemos configurar los placeholder en los dos sitios. Los **placeholders** son unos pequeños archivos (1 KB) que se generan en el datastore, que reservaremos

> ESTABLECER LA UBICACIÓN DE LOS PLACEHOLDER DEJA VER LOS SERVIDORES POR RECUPERAR

MAPPING

El concepto de mapping hace referencia a los mapeos que se deben establecer entre el sitio de protección y el sitio de recuperación. Sirve para que el sistema sepa que deberá mover los servidores desde una red a otra, desde un cluster a otro cluster, desde un datastore a otro datastore, desde una carpeta a otra. Es la realización de un mapa para que pueda operar SRM.

para almacenar los datos de las máquinas virtuales por recuperar. Indican al administrador de VMware que en esos recursos donde estén estos archivos van a almacenarse las máquinas recuperadas. También informan al administrador de SRM que los servidores están protegidos realmente. Las máquinas de este modo se verán dentro del inventario de vCenter pero no podrán encenderse. Estos archivos o placeholders no se podrán ubicar dentro de los datastores que utilizarán los servidores protegidos, el storage replicado, ya que en estos datastores no se verán hasta que se ejecute el plan de recuperación. Deben estar almacenados quizás en los discos locales del ESXi o en alguna otra ubicación que se comparta entre los servidores intervinientes del cluster de recuperación. Estos archivos se deberán borrar una vez ejecutado el plan de recuperación y recuperados los servidores.

LA VERSIÓN 5 DE SRM UBICA MÁS FACILMENTE LOS EQUIPOS REPLICADOS

En la versión 5 de SRM disponemos de una ayuda extra para ubicar los equipos replicados ya que se van a ver a simple vista mediante otro icono dentro del árbol de administración.

Un error muy evidente de versiones anteriores era que al buscar un servidor protegido por SRM se lo encontraba dos veces y realmente no podíamos establecer cuál era el productivo y cuál era su réplica hasta que no lo entrábamos en su consola de administración y sus detalles.

Ahora, en tan solo cinco segundos podemos establecer estas ubicaciones sin ningún problema.

Una vez que hayamos interconectado los sitios, más los links de configuración, se habilitarán en la consola para que podamos seguir configurando todo el sistema. Sigamos estos simples pasos para ubicar los placeholder en algún datastore.

ICONOS NUEVOS

La versión 5 de SRM permite ubicar los servidores precreados en el sitio de recuperación de una manera mucho más fácil, mediante un icono especial. En las versiones anteriores se confundían mucho las máquinas productivas con las máquinas por recuperar pues llevaban el mismo nombre. La única diferencia radicaba en que uno estaba apagado y el otro encendido.

PASO A PASO: UBICAR LOS PLACEHOLDER

01 Diríjase a la consola de SRM y oprima en el link de la derecha denominado `Placeholder Datastores`.

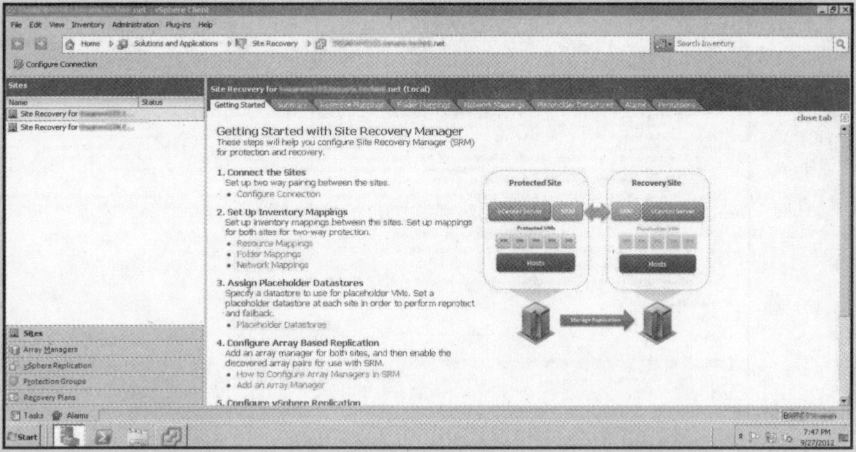

02 En la consola, haga clic en `Configure Placeholder Datastore`. Esto abrirá una ventana emergente, en la cual deberá elegir el datastore en cuestión.

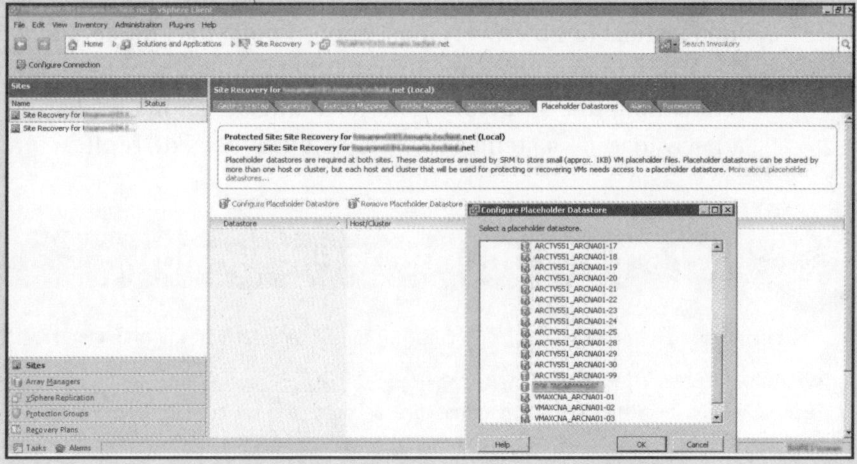

03 Si oprime sobre el link `More about placeholder datastores...` podrá recibir más ayuda sobre información de los placeholder.

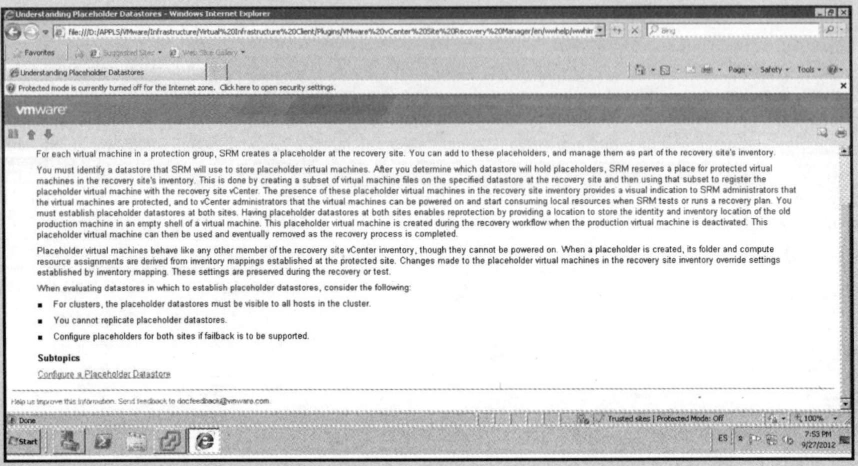

El quinto paso consistirá entonces en **configurar la replicación de los datastore**. El éxito de este paso depende en gran medida de la elección que hayamos tomado en los pasos anteriores.

A continuación, vamos a explicar los distintos métodos de replicación que existen. También veremos, con un poco más de detalle y desarrollo, el método nuevo disponible mediante la utilización de vSphere Replication, una solución económica que soluciona, en varios ambientes, la necesidad de sistemas complejos y costosos de replicación.

DATASTORE Y GRUPOS DE PROTECCIÓN

Debemos tener en cuenta que por una cuestión de mantener el orden y proteger la performance del sistema vamos a necesitar armar por cada datastore replicado un grupo de protección diferente. Por tal motivo, conviene que las máquinas que se correspondan con un determinado sistema que vamos a proteger se encuentren dentro del mismo datastore replicado. Dicho en otras palabras, que se encuentren dentro del mismo grupo de protección.

Métodos de replicación

Los métodos de replicación hacen referencia a las posibilidades de replicación que existen hoy en el mercado con respecto a las cajas de storage. Cada empresa maneja sus algoritmos y tecnologías. Cuando hablamos de replicación estamos haciendo referencia a la **copia de datos entre el sitio protegido y el sitio de recuperación con la mínima pérdida de datos posible**. Esto es indispensable para que el sistema de SRM funcione.

Métodos existentes de replicación

Hoy en día, los sistemas de replicación se utilizan para infinidad de sistemas: sistemas de correo, sistemas SAP, sistemas de bases de datos, etc. VMware SRM los utiliza para replicar los archivos de los servidores virtuales que vamos a proteger. Tanto de un lado como del otro, los datos se deberán mantener consistentes y accesibles. Cada vez que el sistema operativo virtual o también llamado sistema operativo cliente escriba en su disco virtual, estos cambios se verán reflejados en ambos sitios. Cada vez que se ejecute el DRP mediante SRM debemos tener en cuenta que es como un reinicio del servidor virtual. Por lo tanto, los datos de una base de datos, por ejemplo, quedarán consistentes hasta la última operación en donde la transacción haya concluido su operatoria. A grandes rasgos, es igual a lo que sucede cuando se pone en funcionamiento el servicio de HA del cluster, solo que se realiza a grandes distancias.

LA REPLICACIÓN ES INDISPENSABLE PARA QUE EL SISTEMA SRM FUNCIONE

Los sistemas convencionales de replicación trabajan mediante **replicación por parte del storage** propio. Se configura desde el storage y en algunas ocasiones el sistema operativo ni siquiera se entera de que está replicado. Para el sistema operativo en esta situación la operatoria es normal, como si hubiese un solo sistema de archivos. El sistema operativo escribe en los discos y luego el storage se encarga de la replicación.

Existen varios métodos de replicación, por ejemplo podemos tener **replicación instantánea** o **replicación tardía**. En la primera, la caja de storage no indica que ha escrito en un sector del disco hasta que el dato no se haya replicado y se haya escrito en ambos discos. En cambio, en la segunda, el storage da el ok de escritura y luego el storage remoto recibe el ok de escritura. Esto se utiliza para liberar de tiempos de escritura al sistema operativo y que continúe trabajando. Si bien el tiempo es mínimo en algunos sistemas es crítico este detalle.

Las conexiones también son muy variadas, hay replicación **por LAN** o **por WAN** y dentro de estas se puede realizar mediante **conexiones Ethernet**, conexiones **por fibra** o **por satélite**. La más utilizada es la replicación por fibra oscura que es muy veloz y muy segura.

Cada fabricante de storage ofrece su propio sistema de replicación con lo cual este tema depende un poco más de los departamentos de storage, dentro de las empresas. Como es un tema muy importante y de mucha demanda generalmente hay gente especializada en estos y en las cajas de un fabricante en particular. No pretendemos entrar en estos temas particulares de cada fabricante en este libro.

EL MÉTODO DE REPLICACIÓN QUE MÁS SE UTILIZA ES POR FIBRA OSCURA

Existe otro tipo de **replicación que es de sistema operativo**, un poco más genérica pero igualmente efectiva. Aquí el sistema operativo se encarga de la replicación y no interfiere el fabricante que tengamos en el storage. Con solo ofrecerle un sistema de archivos que pueda leer es suficiente.

VMware SRM ofrece, a partir de la versión 5, la opción de este tipo de replicación llamada **vSphere Replication**. Con esta replicación ya no es importante si tenemos un storage EMC de última generación o un storage Hitachi o IBM, es más, no es necesario que sea igual en

VSPHERE REPLICATION SIN IDA Y VUELTA

La versión 5 de SRM incluye esta nueva herramienta que se adapta perfectamente en ambientes que no disponen de los recursos necesarios para tener una replicación seria y acorde a un sistema de estas características. Si bien aparece como una alternativa, esta no contempla las funcionalidades que se agregan en esta versión: las de ir y volver oprimiendo un solo botón de la consola.

ambos sitios. vSphere se encargará de la replicación. Esta opción, es importante aclarar, está disponible a partir de la versión **Essential Plus**. Tiene un detalle no menor que veremos más adelante con respecto a la ida y vuelta de los equipos virtuales.

A continuación veremos con un desarrollo más detallado qué trae de nuevo este sistema de replicación.

vSphere Replication

vSphere Replication (**VR**) utiliza tecnologías de replicación incluidas en los host ESXi con ayuda de dispositivos virtuales para replicar máquinas virtuales entre sitios. Fue especialmente creado para ser utilizado con SRM. Los servidores VR se ocupan de la carga de replicación.

En un mismo vCenter podemos tener varios servidores VR para repartir la carga del ancho de banda consumido por cada replicación. Al tener varios servidores VR, estos deberán ser administrados centralmente. Para ello existe otro tipo de servidores llamados vSphere Replication Managment Server (**VRMS**). Habrá uno por cada vCenter y se encargarán centralmente de administrar los servidores VR que dispongamos. Tanto los VR como los VRMS son virtual Appliances de VMware que deberemos instalar. Para utilizar esta opción de replicación en nuestro entorno de SRM debemos instalar, por lo menos, cuatro servidores. Un VR y un VRMS por cada sitio de contingencia. Vale aclarar que no hace falta utilizar SRM para usar VR y VRMS. Estos appliance pueden dar replicación a máquinas virtuales sin contemplar el DRP de estas.

Cada VR está preparado para proteger hasta 500 servidores virtuales y pueden existir hasta 10 VR por cada vCenter.

Recordemos que vSphere Replication funciona con este grupo de appliances virtuales y también utiliza unos agentes que vienen por default dentro de los host ESXi. Estos agentes son los responsables de mandar los datos que hayan cambiado de los servidores virtuales y los appliances se ocupan de recibirlos, administrarlos y replicarlos a los discos fuera de línea de los servidores replicados.

Al proteger un servidor nuevo, el VR hace una sincronización inicial completa del mismo servidor contra su réplica, luego se ocupa de replicar solamente los bloques que hayan cambiado. Esto asegura una gran maximización del uso de banda ancha de la red y asegura RPOs más agresivos. Si bien es una muy buena solución para ambientes no tan críticos o para empresas chicas no se compara con sistemas de replicación de terceros como los que mencionamos anteriormente.

Esta solución de VMware se ofrece para tener una chance de replicación de datos sin altos costos de hardware y licencias. Hay algunas limitantes importantes como la imposibilidad de tener varios puntos de restauración, no utiliza compresión de tráfico ni limitación, el RPO mínimo disponible es de 15 minutos, entre otras.

Ahora sí, continuemos con la forma de configurarlo dentro de nuestro ambiente de SRM. En la consola de configuración de SRM hay una solapa para administrar el vSphere Replication. Allí veremos una serie de links que nos irán guiando en toda la configuración. Como primer paso, debemos desplegar el appliance de los VRMS.

PASO A PASO: INSTALAR VRMS

01 Diríjase a la consola de SRM y oprima la solapa `vSphere Replication`, que se encuentra en el panel izquierdo. Haga clic sobre `Deploy the VRM Server` y luego, en el botón OK de la ventana emergente.

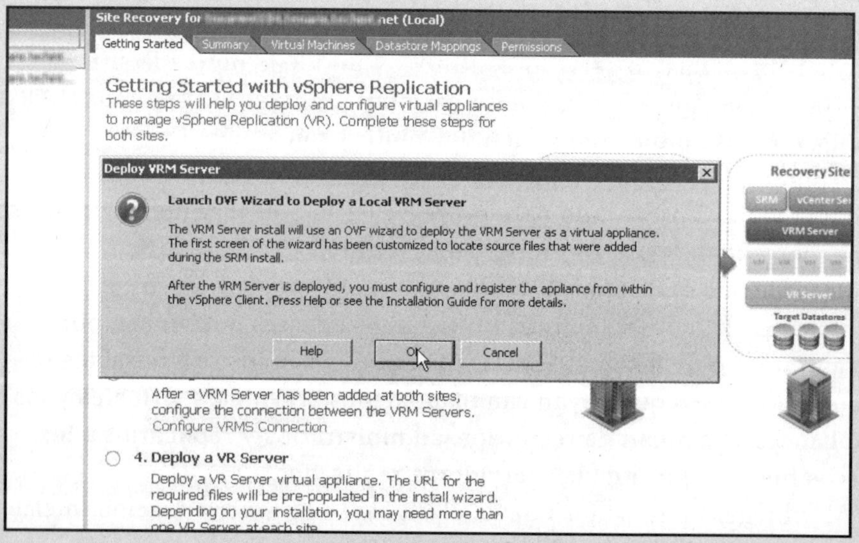

02

La ventana `Deploy OVF Template` informa que se va a montar un `ovf` desde el vSphere. Oprima en el botón `Next`.

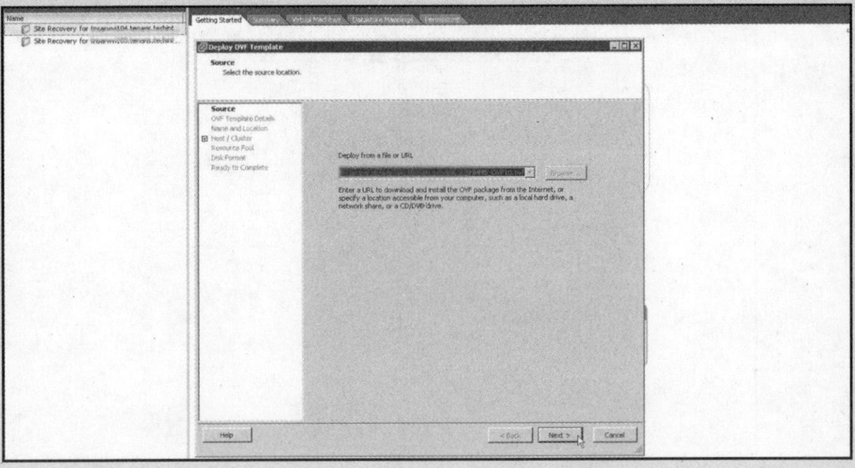

03

Vea el resumen del appliance teniendo en cuenta las necesidades de espacio en disco y pulse `Next` para continuar.

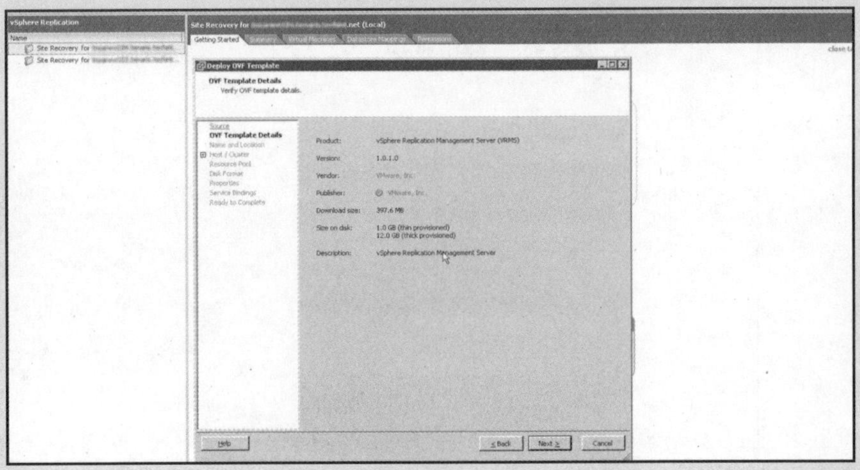

04

Escriba un nombre para el servidor virtual con el cual distinguirá al VRMS en su red. Elija el datacenter donde se va a configurar y oprima en Next.

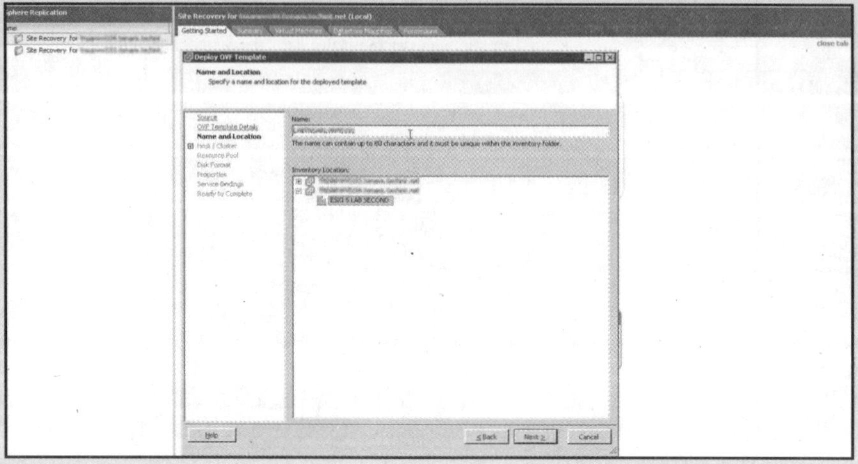

05

Elija en qué **host** se va a instalar el VRMS y haga luego clic en Next para continuar con el proceso de instalación.

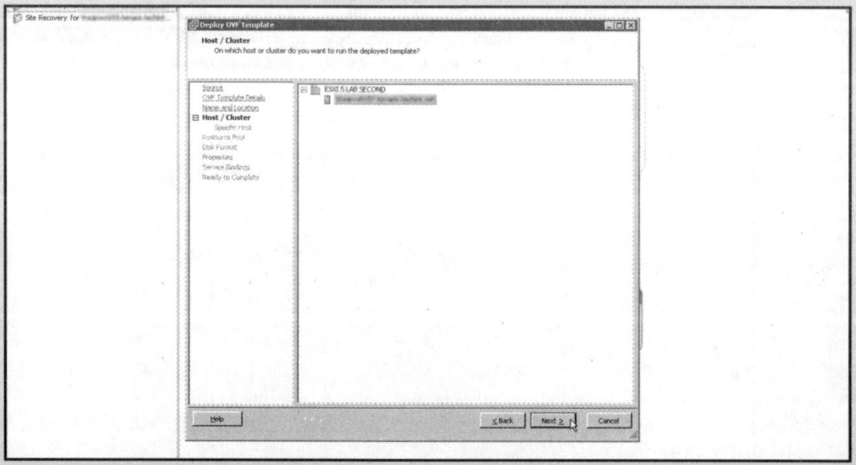

06

En la pantalla siguiente, elija a continuación un datastore donde almacenará los discos virtuales del VRMS. Oprima en Next.

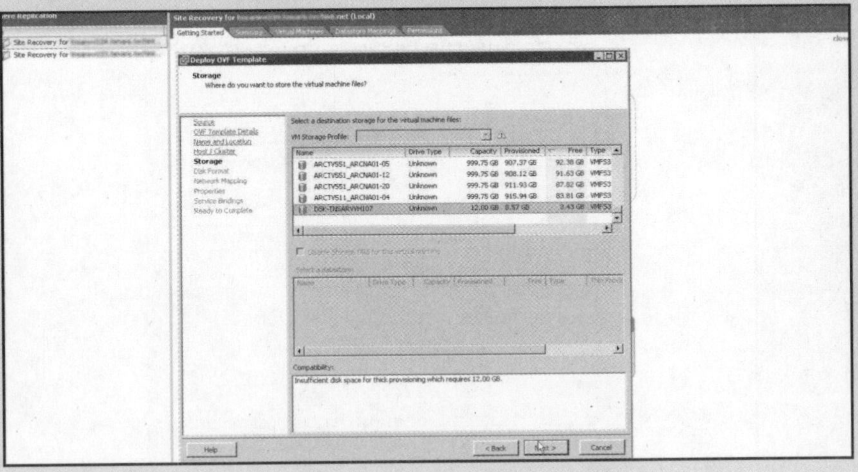

07

Elija un método de almacenamiento para su VRMS. Lo aconsejable es seleccionar Thin Provisioning para maximizar la utilización de su disco físico.

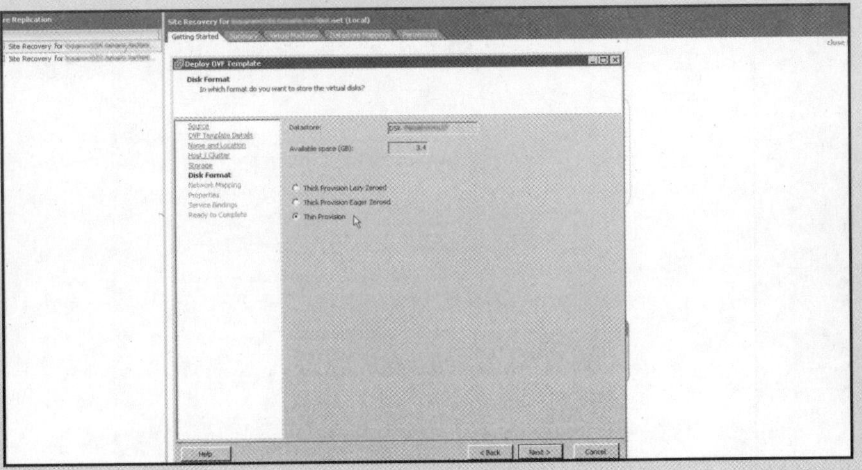

08 En la pantalla que aparece a continuación, seleccione la VLAN de red que utilizará para que trabaje el VRMS. Luego, haga clic en `Next` para pasar al siguiente paso.

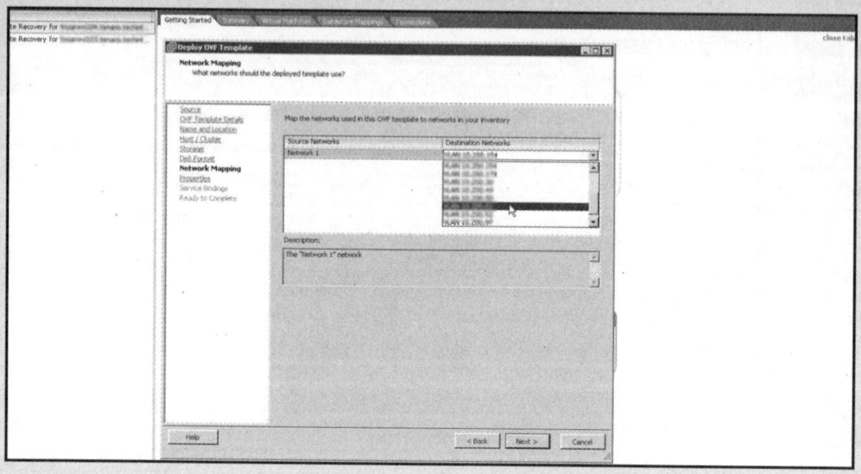

09 Complete los datos de contraseña del usuario root (administrador) y de la placa de red de su VRMS. Oprima en `Next`.

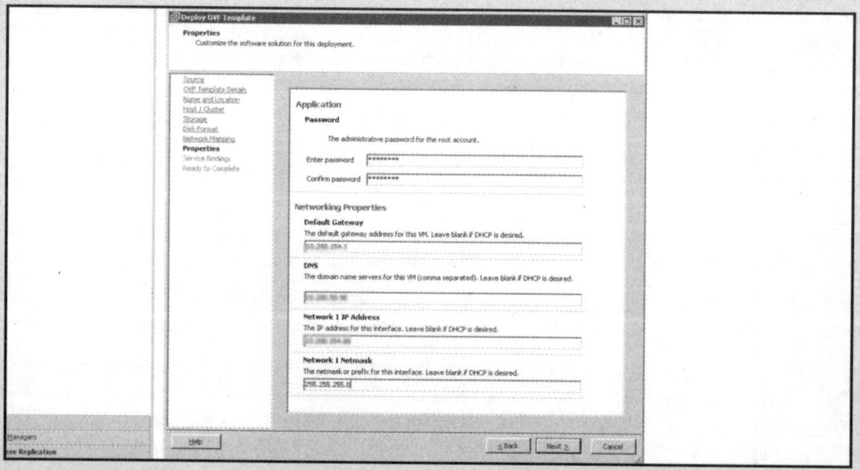

10 Deje seleccionado el actual método de conexión con el vCenter y pulse `Next`. Luego presione `Finish` para comenzar el despliegue.

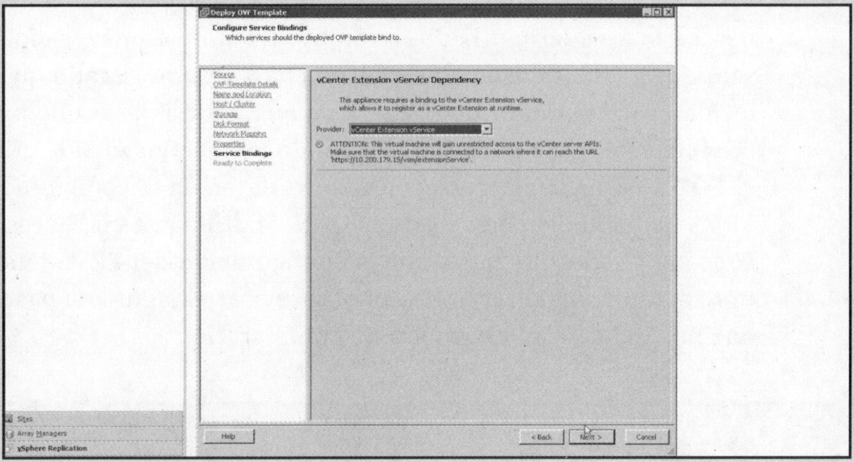

11 Haga clic en `Close` una vez que el despliegue del VRMS haya finalizado. Vaya a la consola de administración de servidores virtuales y chequee que todos los recursos de su nuevo servidor estén correctos. Encienda el servidor.

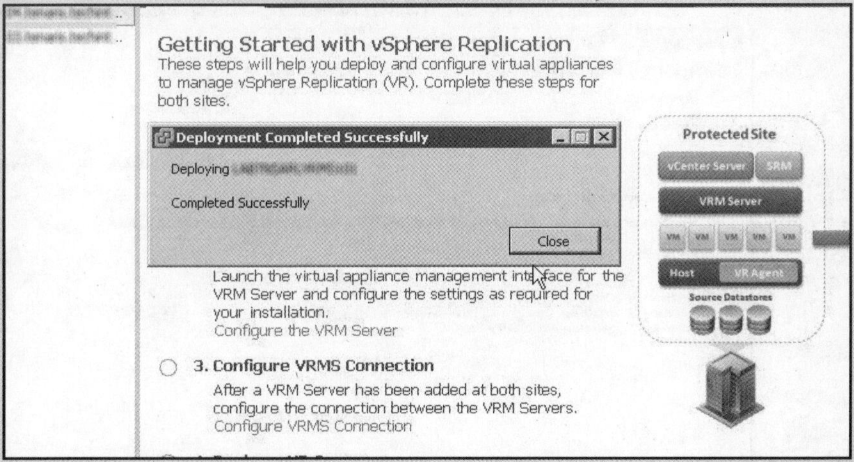

Una vez que hayamos desplegado los VRMS en los dos sitios de SRM, tendremos que terminar la configuración. Debemos tener en cuenta que el VRMS necesita una base de datos para trabajar. Esta base de datos tenemos que crearla y asignarle un usuario para luego ingresar los datos en la configuración del appliance. Para configurar el appliance es necesario acceder por la dirección IP, mediante un navegador web, del servidor VRMS. Debemos prestar mucha atención cuando ingresemos los datos del servidor de vCenter, ya que podría pasar que nunca nos conecte en el paso posterior. Si cuando instalamos el SRM utilizamos el **FQDN** para conectarnos contra el vCenter, en la configuración del VRMS también debemos usar el FQDN. Si utilizamos la dirección IP para conectar el servicio de SRM en la configuración del VRMS tenemos que utilizar la misma dirección. Vamos a revisar el siguiente paso a paso que nos indica cómo terminar de configurarlo.

PASO A PASO: CONFIGURAR VRMS

01 Acceda a un navegador web y escriba la dirección IP del servidor VRMS que quiere configurar. Ingrese el nombre y contraseña del usuario root que configuró en el despliegue del appliance.

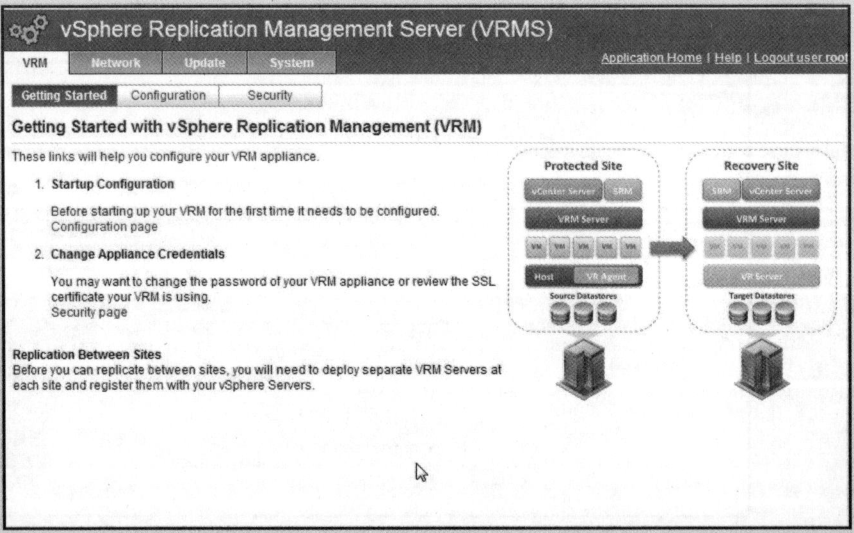

02 Diríjase a la solapa `Configuration`. Allí complete la información de la base de datos que utilizará el VRMS. Coloque la dirección IP o FQDN del vCenter, además del nombre de usuario de servicio y contraseña. Ingrese un e-mail de administración y haga clic sobre el botón `Save and Restart Service`.

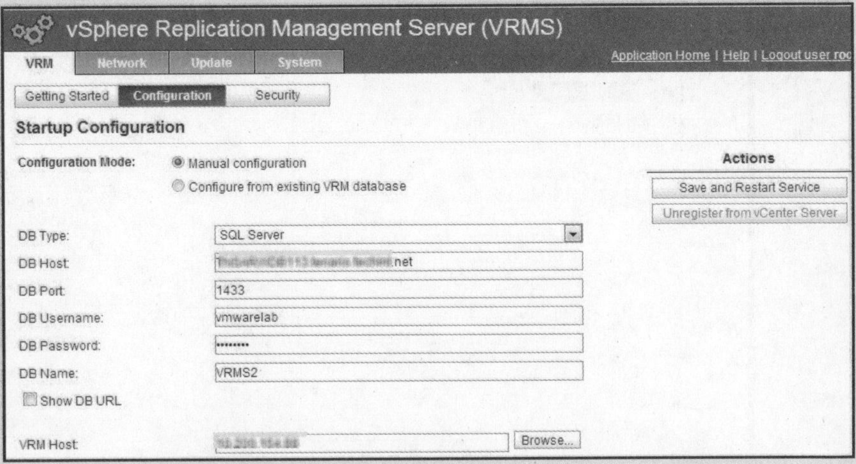

03 Confirme el certificado SSL autogenerado, el cual es usado para conectarse con el vCenter, haciendo clic sobre el botón `Accept`.

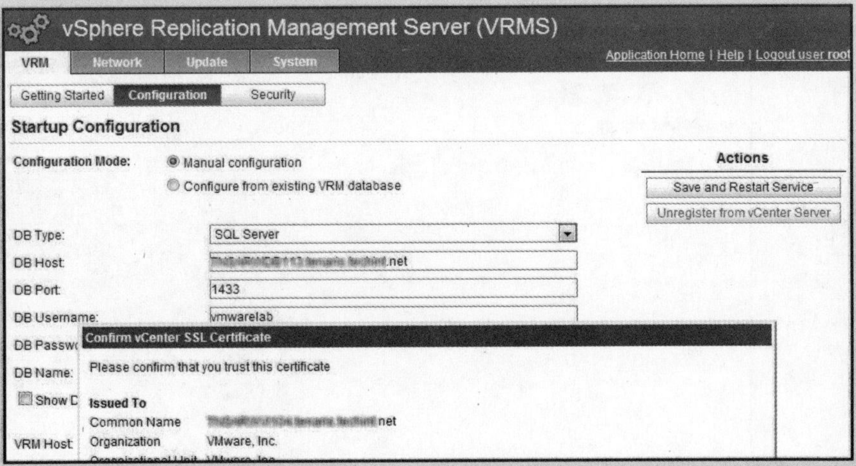

04

Verifique que el texto **Successfully saved the startup configuration** aparezca en su pantalla en color verde. El mismo le informará que el VRMS ha sido configurado satisfactoriamente.

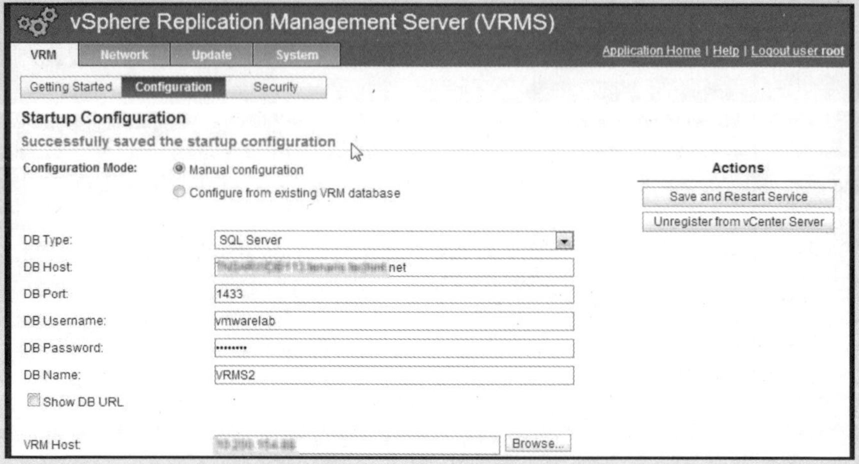

05

En la solapa `Time Zone` seleccione la correcta zona horaria a la cual pertenece el servidor. Haga clic en el botón `Save Settings` y cierre el navegador.

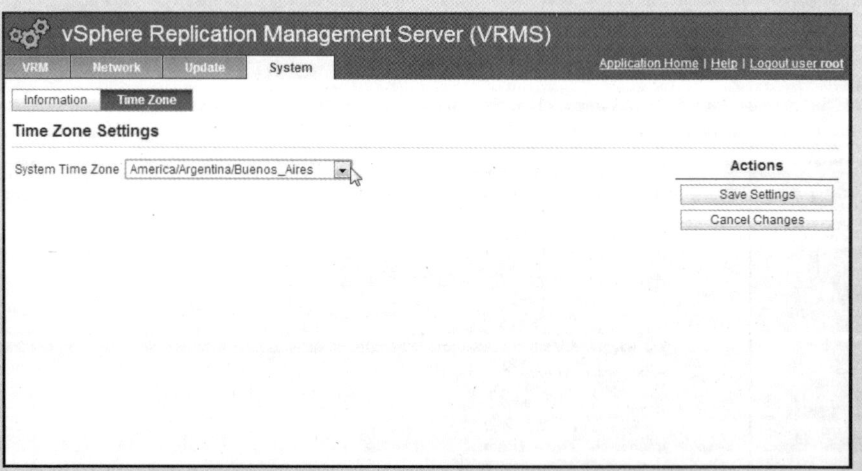

Debemos recordar que hay que repetir esta configuración por cada servidor VRM de la infraestructura.

En nuestro caso, aún nos faltan 3 configuraciones más, además de tener que configurar la conexión entre los VRMS, hacer el despliegue del o de los servidores VR que utilizaremos para las réplicas y registrar estos servidores contra los VRMS correspondientes.

En caso de que hayamos colocado mal las conexiones de los VRMS contra los vCenters, el siguiente paso va a ocasionar un error con el mensaje: **VRM Server generic error**, y con un **código 404**.

Se trata de un bug del VRMS y está reconocido por VMware. Justamente ofrecen esta solución sobre el problema.

EL ERROR 404 ES UN BUG DEL VRMS DEL QUE VMWARE OFRECE UNA SOLUCIÓN

En caso de haber producido este error, debemos entrar nuevamente al appliance por el navegador web y reconfigurar ambos VRMS. Pero antes de hacerlo, deberemos borrar y crear nuevamente la base de datos del VRMS para que ésta se encuentre vacía.

Si no lo hacemos de esta manera, no podremos reconfigurar bien el VRMS.

Por otro lado, si en el campo de conexión del vCenter figura la dirección IP y verificamos que el error que aparece es el 404, será porque en la instalación del vCenter se ingresó el FQDN.

Al reconfigurarlo, entonces deberemos ingresar el FQDN del vCenter y de esta forma funcionará todo correctamente.

Luego de tener esto en cuenta y dejar todo en buenas condiciones, sigamos con el siguiente paso a paso en el que aprenderemos a conectar entre sí a los servidores VRMS que se encuentran en cada sitio.

CONEXIÓN A LA CONSOLA DE SRM

En varias oportunidades vamos a encontar que en la consola de SRM nos topamos con errores típicos de conexión. Esto sucede porque después de un determinado tiempo de inactividad, nuestro usuario se desloguea automáticamentede de la consola.

Para subsanar este error, debemos cerrar el cartel de error y loguearnos nuevamente para retomar la operatoria normal del sistema de SRM.

PASO A PASO: CONEXIÓN ENTRE LOS VRMS

01 Acceda a la consola de SRM y en la solapa de `vSphere Replication` haga clic en `Configure VRMS Connection`. Luego pulse el botón `Yes` de la ventana emergente.

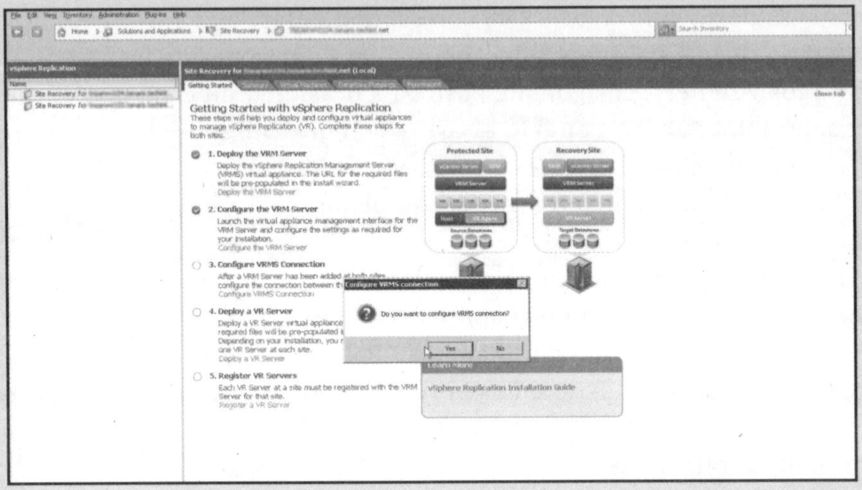

02 Haga clic sobre el botón OK para validar el certificado del VRMS local.

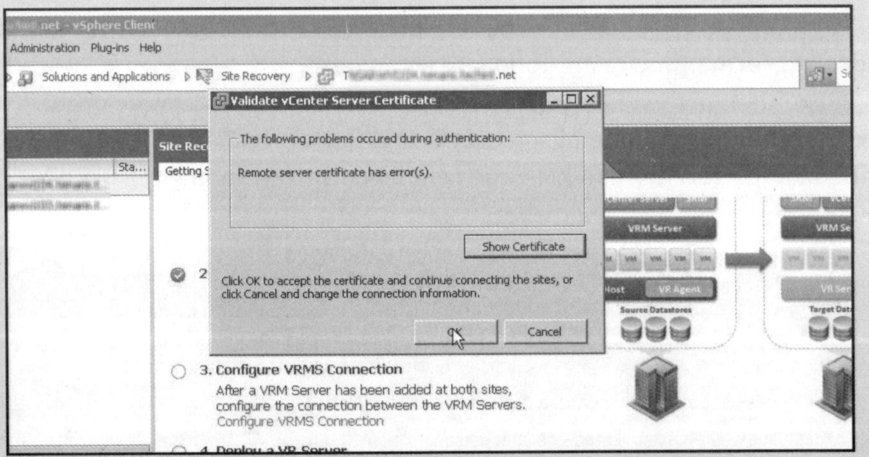

03 Ingrese el nombre de usuario y la contraseña del vCenter remoto al cual está accediendo. A continuación, haga clic en OK para continuar.

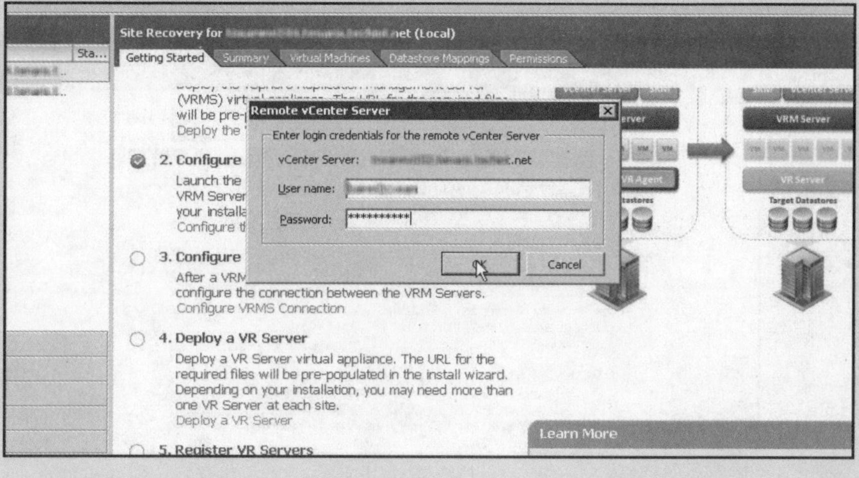

04 Haga clic sobre el botón OK para validar el certificado del VRMS del servidor remoto.

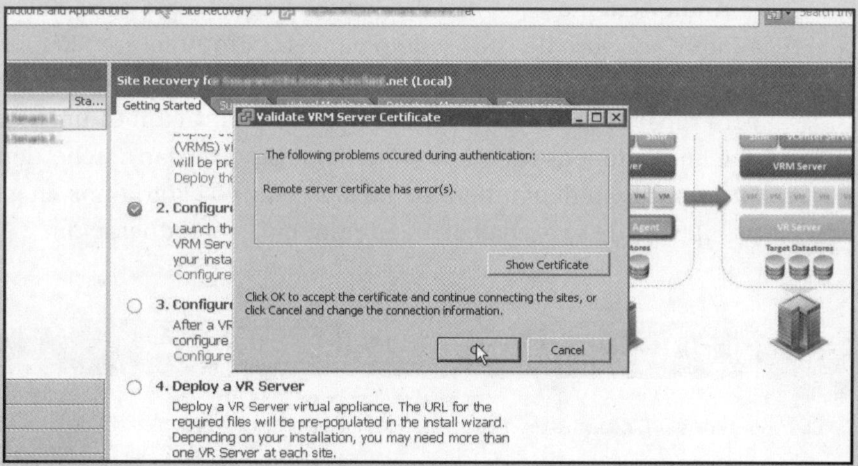

05 Verifique la ventana emergente en la cual le informan que la conexión se ha establecido correctamente. Oprima en el botón OK para cerrar la configuración.

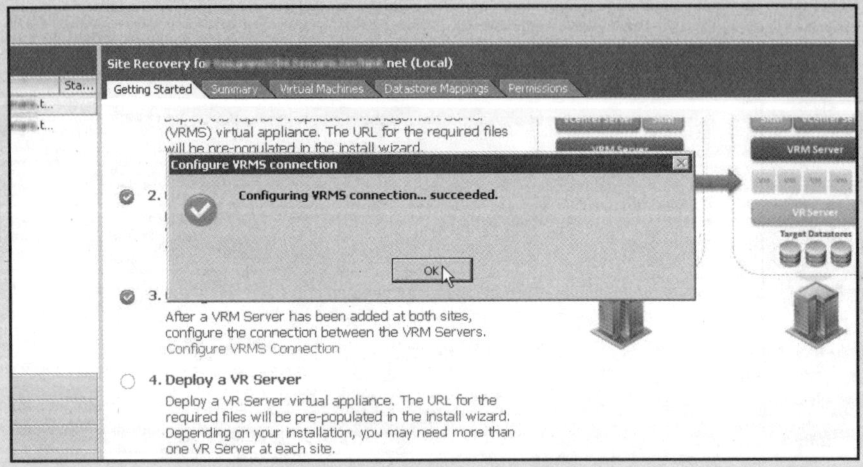

Ahora que ya hemos logrado conectar de manera satisfactoria los servidores que van a administrar los servidores VR de la infraestructura, tenemos que comenzar a instalar algunos de ellos.

Ahora tenemos que instalar los servidores. Para esto, necesitamos, aunque sea, uno de cada lado de nuestra arquitectura SRM. Esto es un requisito inicial, pero el día de mañana podemos instalar más para repartir la carga de replicación. La replicación es un sistema que demanda muchos recursos y puede llegar a tardar mucho tiempo. Si este trabajo dependiera de un solo equipo estaríamos en graves problemas de ventanas de mantenimiento y recuperación.

REPLICACIÓN POR VR Y LA ECONOMÍA

Con los servidores VR podemos tener una replicación de máquinas virtuales más allá de los equipos de storage que tengamos y sin la necesidad de utilizar herramientas de terceros. Si bien no podemos usar el ida y vuelta, nos evitará incurrir en grandes gastos.

PASO A PASO: DESPLEGAR SERVIDORES VR

01 Acceda a la consola del SRM y vaya hasta la solapa `vSphere Replication`. Oprima en el link `Deploy a VR Server` y haga clic en el botón OK.

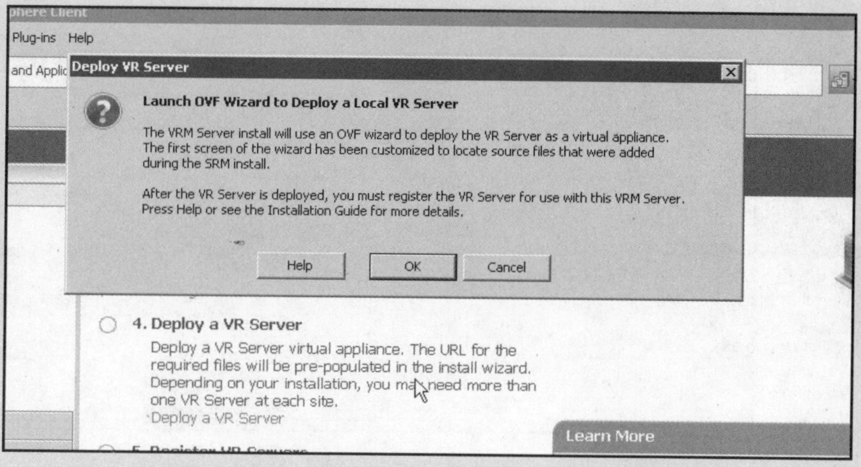

02 Haga clic en `Next`. Verifique las necesidades de espacio en disco que detalla el sistema y pulse `Next` nuevamente.

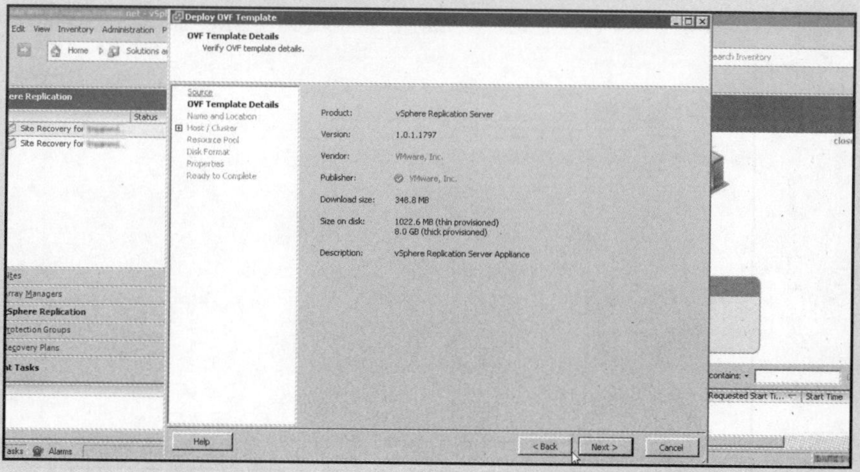

03 Escriba un nombre para el servidor VR y elija un datacenter al cual asignarlo. Para continuar, oprima en Next.

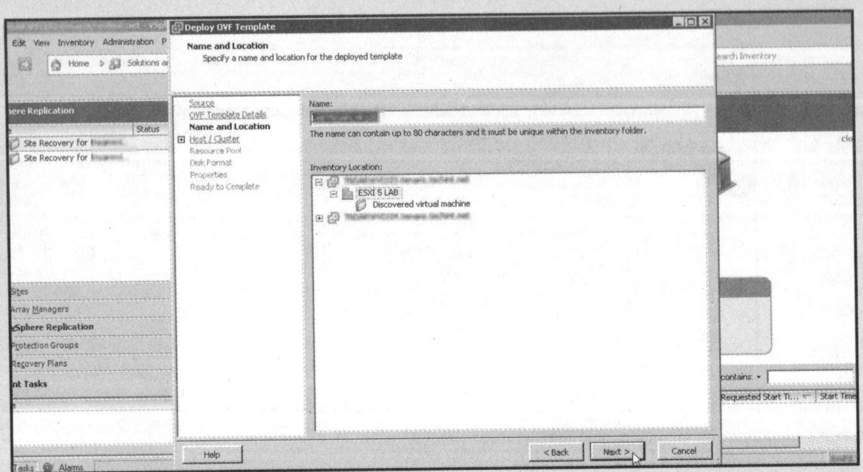

04 Seleccione un cluster en donde va a estar instalado el servidor. Presione Next para pasar a la siguiente pantalla.

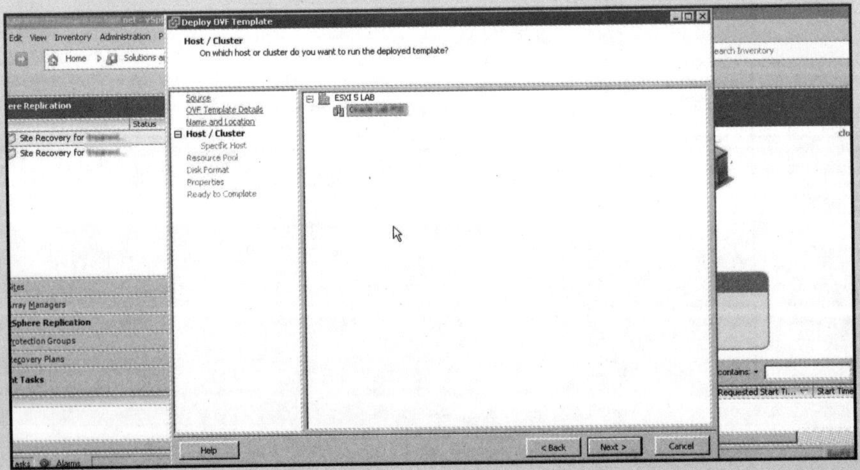

05

Seleccione el grupo de recursos que va a utilizar para el servidor VR. Oprima en Next para poder continuar.

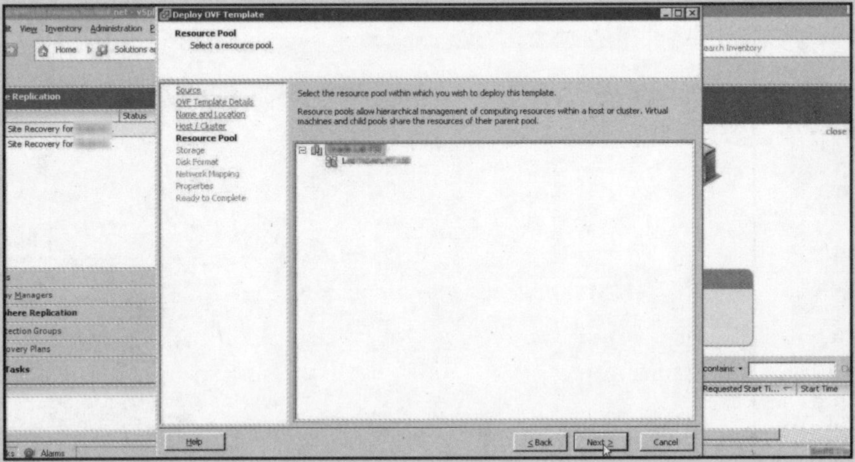

06

Elija el datastore en donde va a ser almacenado el servidor VR, oprima en Next.

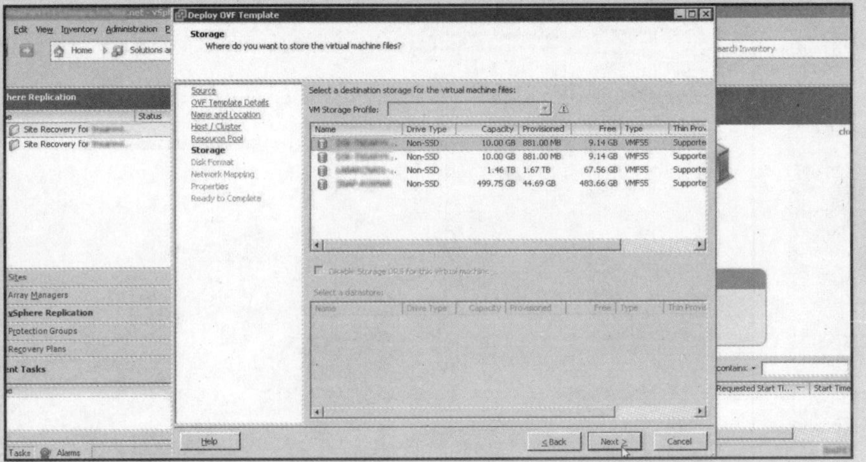

07 Seleccione el método de almacenamiento de disco. Utilice `Thin Provision` para maximizar los recursos de su infraestructura.

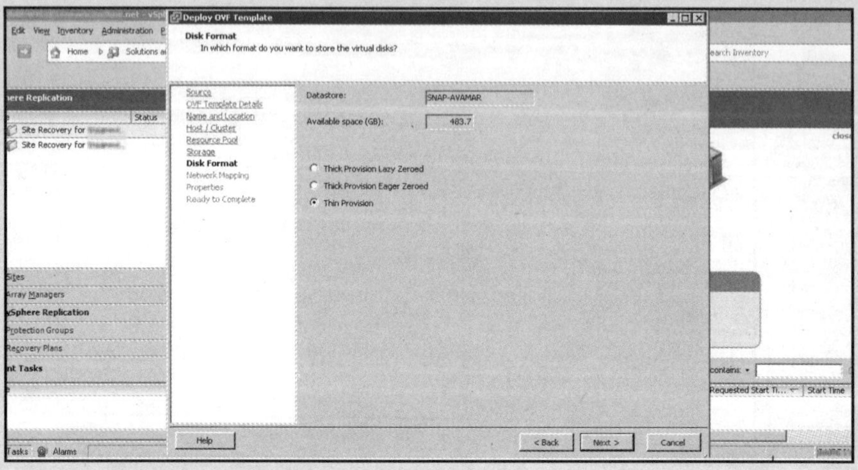

08 De la lista desplegable, elija la `VLAN` que utilizará el servidor. Oprima en `Next`.

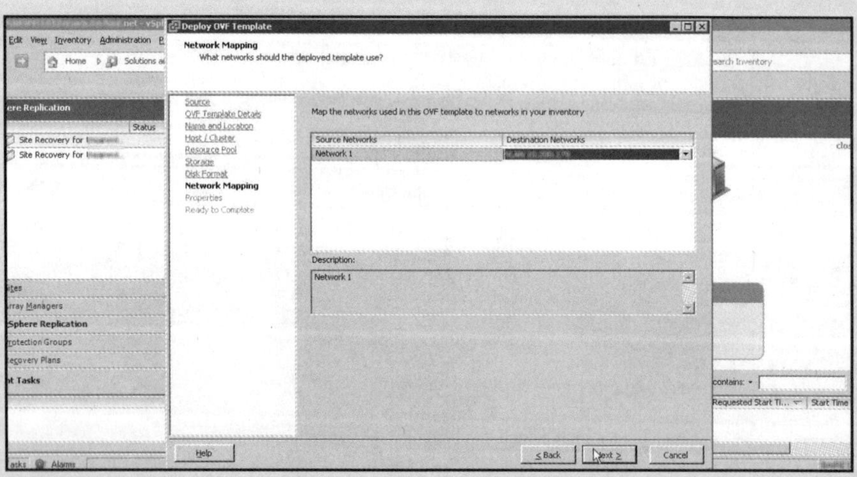

09

Complete todos los datos de la interface de red que utilizará el servidor. Pulse `Next`.

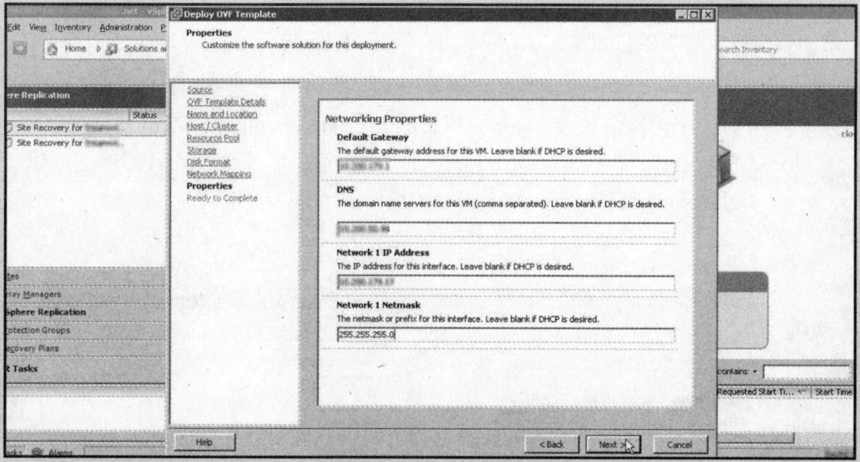

10

A continuación, lea detenidamente y verifique el resumen que aparece en pantalla. Haga clic en `Finish` para terminar.

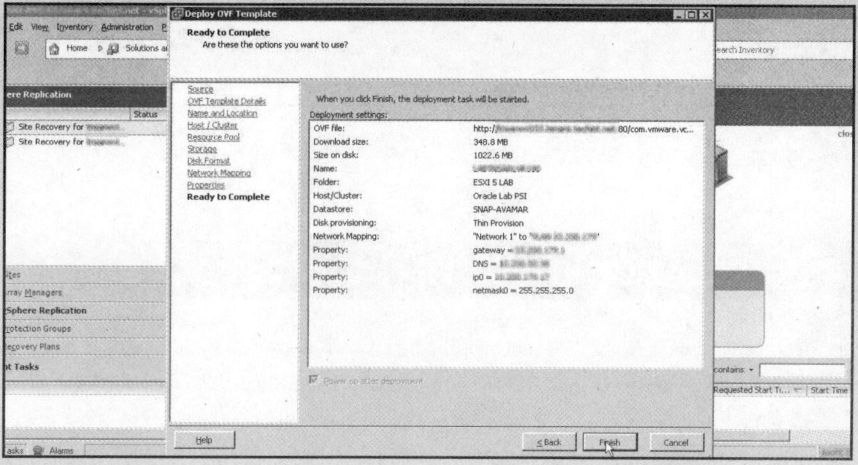

Por último, debemos registrar los servidores VR que se encuentran instalados en los VRMS correspondientes de cada lado.

A continuación, veremos un paso a paso que nos mostrará cómo lograr esta configuración.

PASO A PASO: REGISTRAR SERVIDORES

01 Para registrar el servidor VR acceda a la consola de SRM y seleccione la solapa `vSphere Replication`. Oprima sobre el link `Register VR Server`. Seleccione el VR Server y pulse OK.

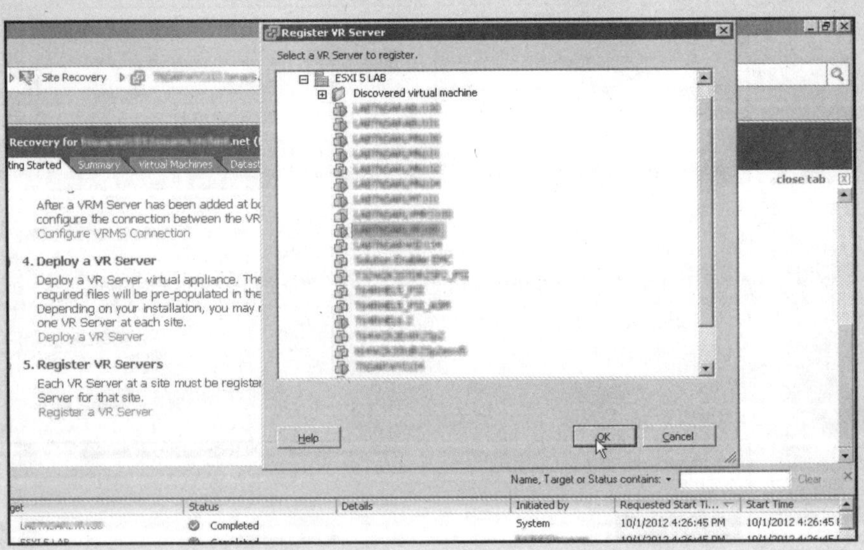

RELACIÓN VMRS Y VR

Recordemos que la relación de cantidades entre los servidores VMRS y VR es de uno a muchos. Por lo tanto, necesitamos por lo menos, uno de cada uno en cada vCenter. No obstante esto, más adelante podemos seguir instalando servidores VR que dependerán de cada VRMS instalado en cada sitio. Por ejemplo, podemos tener un solo VRMS en el sitio de recuperación pero esto no quiere decir que no se pueda tener varios servidores VR.

02 En la ventana emergente , donde el sistema solamente corrobora la acción que está por llevar a cabo, oprima Yes.

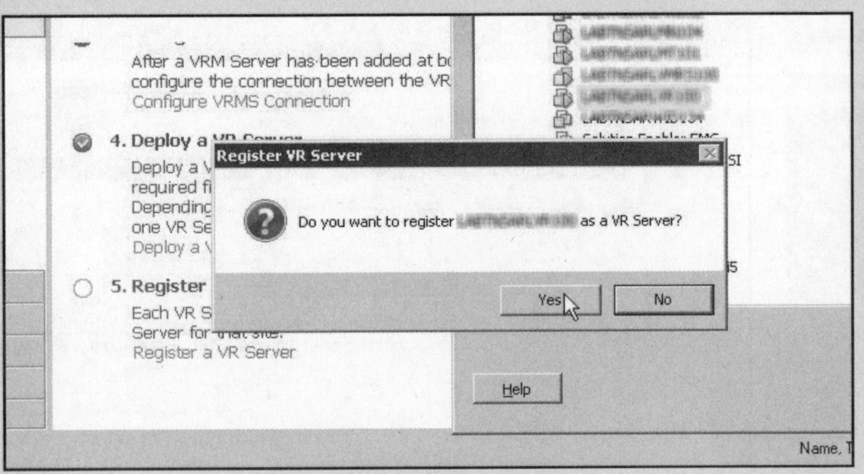

03 Confirme el certificado SSL autogenerado, mediante un clic sobre el botón OK.

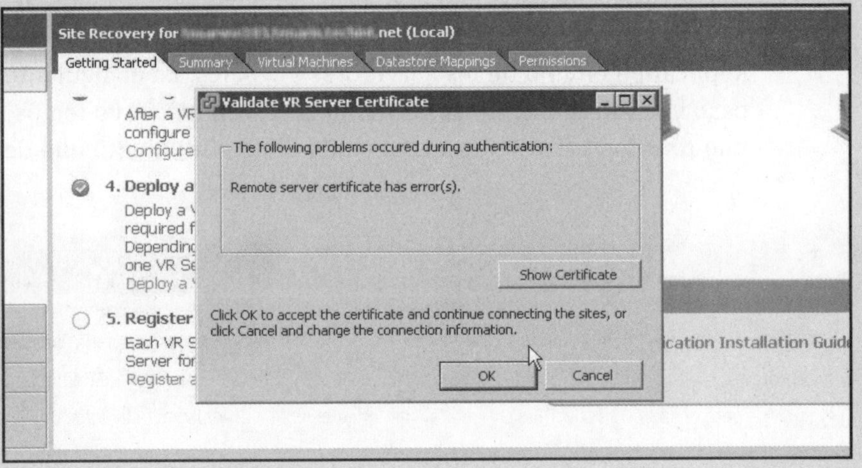

04

A continuación, el sistema le informará que el VR Server ha sido configurado satisfactoriamente. Oprima en OK.

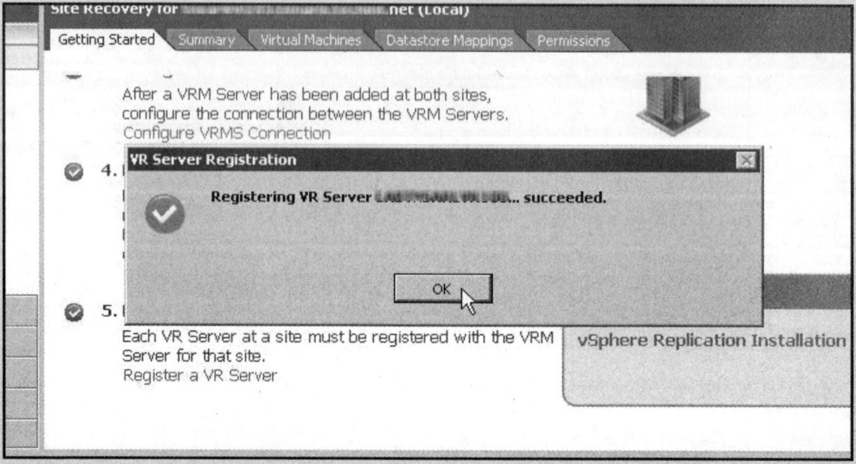

Ahora sí, como ya disponemos de todos los elementos debidamente configurados vamos a ver cómo lograr la protección propiamente dicha de los servidores virtuales y su recuperación.

Pero antes de hacerlo, como utilizaremos la replicación de VRMS, deberemos configurar aunque sea la replicación mediante vSphere Replication en uno de los servidores virtuales. En el siguiente paso a paso veremos cómo llevar a cabo tal configuración. Podemos configurar uno o varios pero siempre siguiendo el procedimiento que detallaremos.

VR Y REPROTECCIÓN DEL DRP

Debemos tener en cuenta siempre que al utilizar vSphere Replication nos estamos inhabilitando de reproteger nuestro ambiente con tan solo apretar un botón. Por tal motivo, si queremos mandar los equipos para un lado y traerlos nuevamente al sitio original nos veremos en la obligación de reconfigurar todo. Si esta situación no nos resulta favorable, podemos evitarla mediante la utilización de la ya mencionada, replicación de terceros.

▼ PASO A PASO: CONFIGURAR UN VR

01 Vaya a la consola de vCenter en el apartado `Host and Clusters`. Seleccione la máquina que va a replicar. Haga clic con el botón derecho e indique el último ítem `vSphere Replication`.

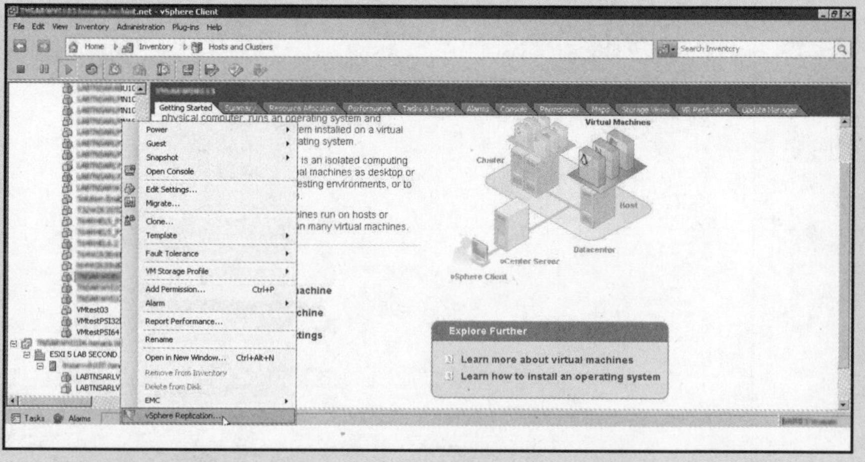

02 Elija el Recovery Point Objective (`RPO`) que va a considerar para su equipo. Luego indique el datastore donde va a almacenar la replica. Pulse `Next`.

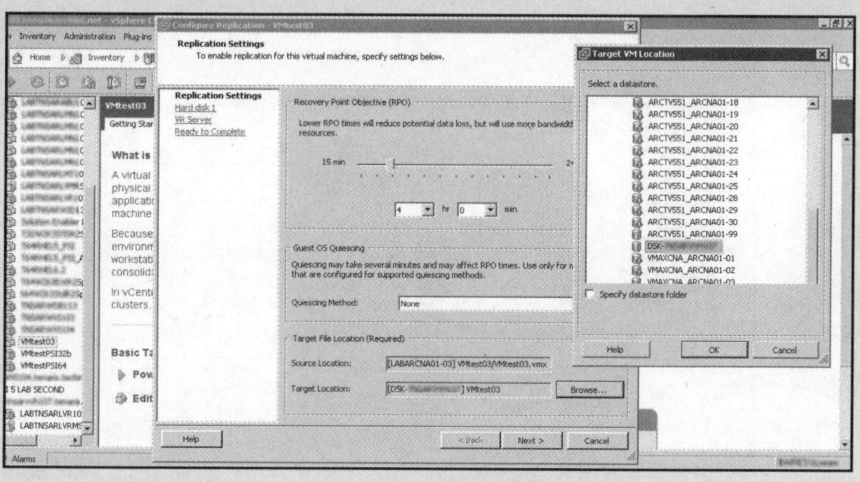

03 Seleccione `Enable replication for this disk`, entre las opciones del método de almacenamiento y oprima en `Next`.

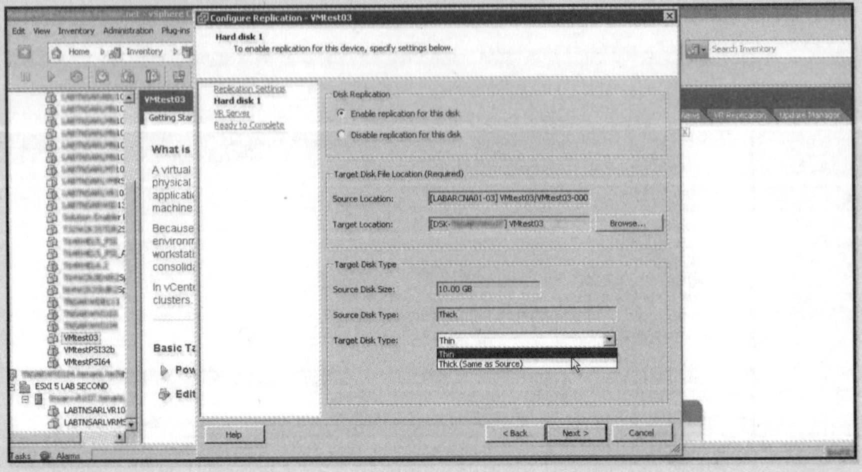

04 Seleccione la opción `Auto-assign VR Server` y haga clic en `Next` para continuar.

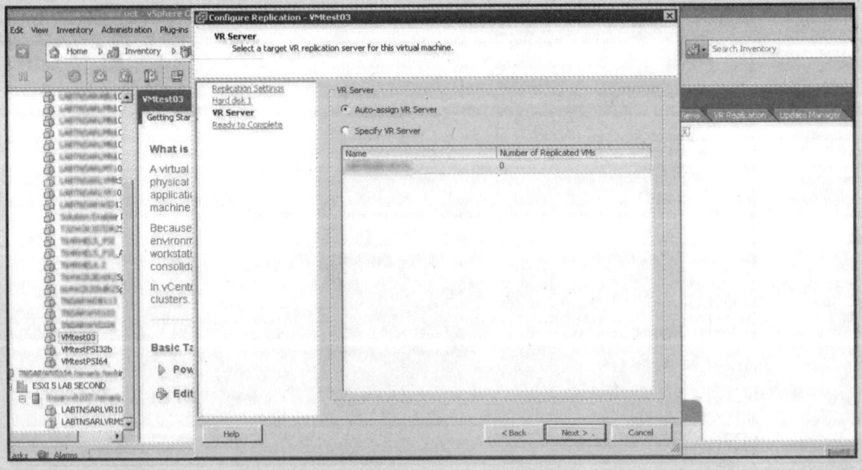

05 En la siguiente pantalla, lea detenidamente y analice el resumen resultante. Luego, oprima en `Finish` para comenzar la replicación.

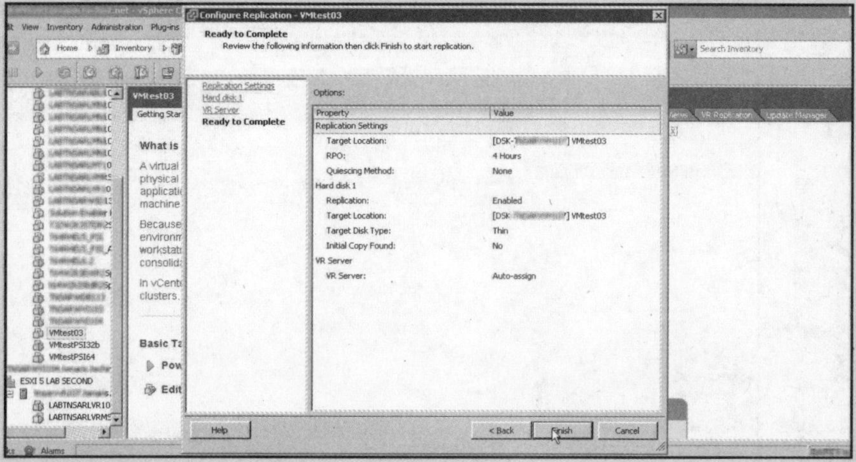

06 Pulse el botón Ok de la ventana que indica que la configuración se ha realizado satisfactoriamente para dar por finalizado el proceso.

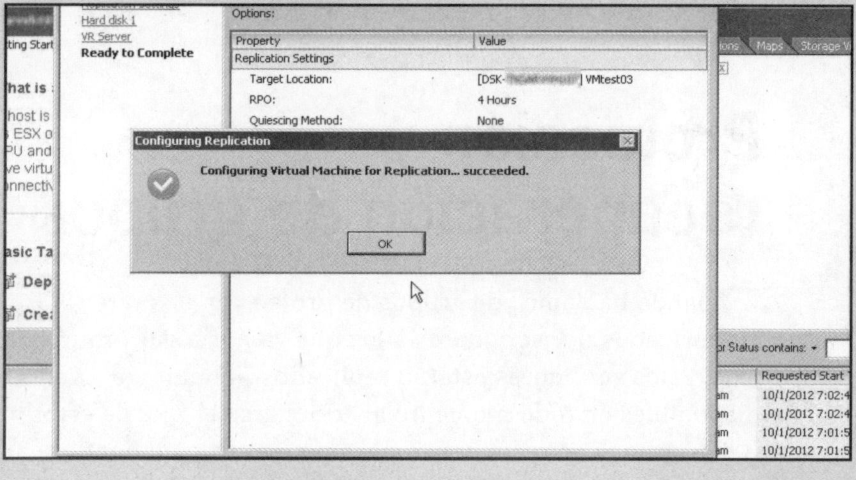

07 Vaya a la solapa `vSPhere Replication` de la consola de SRM y ubíquese en la solapa `Virtual Machines`. Deberá ver la máquina y su estado de replicación.

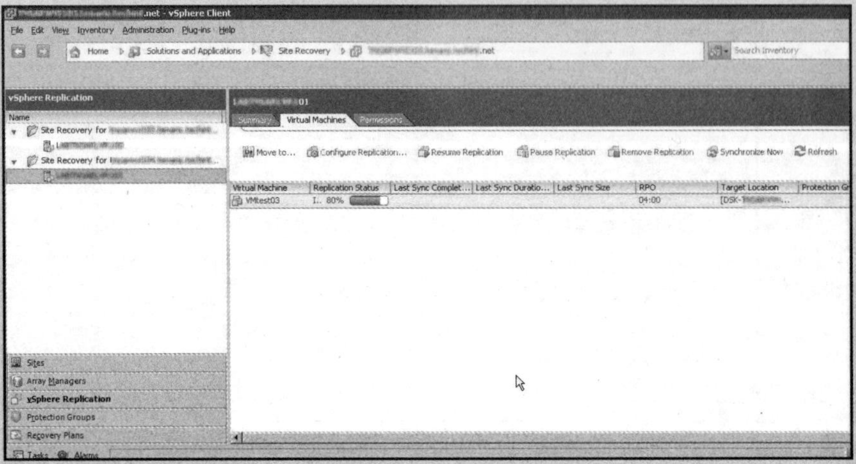

Recordemos seleccionar la opción Auto-assign (ver paso 4), para proteger las máquinas con SRM. Ahora sí, ya podemos generar nuestros grupos de protección para posteriormente crear los planes de recuperación y finalizar con las pruebas.

Protección y recuperación de grupos

Cuando hablamos de grupos de protección nos referimos a grupos conformados por servidores a los que vamos a dar protección con SRM. Estos servidores estarán replicados por storage y van a estar disponibles en todo momento al accionarse el DRP de estos.

Los grupos de recuperación están en el sitio en donde se levantarán los servidores en caso de falla. Aquí veremos algunos detalles de la conformación de estos grupos y su operabilidad.

Qué significa proteger y recuperar un grupo de máquinas

Cuando hablamos de proteger y recuperar servidores virtuales parece un tanto irreal el concepto pero realmente significa eso.

Desde que el concepto de virtualización cobra sentido, lo servidores pasan a ser objetos virtuales y no servidores físicos. Se convierten en objetos maleables y movibles de un lado a otro, sin ningún tipo de riesgo ni limitación. Toman independencia del concepto físico y ya no importa en qué hardware funcionan.

De esta manera, los servidores virtuales se protegen desde el sitio de protección y se recuperan en el sitio o los sitios de recuperación.

Cuando comenzamos a proteger los servidores virtuales tenemos que ir estableciendo ciertos parámetros que definan el entorno de protección. Podemos proteger una máquina o un grupo de estas. Generalmente, se protegen de a grupos de servidores que contemplan o intervienen en un servicio específico de la organización. Por tal motivo, debemos definir el grupo de servidores por proteger, los cuales se elijen por estar también en el mismo datastore que se replicará. Además, tenemos que establecer qué recursos vamos a utilizar, una prioridad entre los servidores protegidos y una serie de pasos que iremos viendo más adelante.

> EN LA VIRTUALIZACIÓN, LA PROTECCIÓN SUCEDE DESDE EL SITIO DE PROTECCIÓN

Del lado de recuperación se deben crear los planes de recuperación que pueden contener uno o todos los servidores de un grupo de protección específico. Se deben establecer un par de variables y ya tendremos la protección y la recuperación configuradas.

Una vez realizados estos pasos podremos efectuar las primeras pruebas y hasta quizá un ida y vuelta para ver cómo se comportan los sistemas protegidos.

El plan de recuperación crea una serie de pasos por seguir muy detallados sobre cada punto o acciones que se realizan en caso de desastre. Organiza los servidores por recuperar en grupos de prioridad, da avisos de errores que pueden aparecer y hasta podemos crear scripts personalizados y una parada programada por un determinado tiempo o accionar. En este sentido podemos crear, por ejemplo, un cartel que hasta que no hagamos clic sobre un link el plan no continúe. Esta posibilidad es muy utilizada a la hora de realizar configuraciones posteriores o intermedias que necesitan de intervención humana externa.

Cómo dijimos anteriormente, podemos proteger una serie de equipos y luego crear varios planes de contingencia distintos o desde distintos sitios. Un plan podría consistir en recuperar las bases de datos en el sitio número 2 y los servidores de aplicaciones en el sitio número 3, aunque todos los servidores estén en el mismo grupo de protección. Esta práctica se utiliza también para los casos en que queramos crear un plan de recuperación parcial y un plan de recuperación que abarque a todos los equipos.

Protección de un grupo de máquinas

Ahora demos paso a la práctica. Como ya tenemos todo el sistema de SRM configurado, solamente nos falta proteger alguna máquina virtual y realizar las primeras pruebas.

Para adquirir confianza con el sistema y todo su circuito de configuraciones, comencemos con algunas máquinas de prueba para luego ir pasando a sistemas de menos criticidad y así tomar plena confianza para proteger los sistemas más críticos de la compañía. De esta forma, por ejemplo, funcionan los bancos más serios: cierto tiempo en un sitio físico y luego de un tiempo ejecutan el DRP y operan en otro lugar de la tierra. De esta manera se aseguran su rápida recuperación y testeo del sistema de DRP en su máxima expresión.

PARA TOMAR CONFIANZA ES MEJOR EMPEZAR CON MÁQUINAS MENOS CRÍTICAS

Para crear los grupos de protección, debemos ir hasta la consola de SRM, en la solapa de grupos de protección, y crear los grupos con la ayuda de la herramienta. Tenemos que seleccionar el método de replicación que tendrán nuestros servidores por proteger durante la configuración. Recuerde que para utilizar el vSphere Replication como método de replicación de datos, debemos primero configurar la réplica del servidor en cuestión, caso contrario no lo vamos a ver en la consola. También es posible utilizar las herramientas de terceros si las configuramos previamente en el apartado de **Array Managers**.

PASO A PASO: GRUPO DE PROTECCIÓN

01 Vaya a la consola de SRM y haga clic en `Create a Protection Group` que se encuentra en el punto 6. Seleccione `Protected Site` y el método de replicación, en nuestro caso, `vSphere Replication (VR)`.

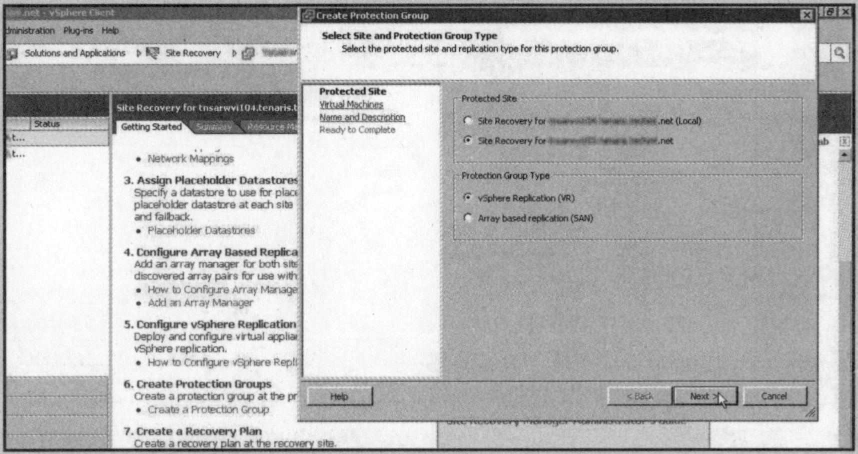

02 A continuación, elija la o las máquinas virtuales por proteger. Oprima en `Next`.

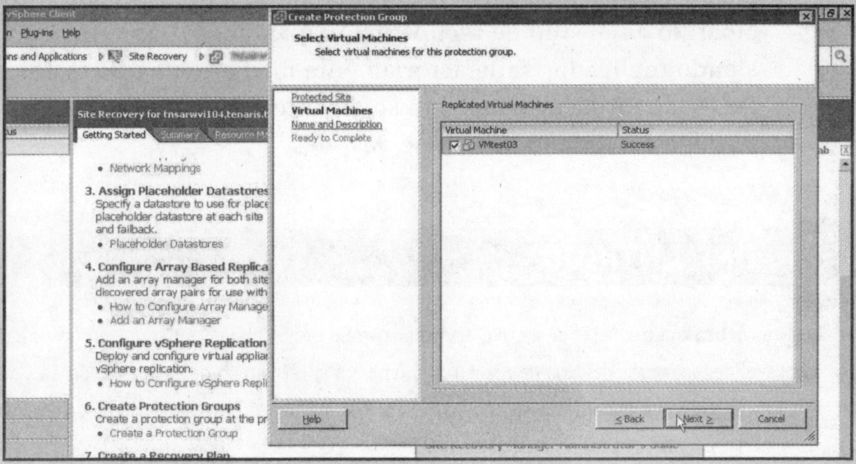

03 Coloque un nombre para el plan de recuperación y una breve descripción que ayuda para una futura identificación del mismo. Pulse Next y luego, Finish.

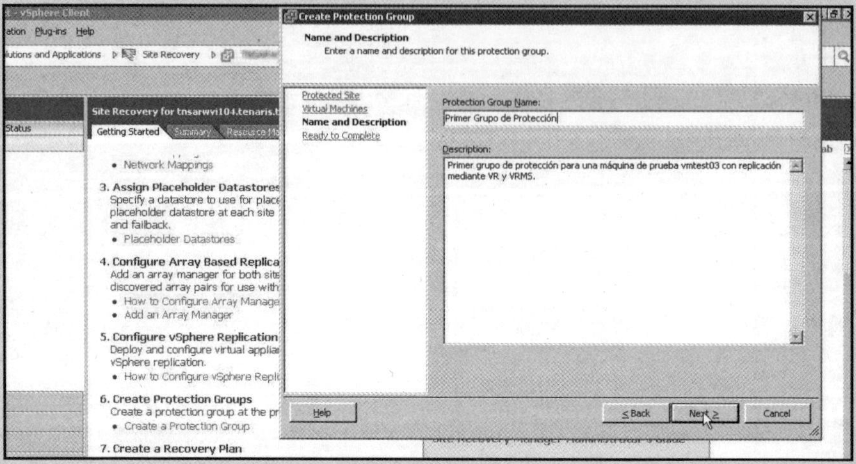

Recordemos siempre tener en cuenta que el servidor replicado por VR debe estar sincronizado para que nos aparezca como una máquina a proteger en el sistema de SRM. De esta manera, vamos a visualizar en la consola los servidores replicados junto a un ícono en forma de rayo amarillo en el sitio de recuperación que indica que estos equipos están siendo replicados satisfactoriamente mediante la utilización de los VR. De todas formas, se replican solamente los datos de los discos. El SRM se dedica a todo lo que viene después.

DRP ANTIGÜO

En otras épocas, la ejecución de un DRP era compleja. Se necesitaba disponer de servidores iguales de ambos lados, apagados del lado de recuperación, para ahorrar tiempo de encendido del servidor físico en DRP. También que el hardware de los equipos fueran iguales, de la misma marca y características, además de tener un control exhaustivo de los cambios para hacer que las similitudes entre ellos sean exactas. Esto hacía que la ejecución del sistema DRP tardara horas e incluso días.

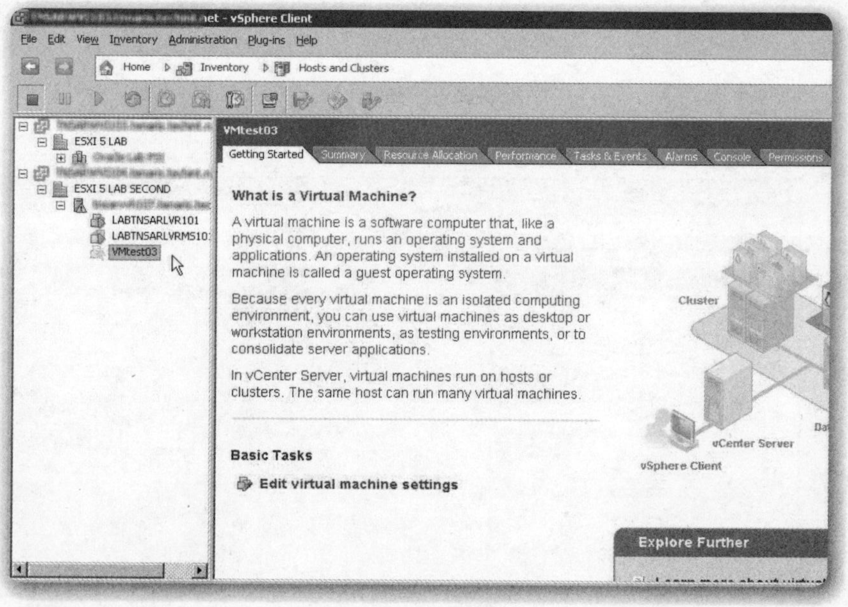

Figura 3. Vemos en la imagen el ícono distintivo para verificar la máquina replicada y protegida por SRM 5.

Recuperación de un grupo de máquinas

Ya estamos en condiciones de generar los planes de recuperación que se corresponderán con los grupos de protección anteriormente creados. Recordemos que podemos crear uno o varios planes de recuperación según nuestras necesidades.

Desde el apartado de **Recovery Plans** vamos a disponer de los asistentes que nos guiarán en el proceso de configuración de dichos planes.

> CADA PUNTO DE PROTECCIÓN PUEDE TENER VARIOS PLANES DE RECUPERACIÓN

De forma rápida, podemos comentar que debemos seleccionar las máquinas protegidas, definir todas las opciones de configuración de las máquinas virtuales, ingresar las direcciones IP de recuperación y demás. Luego, podremos realizar las pruebas y continuar con la reprotección para la ida y vuelta del sistema de DRP.

PASO A PASO: CONFIGURAR PLAN DE RECUPERACIÓN

01 Vaya a la consola de SRM y haga clic en la solapa de `All Recovery Plans`. Oprima sobre el link `Create a Recovery Plan`.

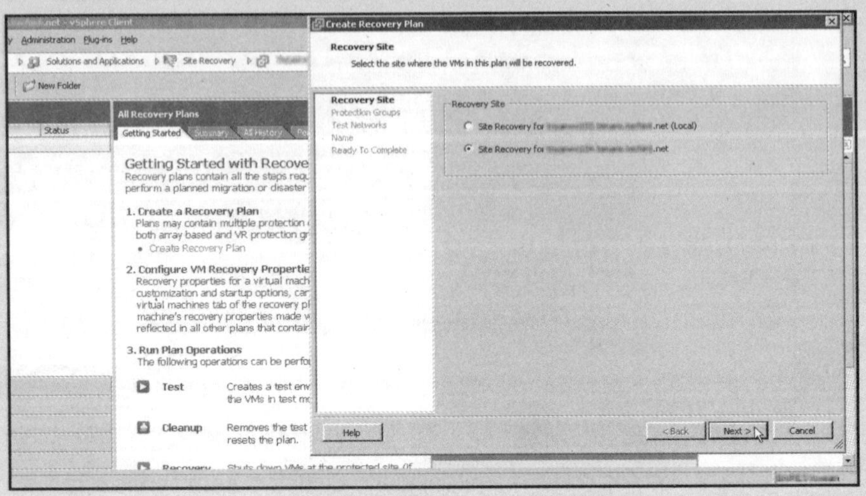

02 Seleccione el grupo de protección que creó anteriormente.

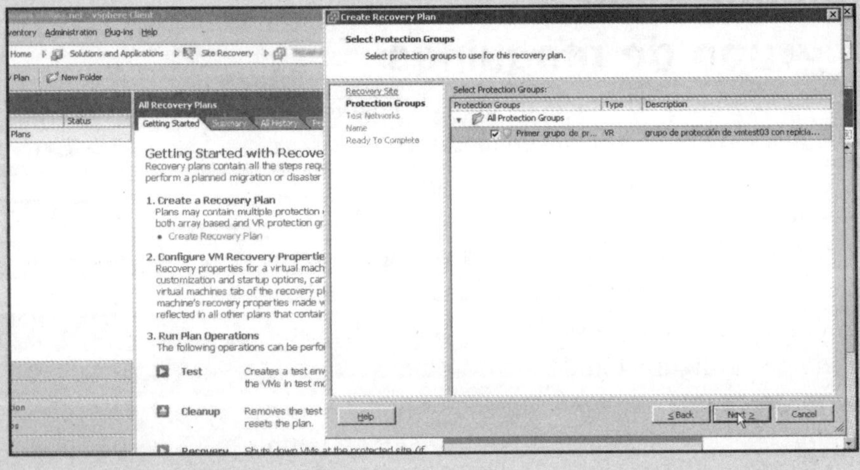

03 Deje las opciones en auto para que las pruebas de ejecución del plan generen una red en burbuja sin conexión contra la red de producción.

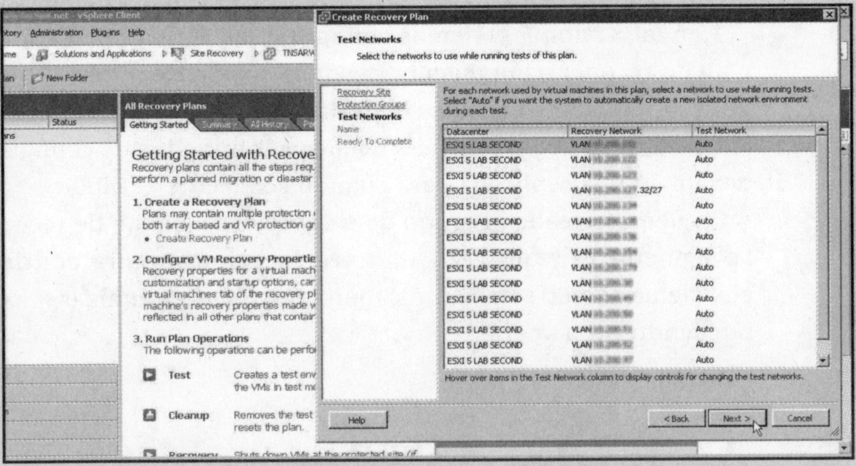

04 Escriba un nombre para el plan de recuperación y agregue una breve descripción. Oprima en `Next` y luego, en `Finish`.

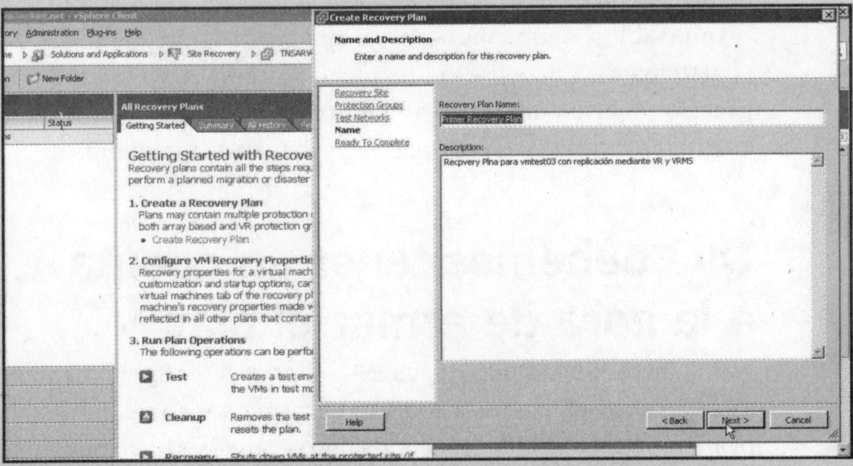

Después de crear el plan de recuperación, debemos tener en cuenta que en muchos casos vamos a utilizar direcciones IP fijas para nuestros servidores. En la versión 4 de SRM era bastante engorroso realizarlo ya que necesitábamos de una combinación de una planilla de cálculos con un formato específico y un par de líneas de comando.

Con la versión 5 podemos configurar las IP de cada máquina desde el plan de recuperación mismo. Desde la solapa **Recovery Steps** del plan de recuperación y en cada servidor que queramos configurar hacemos clic derecho y seleccionamos **Configure**. Ahí podemos configurar la red de la máquina replicada para cuando se ejecute el DRP.

Ya hemos creado el grupo de protección y el plan de recuperación. Lo siguiente es realizar algunas pruebas para asegurarnos de que todo el sistema es perfectamente coherente y para minimizar los errores que pueden llegar a aparecer.

Armado de planes de contingencia

Como vimos al principio de este capítulo, los planes de contingencia son muy importantes, no solo se caracterizan por tener grupos de protección y recuperación sino que además tienen que identificar a responsables, definir horarios, pasos por seguir y muchos datos más. El sistema de SRM es solo una parte de todo el accionar de un DRP. Es preciso tenerlo a mano en ambos centros de datos para actuar ante cualquier imprevisto que ocurra y de forma inmediata.

Qué debemos tener en cuenta a la hora de armar el plan

A la hora del armado de los DRP debemos tener en cuenta los sistemas que van a ser afectados y todo su entorno. Tenemos que establecer en primera instancia el alcance y cuáles serán los servicios críticos por asegurar. En muchos casos, lo que ocurre es que intervienen servidores de bases de datos o servidores de aplicaciones web que dan soporte a más sistemas, que no entran en el plan. Es una decisión estratégica y muy importante el incluirlos o no dentro del actual proyecto de protección. Debemos comenzar a tirar de la soga y ver qué servicios son afectados y de cuáles podemos prescindir en caso de contingencia.

En los planes también es muy importante que figuren no solo las configuraciones que hay que realizar en el SRM sino los departamentos intervinientes, los nombres de las personas a quien llamar. Debemos establecer tiempos, responsabilidades y permisos que necesitaremos para ejecutar el plan. La ejecución de un plan de recuperación es algo crítico en las organizaciones. En muchos casos de ellos depende que el negocio siga funcionando o no. Las decisiones que se tomen durante la recuperación de un sistema son muy importantes.

Primeras pruebas

Desde que apareció SRM en el mercado nunca fue más fácil probar un sistema de DRP. El SRM nos permite recrear el estado de catástrofe sin afectar los equipos productivos y con una fidelidad muy sorprendente. Vamos a poder probar los equipos replicados, entrar a sus consolas y generar trabajo, conexiones de red, etcétera. Luego de realizar todas estas pruebas podremos volver al estado de protección. Esto nos permite evitar errores a la hora de la ejecución real. En la consola de SRM vamos a tener dos comandos principales, uno para probar el DRP y otro para ejecutarlo. Al probar el DRP, lo que ocurre es que la replicación de datos se corta y se toma posición sobre las LUNs replicadas, se crean los datastores que contendrán a los servidores virtuales en el sitio de recuperación y las máquinas virtuales como se haría en un caso real. SRM se encarga de los cortes de replicación, ya sea para el caso de vSphere Replication como para los storages externos.

BURBUJA DE RED

Una burbuja de red es una red en la cual no se tiene salida a ningún sitio ni tampoco se tiene entrada desde ninguna otra red. De esta manera, solo pueden verse los equipos que estén conectados adentro de esta burbuja. SRM la utiliza para realizar las pruebas de la ejecución de los planes de recuperación creando un switch virtual sin conectores físicos.

Estos servidores son conectados contra un vSwitch conectado en burbuja, sin ningún conector físico de red o también pueden ser conectados en alguna red específica que hayamos preconfigurado para el análisis. Esto permite verificar que los cambios de direcciones IP en los servidores replicados se realicen y se asignen de la forma en que lo configuramos. Podemos controlar el funcionamiento real de los equipos pero sin tener conexión real contra la red local para que no haya interferencia con los equipos reales que aún seguirán corriendo. Por otro lado, los equipos recuperados se podrán ver entre sí pero no afuera de la red burbuja para garantizar la continuidad del negocio.

Una vez que hayamos verificado todo el funcionamiento de los servidores intervinientes, podremos continuar con el test de recuperación y todo volverá a la normalidad. Se destruirán los servidores virtuales creados en el sitio de recuperación, se destruirá también el datastore creado y se retomará la replicación de datos automáticamente SRM hace todo esto automáticamente.

Esta prueba nos permite que en unos rápidos minutos podamos averiguar si el plan va a funcionar o no. Tendremos un informe detallado de la prueba realizada para controlar errores corregidos y posteriores arreglos. Estos informes historiales se pueden chequear en cualquier momento por más que se eliminen los planes de recuperación que fueron ejecutados. Tienen formato **HTML**, por eso podremos visualizarlos con cualquier navegador o podemos exportarlos como documento de Word, planilla de cálculo, página web, archivo **CSV** o archivo **XML**.

LAS PRUEBAS NO AFECTAN EL TRABAJO DE LOS EQUIPOS PRODUCTIVOS

Estos informes resultan sumamente importantes a la hora de presentar la documentación a los altos directivos de una empresa, luego de haber resuelto la catástrofe y la continuidad del negocio.

En estos, se informa el momento en que empezó el problema, el momento en que terminó, el usuario que lo ejecutó, su resultado y de cada paso cuál fue su hora de inicio y de finalización. Con esta información también podemos analizar cuestiones de performance que nos permitirán minimizar los tiempos para reducir los números de RTO y RPO buscados, que son esenciales para cualquier sistema DRP.

PASO A PASO: PRUEBA DE RECUPERACIÓN

01 Vaya a la consola de SRM y haga clic en la solapa de `Recovery Plans`. Diríjase a la solapa `Recovery Step`.

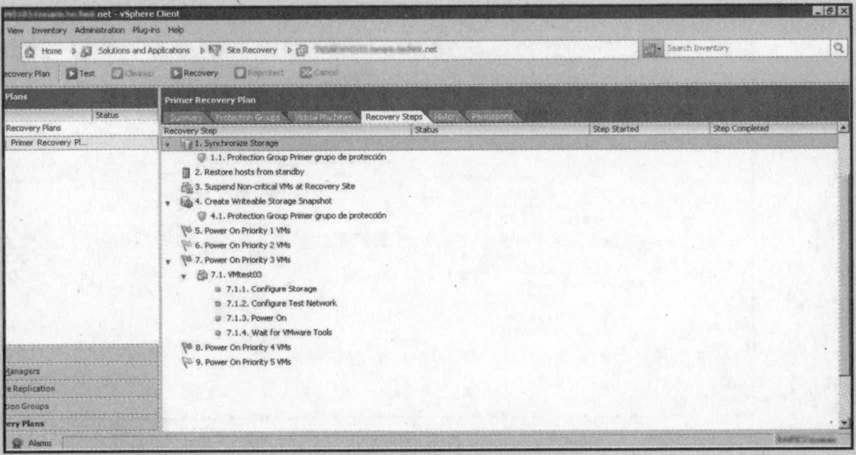

02 Oprima sobre el botón `Test` y haga clic sobre el botón `Next` de la ventana emergente. Vea el resumen y pulse `Start`.

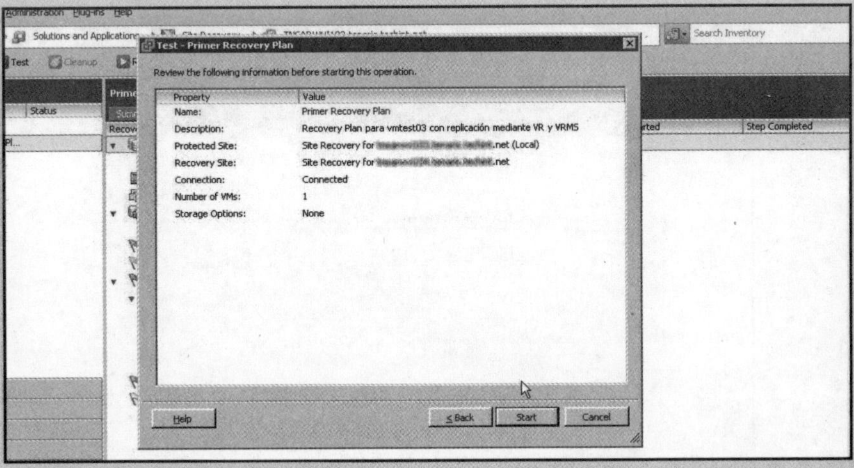

03

Observe la ejecución de cada uno de los pasos del plan de recuperación y controle que no se generen errores. En caso de aparecer errores, revíselos y repita la prueba.

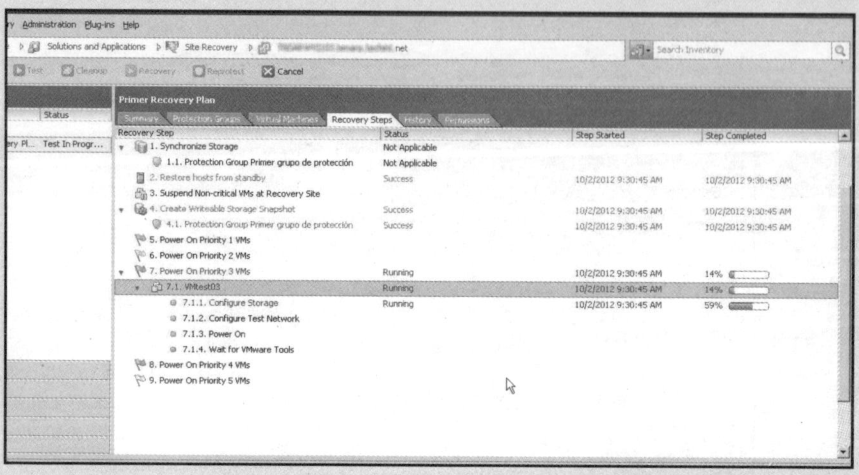

04

Verifique que todo haya salido bien al momento de aparecer el cartel amarillo por sobre el plan. Esto nos indica que podemos probar acceder a la máquina recuperada antes de limpiar la prueba.

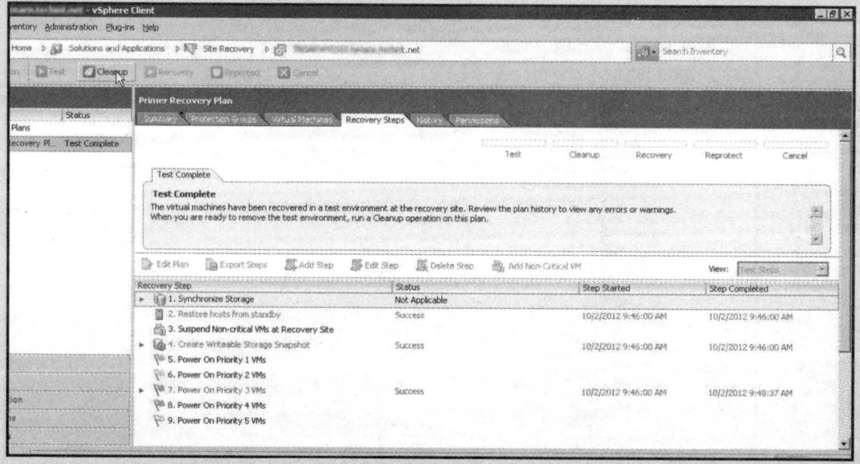

05 Vaya a la consola `Host and Clusters` de vCenter. Entre a la consola del servidor recuperado y utilícelo para comprobar su operatoria y los datos.

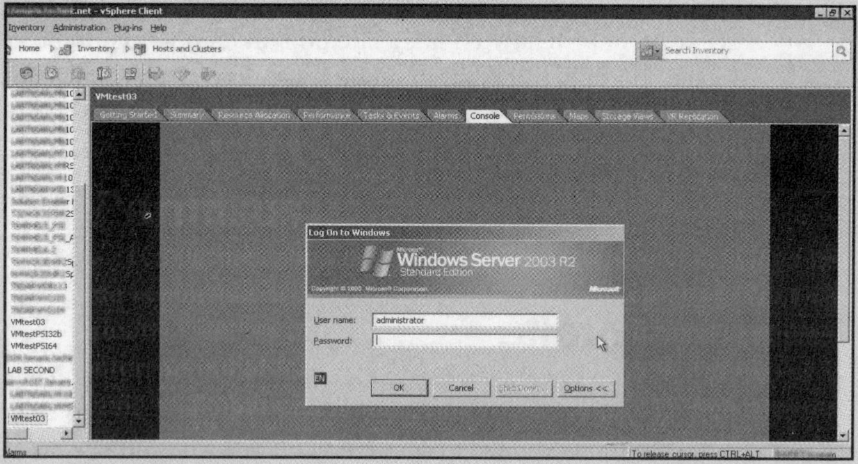

06 Luego, vuelva al plan y oprima sobre el botón `Cleanup`. Pulse `Next` sobre la ventana emergente y luego, `Start` para terminar.

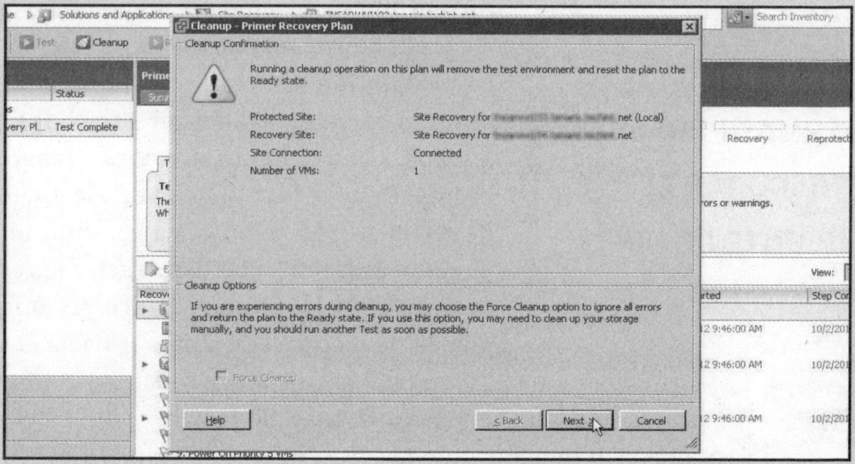

En muchas ocasiones suelen aparecer errores de red en donde nos olvidamos de postconfigurar alguna placa de red, puede ser que a algún equipo por proteger le falten las vmtools de VMware u otras cuestiones. En caso de ocurrir algún error con algún equipo en el momento de la recuperación, este se traspasa y se sigue por el próximo. Esto sucede en la prueba y en la ejecución real del plan también. SRM nos ofrecerá un muy buen resumen de todos los pasos ejecutados, de las pruebas realizadas y el historial de ejecución. Sin dudas, algo que no disponíamos con los sistemas DRP de antaño donde intervenían equipos físicos y manos humanas. La ejecución del DRP, los números de RTO y RPO son mucho más realistas con la utilización de SRM.

Ida y vuelta

A partir de la versión 5 de SRM se nos permite ir y volver con solo oprimir un botón. Esto quiere decir que, si hablamos en términos de mudanza, podemos llevar y volver a traer los equipos a su sitio de origen de una forma muy fácil y amigable.

En la versión 4 al ejecutar el DRP se quedaba obsoleto todo lo que habíamos configurado y debíamos recrear todo para volver al sitio de protección. Ahora es mucho más fácil retomar la vuelta, pero debemos tener en cuenta que si utilizamos VR y VRMS no vamos a poder utilizar esta opción. Solamente, podremos ir y para volver tendremos que recrear todo nuevamente, como en la versión 4.

EXISTEN VARIAS ALARMAS PARA CONFIGURAR EL AMBIENTE DE DRP DE VMWARE

Por lo tanto, en ambientes de organizaciones, en producción vamos a necesitar realizar las réplicas con alguna herramienta de terceros, va a ser más conveniente aunque se generen más gastos. De esta forma, una vez ejecutado el plan de recuperación se nos va a habilitar un botón llamado **Reprotect**, que dará vuelta la replica y reconfigurará los grupos de protección y los planes de recuperación para ir hacia el otro lado. Como el SRM ya conoce todas las configuraciones necesarias pueden ahorrarnos la tarea de recrear todo. En el primer caso que sí lo tenemos que hacer es necesario primero hacer una limpieza, borrar los equipos viejos de los discos y los placeholders, eliminar los grupos de protección utilizados y los planes de recuperación. Luego, debemos establecer la réplica nuevamente para el otro lado y generar los grupos de protección en el que era nuestro sitio de recuperación y los planes de recuperación en lo que era nuestro sitio de protección para volver los equipos para el estado anterior. Hay muchas formas de prever estas situaciones y realizar configuraciones para minimizar tiempos, pero es bastante engorroso. A continuación y terminando ya con este capítulo, daremos un vistazo sobre las alarmas que podemos configurar en SRM 5.

Alarmas

Disponemos de varias alarmas para configurar sobre el ambiente SRM. Para acceder a ellas, debemos ir a la consola de administración de la herramienta y en cada sitio ir a la solapa **Alarms**. Desde allí podemos configurar alarmas que vayan a alguna consola de alarmas centralizada o a alguna dirección de e-mail de algún grupo de administradores. Algunas alarmas que es posible obtener pueden: licencia expirada; descubrimiento de máquinas virtuales en los datastores replicados; permisos agregados, modificados o borrados; es posible saber cuándo un sitio remoto es borrado o hasta cuándo un placeholder es eliminado de la infraestructura. Dos alarmas muy interesantes que se ingresan en la versión 5 son las de violación de RPO y de RTO, que pasan a ser indicadores del servicio que estamos brindando. También disponemos de alarmas correspondientes a los sistemas de VR y de VRMS, de sincronización, etc. y muchas alarmas para cada paso de los planes de recuperación. Debemos tener en cuenta a la hora de definir las alarmas que no nos agobien. Quizás tengamos la misma información de parte de algún otro sistema de alarmas ya

LA IMPORTANCIA DE LAS ALARMAS

Las alarmas son muy importantes en todos los sistemas de IT. Esto es así porque nos informan los comportamientos erróneos y de recuperación de todos los sistemas. Pero hay que tener en cuenta que no todas las alarmas son importantes y necesitan tener una configuración de ejecución por cascada, para no tirar alarmas para todos los sistemas si es que el problema está más abajo. Si hay demasiadas alarmas en una consola o una casilla de e-mail lo que termina pasando es que no las ve nadie.

establecido y configurado con anterioridad. Por ejemplo, una alarma de falta de espacio en disco puede estar establecida desde vCenter o desde el storage mismo, no haría falta configurarla también dentro de las alarmas del sistema SRM. Si bien es más importante y debería darse un tratamiento distinto, quizás genere la ignorancia de alarmas por su gran cantidad y resulte contraproducente. Esta decisión dependerá de cada organización y del nivel de servicio que se maneje, al igual que de la cantidad de personas para solucionar los problemas acontecidos.

Permisos

Los permisos los podemos administrar desde la solapa **Permissions** de la consola de SRM, allí veremos tanto los permisos del sitio en donde estemos parados como los del otro sitio. Los permisos se otorgan individualmente por sitio. Podremos dar permisos de SRM y de VRMS pues es un manejador de equipos VR que se integra al vCenter. Se denotan algunos perfiles de administración que podemos establecer en nuestra organización para SRM: Administrador de SRM, Administrador de grupos de protección, Administración de recuperación, Administrador de solo los planes de recuperación y Administradores de Pruebas de SRM. Con lo que respecta a VRMS es posible establecer los perfiles de vista de replicación, administrador, administrador de replicación de máquina virtual, diagnosticador y otros. También podremos definir nuestros propios perfiles de permisos, ya que tenemos varias opciones tanto para SRM como para VRMS. En general, en la mayoría de las compañías estos perfiles los cumple la misma persona. Es muy raro ver empleados especializados en temas específicos. Quizás en unos años sea algo frecuente, pero en la actualidad los administradores realizan muchas tareas juntas.

Integración

Por último, queremos ofrecer unos comentarios sobre la integración de SRM a otros sistemas, principalmente a Cloud Computing. Se integra muy bien con las soluciones de vCloud Director de VMware y también podría hacerlo con otras soluciones mediante un manejo de scripts a través de su API. Esto le da mucha flexibilidad y robustez por sobre otras soluciones del mercado.

Ejecución del plan de recuperación

La ejecución del plan de recuperación es la ejecución del DRP propiamente dicho. Esta acción pone en funcionamiento los equipos protegidos del lado del sitio de recuperación. Esto no es una prueba, realmente se deja de utilizar el equipo productivo en el sitio de protección y se comienza a utilizar el equipo en el sitio de recuperación.

Ejecución

Vamos a analizar un paso a paso para poder verificar el procedimiento de ejecución del DRP. El proceso es simple, al momento de generarse una catástrofe debemos ir hasta el sitio de recuperación, nos paramos en la consola dentro de los pasos del plan de recuperación y oprimimos el botón rojo. Veremos dos tipos de ejecución del plan de recuperación en esta nueva versión de SRM 5, una es la ejecución planeada del DRP y la otra es para casos de catástrofe. La primera replica las últimas modificaciones y si esta falla cancela la ejecución del DRP. La segunda replicación no tiene importancia pues se supone que el sitio de protección ya no está accesible. Si se origina algún tipo de error, el plan de recuperación continúa su ejecución tratando de rescatar la mayor parte de equipos posible. Luego, debemos revisar los errores desde los informes.

> SI EJECUTAMOS EL DRP YA NO ES UNA PRUEBA, ES UNA MIGRACIÓN DE LOS EQUIPOS

RECUPERAR UNA INFRAESTRUCTURA

Recuperar una infraestructura significa dejar todo productivo, como estaba en el sitio de Protección. Esto es, normalizar redes, dns, alarmas, backups, informar a todos los departamentos de la ejecución y cambio de lugar de los servidores. También es necesario registrar en distintos sistemas los cambios efectuados con todos sus detalles para las auditorias que puedan venir días más tarde. Una vez que todos hayan confirmado, se puede dar por terminada la recuperación total de la infraestructura.

▼ PASO A PASO: EJECUCIÓN DEL DRP

01 Vaya a la consola de SRM y haga clic en el botón rojo, llamado Run. Confirme con un check que entiende que el proceso será permanente, se utiliza como una firma. Luego elija el método de ejecución y oprima en el botón Next.

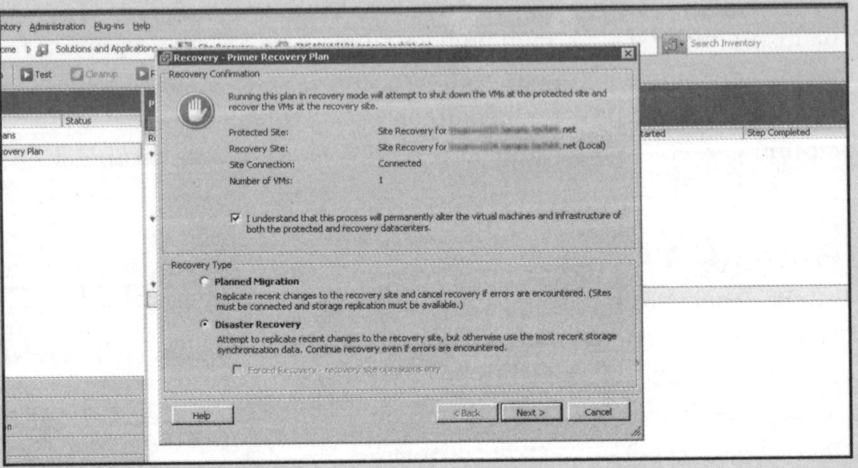

02 Vea el resumen y pulse Start, cuando esté preparado.

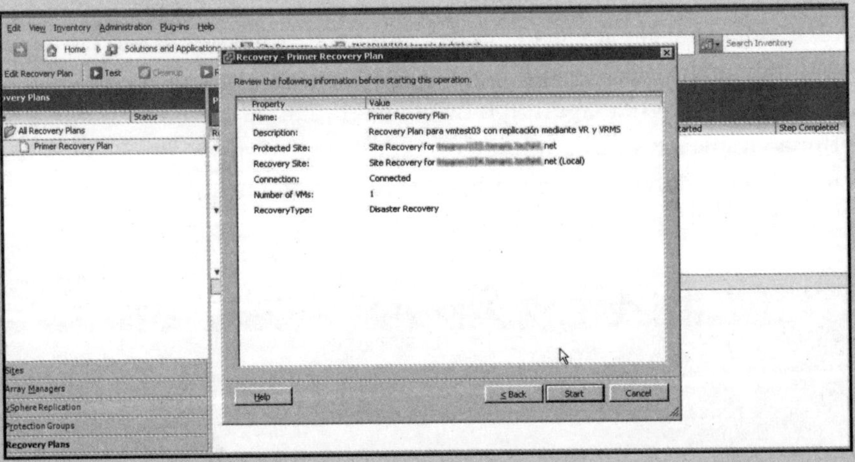

03

Observe la ejecución de cada uno de los pasos del plan de recuperación y controle que no se generen errores. En caso de aparecer, revíselos y repita la prueba si su ejecución es planeada, de otra forma revise los errores en los informes una vez finalizada la ejecución.

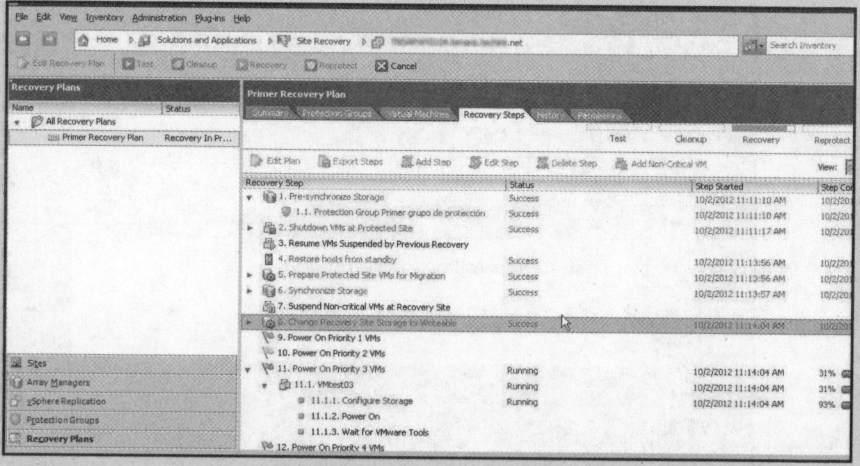

04

Verifique que todo haya salido bien al momento de aparecer el cartel amarillo por sobre el plan. Esto nos indica que podemos probar de acceder a la máquina recuperada antes de poder reproteger el equipo.

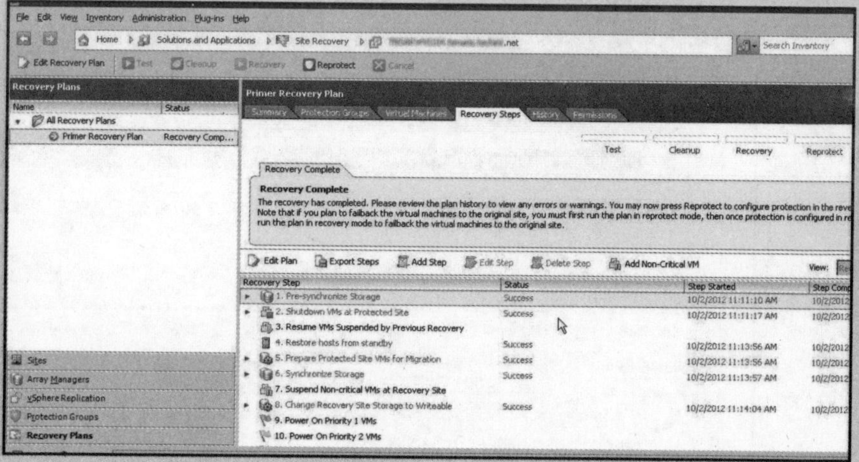

05 Vaya hasta la consola `Host and clusters` de vCenter, entre en la consola del servidor recuperado y utilícelo para comprobar su operatoria y los datos.

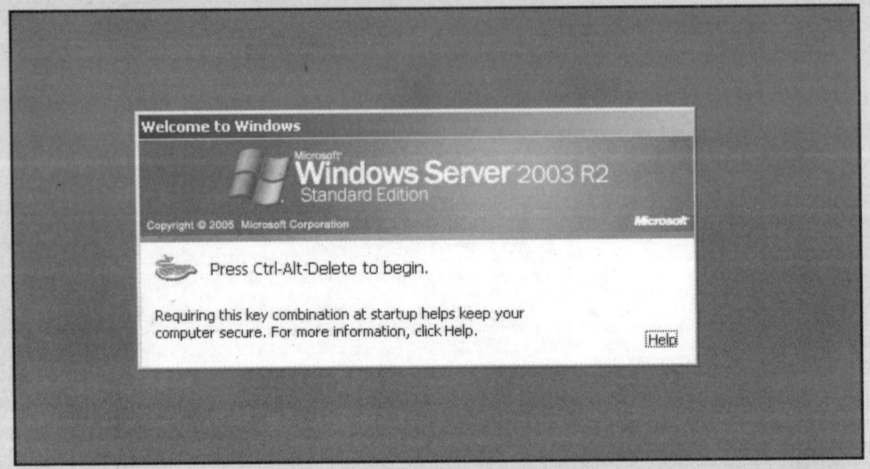

06 Oprima el botón azul `Reprotect`. Recuerde que si ha utilizado vSphere Replication no podrá reproteger los servidores, con lo cual deberá remover y limpiar todo lo ejecutado y reconfigurar hacia el otro lado.

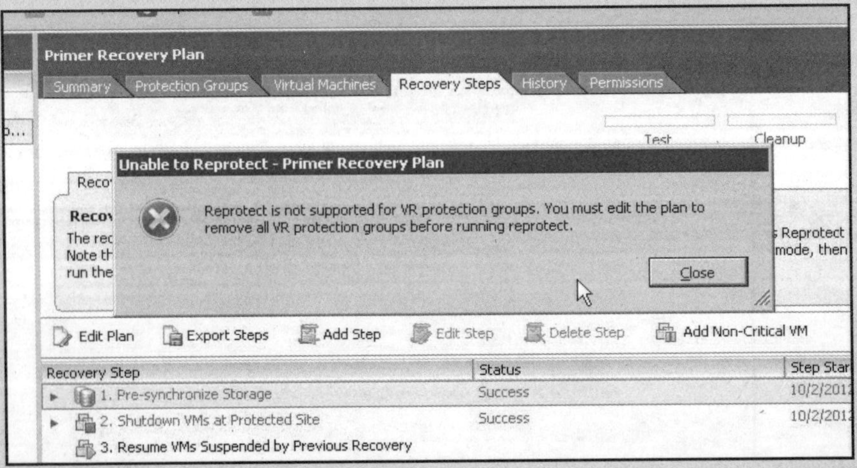

Al ejecutar el Reprotect con la configuración de replicación con vSphere Replication no va a funcionar. No es soportado por VMware. Vamos a necesitar reconfigurar todo al revés como se hacía antes en SRM 4.1. Esto es intercambiar los roles de los sitios de protección y recuperación. Luego tenemos que configurar los grupos de protección donde antes estaban los de recuperación y los de recuperación donde estaban los de protección.

En la imagen final de este capítulo podemos ver que no se puede tampoco combinar planes replicados con vSphere Replication y con Replicación de terceros. Los errores se dan de igual forma.

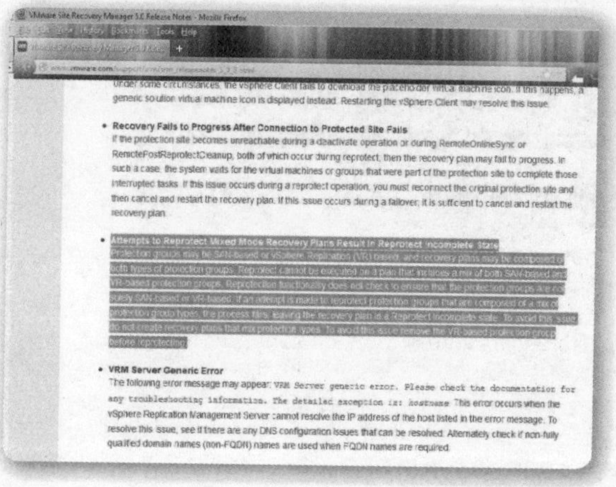

Figura 4. En esta figura vemos el centro de conocimiento de problemas del sitio de Vmware.

RESUMEN

En este capítulo hemos visto cómo dar protección a la continuidad de nuestro negocio en sitios remotos para que nuestras ganancias no dejen de generarse. Hemos conocido los detalles de la nueva versión de SRM y de su nuevo sistema de replicación llamado vSphere Replication. Hemos aprendido los detalles de las opciones de réplica de datos, las cuales tenemos que usar en caso de querer ir y volver muy fácilmente entre los sitios. Este fue uno de los capítulos más prácticos del libro, esperemos que sea de gran utilidad a la hora de proteger las infraestructuras.

Actividades

TEST DE AUTOEVALUACIÓN

1 Enumere las tres características de un sistema de DRP.

2 Describa cuáles son las principales ventajas que nos aporta SRM con resecto a los sistemas de DRP de antaño.

3 Enumere cinco requisitos mínimos para la instalación de SRM.

4 Explique cuáles son los métodos de replicación que existen para SRM.

5 ¿Qué es vSphere Replication?

6 ¿Qué detalles podemos dar de vSphere Replication con respecto al ida y vuelta del DRP?

7 Describa la instalación de un storage EMC.

8 Identifique cuatro diferencias entre la versión 4 y la versión 5 de SRM.

9 Enumere los pasos que se deben seguir para que una máquina pueda ser replicada mediante vSphere Replciation.

10 Describa las diferencias entre VR y VRMS.

ACTIVIDADES PRÁCTICAS

1 Instale SRM en un ambiente donde haya dos vCenters para probar.

2 Instale un VRMS y un VR para poder utilizar las opciones de vSphere Replication. Aplique la replicación a uno de sus servidores virtuales.

3 Investigue la forma de configurar un conector SRA de algún fabricante del mercado.

4 Cree un grupo de protección y un plan de recuperación.

5 Ejecute el plan de recuperación sobre la máquina que protegió anteriormente.

*Ap A

El futuro de la virtualización

En esta sección complementaria hablaremos de la visión que tenemos sobre el porvenir de VMware, considerando todos los productos y conceptos involucrados en este camino en el que la virtualización avanza y evoluciona rápidamente. El concepto de la nube es el futuro aunque actualmente ya se aplica exitosamente en muchas empresas, en diferentes formas y utilizando distintas infraestructuras que actúan como una sola.

¿Qué es la nube?

La visión de futuro de VMware nos muestra que, luego de la evolución de la virtualización y su aceptación en el mercado, confluye y se simplifica en dos palabras: **la nube**.

La nube (cloud) no es un producto o una herramienta, ni siquiera una solución, es un concepto que engloba muchos componentes y solo algunos son software y hardware, y hasta tal vez sean los menos importantes. Este concepto está asociado a la transformación del datacenter. Permite que toda la infraestructura más las aplicaciones de una empresa funcionen como un servicio.

EL CONCEPTO DE NUBE CONVIERTE LA INFRAESTRUCTURA EN UN SERVICIO SIEMPRE ACCESIBLE

Pensemos en la electricidad, por ejemplo, ¿alguna vez dudamos de que cuando accionamos el interruptor de la luz en cualquier lugar no se vaya a encender una lámpara?, ¿o que si conectamos algún artefacto al enchufe de nuestra casa no vaya a funcionar?

Una de las características de la nube es que nos permite tener disponibilidad de recursos sin importar dónde estemos y cuándo lo necesitemos, siempre que estemos dispuestos a pagar por ello.

Otra característica, siguiendo con el ejemplo, es que realmente carece de importancia la administración de la electricidad, ya no importa cómo es que la energía llega al enchufe o permite que se encienda una lámpara, porque no depende de nosotros. Es más, sabemos que es muy probable que si accionamos el interruptor en otro lugar, el proceso para que se prenda la lámpara será diferente pero el resultado será el mismo.

LOS PIONEROS

Google fue uno de los pioneros en ofrecer servicios en la nube, aunque en ese momento no se la conocía con ese nombre. Gmail es un claro ejemplo de servicio en la nube. Otro ejemplo es el servicio de SkyDrive de Microsoft, que permite tener espacio de almacenamiento en Internet, sincronizado en múltiples dispositivos y sistemas operativos, similar a Dropbox.

La nube ofrece un **servicio** y lo que importa es que estará disponible de acuerdo con lo que se requiere; la forma cómo se brinda o el hardware y el software involucrados son totalmente irrelevantes.

¿Qué sucede cuando consumimos más electricidad? La cuenta que tendremos que pagar a fin de mes será mayor. Lo mismo ocurre si necesitamos más almacenamiento para guardar nuestras fotos en un espacio en Internet. Si queremos más espacio simplemente pagamos por el servicio. Sabemos que lo vamos a tener y prácticamente al instante. Un servicio en la nube está disponible y si se requiere mayor capacidad simplemente se paga por ella.

Figura 1. La mayoría de las aplicaciones cloud existentes se pueden utilizar desde cualquier dispositivo y no tienen costo.

Hay muchos factores que han incidido para que el concepto de nube exista como tal y se esté adoptando al punto de que prácticamente interactuamos con ella de forma cotidiana. **Internet** es el motor que hace realidad el concepto de nube y la **virtualización** es el facilitador. Hoy en día almacenamos fotos en Internet utilizando Picassa, Flickr, etc; guardamos archivos que queremos tener en cualquier lugar donde estemos con Dropbox, SkyDrive o Google Drive, archivamos notas importantes con Evernote, leemos e-mails utilizando Gmail, Hotmail y tantos otros ejemplos. Interactuamos con aplicaciones en la nube constantemente y esta realidad nos ha simplificado el acceso a las herramientas y a la información que usamos diariamente, gracias a que podemos conectarnos a Internet desde casi cualquier dispositivo.

El gran desafío es trasladar este concepto a las empresas, ya que la adopción requiere cambios culturales y metodológicos, más allá de la implementación de nuevas tecnologías.

Tipos de nube

Existen diferentes maneras de categorizar el concepto de nube. Una forma es según el lugar desde donde se obtienen los servicios que ofrece la infraestructura y otra es a través del tipo de servicio que se recibe. Cada una de ellas tiene características específicas que permiten analizar cómo una empresa adopta el concepto de nube para modificar total o parcialmente su forma de obtener recursos informáticos.

Nube privada, pública, híbrida

Una de las primeras decisiones que se deben tomar cuando una empresa analiza la adopción del uso de la nube consiste en definir si los recursos que esta ofrecerá como servicio provendrán de la propia empresa, de un proveedor o será una nube que tendrá la posibilidad de obtener recursos de ambos lados.

LA NUBE PRIVADA ES LA PROPIA EMPRESA QUE BRINDA SERVICIOS A LOS USUARIOS

La **nube privada** no es más que la infraestructura de una empresa preparada para brindar servicios a los consumidores, o sea, a los usuarios y administradores de las aplicaciones. Como mencionamos anteriormente, para que esto sea una realidad es necesario pasar por un periodo de adaptación y cambios que dependerá de factores relacionados con la misma empresa. Estos factores tienen que ver con la metodología utilizada para comprar bienes, generar nuevos recursos para su uso interno, los procesos de autorizaciones, el manejo de inventario de hardware y licencias, por citar algunos. Muchas veces la etapa más compleja es justamente la de identificar y modificar los procedimientos internos para adaptarse al concepto de infraestructura como **servicio**. Hemos visto muchas empresas que luego de la implementación de una infraestructura virtual no definen un procedimiento de autorizaciones para la creación de nuevos servidores y rápidamente pierden el control de la infraestructura debido a la proliferación de máquinas virtuales sin que los administradores sepan o recuerden en algunos casos para qué fueron creadas o si se están utilizando o no, mucho menos si los recursos asignados (procesador, memoria, etc.) son los correctos.

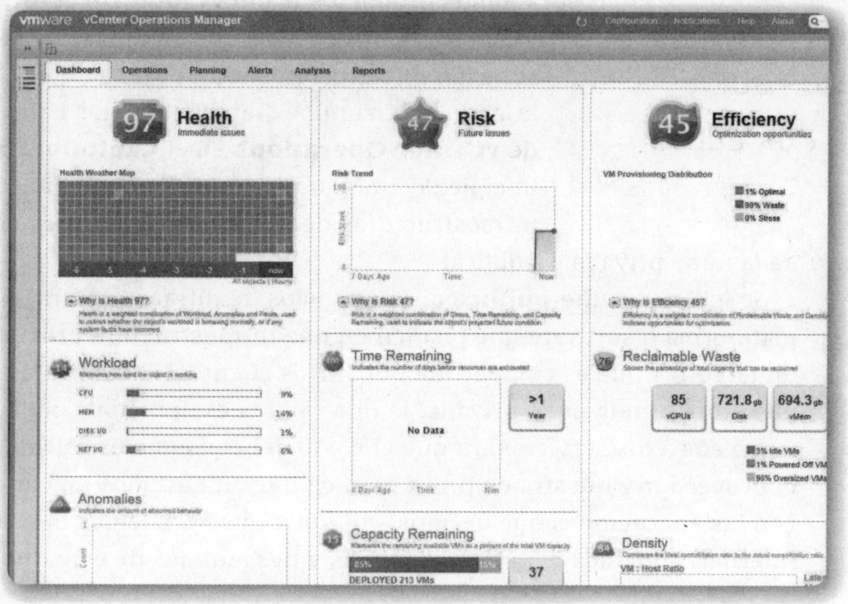

Figura 2. Herramientas como **`vCenter Operations`** son esenciales para evitar la proliferación sin control de máquinas virtuales.

La nube privada es una infraestructura orientada al servicio a partir de la presentación de un **catálogo de productos** que puede ser accedido desde un portal. Este portal permite iniciar el proceso de pedido en base a la selección de los productos del catálogo y, a partir de ahí, generar los pasos necesarios para entregar la máquina virtual, la aplicación o la plataforma requeridas llevando un control de los consumos y los costos del requerimiento. El catálogo de productos está asociado a un costo, ya sea por el tipo de producto pedido o por el consumo realizado en forma mensual.

El monitoreo de consumo de los recursos de la plataforma y una planificación de capacidad que permita anticiparnos a una necesidad de expansión de hardware y software es primordial. Recordemos que una de las características de la nube es que si se requieren más recursos se paga por ellos y estarán disponibles. Por eso debemos analizar constantemente la cantidad de requerimientos y el consumo para estar siempre preparados. Más adelante veremos algunos productos como **vCloud Director, vFabric** y **Chargeback** que son parte de la solución que ofrece VMware para facilitar el armado de una nube. También hemos hablado de **vCenter Operations** en el **Capítulo 2** que es una pieza vital para el control y el monitoreo de infraestructuras de nube, ya sea que formen parte de la nube privada o pública.

> CON LA NUBE SI NECESITAMOS MÁS RECURSOS SÓLO TENEMOS QUE PAGAR POR ELLOS

Se le llama **nube pública** a los servicios de infraestructura, plataforma o software que residen en una infraestructura provista por un tercero y que es compartida por varios clientes. El concepto es el mismo que en la nube privada, lo que cambia es el método con el cual se accede a los servicios, ya que el costo del consumo es calculado por el proveedor y nuestra empresa es el cliente. Si hacemos una analogía con las aplicaciones que usamos a diario y que accedemos desde Internet, podemos definir las ventajas y desventajas de este tipo de

GOOGLE APPS

Google Apps fue creado en el año 2006 y es uno de los servicios en la nube para empresas más conocido y utilizado. Ofrece en forma gratuita un dominio propio para utilizar servicios de correo, calendario, colaboración, edición de documentos y otros servicios. La versión paga posee soporte 7x24, nivel de disponibilidad de 99,9% y uso de dispositivos móviles.

nube. Las ventajas para la organización son que la responsabilidad de mantener el acceso y la calidad del servicio está en manos de un proveedor que tiene como principal objetivo cumplir una determinada calidad de servicio acordada previamente, y que en la mayoría de los casos la implementación es más simple y rápida que generar nuestra propia nube. Existen muchísimas empresas que actualmente utilizan el correo desde una nube pública, y el proceso de migración se llevó a cabo sin mayores problemas y de forma rápida.

Las desventajas que se pueden identificar son 3, la resistencia natural a un cambio tan grande, mover información de una empresa fuera de ella y la última, no todas las aplicaciones pueden ser llevadas a la nube pública por motivos de conectividad, requerimientos específicos de performance y sensibilidad de ciertos datos asociados con el negocio.

La **nube híbrida** es una infraestructura que da servicios a través de recursos locales y recursos provenientes de una nube pública. Su característica principal es que las dos nubes se administran desde una sola consola y, dejando de lado las limitaciones que pudieran existir a nivel vínculo, un administrador podría mover recursos de una nube a otra. Los usuarios no notan diferencias entre los recursos que funcionan en la nube privada y en la nube pública, gracias a herramientas como **vCloud Director**, de la que hablaremos más adelante.

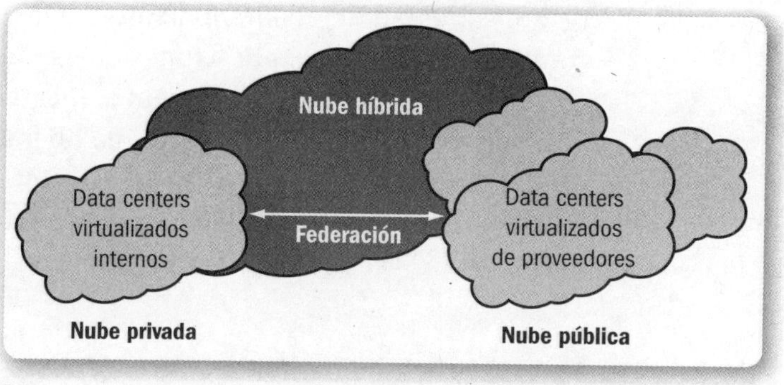

Figura 3. Esquema básico de los tres tipos de nube unidos gracias a `VMware vCloud Connector`.

La nube híbrida es el escenario que, según la visión de VMware, la mayoría de las compañías utilizarán en un futuro no muy lejano, ya que permite aprovechar al máximo lo mejor de los dos mundos y mover recursos cuando se requiera de un lado a otro sin interrumpir el servicio. Está claro que para que esto sea posible se requiere de una comunicación de gran rendimiento y segura, las herramientas correctas y, en muchos casos, cambios en las aplicaciones utilizadas, más allá de las ya mencionadas transformaciones culturales y de procedimientos, que implica la adopción de una infraestructura de estas características.

Tipos de servicios en la nube

Hemos comentado varias veces que la base del concepto de nube es transformar la infraestructura en servicios. La próxima clasificación tiene que ver con qué tipos de servicios puede ofrecernos la nube y qué características tienen cada uno de ellos.

Infrastructure as a Service es el más común y simple de los servicios que se pueden ofrecer desde la nube. El servicio generalmente es pedido desde un portal en donde el usuario se valida y, en base a su cuenta, tiene la posibilidad de elegir de un catálogo la infraestructura que necesita. El resultado de su elección genera la construcción de esa infraestructura en forma automática y el cálculo de un costo fijo más un costo por consumo. Por otro lado, la responsabilidad del mantenimiento, de las configuraciones y las aplicaciones que se instalen corren por su cuenta. Comúnmente, el catálogo de este servicio incluirá tipo de sistema operativo, cantidad de procesadores, cantidad de memoria, cantidad y tipo de conectividad a la LAN, almacenamiento, etc. Dependiendo de esta combinación de parámetros, el proveedor generará la infraestructura

INFRASTRUCTURE AS A SERVICE ES EL TIPO DE SERVICIO DE NUBE QUE MÁS SE UTILIZA

NUBE COMUNITARIA

Es una variante de la nube pública, ya que la infraestructura da servicios a una serie de compañías que comparten intereses comunes. Los costos asociados al consumo de los recursos de la nube son distribuidos entre las compañías que integran la comunidad.

necesaria con el valor asociado automáticamente. La responsabilidad del proveedor llega hasta la asignación de la infraestructura del usuario con variantes según cada caso, en los que se podrían agregar en forma opcional servicios de respaldo y recuperación de información, diferentes niveles de almacenamiento de acuerdo con la cantidad de gigabytes y performance, determinadas aplicaciones preinstaladas, etc. VMware vCloud Director es una aplicación que se encarga de proveer las herramientas necesarias para construir una nube privada o pública, en donde un cliente en base a un catálogo y costos asociados puede obtener una infraestructura como servicio.

Actualmente, proveedores como Terremark, AT&T y Verizon, entre otros, ofrecen desde su portal servicios de **IaaS** (**Infrastructure as a Service**) públicos utilizando vCloud Director.

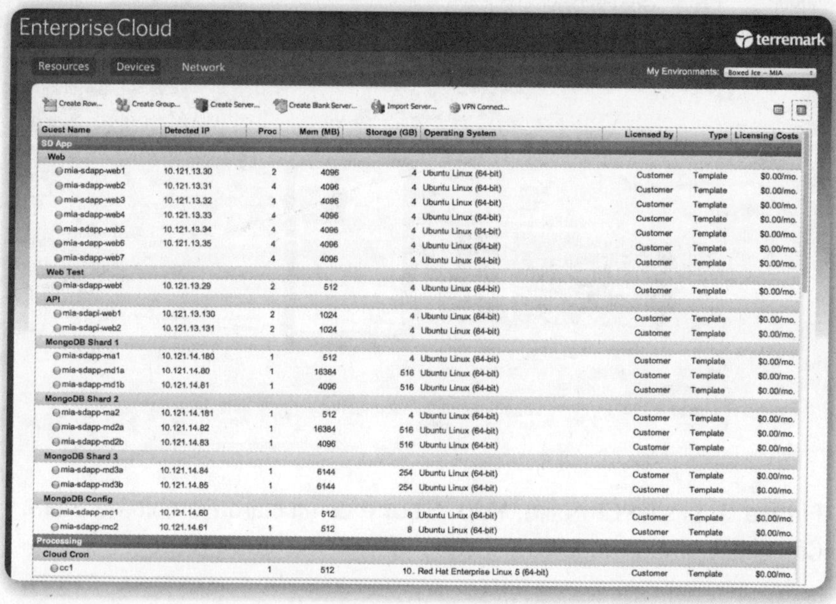

Figura 4. Desde el portal de Terremark se puede realizar el pedido de IaaS y administrarlo fácilmente.

SaaS (**Software as a Service**) es el servicio en la nube que más difusión tiene a nivel personal, ya que numerosas aplicaciones fueron surgiendo con el auge de Internet, los smartphones y las tablets.

Este concepto nos muestra cómo podemos utilizar aplicaciones que interactúan o incluso corren directamente desde Internet sin preocuparnos por la infraestructura necesaria. Prácticamente, toda la población mundial tiene una cuenta de e-mail, y difícilmente alguno de nosotros sepa en qué servidores se ejecuta o qué sistema operativo se utiliza para que el servicio esté funcionando.

Este concepto llevado de forma similar a las empresas convierte al **SaaS** en un servicio que el usuario utiliza y asume implícitamente que está disponible todos los días, durante todo el día.

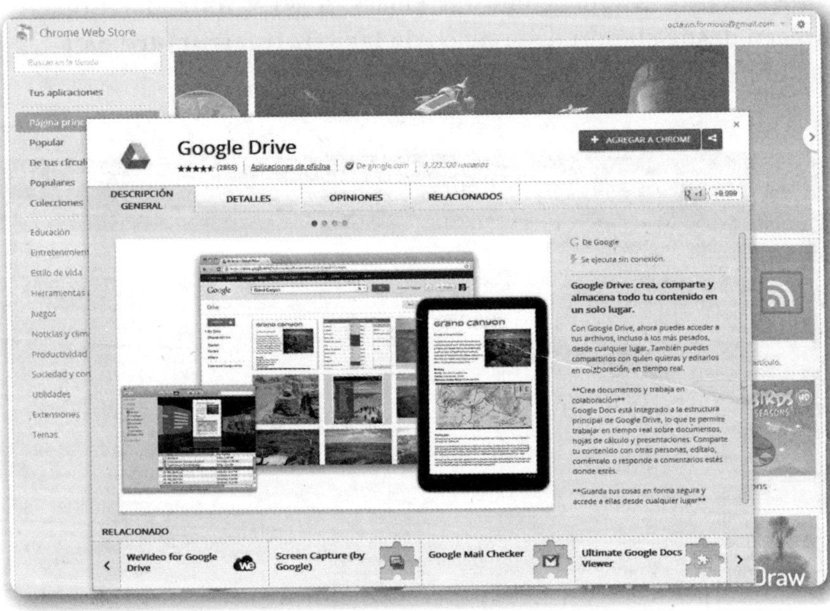

Figura 5. El sitio **Chrome Web Store** es un claro ejemplo de SaaS. Con el navegador podemos acceder a herramientas y juegos.

Ofrecer estos servicios requiere de una abstracción mayor con respecto al IaaS, y generalmente se trata de servicios que las empresas prefieren acceder desde una nube pública, evitando adoptar nuevas herramientas, que seguramente requieran programación y desarrollo interno. Tres productos de VMware están relacionados con este tipo de servicio en la nube de maneras diferentes: **VMware Zimbra**, **VMware ThinApp** y **VMware Horizon Application Manager**.

Zimbra es una aplicación de correo y colaboración que fue diseñada mediante la utilización de software de código abierto, y que VMware ha adaptado naturalmente para ofrecer como SaaS. De manera fácil, puede implementarse en una nube pública o privada. VMware ThinApp, como ya hemos visto en el **Capítulo 4**, permite paquetizar aplicaciones Windows logrando que estas funcionen más allá de la versión del sistema que estemos ejecutando.

VMware Horizon Application Manager es una herramienta que nos permite administrar el acceso de usuarios a sus aplicaciones SaaS y aquellas paquetizadas con ThinApp, logrando que las aplicaciones que el usuario necesita para trabajar "lo sigan" sin importar qué desktop esté utilizando.

SOTFWARE AS A SERVICE ES EL SERVICIO CON MÁS DIFUSIÓN A NIVEL INDIVIDUOS

Platform as a Service es el tercer tipo de servicio en la nube y también el más complejo. PaaS ofrece a los usuarios una plataforma que se desarrolla a partir de aplicaciones disponibles para ser utilizadas directamente desde la nube. El proveedor del servicio entrega al usuario una o varias aplicaciones que permiten el desarrollo de aplicaciones utilizando lenguajes de programación y base de datos. Este tipo de servicio requiere de componentes especialmente diseñados para trabajar en la nube que permitan al usuario utilizarlo desde una conexión de red. Aplicaciones como **VMware vFabric Data Director**, **VMware vFabric SQLFire**, **VMware vFabric GemFire**, **VMware vFabric Postgres** y **VMware vFabric RabbitMQ** son ofrecidas por VMware para conformar este tipo de servicios. VMware vFabric está fuertemente integrado con VMware vCloud Director permitiendo la automatización de los servicios de infraestructura y plataforma, y su provisión tanto desde una nube privada como desde una nube pública.

ZIMBRA

Es una herramienta de correo y colaboración creada por **Zimbra Inc.** basada completamente en código abierto. Fue adquirida por Yahoo! y luego por VMware, siempre respetando sus orígenes. Posee una versión open source que es gratuita.

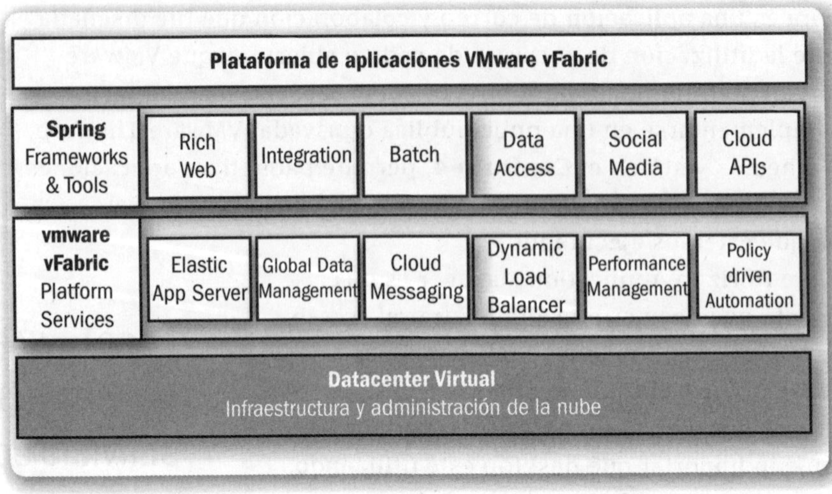

Figura 6. Esquema que muestra todos los componentes de la suite `vFabric` que permiten brindar servicios de plataforma.

El camino hacia la nube

Ahora que sabemos qué es la nube y cuáles son sus características principales, vamos a hablar de la forma de evaluar cuándo es el momento de transformar la infraestructura de una empresa en servicios, ya sea desde una nube privada, pública o híbrida.

El objetivo no es marcar el camino, esto sería imposible pues cada empresa tiene que realizar su propio análisis, pero sí definir algunas pautas que ayuden a entender en qué parte del camino estamos, si tiene sentido ir más allá y cómo evaluar cuándo es el momento correcto para realizar el cambio.

Paso 1: Virtualización

A lo largo de este apéndice hemos visto que tener una infraestructura virtual no implica que tengamos un servicio de nube, pero claramente puede ser el primer paso. De la misma manera, tener un servicio de nube no significa tener una infraestructura virtualizada, aunque esto se da en la gran mayoría de los casos debido a que son conceptos que tienen muchas cosas en común. El concepto de nube no surge por la virtualización, se ha desarrollado y adoptado rápida y masivamente gracias a ella.

Más allá de que podamos hablar de un tipo de nube privada, pública o híbrida, el primer paso que una empresa debe dar en el camino hacia la nube no es otro que la virtualización de su infraestructura. Si bien algunos servicios puntuales tales como el correo pueden ser migrados a una nube pública con relativa facilidad desde una infraestructura física, son excepciones y, como dijimos, nos estaríamos solo refiriendo a un tipo de nube en particular. Migrar servicios o aplicaciones relacionados con el negocio o de desarrollo propio implica desvincularlos del hardware donde se ejecutan o incluso del sistema operativo, algo que la virtualización logra naturalmente.

> CADA EMPRESA DEBE EVALUAR CUÁNDO DAR LOS PRIMEROS PASOS EN SU CAMINO HACIA LA NUBE

Si bien esto es algo que no ocurre en todos los casos porque cada adopción es particular, cuando una empresa decide comenzar el proceso de transformación a una infraestructura virtual empieza por aquellos servidores que afectan mínimamente al funcionamiento del negocio pero que aun así generan disminución de costos, principalmente relacionados con el mantenimiento y el consumo de energía. Es por eso que decimos que esta etapa se focaliza en el **ahorro de costos** y en la virtualización de muchos servidores de criticidad baja o media. En este proceso se arman las bases de la infraestructura que soportará a las máquinas virtuales de los pasos siguientes, estamos hablando principalmente de la red y el almacenamiento centralizado.

MULTI TENANCY

Es posible que escuchemos más de una vez la palabra **multi tenant** cuando hablamos de computación en la nube. La palabra se refiere a aplicaciones que, utilizando solo una instancia, pueden dar servicio a varios clientes a la vez. El concepto de multi tenancy es muy utilizado y está muy relacionado a los productos diseñados para ser aplicados en la nube pública.

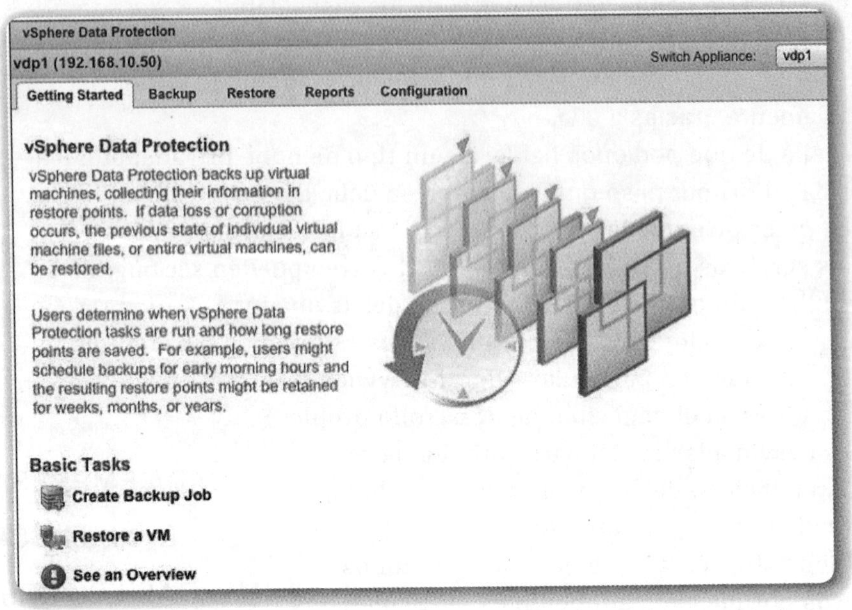

Figura 7. **VMware Data Protection** es la nueva versión de la solución de respaldo de VMware.

Paso 2: Aplicaciones de negocio

Luego de la implementación inicial, la empresa comienza un proceso de adopción interno que básicamente consiste en que los administradores de los servidores y aplicaciones y los usuarios interactúen y se beneficien de la nueva infraestructura. Generalmente, esta adopción genera cambios en procedimientos internos, como pueden ser el pedido de nuevos equipos asociados a proyectos de innovación tecnológica o el uso de nuevas aplicaciones, de ambientes de desarrollo

FORTUNE 100 Y FORTUNE 500

El 100% de las Fortune 100 y el 98% de las Fortune 500 utilizan VMware como infraestructura virtual. Fortune 100 y 500 son unas listas de las mejores compañías de Estados Unidos, realizada por la famosa revista *Fortune*, que se actualiza año a año y es considerada una de la más prestigiosas del mundo.

o de testing y de aplicaciones de monitoreo integradas en vSphere.

Este proceso de adopción genera, en la mayoría de los casos, la confianza necesaria para ir virtualizando en forma gradual equipos con aplicaciones cercanas al negocio, con mayor grado de criticidad. Cuando los responsables de estas aplicaciones, el área de finanzas o incluso los dueños de las empresas pueden percibir cómo la infraestructura virtual permite elevar el nivel de disponibilidad y minimizar los tiempos de parada de servicios de aplicaciones que impactan directamente en el negocio, la integración de las aplicaciones críticas se hace naturalmente y de forma cada vez más acelerada. El foco en esta etapa es optimizar los recursos utilizados mientras se incorporan a la infraestructura este tipo de aplicaciones. Las soluciones de respaldo y planes de recuperación ante desastres generalmente se adaptan para aprovechar las ventajas de la virtualización, modificando la forma de respaldar, recuperar y replicar datos por seguridad. En el Capítulo 5 vimos un repaso de la herramienta que permite alta disponibilidad de VMware.

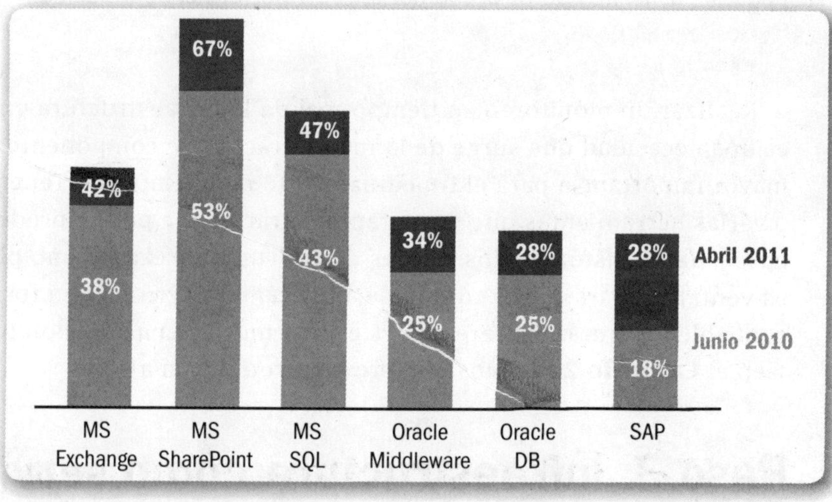

Figura 8. Información relevada por VMware de su base de clientes. Muestra el porcentaje de aplicaciones virtualizadas sobre el total y cómo creció en el período de un año.

El grado de adopción le permite a la empresa analizar la manera de aprovechar la infraestructura virtual sumando soluciones, como pueden ser la automatización del plan de contingencia, la virtualización de desktops o las mencionadas anteriormente.

		ESX 1	ESX 2	VMware Int. 3	VMware vSphere 4	VMware vSphere 5
CPU	(VCPUs)	1	2	4	8	**32**
Memoria	(GB per VM)	2	3.6	64	256	**1,000**
Red	(GB/s)	<0.5	0.9	9	30	**>36**
IOPS		<5,000	7,000	100,000	300,000	**1,000,000**
Año		2001	2003	2006	2009	**2011**

Figura 9. La evolución de las versiones del hipervisor de VMware con respecto a sus límites de CPU, memoria, red y performance de disco.

Realizar un monitoreo en tiempo real de la infraestructura virtual es una necesidad que surge de la incorporación de componentes de mayor importancia para el funcionamiento de la empresa. Tener una o varias herramientas que permitan mostrar lo que pasa y predecir en base a datos históricos los niveles de consumo en el mediano plazo es ventajoso para poder adaptarse a los cambios y crecer en forma confiable y segura. VMware vCOPs es una muy buena solución para ello, y en el **Capítulo 2** hicimos una breve introducción a ella.

Paso 3: Infraestructura como servicio

La empresa que cuenta con una infraestructura virtual controlada, monitoreada y de funcionamiento predecible está a un paso de finalizar su camino hacia la nube. Una infraestructura **controlada** implica conocer la población de máquinas virtuales al punto de controlar el ciclo de vida de cada máquina. Por **ciclo de vida** nos referimos a estar enterados del propósito por el que fue creada la máquina, el consumo en relación a los recursos que se le asignaron y a su duración para saber cuándo la máquina debe ser reciclada, si esto realmente corresponde. Una infraestructura monitoreada tiene relación con conocer **la salud** de la infraestructura para poder resolver los problemas actuales y futuros y, sobre todo, para saber predecir cuántos recursos voy a necesitar y de qué tipo en el mediano plazo. Una infraestructura **predecible** requiere tener un nivel de disponibilidad que permita realizar mantenimiento del hardware en forma programada o no programada sin interrumpir el funcionamiento de las aplicaciones necesarias para que el negocio no se vea afectado.

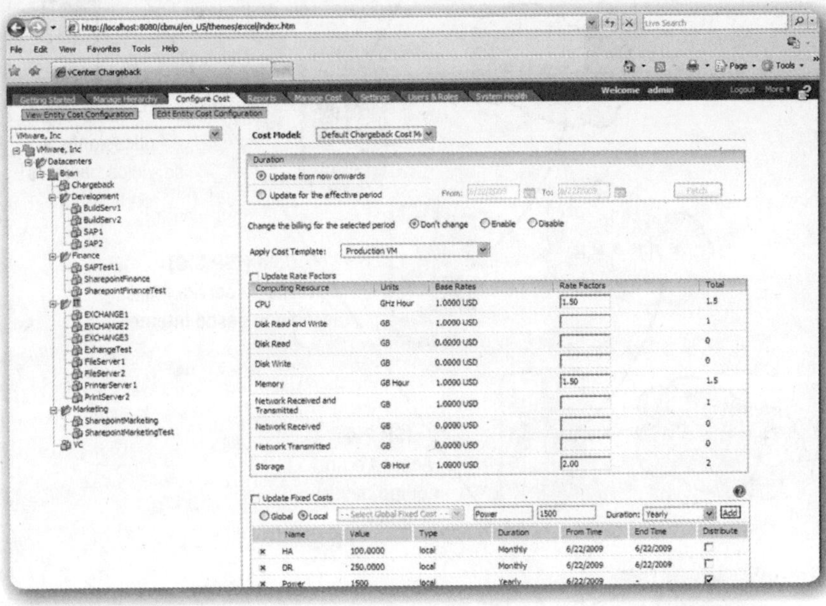

Figura 10. vCenter Chargeback es una excelente herramienta para el cálculo de costos asociados con la infraestructura de la nube.

IDC SOBRE LA NUBE

IDC, una de las consultoras más prestigiosas de IT en el mundo, afirma que la computación en la nube será el modelo de IT de la industria en los próximos 20 años. Para el 2015, se estima que la inversión en servicios de IT en la nube será de 72.900 millones de dólares.

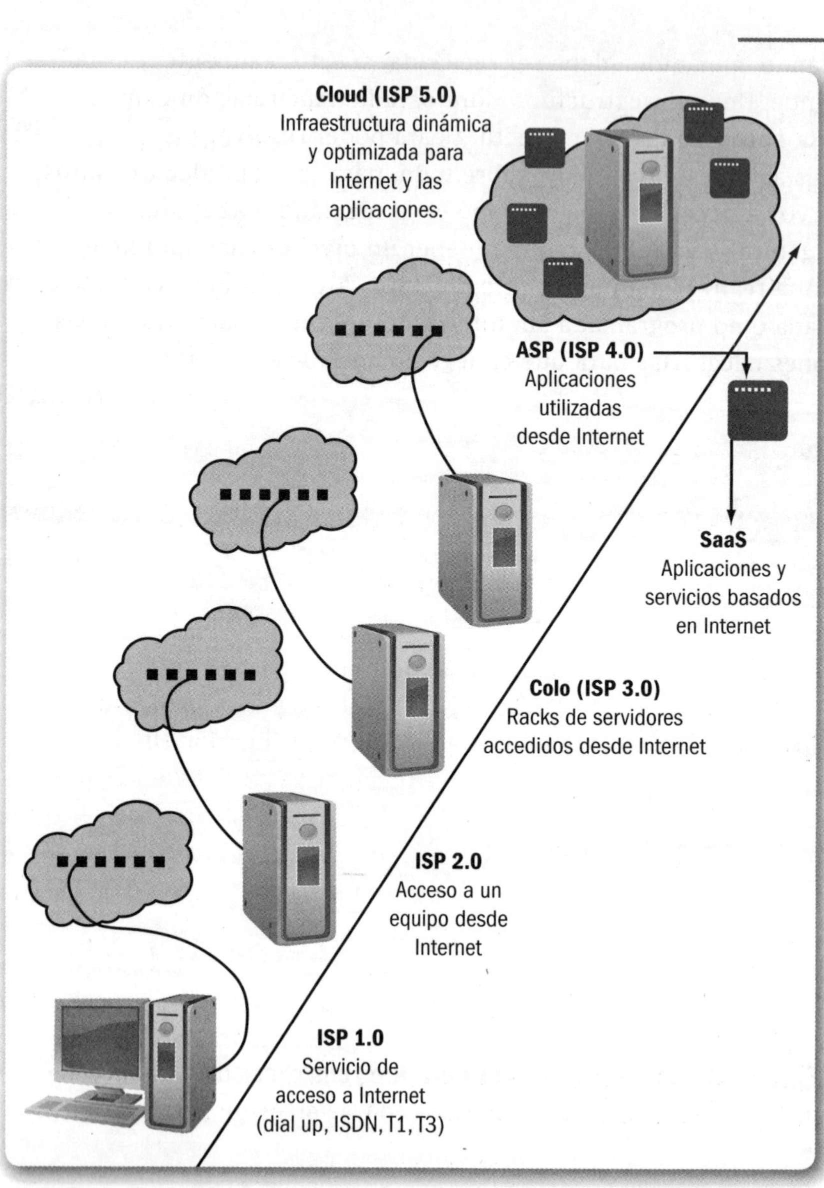

Figura 11. El gráfico muestra la evolución del concepto de hosting, desde lo primeros proveedores de acceso a Internet hasta las aplicaciones SaaS y el concepto de nube pública.

Como mencionamos anteriormente, transformar la infraestructura en una infraestructura de nube comienza por adaptar los procesos internos para que sean lo suficientemente ágiles para aprovechar las ventajas de la nube, en muchos casos esto implica definirlos desde cero. El primer objetivo por cumplir es establecer y determinar el costo de cada servicio que se entrega a los consumidores de la nube, y para esto hay que armar el catálogo de productos disponibles. Este catálogo estará integrado por las características de la infraestructura disponible y, gracias a la visión de VMware, las empresas podrán decidir si la infraestructura que van a utilizar será una nube privada, pública o híbrida.

Determinar el costo de cada servicio es la base para que la nube sea autosustentable, o sea, que pueda mantenerse y crecer en recursos a partir de la facturación de los productos que brinda.

EL CONTROL DE UNA INFRAESTRUCTURA SUPONE CONOCER TODAS LAS MÁQUINAS VIRTUALES

El consumo de los recursos permitirá que, según los requerimientos de los usuarios, se sumen nuevos productos al catálogo aprovechando la capacidad de multi tenancy de la nube. El uso de un producto requerido por un área de la empresa puede ser fácilmente ofrecido a otras áreas o llevado a un nivel superior. Un proveedor de servicios en la nube pública puede (y seguramente lo hará) ofrecer servicios a varios clientes con la misma infraestructura y crecerá su portafolio de opciones en base a los requerimientos de sus clientes.

Paso 4: Automatización del servicio

El servicio de infraestructura lo podemos brindar como un servicio manual o un servicio automatizado. Manualmente sería un servicio basado en todos los procedimientos que describimos anteriormente. En caso de que queramos automatizarlo deberemos pensar en la creación de un portal de servicios que nos permita que el usuario acceda y

HARDWARE VIRTUAL

La versión 5 de ESXi permite crear máquinas virtuales con hasta 32 procesadores y 1 TB. Este incremento en los límites del hardware virtual establece que prácticamente no haya ningún equipo físico que utilice un sistema operativo abierto que no pueda ser virtualizado.

se autoaprovisione sus recursos así como lo vemos en Amazon por ejemplo que es uno de los más reconocidos sistemas de IaaS de Cloud público en el mundo. Ya hay sistemas en el mercado para estas soluciones que abarcan una gran parte de esta automatización teniendo como motor a la virtualización de VMware.

Productos diseñados para la nube

Ahora veremos algunos de los productos más relevantes generados por VMware que facilitan la creación y uso de servicios en la nube. El objetivo es entender las funcionalidades de cada uno de ellos y el rol que cumplen en la adopción de la nube como forma de dar servicios. Los productos seleccionados son **vCloud Director**, **vCloud Connector** y **Horizon Application Manager**.

vCloud Director

vCloud Director es un producto que nos permite establecer las bases para diseñar y crear una infraestructura como servicio. Solo requiere un servidor Linux para ser instalado. La distribución soportada es Red Hat Enterprise Linux y la integración con un servicio de directorios puede hacerse utilizando Active Directory y también Open Ldap. vCloud Director necesita adicionalmente una base de datos Oracle o SQL para funcionar. Desde la consola de vCloud Director podemos administrar uno o varios vCenter y todos sus recursos con los cuales podremos crear **virtual datacenters**. Los virtual datacenters son datacenters creados desde el concepto de multi tenancy, es decir, virtualizando los recursos para poder dar servicio a varios clientes a partir de una sola infraestructura. A partir de la creación de los datacenters virtuales, vCloud Director permite crear el catálogo de las

VMWARE OFRECE PRODUCTOS DISEÑADOS PARA USAR LOS SERVICIOS DE LA NUBE

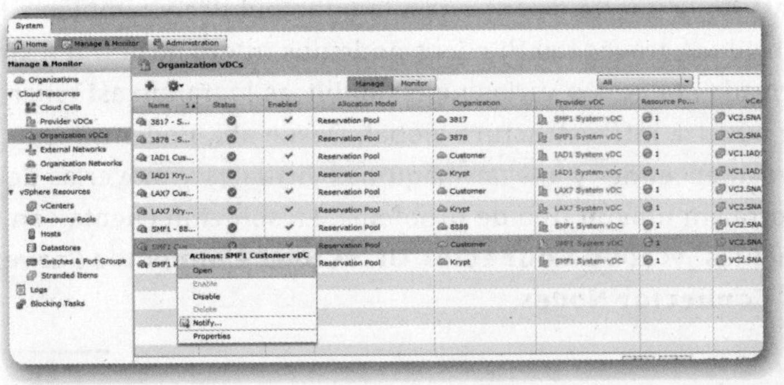

Figura 12. Desde la consola de **vCloud Director** podemos disponer de los recursos para crear, monitorear y administrar.

aplicaciones que se presentarán a los usuarios para su consumo. Los **VDC** (**Virtual Data Centers**) son creados a partir de uno o más vCenters registrados en el vCloud Director. Para que esto pueda llevarse a cabo, el vCenter deber tener instalado **vShield** que es una herramienta fundamental para ofrecer seguridad sobre redes. A partir de la registración del vCenter, vCloud Director puede disponer de sus recursos para crear un VDC. Una vez que disponemos de los recursos en un VDC, podemos crear organizaciones. Las organizaciones son contenedores lógicos que identifican a empresas que van a utilizar los recursos de IaaS. Cuando creamos una organización podemos definir la forma de validarse, límites en la cantidad de máquinas virtuales que pueden consumir y correr en forma simultánea, los recursos de red, restricciones en el uso del almacenamiento, la duración en días de las máquinas virtuales que se crean y por último, pero no menos importante, la forma de calcular el consumo para su facturación.

El paso final para la creación de nuestra nube es generar el catálogo para la organización. Este se crea con la asignación de vApps o **vApps templates**, que permiten que un usuario a partir del **Request Manager** pueda realizar un pedido de creación de una máquina virtual. El Request Manager es un componente de vCloud Director que facilita el proceso de pedido en base al catálogo y a un circuito de aprobación que se puede definir para controlar quién pide qué máquina virtual, teniendo en cuenta que el resultado final de este proceso será la asignación al usuario del recurso pedido y el cálculo del costo por ese pedido.

vCloud Connector

Se trata de la puerta de entrada a la nube pública y también a la nube híbrida. A través del VI client podemos interconectar nuestra nube privada con una o varias nubes públicas logrando así tener una vista de nuestra infraestructura global. Desde ahí, podemos monitorear, encender y apagar máquinas virtuales y moverlas de una nube a otra sin ningún tipo de problema. La solución cuenta con tres componentes: **vCloud Connector UI**, **vCloud Connector Server** y los **vCloud Connector Nodes**.

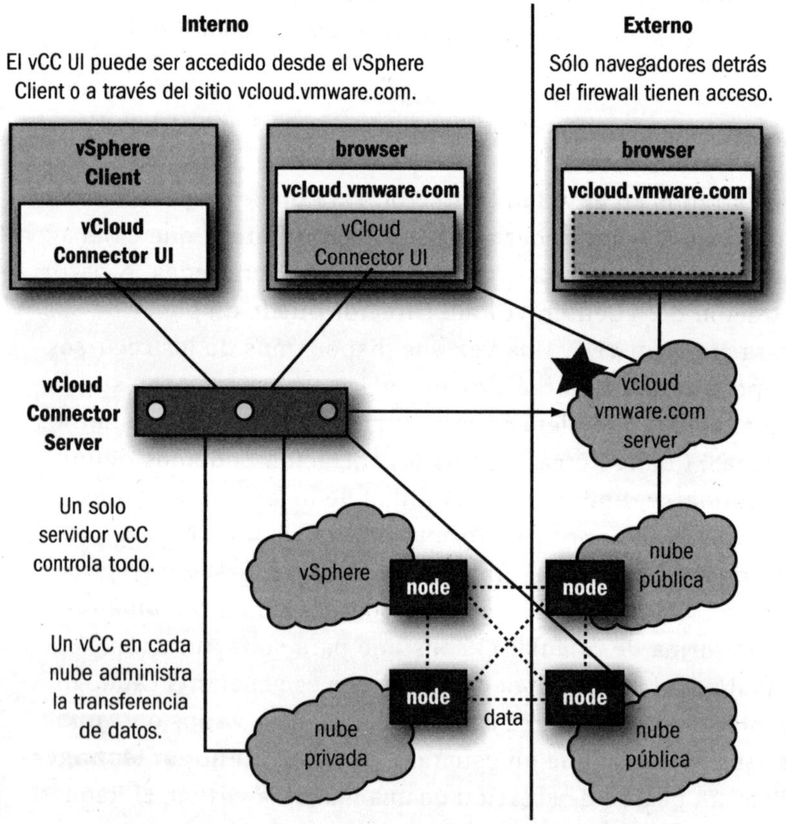

Figura 13. Esquema de interconexión de los diferentes componentes de vCloud Connector con la o las nubes píblicas.

El **vCloud Connector Server** es un virtual appliance que permite el funcionamiento de la solución a través del uso de los nodos y de la consola gráfica llamada Connector UI que se genera a partir de él. El **vcloud Connector UI** es un componente que permite acceder a la solución desde el VI client o desde la Web utilizando un portal de VMware llamado **vcloud.vmware.com**. Este portal nos permite comunicarnos con las nubes públicas de diferentes proveedores y así formar una nube híbrida que le permite al administrador de la infraestructura tener una visión mucho más global de todos sus recursos.

> ES POSIBLE INTERCONECTAR UNA NUBE PRIVADA CON UNA O VARIAS PÚBLICAS

Los **vCloud Connector Nodes** (o **vCC Nodes**) son los encargados de realizar las transferencias de una nube a otra nube. Tienen la capacidad de retomar las transferencias en caso de alguna complicación en el punto en donde fue interrumpida para simplificar y minimizar el tiempo y los recursos necesarios para su realización.

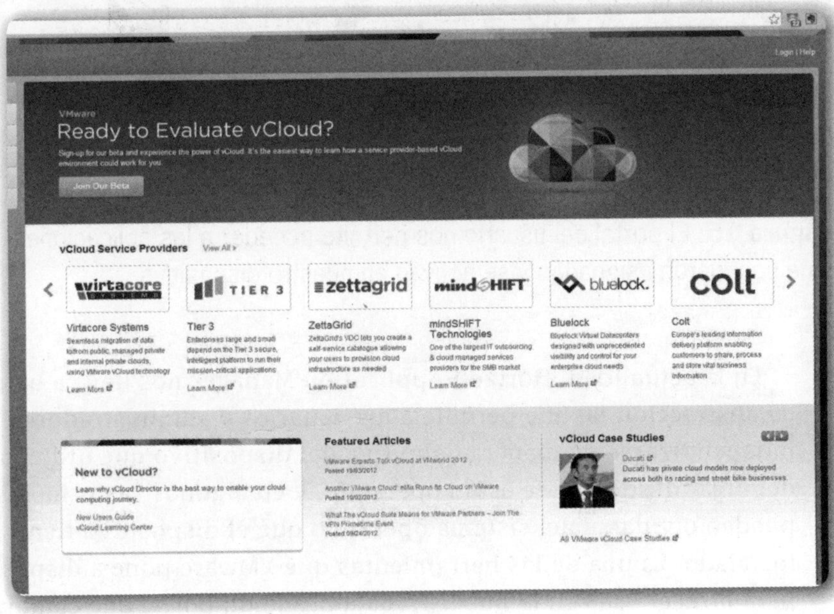

Figura 14. El portal **vcloud.vmware.com** nos permite acceder a servicios de nube pública y los proveedores más importantes.

Horizon Application Manager

Esta herramienta nos permite hacer un cambio radical en la forma de trabajar con las aplicaciones que los usuarios utilizan. Como vimos en el **Capítulo 4**, hasta ahora el usuario y el administrador de la infraestructura estaban obligados a adaptarse a la PC de escritorio, al sistema operativo que tenían instalado y a sus capacidades.

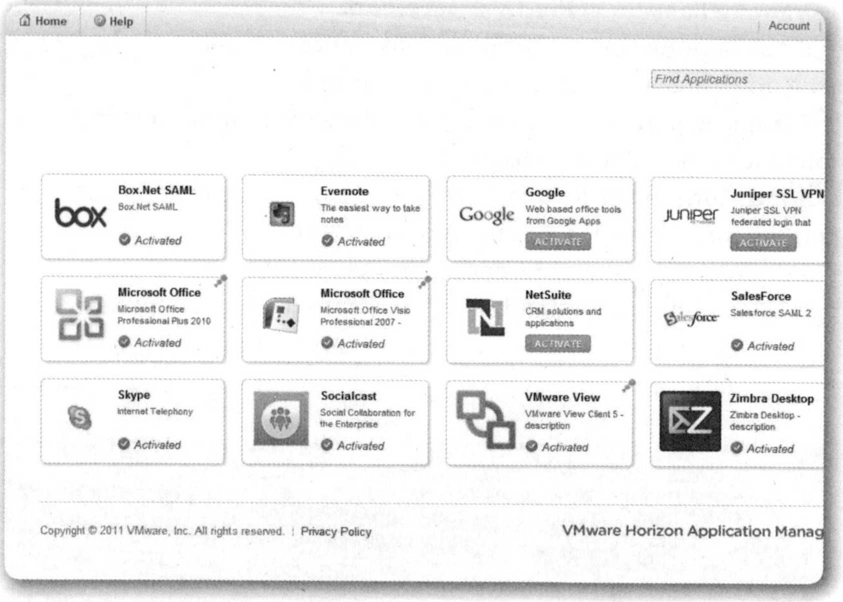

Figura 15. El portal del usuario nos permite acceder a las aplicaciones que nos fueron asignadas y se activan en nuestro dispositivo.

En la actualidad, Horizon Application Manager nos lleva a un nivel de abstracción tal que permite a los usuarios y administradores independizarse de manera definitiva del dispositivo que utilizan y del lugar desde donde están operando, y en algunos casos incluso pueden olvidarse del sistema operativo que el dispositivo tiene instalado. Es una de las herramientas que VMware pone a disposición para ofrecer SaaS en la nube. Trabaja desde un portal que cambia su función y opciones dependiendo si lo utiliza el usuario que ejecuta las aplicaciones o el administrador encargado de que eso sea posible. Desde el portal de administración, el administrador puede vincular el Horizon Application Manager a un servicio de directorio como Active Directory para poder definir roles y administrar la solución, y para vincular los usuarios del producto con las aplicaciones que necesitan utilizar. La herramienta lleva el registro del uso de las aplicaciones en forma muy detallada por lo que también resulta muy útil para definir cuántas licencias y de qué tipo necesitamos de cada una.

HORIZON APPLICATION MANAGER NOS INDEPENDIZA DEL DISPOSITIVO

Además permite publicar aplicaciones SaaS y aplicaciones paquetizadas con ThinApp, por lo que nos habilita a utilizar una aplicación de este tipo desde cualquier equipo que tenga el agente Horizon instalado, cumpliendo así con el concepto que afirma que las aplicaciones nos siguen.

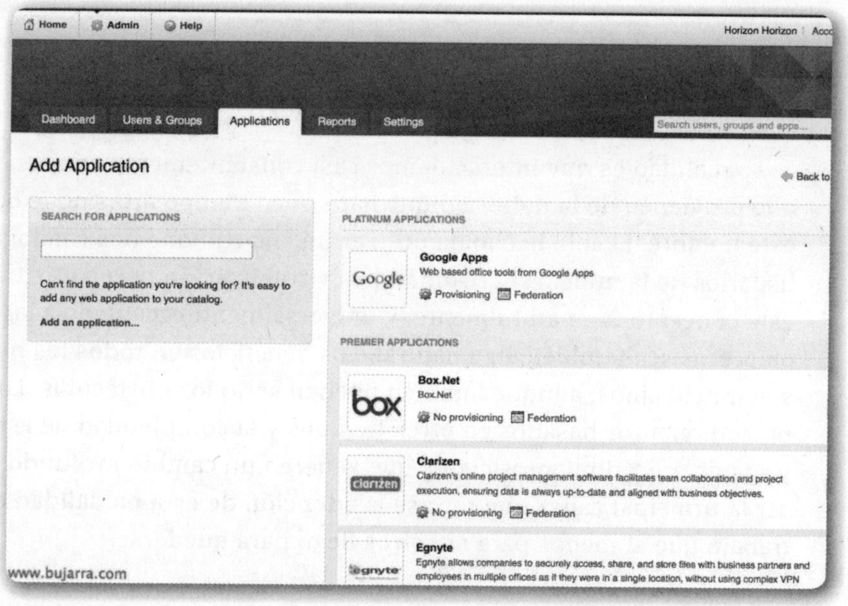

Figura 16. Este portal nos permite agregar y configurar aplicaciones que serán presentadas a los usuarios en base a sus necesidades

Desde el portal del usuario, Horizon Application Manager publica las aplicaciones en base al usuario que se valida en él. Las

INTERACTUAMOS EN TODO MOMENTO CON LA NUBE, SIN DARNOS CUENTA DE SU PRESENCIA

aplicaciones SaaS se ejecutan directamente desde el portal y las aplicaciones ThinApp se instalan en el dispositivo del usuario. Dependiendo de la configuración que haya realizado el administrador, el usuario recibe automáticamente la aplicación o puede elegir cuándo activarla para su uso. El sistema se compone de dos virtual appliances que deben bajarse del sitio de VMware e importarse a nuestra infraestructura. Uno es el Horizon Service que da el servicio y el segundo lo activa desde Horizon Connector. El primero es el encargado de presentar el portal de usuarios y administración y el segundo es el responsable de contactar con el servicio de directorios y lidiar con las aplicaciones que debe presentar a los usuarios.

Conclusión

La realidad es que interactuamos casi constantemente con servicios que provienen de la nube, aunque hace poco tiempo atrás no le dábamos este nombre. El solo hecho de utilizar un smartphone nos cataloga como usuarios de la nube. Esta realidad y la virtualización hacen que trasladar este concepto tan naturalmente (y universalmente) aceptado a las empresas sea también algo natural. Los beneficios en todos los niveles son muchísimos, aunque también pueden serlo los obstáculos. Los procedimientos basados en otros tiempos y la complejidad de establecer y seguir procedimientos claros que generen un cambio profundo suelen ser la principal causa que retrase la adopción de esta modalidad de trabajo que al menos para nosotros llegó para quedarse.

CONNECTOR & DIRECTOR

vCloud Connector es una aplicación que **no tiene costo**. Está asociada directamente con **vCloud Director** por varias razones: se complementan a la perfección y para tener soporte sobre su funcionamiento debemos tener licencias con soporte activo de vCloud Director.

Aunque sabíamos que desde que se transformó en un servicio para algunos tan vital como la luz o el gas, Internet es la base para el avance de muchísimos servicios, no deja de sorprender que siga generando nuevos negocios, oportunidades y, como en este caso, cambios en la forma de trabajar y de ser productivos.

Aún queda mucho por delante, la nube híbrida y los servicios en la nube pública hoy son una realidad y muchas empresas los están utilizando e implementando. VMware fue pionero una vez más en este concepto gracias al avance en una de las tecnologías que han facilitado esta realidad junto con Internet: la virtualización.

RESUMEN

En este apéndice hemos repasado algunos de los conceptos de los capítulos anteriores y hemos visto un poco más en detalle el concepto de nube. Entender los tipos de nube y los servicios que actualmente se ofrecen nos permite analizar su adopción o al menos entender en qué etapa del camino estamos. Además, estudiamos la funcionalidad de algunas de las herramientas que ofrece VMware para crear nuestra nube e incluso para conectarla con una nube pública. Si bien esto puede parecer algo complejo y lejos de nuestra realidad, por el contrario hemos visto que es algo posible de llevar a cabo si tenemos claro dónde estamos en este momento y, en base a las necesidades de la empresa, a dónde queremos llegar.

Actividades

TEST DE AUTOEVALUACIÓN

1 Indique al menos 3 servicios provenientes de la nube con los que interactúa.

2 Nombre al menos una herramienta de VMware que se identifique con la computación en la nube.

3 ¿Qué componente nos permite formar una nube híbrida conectando nuestra nube pública con un servicio de nube de algún proveedor?

4 ¿Qué servicio de nube presenta aplicaciones al usuario sin importar la infraestructura que esté utilizando?

5 ¿Qué se requiere tener instalado para poder recibir aplicaciones Thinapp utilizando Horizon Application Manager?

6 ¿Con qué etapa del camino hacia la nube podemos asociar a la aplicación de planes de DRP pensados para la infraestructura virtual?

7 ¿Qué son los virtual datacenters?

8 ¿Qué significa multi tenancy?

9 ¿Qué utiliza vCloud Director para que los usuarios que requieren una infraestructura puedan fácilmente realizar su pedido?

10 ¿Qué diferencia hay entre una nube pública y una nube comunitaria?

Índice temático

Servicios al lector

En esta sección presentamos un completo índice temático para que podamos encontrar en forma sencilla los términos que necesitamos. Además, brindamos una sección muy interesante con la descripción de los sitios web con poseen mayor información, novedades y recursos relacionados con los temas que se desarrollaron en este libro.

I

L

M

N

O

P

Q

R

S

Sitios web relacionados

FORO DE VMWARE ● communities.vmware.com/index.jspa

El foro de VMware es una página administrada por el mismo fabricante de la solución para que los usuarios de cada uno de los productos puedan intercambiar experiencias, compartir dudas y ayudarse mutuamente para resolver problemas.

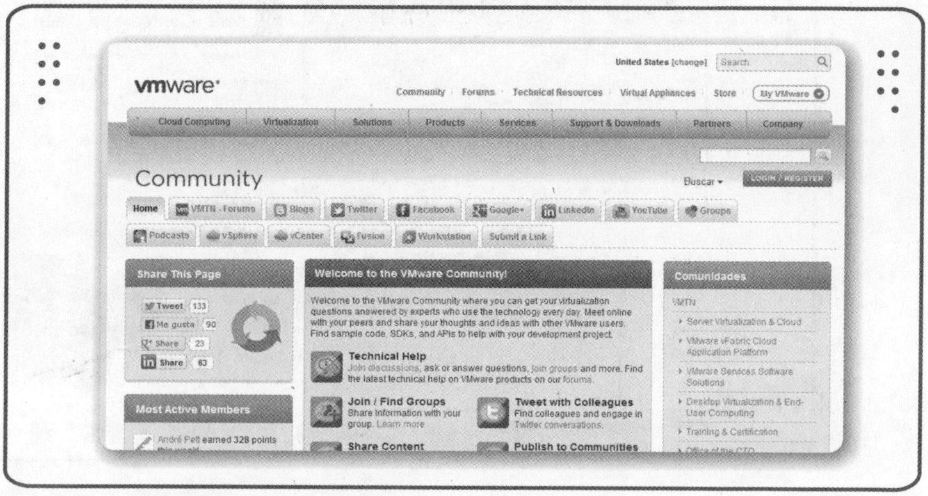

MANAS S.A. ● www.manas-ti.com

Se trata del sitio oficial de Manas Tecnología Informática S.A., el canal premier de VMware que se dedica a proveer soluciones de tecnología para empresas que utilizan los sistemas como parte fundamental de su negocio. Octavio Formoso (coautor de este libro) es uno de los socios fundadores.

V-CLOUD ● virtualizacionycloud.blogspot.com.ar

Un blog dedicado exclusivamente a temas relacionados con virtualización y Cloud Computing. Podemos encontrar muchos conceptos y explicaciones sobre estos temas que nos ayudarán a entender y a expandir nuestros conocimientos.

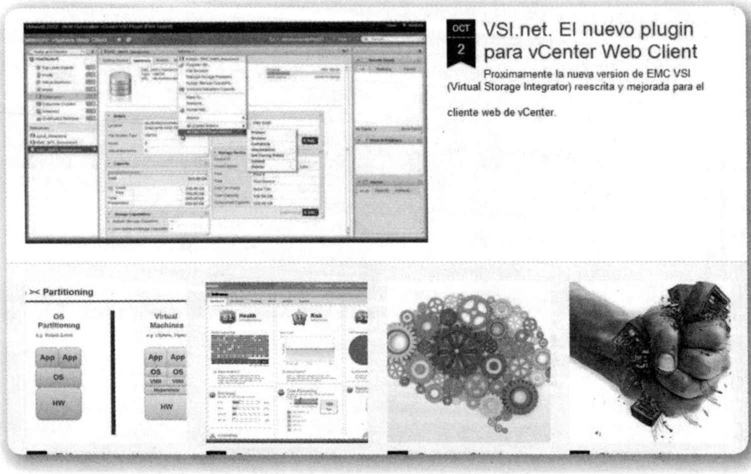

EMC ● www.emc.com/index.htm?fromGlobalSiteSelect

Es la web de una de las empresas líderes en el mundo en soluciones de almacenamiento, que además es propietaria de VMware. EMC ofrece muchísimos productos relacionados con almacenamiento, seguridad y alta disponibilidad de la información.

CLEARCUBE ● www.clearcube.com/index.html

Se trata del sitio que pertenece a uno de los principales fabricantes de zero y thin clients de Estados Unidos. Brinda soluciones sobre blades PC, cuyas características hemos desarrollado en el capítulo sobre VMware View.

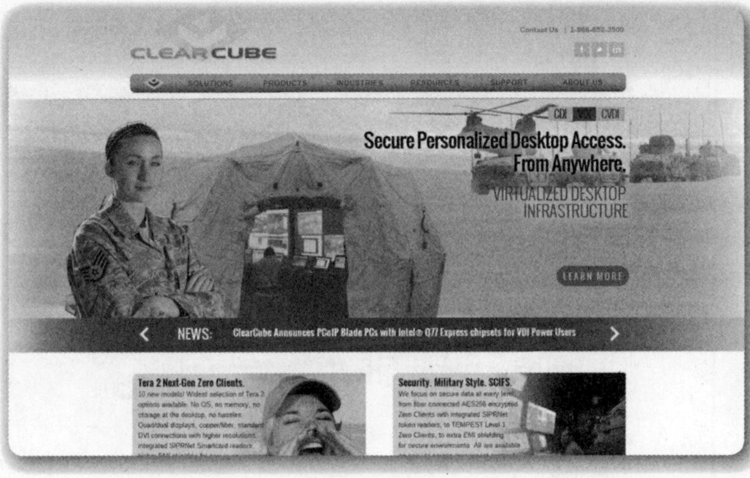

VEEAM ● www.veeam.com

Veeam ofrece al mercado herramientas pensadas para complementar las funcionalidades de la virtualización. Su principal producto, Veeam Backup & Replication, ha ganado durante 2 años consecutivos (2010 y 2011) la distinción de ser el mejor producto de respaldo para VMware.

MY VMWARE ● my.vmware.com/web/vmware/login

Es el sitio que nos permite administrar nuestras licencias y contratos de soporte de VMware. Por otro lado hace posible la generación de los números de serie de nuestros productos además de bajar el software que debemos instalar.

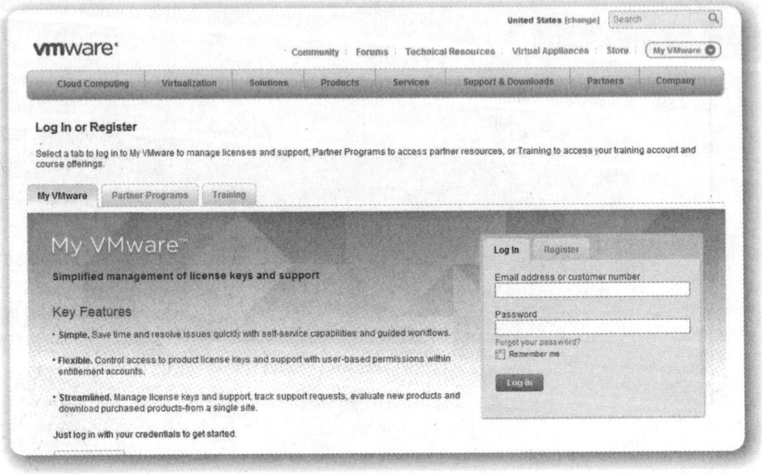

VCE ● www.vce.com

VCE es una compañía creada por EMC y Cisco utilizando tecnología de VMware e Intel. Ofrece un producto formado de la convergencia entre Hipervisor VMware, storage EMC y servidores Cisco, llamado Vblock, especialmente optimizado para consolidar servidores y crear infraestructura para la nube.

Este libro nos introduce en el apasionante mundo del diseño y desarrollo web con Flash y AS3.

→ 320 páginas / ISBN 978-987-1857-40-1

Esta obra presenta un completo recorrido a través de los principales conceptos sobre las TICs y su aplicación en la actividad diaria.

→ 320 páginas / ISBN 978-987-1857-41-8

Este libro está dirigido tanto a los que se inician con el overclocking, como a aquellos que buscan ampliar sus experiencias.

→ 320 páginas / ISBN 978-987-1857-30-2

Este manual único nos introduce en el fascinante y complejo mundo de las redes inalámbricas.

→ 320 páginas / ISBN 978-987-1773-98-5

Esta increíble obra está dirigida a los entusiastas de la tecnología que quieran aprender los mejores trucos de los expertos.

→ 320 páginas / ISBN 978-987-1857-01-2

Esta obra se encuentra destinada a todos los desarrolladores que necesitan avanzar en el uso de la plataforma Adobe Flash.

→ 320 páginas / ISBN 978-987-1857-00-5

Un libro clave para adquirir las herramientas y técnicas necesarias para crear un sitio sin conocimientos previos.

→ 320 páginas / ISBN 978-987-1773-99-2

Una obra para aprender a programar en Java y así insertarse en el creciente mercado laboral del desarrollo de software.

→ 352 páginas / ISBN 978-987-1773-97-8

Este libro presenta un nuevo recorrido por el máximo nivel de C# con el objetivo de lograr un desarrollo más eficiente.

→ 320 páginas / ISBN 978-987-1773-96-1

Descargue un capítulo gratuito
Entérese de novedades y lanzamientos

Compre los libros desde su casa y con descuentos

Esta obra presenta todos los fundamentos y las prácticas necesarios para montar redes en pequeñas y medianas empresas.

→ 320 páginas / ISBN 978-987-1773-80-0

Una obra única para aprender sobre el nuevo estándar y cómo aplicarlo a nuestros proyectos.

→ 320 páginas / ISBN 978-987-1773-79-4

Un libro imprescindible para aprender cómo programar en VB.NET y así lograr el éxito profesional.

→ 352 páginas / ISBN 978-987-1773-57-2

Una obra para aprender los fundamentos de los microcontroladores y llevar adelante proyectos propios.

→ 320 páginas / ISBN 978-987-1773-56-5

Un manual único para aprender a desarrollar aplicaciones de escritorio y para la Web con la última versión de C#.

→ 352 páginas / ISBN 978-987-1773-26-8

Un manual imperdible para aprender a utilizar Photoshop desde la teoría hasta las técnicas avanzadas.

→ 320 páginas / ISBN 978-987-1773-25-1

Una obra imprescindible para quienes quieran conseguir un nuevo nivel de profesionalismo en sus blogs.

→ 352 páginas / ISBN 978-987-1773-18-3

Un libro único para ingresar en el apasionante mundo de la administración y virtualización de servidores.

→ 352 páginas / ISBN 978-987-1773-19-0

Esta obra permite sacar el máximo provecho de Windows 7, las redes sociales y los dispositivos ultraportátiles del momento.

→ 352 páginas / ISBN 978-987-1773-17-6

+ 54 (011) 4110-8700 usershop@redusers.com